伟大脱贫攻坚事业中的

湖北贡献

宋亚平　何建刚　毛　铖

等著

长江出版传媒 | 崇文书局

图书在版编目(CIP)数据

伟大脱贫攻坚事业中的湖北贡献 / 宋亚平等著.
-- 武汉 : 崇文书局, 2021.4
ISBN 978-7-5403-6249-2

Ⅰ. ①伟…
Ⅱ. ①宋…
Ⅲ. ①扶贫－研究－湖北
Ⅳ. ①F127.63

中国版本图书馆CIP数据核字(2021)第058900号

伟大脱贫攻坚事业中的湖北贡献

选题策划 胡心婷
责任编辑 樊静怡 李 玮
装帧设计 水玉银文化
出版发行 长江出版传媒 | 崇文书局
地 址 武汉市雄楚大街268号C座11层
发行热线 (027)87293001 邮政编码 430070
网 址 www.cwbook.cn
印 刷 湖北恒泰印务有限公司
开 本 710mm×1000mm 1/16
印 张 27.25
字 数 400千字
版 次 2021年4月第1版
印 次 2021年4月第1次印刷
定 价 88.00元

序

人民就是江山

2021 年 2 月 25 日，在全国脱贫攻坚总结表彰大会上，习近平总书记向世界庄严宣告：“经过全党全国各族人民共同努力，在迎来中国共产党成立一百周年的重要时刻，我国脱贫攻坚战取得了全面胜利，现行标准下 9899 万农村贫困人口全部脱贫，832 个贫困县全部摘帽，12.8 万个贫困村全部出列，区域性整体贫困得到解决，完成了消除绝对贫困的艰巨任务，创造了又一个彪炳史册的人间奇迹！”

湖北与全国一样，先后有 37 个贫困县，4821 个建档立卡贫困村全部摘掉贫困“帽子”，现行标准下建档立卡贫困人口 191.5 万户 581 万人全部脱贫。连续 4 年在国家对省级党委和政府扶贫开发工作成效考核中，被评为综合评价“好”的省份，连续 7 年在国家财政专项扶贫资金绩效评价中，被评为“优秀”等次，在辉煌的史册上写出浓墨重彩的荆楚篇章。

位于中国中部地区的湖北，是我国传统的农业大省，湖北的脱贫攻坚在一定程度上是中国整体脱贫攻坚的一个缩影。还应指出，2020 年，受新冠肺炎疫情影响，湖北承受了巨大的损失，湖北人民为抗击疫情作出了巨大的牺牲，付出了惨痛的代价。在这样艰难的形势下，湖北脱贫攻坚战的胜利更加凸显了湖北对全国脱贫攻坚的独特贡献。《伟大脱贫攻坚事业中的湖北贡献》一书深刻而又生动地阐述了伟大的脱贫攻坚精神在湖北的具体体现，而湖北的实践又折射出脱贫攻坚伟大胜利所蕴含的具有共同规律性的经验与启示。

脱贫攻坚是中国共产党百年奋斗史中彪炳千秋的华彩乐章。从什么角度来反映伟大的脱贫攻坚精神在湖北的体现？本书的作者们以讲好脱贫攻坚故事为切入

点，以一种更为新颖的视角、更为生动的语言和更有故事性的行文方式，全景式展现湖北脱贫攻坚的浩荡画卷。写作思路确定后，调研活动如何落实？浩繁细杂的具体工作如何开展？我国著名“三农”研究专家宋亚平领命组建了研究团队，成员包括科研院所和高校的中青年科研骨干和青年博士。团队历时数月，先后深入湖北四大集中连片贫困山区和部分插花贫困地区，对近百个典型乡镇与100多个样本村庄开展专项调查。团队成员开展结构式访谈、类群体性座谈，通过故事聊精神、谈奉献。在此基础上，又历时数月，对调查所获的数百万字第一手资料和近千个代表性的脱贫攻坚故事逐一筛选、论证，四易写作框架，几经修改与打磨，终于捧出一部厚重的书稿呈现给读者。

本书的主干是第二编湖北脱贫攻坚的磅礴画卷与壮丽诗篇。作者们全方位、多角度地深入了解与脱贫攻坚有关的亲历者，包含县（市）主要领导、乡镇干部与驻村工作队、村“两委”干部、社会力量、贫困户等的感人事迹，挖掘那些鲜活生动、感人至深、可歌可泣的扶贫、脱贫故事。通过作者们的辛勤劳动，伟大的脱贫攻坚精神得以立体化地展现在读者面前。在这里我只谈几点自己的阅读感受。

各级党员干部的有效对接与通力协作

路线决定后，干部就是决定性因素，尤其是县区一级的领导干部。我国县级行政区划始于春秋时期，秦始皇统一中国后，推行郡县制，是县制正式设置的开端。两千多年来，斗转星移，政权更迭，县的设置始终是中国行政区划中最稳定的一级。全国近3000个县级行政区（包括县、市辖区、县级市等）是统筹城乡发展的枢纽和联结点，是推进新型城镇化和构建城乡经济社会一体化新格局的重要平台，是打赢脱贫攻坚战的主战场。县级领导的重要性自然不言而喻。在长期的基层调研中，我见过一些满口官话、颐指气使、骄横跋扈的地方一把手，但我也见过更多的有想法、有魄力、敢于担当、愿意为老百姓干事的地方领导。本书中这一级“父母官”心路历程的自述，让人深思和感奋。

要想把脱贫攻坚工作做好，地方领导必须始终坚持以人民为中心的发展思想，必须把实现好、维护好、发展好最广大人民根本利益作为一切工作的出发点和落脚点。有的县委书记自言：“我经常在内心告诫自己，群众把掌声和信任给了我，

我绝不能辜负脚下的这片土地，不能辜负这片土地上的人民，必须始终牢记以人民为中心的发展思想……下大力气办好民生实事。”有了这样的信念，还要有踏实苦干的精神。有的县委书记上任时表态：把群众当家人、把该县当家乡、把干部当朋友。精准扶贫以来，他们有的走遍了全县400多个行政村。随机走访发现问题，当即开会解决。在实际工作中，他们真正领悟到了“只要政策到位、工作到位、配套到位，群众就会跟着党走，群众也一定能够走上脱贫致富的幸福路”。

村与乡镇一级解决不了的问题，县一级党委和政府要充分发挥自身的作用。如有的地区自然条件恶劣，一方水土养不了一方人。当地领导借鉴南水北调移民搬迁经验，跳出原乡镇就地解决的办法，实行全域大集中，跨区域集中搬迁安置，建成了湖北省最大的易地扶贫搬迁安置区。同时，采取进城就近务工、进园服务创业、进镇发展产业、进中心村灵活创业、进幸福院兜底保障的“五进”模式，让易地搬迁群众稳固增收、稳定脱贫。

又如金融保险。针对政府、银行、企业、农民多方的难点、痛点、堵点，某地区的区委书记和区长组织专班深入研究，立足实际，积极探索，主动与湖北省人保财险公司沟通汇报，政府、银行、保险公司“三驾协同”，促成并签订全国第一张保额为2亿元的扶贫小额信贷综合性大保单，涵盖种植业与养殖业保险、借款人意外保险、贷款信用保证保险等全方位、一揽子保险产品，破解了银行贷款“怕”、贷款“慢”的问题。

县级领导的工作在很大程度上是出主意、用干部。群众富不富，关键看干部。全国50多万个行政村，村支书是关键。俗话说，别拿豆包不当干粮，别拿村长不当干部。村支书是兵头将尾，他们没有编制，不是公务员，但上面千条线，下面一根针。他们的工作直接面对千百个普通老百姓，处理的每一件事都牵动着老百姓的心，关系着老百姓的直接利益。

一位留学生回国回村创业，每次村干部上门入户做思想工作，他都自告奋勇一道跟去学习。他深有体会地说：“做村务工作，最难拿捏情与法、情与理之间的分寸，有时候，面对村民的诉求，需要靠人情、常理来应对，如何保证既不违反原则，又能带着人情味儿，还真是门学问。”

县级领导需要对村支书的工作给予具体支持与热心帮助。有的县委书记说：

“我建有一个微信工作群，群员除了我和县委组织部长外，全部是村支书。全县257个村支书、19个社区书记，我基本上都能叫上名来。我经常对村支书们说：‘不要把村长不当干部，也不要把村长太当干部。’告诫他们做人要有情怀，做官要有境界，做事要有章法。”

某村原来是个负债村。2009年，村集体经济清产核资时负债67万元，直到2014年脱贫攻坚开始时仍然债台高筑。该村有295户村民，常住村内的村民不到四成，村集体的唯一“家底”是土壤贫瘠、无人承包的8000亩荒山，是典型的“后进村”。县委书记找到支部书记，要求他“带着村干部走出去看一看，解放思想，开动脑筋，不能守着8000亩山场资源讨饭吃”。村支书几次外出考察学习回来，所见所闻让他豁然开朗，深刻认识到传统农业难以强村富民，必须转变观念。“靠山吃山”，他决定从盘活现有山场资源入手，摸索种植金银花、芍药、白桃等经济作物，将外地经验与本村实际相结合，探索出一条资源变资产、资金变股金、农民变股民的“三变”新路子。

各级党员干部的有效对接与通力协作，能将顶层设计与基层的创新较好地结合起来，这种上下贯通的体制机制能确保脱贫攻坚的政策落到实处，脱贫攻坚战的胜利就有了制度保障。

驻村帮扶干部的献身精神

据统计，脱贫攻坚以来，湖北全省总计选派21575个驻村工作队、13348名驻村第一书记、78746名驻村队员，同几十万名乡镇干部和村干部一道奋战在扶贫一线。第一书记和帮扶队员们驻扎在中国农村的最基层，他们的工作没有惊天动地的大事件，有的只是一些微不足道却又错综复杂的小问题。有的帮扶干部日日夜夜驻扎在村里，摸清村民的生活规律、心态变化，找出他们关心、关注的问题，紧密围绕“话政策、话发展、话民生、话和谐、话成效”内容开展“湾子夜话”。“湾子夜话”一般在村民的院落里举行，由驻村干部、第一书记主持，引导村民自由发言，直奔主题，有什么问题和困难放开讲，然后干部群众一起商量解决办法。

有的帮扶干部在精准扶贫工作中交出了“于帮扶之中践行23℃服务”的答

卷。“23℃”是人体感觉最舒服的温度。近年来，在开展结对帮扶过程中，他一直践行着23℃服务理念，坚持为贫困群众办急事、解难事，为他们提供最贴心、最需要的“23℃”服务。

无规矩不成方圆。脱贫攻坚涉及项目众多、资金庞大。为了公平、公正、公开地推进精准扶贫各项工作，有的帮扶队员们制定了所在村的《精准扶贫廉政工作制度》，并定期开展学习。防微杜渐、守住底线，以平和之心对“名”，以淡泊之心对“位”，以知足之心对“利”，以敬畏之心对“权”。尽管有时践行公平公正可能会触犯一小部分人的利益，但他们在处理这些事情的时候问心无愧、无怨无悔。

群众主体意识的发育也需要外部力量的帮助和培植，帮扶干部是宣传队、播种机和催化剂。他们可以让本土人才在脱贫攻坚战中增长知识和才干，降低本土化人才成长的学习成本。

社会资本助推脱贫攻坚

新时期的脱贫攻坚是在城乡融合发展的大背景中进行的。城乡融合发展，绝不仅仅是农村的要素流向城市。城市的资金、技术、人才等生产要素要与农村的土地、劳动力等资源有效结合，才能改变农村原有的要素配置，实现资源配置的优化。脱贫攻坚才有坚实的经济基础。

湖北各地在脱贫攻坚的实践中认识到引入企业，通过企业的经营模式来消除贫困是一种可行的方式。他们说：“政府的一味帮扶，不能从根本上解决贫困问题，只有激发老百姓的内生动力，让老百姓通过企业的发展挣到钱，这样才能有持续性，不然我们发给老百姓的种薯还是会被老百姓吃掉，发的树苗还是会被转手卖掉。”

“资本下乡”是把双刃剑。企业下乡助力脱贫攻坚不能成为新的圈地热，不能成为资本的盛宴。企业的发展要注重经济效益，但同时也要增强社会责任感，与贫困群众不仅结成利益共同体，还要在更广泛的意义上结成命运共同体。有的企业逐渐认识到，从村庄的产业中寻求合理的经济利益，是企业得以生存和发展的重要途径，这无可厚非，但如果仅仅依靠经济利益联结，村企互信和共荣仍然

十分脆弱。企业随时可以另寻他村，村庄也可以另寻他企。正因深刻地认识到这一问题，一些企业开始长远谋划。改水、修路、搭桥、办厂、办学、办卫生室……提出了“产业扶贫、智力扶贫、医疗扶贫、文化扶贫”四位一体的扶贫措施，致力于构筑有生命力的村企命运共同体。

有的企业负责人认识到，企业必须要挣钱，老百姓必须要增收。“公司的发展离不开老百姓的支持，我们没有眼花缭乱的样板基地，只有农户在我们公司实实在在获得的收益，每个农户都是我们分散种植和分散养殖的合作伙伴，我们与广大农户资源共享、风险共担、互利共赢。”

今后，在城乡融合发展的背景下，首先要完善企业与贫困群众之间的利益联结机制，不能富了老板、丢了老乡。要通过就业带动、保底分红、股份合作等多种形式，让贫困群众合理分享全产业链的增值收益，同时不断增强企业的社会责任感，从企业与贫困群众之间的利益共同体发展为命运共同体。

激发贫困群众的内生动力

贫困群众是脱贫攻坚的主体力量。如何调动贫困群众的主观能动性？如何激发贫困群众的内生动力？

各级党员干部、驻村队员与社会各界在脱贫攻坚的实践中，逐渐深刻认识到贫困的根源。他们感到，很多贫困地区的贫困群众之所以贫困，不是因为懒散，而是因为没有条件。基础设施匮乏，路不通、水不通、电也不通，严重影响了他们的生产生活。广大农村中勤劳朴实的农民大有人在，他们并非游手好闲之辈，但由于缺少致富思路而错过了不少发展机会。帮扶人员就是要多鼓励、多带动，为尚处在徘徊期、没有找到奋斗方向的村民及时送去锦囊妙计，扮演好“润滑剂”的角色，拉动大家一起走向共同富裕。

他们认识到，贫困户也有自己的尊严，也有自己的精神追求。所以我们的扶贫不仅要关注到产业发展，让贫困户荷包鼓起来，还要调动他们发自内心的对美好生活的向往。这就需要我们扶贫干部细心深入地做工作，找到他们的心理症结，解决观念上的贫瘠。

他们通过多次登门拜访，放下姿态交心，了解上访户的诉求和上访原因。慢

慢发现，原来村民们的怨气，源自过去少数村干部办事不公开、处事不公正。“凡是群众反映强烈的问题，就要认真对待；凡是群众痛恨的行为，就要严肃纠正。以这样的心态来解决让群众不高兴、不满意的问题，才能祛除以前不合理做法的不良影响，用新思路新举措树立党员干部的形象。”

习近平总书记在2012年曾说过：“人民对美好生活的向往，就是我们的奋斗目标。”我们要通力协作，创造条件，使广大农村贫困群众和农村的基层干部追求美好生活的强烈意愿能转化成脱贫攻坚的强大动能，这是打赢脱贫攻坚战最深厚的底蕴和最强大的驱动力。

他们牺牲在脱贫攻坚的战场上

脱贫攻坚一路走来，先后有100多名党员干部，将生命定格在了湖北脱贫攻坚这个没有硝烟的战场上。有的殉职干部曾说过：“我是从大山里出来的，知道受穷的滋味。我就是再有困难也得去帮他们脱贫过上好日子。”有的殉职干部的妻子回忆：“他经常凌晨一两点给我发信息说还没睡，说工作压力大睡不着。”说起这些，她不禁失声痛哭。作者们深情地写道：“岁月会模糊记忆，但在朝气蓬勃的荆楚大地上，这些名字将永远焕发生机，激励着后来者砥砺奋进。”我读了这些文字，情不能已，心潮亦难平。

阅读了全书近百个鲜活的事例、有血有肉的感人故事，掩卷长思，“从喷泉里出来的都是水，从血管里出来的都是血”。书稿中涌动的是真情实感的朴实语言。正因为朴素、真诚，这些从心底里流淌出的文字才能打动人，震撼人。

中国共产党的根本宗旨是全心全意为人民服务。根本宗旨如何落实？孔子曾言：“政者，正也。子帅以正，孰敢不正。”用老百姓的话讲：“喊破嗓子，不如做出样子。”习近平总书记指出：“只要我们始终坚持为了人民、依靠人民，尊重人民群众主体地位和首创精神，把人民群众中蕴藏着的智慧和力量充分激发出来，就一定能够不断创造出更多令人刮目相看的人间奇迹！”本书近百个感人故事雄辩地证明了这一点。

本书第三编论述湖北脱贫攻坚的辉煌业绩与宝贵经验。由于有前面的生动、

鲜活、具体的实例做支撑，作者们阐述的湖北脱贫攻坚的辉煌业绩不是单纯数字的罗列，而是有血有肉，令人信服。作者们总结出的湖北这一中部大省脱贫攻坚的宝贵经验不是空洞苍白的说教，而是有根有据，言之凿凿。

本书第四编论述湖北脱贫攻坚与乡村振兴的有效衔接。习近平总书记指出：“脱贫摘帽不是终点，而是新生活、新奋斗的起点。解决发展不平衡不充分问题、缩小城乡区域发展差距、实现人的全面发展和全体人民共同富裕仍然任重道远。”作者提出：“乡村振兴是实现稳定脱贫和高质量全面小康的重要手段和有效路径。脱贫攻坚与乡村振兴是一个既具有内在联系的战略进程，也是一个相互依存、相互支撑、相得益彰的渐进工程。‘两个一百年’的内在联系与行为逻辑以及历史发展的必然性，让巩固拓展脱贫攻坚成果和实施乡村振兴战略之间既有明显不同的阶段性特征，又有承前启后、继往开来的一体化作用。”新时代要推动中部地区高质量发展，而全面推进乡村振兴是推动中部地区加快崛起的重要组成部分。作者深邃的思考和鞭辟入里的分析，让我们更加深刻地认识到在湖北实现乡村振兴这一历史使命的重要性、艰巨性、复杂性和长期性。在乡村振兴伟大战略实施的进程中，改革永远在路上！

习近平总书记强调：“历史充分证明，江山就是人民，人民就是江山，人心向背关系党的生死存亡。赢得人民信任，得到人民支持，党就能够克服任何困难，就能够无往而不胜。”谨以此文致敬为湖北脱贫攻坚战尽心尽力、尽职尽责，乃至献身的各界人士；致敬依靠自己勤劳的双手艰苦奋斗、铲除穷根的广大农民群众！你们是真正的英雄！你们就是江山！

张晓山

辛丑年清明时节

（作者系著名“三农”问题研究专家、中国社会科学院学部委员、农村发展研究所原所长）

目录

第一编

湖北脱贫攻坚
的历史机缘与时代际会

一、建党百年与百年目标

2021年，注定是将被载入中华史册的一年。这不仅是因为战胜了新冠肆虐、洪水泛滥，度过了极其艰难的2020年，至关重要的是我们在实现了全面建成小康社会的同时，迎来了中国共产党百年华诞。

从1921年建党之初的50多名先驱，到如今的9191.4万党员，星星之火燎燃了希望之光，在一百年的风雨兼程中照耀着中华大地，指引着中华民族一往无前。回望这一百年，极不平凡、极不平坦、极其瞩目、极其伟大。尽管这一百年在悠久的中华历史长河中，只是其中惊艳的“一程”；虽然历经磨难，几经历史的风霜与洗礼，但“只争朝夕”的中国共产党带领中华儿女，始终乘风破浪、砥砺奋进，在这片神奇的东方热土之上，取得了中华历史上亘古未有的巨大成就。不仅彻底“翻了身”，推翻了压在中华儿女身上的“三座大山”，建立起了一个崭新的中国，更是在极为有限的历史时期内和极为匮乏的积淀中，通过“艰苦奋斗”与“自我革命”的不懈探索，走出了一条有中国特色的社会主义康庄大道，把中国化的马克思主义事业推向一个又一个的高潮。正是因为有了中国共产党，有了一代又一代中国共产党人的正确领导，今天的中国不仅仅在短短的一百年时间里，追上了世界各国数百年的发展脚步，成为世界第二大经济体，还在许多领域实现了“弯道超越”“后者居先”，为全人类共同的事业贡献了“中国智慧”“中国经验”。

走过2020年，迈进2021年，这是第一个百年奋斗目标和第二个百年奋斗目标历史交接的神圣时刻，必将彪炳千秋。“两个一百年”奋斗目标的历史交汇，这不是历史的偶然，而是必然。其中饱含中国共产党向人民、向历史作出的庄严承诺和久久为功的伟大奋斗精神。

第一个百年奋斗目标，“打赢精准脱贫攻坚战、打好防范化解重大风险攻坚战和污染防治攻坚战，全面建成小康社会”。中国共产党带领中华儿女，取得了世界上最大规模的反贫困攻坚战的伟大胜利，同时抵御住了金融危机、新冠肺炎疫情、洪涝、暴雪灾害等重大经济社会风险与自然灾害，为全人类社会的反贫困事业做出了巨大贡献，兑现了百年奋斗目标的承诺。

第二个百年奋斗目标，“踏上建设社会主义现代化国家新征程，建成富强民主文明和谐美丽的社会主义现代化强国，让中华民族以更加昂扬的姿态屹立于世界民族之林”。对于中国共产党而言，时不我待、道阻且长，这必将是另外一番血雨腥风般的艰辛与磨难，必将在迎来新机遇的同时遭遇更多严峻的挑战，不仅仅需要继续“自我革命”的勇气，更需要做好倍加充分的准备，进一步提升国际竞争力，跻身世界强国之林。

走过了“这一百年”，何惧未来的“三十年”。中国从一个风雨飘摇、千疮百孔的旧社会，到一个站起来的新中国；从一个“一穷二白”“贫困落后”的亚洲弱国，到一个强起来、富起来的世界超级大国，历经百年而长盛不衰、越发富强。中国共产党已然更有底气、更有能力，也更有基础、更有经验，不惧未来的任何风险与挑战，更加从容地把握和应对百年未有之大变局。

“继往开来”“再接再厉”是2021年的主题，也是“两个一百年”奋斗目标历史交汇的主题，更是中国共产党领导中华民族不懈奋进的时代主题。处在这样一个历史的关口，回望过去的百年，我们饱含深情，且无比自豪、百般欣慰；面向未来，我们严阵以待，且信心百倍、壮志满怀。作为中华儿女、作为中国共产党人，我们每个人自当坚定信念、凝聚共识、团结一心。我们当共聚 14 亿人的智慧和汗水，汇聚成中华民族的磅礴之力。我们当携起手、肩并肩，在中国共产党的坚定领导下，切实增强“四个意识”，

坚定“四个自信”，做到“两个维护”，赓续中国共产党人的红色血脉，弘扬伟大民族舍身取义的牺牲精神、一心为民的奉献精神、忆苦思甜的奋斗精神，共同为实现第二个百年奋斗目标和中华民族伟大复兴的中国梦而勇往直前。

恩施市保扎扶贫新气象（恩施市扶贫办供图，刘全生摄）

二、故事里诉说脱贫攻坚

本书从故事讲起，志在从几十位牺牲在脱贫攻坚一线的英雄和几十个自强不息、艰苦奋斗楷模身上的那些有血有肉、有笑有泪的故事中建起湖北的脱贫攻坚丰碑，献礼中国共产党百年华诞，共勉于“两个一百年”的历史交汇时刻。

讲好中国故事，传播好中国声音，是我们更好总结过往经验与教训，进而更好继承、创新与发展的时代所需；是我们向全国人民、向全世界展现中国担当、中国精神和中国地位的重要载体与有效形式。

党的十八大以来，为打赢这场脱贫攻坚决胜之战，全国25.5万个驻村工作队、300多万名第一书记和驻村干部，同近200万名乡镇干部和数百万村干部并肩奋战在最前线，1800多位同志为之献出了宝贵的生命。单是湖北就有2.15万个工作队、1.33万名驻村第一书记、7.87万名党员干部在荆楚大地的山山水水之间浴血奋战，先后有100多位同志献出了宝贵的生命。

全国累计建成集中安置区3.5万个，安置住房266万套，搬迁960多万贫困人口；790万户、2568万贫困群众的危房全部得到改造；贫困地区新改建农村公路110万公里；2889万贫困人口饮水不安全问题全部解决；农网供电可靠率达到99%；贫困村通光纤和4G网络覆盖比例均超过98%；电子商务进农村综合示范对贫困县实现全覆盖。这一家一户的一砖一瓦、一村一庄的米米公路与尺尺管网是怎么铺就的？

全国实施退耕还林还草7450万亩，选聘110.2万贫困人口担任生态护林员，建立2.3万个扶贫造林合作社；累计改造贫困地区义务教育薄弱学校10.8万所，帮助800多万贫困家庭初高中毕业生接受职业教育培训，重点高校定向招收贫困地区学生 70 多万人，每年为 3700 多万农村义务教育阶段学生提供营养餐；累计救治贫困患者 2024 万人，组织 1007 家三级医院与 832 个贫困县医院结对帮扶，完成贫困县所有乡村医疗卫生机构标准化建设。这数以千万的贫困群体是如何分门别类、建档立卡并逐一精准帮扶的？[①]

太多的成就、太多的经验以及太多的背后故事需要讲出来，讲给人民听，展现给世界看。唯此，中国共产党成立百年来的光辉历程和全面建成小康社会的丰功伟绩才能够更真实、更全面、更直观地被人民所熟知，被世界所认知。唯此，才能够帮我们更好地总结过往的经验和教训，并为未来的继承、创新与发展提供参考和借鉴。

"讲故事"听起来随性，看起来有失严谨，却内有乾坤，包含深邃的道理。"讲故事"重在强调这种形式。无论是展现成绩，还是总结经验；无论是传播思想还是引导舆论，都要重视并善于运用"讲故事"的形式。用这种形式发出的声音，更加生动、形象，会有更广泛的受众，会更加被喜闻乐见。那种一堆堆罗列式的数据、教条式的总结陈词，或者连绵不绝的高深理论，看似规范而严谨，实则没有鲜活的事例作证，缺乏有血有肉的肌体充盈，听起来乏味、读起来枯燥，很难引起社会大众的兴趣，更难形成广泛的听众同振与读者共鸣。

"讲故事"重在强调讲"什么故事"。故事每天都在上演。中国共产党成立一百年来有数不清、说不完的故事，有的情节更是跌宕起伏、扣人心弦。孰轻孰重、孰是孰非，哪些故事要讲，哪些故事要突出讲、重点讲，还有哪些故事要串起来讲，持之以恒地讲，值得深思熟虑。中国共产党百年华诞，在第一个百年奋斗目标和第二个百年奋斗目标历史交汇的神圣时刻，脱贫攻坚是我们必须浓墨重彩讲好、讲透的"故事"。一百年来，中国共产党带领中华儿女抛头颅、洒热血，为的就是翻身做主，消灭贫穷与落后。

重在强调谁来讲、怎么讲。这关乎讲给谁听与谁愿意听。脱贫攻坚的故事

①中共国家乡村振兴局党组：《人类减贫史上的伟大奇迹》，《求是》，2021 年第 4 期。

要讲给人民听，讲给世界听。需要用人民喜闻乐见、世界乐于倾听的方式去讲，需要用那些故事主人翁自己的心路历程、所言所行、所思所感去讲。大多数人民更喜欢平和的语言和生动的情节，喜欢那些从故事背后可以感知和感悟的深层道理，而并不喜欢那些晦涩的词藻和刻意跌宕的桥段，并不乐意接受那些直言不讳的大道理。故事需要实事求是，经得起检验和推敲。既要真实，是真正发生的事，也要客观，是不添油加醋的真切流露。世界总是热衷于认识和了解最真实的中国，不少西方国家总是会带着质疑去看待中国发生的巨大变化。我们讲出的故事既要经得起这种质疑，更要通过这些故事让他们逐渐消除那些虚无的质疑。

讲好脱贫攻坚的故事，要串起来讲，讲出前世今生、讲出推陈出新。既要讲好当下正在发生的事，也要讲好不同历史时期已经真实发生的史，只有这样才能够真正讲明白事实的来龙去脉和真实原委。

要主次相协调、整体与局部相结合地讲，讲出关联、讲出层次。既要讲好全党和全国的主要故事和整体故事，也要讲好各级组织、不同党员群体和不同省份、区域的局部故事。

要有选择地讲、分门别类地讲。“万里长城非一日之功”，“千秋大业非一日可言”。党的十八大以来，为决战决胜脱贫攻坚战，全党全国人民团结一心、众志成城，历时 8 年取得了最终的胜利。可歌可泣、感人至深的故事每天都在上演，不可能一一穷尽，也不能有所偏废。要与那些已经讲出、人们熟悉的故事形成一脉。要用有限的文体和有限的语言，讲出无穷的力量和精神，吸引源源不断的受众和读者。

要讲出道理、讲透启发。既要讲出事实背后的深层逻辑，也要讲透逻辑背后所蕴含的那些经济社会发展的深层道理，只有这样才能够真正让受众和读者明白其中的根源在哪，今后发展的经验与教训在哪。

讲好脱贫攻坚的故事，必须依托故事的亲历者。他们既是那些曾经或正在脱贫攻坚一线辛勤付出的党员干部、人民群众，也是那些沐浴党和国家政策阳光，或依靠救助或自我奋斗的贫困个体。他们真切见证了故事的点点滴滴。他们可以不是这些故事的讲述人，但讲述的这些故事必须来自他们的真实分享，反映出他们本真的言、行、思、悟和心路历程。

在讲好脱贫攻坚故事的基础上，还须尽可能广泛而有效地将这些故事传播开来，需要借助于书籍、音像等有效的传播媒介，让尽可能广泛的受众和读者能够听到、看到、感受到。

讲好脱贫攻坚的故事，湖北是关键省份和关键部分。湖北作为我国的一个中部大省，自古以来，无论是在地域版图中，还是在政治、经济板块中，都有着举足轻重的地位。脱贫攻坚战中的湖北同样举足轻重。2013 年底，湖北尚有 37 个贫困县，4821 个建档立卡贫困村，其中深度贫困村 507 个；有 191.5 万建档立卡贫困户，581 万贫困人口。

湖北的脱贫攻坚是极有代表性的全国脱贫攻坚缩影。因此，聚焦湖北的脱贫攻坚故事，有其理、有深意。聚焦六个精准，从宏观、中观和微观三个角度，以一种更为新颖的视角、更为生动的语言和更有故事性的行文方式，全景式展现湖北脱贫攻坚的浩荡画卷。从与脱贫攻坚有关的亲历者，包含县（市）主要领导、乡镇干部与驻村工作队、村“两委”干部、社会力量、贫困户等的事迹出发，通过结构式访谈、类群体性座谈，挖掘那些鲜活而生动、感人至深、可歌可泣的扶贫、脱贫故事，通过故事聊精神、谈奉献。如此不仅能够展现故事背后的湖北脱贫攻坚成就，更能够深入探寻这些故事背后所赖以支撑的经济社会发展理论、实践工作经验，有力地阐述精准扶贫实践中所蕴含的规律，包括扶贫一线所摸索出的各种工作方法、广大劳动人民所集体创造的扶贫“好招”等等。这也将有助于我们探寻和揭示那些有利于接续全面推进乡村振兴，加快乡村繁荣发展的“密码”。

恩施市白杨坪镇洞下槽村鸟瞰图（恩施市扶贫办供图，武宏摄）

三、湖北脱贫攻坚的历程

贫困是一个恒久的话题，从人类社会诞生之日起就开始存在，一直伴随人类社会走到今天。放眼当今世界，贫困依然是一个世界性的恒久难题。无论弱小还是庞大，发展中国家自然有很多贫困的问题，即便是世界上最为发达的几个资本主义国家，贫困问题也依然存在。贫困不仅与人这一主体自身和其家庭成员的健康状况、能力水平、人生际遇以及所遭遇到的各种自然、社会风险等不确定因素密切相关，更为重要的是贫困在日常的生活中始终作为一个相对的概念存在，扮演着一个相对的角色。尽管很多学者将贫困区分为绝对与相对两种类型，但在实际生活中绝对与相对会因为时间、参照对象的变化而改变，甚至出现绝对与相对的相互转换。即便是绝对贫困依然包含相对的概念和内涵。

人类社会在不断发展进步，各国的经济社会基础不同，且在不断变化之中。各国之间、各国在不同时期对贫困的界定和反贫困的标准也在顺应着这种发展而不断变化，且总体的趋势是在不断提高。不难想象，当前少数发达国家在社会帮扶和救助过程中所认定的绝对贫困，对于一些发展中国家而言，也许就是相对的不贫困。反过来，少数发展中国家对个别绝对贫困标准的认定，可能超过了少数发达国家的绝对贫困限定标准。同样，当今的一些发展中国家所认定的绝对贫困标准，相较于其他一些更为欠发展的发展中国家，或者相较于他们自身在过去的某个或者某些时期而言，更适合归类为相对的不贫困。

作为反贫困而存在的脱贫攻坚，是一个历久弥新的话题。只要贫困尚存，它就会作为“反之”而持久存在。尽管在不同国家、不同历史时期，对其的称谓、界定，以及相应的标准不同；尽管伴随着经济社会大发展和人类反贫困经验、能力的不断提升，脱贫攻坚的对策、措施日益科学、高效，脱贫攻坚的成就随之日益显著，但总体而言，不同国家、不同历史时期的脱贫攻坚根本就是殊途同归。

基于这样的逻辑原理，脱贫攻坚作为我国扶贫开发的一个重要阶段和重要组成部分，倘若追溯其在中国历史发展中的起源与历程，往前不仅可追溯到1921年中国共产党诞生之日，还可以继续向前追溯得更加久远。中国共产党诞生之所以是中华民族历史上的一个重要节点，与新中国的发展进程紧密相关。中国共产党诞生于暗无天日、千疮百孔的旧中国，那时的人民不仅贫穷，而且生活在水深火热之中，遭受着“三座大山”的残酷剥削与压迫，可谓生如草芥、命如纸薄。老一辈无产阶级革命家，正是在改变这种殖民与封建国情、贫穷与落后面貌的渴望中，不畏艰难、不惧生死地成立中国共产党，带领人民翻身做主、奋发图强。从建党初期到百年华诞，从消除侵略、剥削与压迫，到消灭贫穷，进而再到实现共同富裕，中国共产党人始终不忘为人民谋幸福、为民族谋复兴的初心和使命，至死不渝。可以说，中国共产党百年的奋斗史，就是一部壮阔的百年脱贫扶贫史诗。

倘若将历史的指针往与今日更为接近的方向拨动，从不同阶段和不同历史时期的使命出发，从字面意义上和政府官方文件上准确出现的时间出发，对脱贫攻坚的内涵和时限给予限定，在此基础上追溯其历史发展历程，一个合理的逻辑架构是从1986年开始“书写”。这即是学者所定义的新中国成立以后的大规模农村扶贫开发起步时期。这一时期的扶贫开发，显然与党的十八大以来的精准扶贫时间更近，关联性更强。

1986年，党中央、国务院正式成立国务院贫困地区经济开发领导小组（国办发〔1986〕39号），随后于1993年更名为国务院扶贫开发领导小组，并相应在省、市、县组建相对应且名称一致的机构。包括全国东、中、西部地区的331个县（市）被认定为新中国成立后的第一批国定贫困县，一系列相应的扶持政策和措施相继出台。也正是从这一时期开始，以县域为辐射中心开展全国性的大规模扶贫工作拉开序幕。[①]

基于这个逻辑架构，湖北的脱贫攻坚历程可大体划分为四个重要时期：开局——脱贫攻坚起始时期、攻坚——开发式扶贫八七攻坚时期、冲锋——开发式扶贫巩固提高时期和决战——精准扶贫时期。

开局——脱贫攻坚起始时期，即以国务院贫困地区经济开发领导小组成立，确立新中国成立后的第一批国定贫困县为时间原点，至1994年党和国家正式发布《国家八七扶贫攻坚计划》，确立从1994年至2001年的7年时间内，集中力量、整合社会各界资源，基本解决8000万标准线以下贫困人口的温饱问题。

攻坚——开发式扶贫八七攻坚时期，起于1994年党和国家发布《国家八七扶贫攻坚计划》，终于2001年开发式扶贫八七攻坚计划截止时间。这是党和国家确立的重大脱贫攻坚战略，明确了7年的脱贫攻坚起止时间，作出了庄严的承诺。

冲锋——开发式扶贫巩固提高时期，即从2001年开发式扶贫八七攻坚时期结束到2012年精准扶贫的开启这期间的时期。这一时期，党和国家在开发式扶贫八七攻坚计划的基础之上，发布《中国农村扶贫开发纲要（2001—2010年）》（以下简称《纲要》），明确集中连片扶贫开发的原则，将老、少、边、穷地区作为新时期扶贫连片开发的重点，并明确要重视基础设施、公共服务、生态环境、科技扶持、劳动力输出和转移等各领域的综合开发。正如《纲要》开篇所指出的背景和目标任务，这一时期的主要使命即针对开发式扶贫八七攻坚时期的遗留问题再攻坚、再巩固、再提高。

决战——精准扶贫时期，即2012年党的十八大以来的脱贫攻坚时期。这一时期对于中国的扶贫开发史而言，可谓是决战决胜的总攻时期，不仅掀起了中国扶贫开发和脱贫攻坚的总高潮，也最终从全局、全域消灭了困扰中华民族几千年的绝对贫困顽疾，为波澜壮阔的中国扶贫开发史诗写下最灿烂辉煌的一笔。

---

①国务院贫困地区经济开发领导小组办公室：《中国贫困地区经济开发概要》，中国农业出版社1989年版。

每一个时期的脱贫攻坚都是一个艰苦创业、披荆斩棘的艰辛历程。条件远没问题多，困境远比基础强，但总有突破，总有显著成效。每一个时期的脱贫攻坚都是一个历史阶段的重要积淀，都是反贫困马拉松的关键一程，都为后来的脱贫攻坚与“奋力奔跑”夯实了基础，积蓄了力量。今天的成就并非横空出世，要与昨日的付出合而为一地看待。

五峰县渔洋关的绝美风韵（五峰县扶贫办供图，李理摄）

开　局

1986 年的中国，正处在改革开放初期，经历十年“文化大革命”的动荡，改革开放的大门终于得以打开，久违的生机迎着春风冉冉生发。尽管全社会早已“蠢蠢欲动”，但在“弯不能转得过急”的政策导向下，人们所能够感知的经济社会发展的“变化”尚不显著。这时的农村刚刚经历一场伟大的改革，一部分家庭终于享受到“分田到户”的政策阳光和雨露，吃上饱饭。然而深层的“三农”问题却在“卖粮难”的诱发之下接踵而来，贫穷依然是那个时期农村最深厚的底色。对于那个时期的绝大多数农村家庭而言，食不果腹、衣不遮体、屋不挡雨根本就是见怪不怪。

初春，大地刚刚苏醒，春雨浇开了漫长冬日的冰封与严寒。一个“85 后”正是在这样的生机、阳光和雨露中，在这样的贫穷与落后夹缝中，出生于鄂北丘陵一个被称为“旱包子”的小村庄。用他父亲的话说，那时不是最穷的，他们这个家庭依靠勤劳的双手，在自家的一亩三分地上辛勤耕耘，不仅换来了全家人的温饱，还真正拥有了由三间砖瓦房构筑的小家。但在今天看来，不算最穷的家庭和时期依然是那么穷困潦倒，因为全家人的温饱只不过是“有吃的”，至于吃得多与好没有人去奢求。而这个构筑小家的三间砖瓦房也只不过靠的是他“胆大”的父亲向亲戚朋友、左邻右舍借来的 6000 多元外债。

倘若不是后来改革开放的进一步深化和经济社会的快速发展，不是他父亲因别无选择而背井离乡的闯荡与拼搏，不敢想象这个家庭的未来和他们今日的光景。这不禁让人感叹，曾经，贫穷是那么可怕，又是那么不可战胜，以至于让农民不得不认了这命。而在看到希望的曙光之后，贫困似乎变得没有那么可怕，而又可以战胜，以至于前赴后继的农民有了逆天改命的勇气。

那个时期的中国，这个“85后”和他所在的家庭只不过是千千万万农村家庭的一个缩影。贫困人口可不是今天的数以万计，而是数以亿计。1986、1987、1988、1989、1990、1991、1992、1993年，分别以213元/年、227元/年、236元/年、259元/年、300元/年、304元/年、320元/年、350元/年的农村人均纯收入为标准，当时的中国各年分别有1.31亿、1.22亿、0.96亿、1.02亿、0.85亿、0.94亿、0.8亿、0.8066亿贫困人口。[①]当时的湖北按照1985年206元/年的农村人均纯收入标准，有绝对贫困人口718万。[②]而这仅仅是以当时中国根据全国的贫困发生实际而制定的贫困标准为参照统计出的数字。倘若按照当时的国际贫困标准，这一时期全国和湖北省每年的贫困人口将会成倍数增长。1990年中国的贫困线标准为人均纯收入300元/年，而当时世界银行提出的贫困人口标准为每人每天1美元，足见其中的鸿沟。

正是在这样的背景下，党和国家审时度势，专门成立国务院贫困地区经济开发领导小组，开启了有组织、有规模、有计划的全国性扶贫战略，真正拉开了以县域为辐射中心的全国性大规模扶贫工作的序幕。作为中部农业大省，湖北的脱贫攻坚几乎与全国同步。在331个国定贫困县中，湖北有25个县（市）区。根据中央要求，湖北也于1986年成立湖北省人民政府贫困地区经济发展开发办公室。1991年湖北还根据当时的全省贫困发生实际，确立了60个插花重点贫困乡镇予以重点扶持。[③]

这一时期的湖北脱贫攻坚，面临两个严峻的现实。一是经济社会尚且百废待兴，国家和本省能够专项用于脱贫攻坚的人力、财力和物力极为有限。二是从湖北贫困的发生实际来看，贫困县（市）区和贫困人口，尤其是极度贫困人

①张磊，黄承伟，任燕顺，汪三贵等：《中国扶贫开发历程（1949—2005年）》，中国财政经济出版社2007年版，第45—47页。

②丁士军，陈志等：《改革开放40年：湖北农村扶贫开发》，中国社会科学出版社2018年版，第97页。

③参见《省人民政府关于将插花重点贫困乡镇列入贫困地区范围的通知》（鄂政函〔1991〕52号）。

恩施市龙凤镇青堡村精准扶贫后的绿水青山（恩施市扶贫办供图）

口的规模极其庞大，700多万贫困人口，25个国家重点贫困县和60个省定插花重点贫困乡镇。脱贫攻坚的压力重如泰山。

一边是有限的能力，一边是无限的责任。面对这种严峻的脱贫攻坚形势，当时的湖北各级各部门只能采取“有重点、有倾斜”和“不管多少，雨露均沾”相结合的扶持策略。一方面，将有限的脱贫攻坚财政资金重点向25个国定贫困县和60个省定插花重点贫困乡镇倾斜，突出以工代赈为主的方式，重点用于修建道路和水利工程。另一方面，不管每年的专项财政资金总量多少，各国定贫困县和省定插花重点贫困乡镇皆要覆盖到。据统计，这一时期国家累计给予湖北省以工代赈的脱贫攻坚专项财政资金总共不过3.4亿元，如果按照10年的周期和国定重点贫困县来平均分摊，25个国定重点贫困县每年所能够获得的脱贫攻坚专项财政资金几乎可以忽略不计，远不可与今日相提并论。[①]

尽管，在现在看来，这一时期的脱贫攻坚是“杯水车薪”，也是“撒胡椒面”，但在当时，与此前的时期相比，已然是不小的投入和较大的贡献。

这一时期对于贫困户和贫困人口的扶持并非脱贫攻坚所要优先考虑的关注重点，所能涉及的主要是对极度贫困人口的口粮、救治等临时性救助，至于产业等其他扶持则较少涉及。因为那些事关脱贫攻坚全局，更紧迫、更急需的基础设施建设、经济社会恢复与发展欠账摆在面前，必须予以优先考虑。总体而言，这一时期我国的脱贫攻坚和湖北的脱贫攻坚只是脱贫攻坚历程上的一个开局，多体现为一种摸索与尝试。

①丁士军，陈志等：《改革开放40年：湖北农村扶贫开发》，中国社会科学出版社2018年版，第109页。

攻　坚

1994 年，距离邓小平同志南方谈话刚刚过去一年多时间，中国的改革开放换挡驶入快车道。这之后的短短几年，社会主义市场经济体制不断完善，沿海地区进一步深化开放，工商业齐飞，经济社会开始飞速发展。在党和国家以及全国各省、自治区、直辖市的共同努力下，中国的脱贫攻坚经历 8 年奋战，相较于改革开放初期，取得了突出成效。一个最显著的体现是在极为有限的物质条件和财力支撑下，老、少、边、穷地区的基础设施、生产生活条件都有了明显改善，极度贫困人口规模有了大幅下降。那个“85 后”和他的家庭终于脱离了贫困，开启了致富的新征程。

然而，即便是以当时较低的贫困线标准为参照，全国仍然有超过 8000 万的贫困人口尚未解决温饱问题。尽管老、少、边、穷地区基础设施、生产生活条件较之过去有了明显改善，但出行难、就医难、上学难、就业难等贫困、落后的局面依然没有根本改变。湖北，作为一个老、少、穷地区总面积占全省 57% 的一个中部农业大省，按照当时的认定标准，贫困人口依然有数百万之多，占全省总人口比例在 30% 以上，单从这一点看，湖北的脱贫攻坚任务依然是无比艰巨。

经济社会飞速发展，国家人力、财力和物力有了丰富积累，面对 8000 多万贫困人口尚未解决吃饭问题的严峻形势，党和国家再次审时度势，以响亮之势正式开启八七脱贫攻坚战略。1994 年 4 月 15 日，党和国务院印发《国家八七扶贫攻坚计划》的通知，并将其上升为国民经济和社会发展计划的重要组成部分。

《国家八七扶贫攻坚计划》在上一时期确立的 331 个国定贫困县基础上，重新将全国 592 个县（市）区确定为国定贫困县。明确了一个中心目标，即以当时的贫困线标准为参照，力争用7年（1994年到2000年）左右的时间，基本解决全国8000万贫困人口的温饱问题。明确了具体的脱贫攻坚奋斗目标，到20世纪末解决贫困人口温饱的标准：绝大多数贫困户年人均纯收入达到500元以上（按1990年不变价格）；扶持贫困户创造稳定解决温饱的基础条件（有条件的地方，人均建成半亩到一亩稳产高产的基本农田；户均一亩林果园，或一亩经济作物；户均向乡镇企业或发达地区转移一个劳动力；户均一项养殖业或其他家庭副业。牧区户均一个围栏草场，或一个"草库仓"）。

此外，《国家八七扶贫攻坚计划》还有针对性地明确了开发式扶贫的方针（鼓励贫困地区广大干部、群众发扬自力更生、艰苦奋斗的精神，在国家的扶持下，以市场需求为导向，依靠科技进步，开发利用当地资源，发展商品生产，解决温饱进而脱贫致富）、扶贫开发的基本途径（重点发展投资少、见效快、覆盖广、效益高、有助于直接解决群众温饱问题的种植业、养殖业和相关的加工业、运销业；积极发展能够充分发挥贫困地区资源优势，又能大量安排贫困户劳动力就业的资源开发型和劳动密集型的乡镇企业；通过土地有偿租用、转让使用权等方式，加快荒地、荒山、荒坡、荒滩、荒水的开发利用；有计划有组织地发展劳务输出，积极引导贫困地区劳动力合理、有序地转移等），以及组织与领导、部门任务、政策保障、社会动员、国际合作、资金管理使用等各项举措。

湖北省在这一时期，紧紧围绕党和国家的有关要求，制定《湖北省扶贫攻坚计划（1994—2000年）》明确本省这一时期脱贫攻坚的中心目标，即以当时的贫困线标准为参照，集中力量并广泛动员各部门、社会各界稳定解决全省贫困人口的温饱问题。要求全省每年解决60万至80万贫困人口的温饱问题，其中国家扶持的贫困县6年、省定贫困县5年、插花贫困乡镇4年时间完成目标任务。

湖北省还在《国家八七扶贫攻坚计划》的基础上，进一步明确了稳定解决温饱问题的标准（农户实现一人半亩到一亩当家田地，一人一亩高效经济林，每户必须有养殖业或其他家庭副业，每户有一个劳动力转移到乡镇企业或外地；以户为单位，贫困人口人均纯收入每年增加60元至80元；县乡村分别实现有一个产值过亿的县（区）级企业或企业集团，有一个产值过百亿元的乡镇骨干企业，有一个产值过十万元的村级绿色企业或加工业；人畜饮水困难等基础设施薄弱的问题得到解决，乡与乡之间通电、通车，不通电、不通路的村不超过总体的10%；基本普及初等教育，扫除青壮年文盲；开展成人职业技术教育和适龄劳动者的职业技能开发；改善文化设施条件，逐步解决贫困地区农民看戏难、看电影难、看书难的问题；改善医疗卫生条件，防治和减少地方病等）。

开发式扶贫八七攻坚时期，是我国脱贫攻坚从“战略开局”到“战略攻坚”的重大历史转折时期。以县域为辐射中心开展全国性的大规模扶贫工作在这一时期掀起了第一波高潮。开发式扶贫八七攻坚时期，我国的脱贫攻坚和湖北省的脱贫攻坚有几个相一致的显著特点，这也是我国的脱贫攻坚和湖北省的脱贫攻坚在这一时期最显著的成效，不仅为这一时期全国和全省的脱贫攻坚做出了突出的贡献，也为后来打下了坚实的基础。

这一时期首次专门出台我国和我省的扶贫攻坚计划，并将其上升到国民经济和社会发展计划重要组成部分的高度，有目标、有计划、有期限、有策略地推进脱贫攻坚。为这一时期的脱贫攻坚工作明确了量化的目标与任务，提出了具体的要求，提供了重要的政策和制度遵循，也规划出了策略与路径。

这一时期中央和省级脱贫攻坚财政资金支持开始大幅增长，为脱贫攻坚提供了最为重要的“物质保障”。得益于深化改革开放、大力推进社会主义市场经济发展的财税红利和分税制财政管理体制改革带来的中央可调配财力大幅增长，这一时期无论是中央的脱贫攻坚专项财政资金，还是省级脱贫攻坚专项配套财政资金都较上一时期有了几何倍数的增长。仅以1994年至2000年中央用于脱贫攻坚的专项财政资金为例，7年间，中央累计投入1242亿元，其中以工代赈财政资金330亿元，较上一时期3.4亿元的总投入多出近百倍。此外，累计投入财政发展资金 281 亿元，专项扶贫贷款 631 亿元。[1]各项专项财政资金加总再平均计算，全国 592 个国定贫困县年均皆在数千万元以上，可谓是质的飞跃，极大缓解了贫困县脱贫攻坚的财政压力。

这一时期首次明确脱贫攻坚省长负责制，受此影响，市、县、乡各级主要领导开始将脱贫攻坚作为一项重要工作来抓。《国家八七扶贫攻坚计划》明确了分级负责、以省为主的省长（自治区主席、直辖市市长）负责制，要求省长（自治区主席、直辖市市长）亲自抓，负总责，及时协调解决重要问题；集中使用财力、物力，保证按期完成本计划规定的任务。明确所有贫困县把扶贫开发、解决群众温饱作为中心任务，并明确把计划的实施和解决群众温饱的成效，作为衡量贫困县领导干部政绩和提拔重用的主要标准。此外，还进一步作出了保持贫困县领导班子相对稳定、不准兴建宾馆和高级招待所、不准新盖办公楼、不准县改市等详细规定。

湖北省在这一时期专门明确要求各县（市）区，特别是国定贫困县，必须将“温饱工程”作为突出重点抓，主要领导负总责。省、市、县、乡主要领导抓脱贫攻坚，这一空前的政治动员力度，极大地调动了广大党员干部的积极性与主动性。

这一时期的脱贫攻坚工作更加富有针对性、创造性。不仅信贷优惠政策、财税优惠政策和经济开发优惠政策更加规范、有效，还有针对性地加强了对各级各部门脱贫攻坚责任和行为的约束与监督，实施中央扶贫资金管理具体办法和严格的扶贫资金审计制度。对贫困户和贫困人口实行有针对性、差异性的扶持，相关扶持政策、措施更加多样化、复合化。与此同时，创造性地开始了部门间的脱贫攻坚统筹协调与配合，东西部城市之间的对口帮扶，企事业单位、工商联组织的结对扶持，以及广泛动员社会力量参与扶持、加强国际脱贫攻坚合作。

此外，以湖北省为代表的部分省份，率先开始强调贫困户和贫困人口的精

①张磊，黄承伟，任燕顺，汪三贵等：《中国扶贫开发历程（1949—2005 年）》，中国财政经济出版社 2007 年版，第 69—71 页。

准问题和调查摸底工作，探索在对重点贫困乡、村、户和人口进行详细调查摸底的基础上，进行登记造册，动态管理。这在一定意义上为精准扶贫以来所突出强调的“建档立卡”工作打下了基础，提供了宝贵的探索经验。这也是包括湖北在内的几个省份，精准扶贫工作经验成为全国样板的历史原因之所在。

开发式扶贫八七攻坚时期，无论是全国还是全省，以攻坚之名，行脱贫攻坚之事，最终实现了攻坚之实。脱贫攻坚历史进程中的第一个攻坚时期和第一波高潮，基本解决了中国的农村温饱问题，进一步改善了老、少、边、穷地区的面貌，这一点毋庸置疑。

恩施市鹤峰口村的绝美之景（恩施市扶贫办供图，严鹏摄）

冲 锋

进入21世纪，中国的改革开放走过风雨20多年，已改头换面、今非昔比。世界大国的实力初显，国际地位显著提高，开始在世界政治舞台崭露头角。经济社会发展进入高速增长期，带来了农业、工业、国防、科技的飞速发展，人民生活水平大幅提高，国家财力显著增强。此时的中国有实力、有能力、有信心加快推进四个现代化建设、全面小康社会建设，包括脱贫攻坚在内的各项社会事业进入快速发展期。

新世纪以来，中国的脱贫攻坚进入开发式扶贫巩固提高时期。然而，这一时期的脱贫攻坚任务并没有因为前两个时期的努力奋斗而有所减轻，依然十分艰巨。一个突出的表现是贫困人口的总体规模依然十分庞大，贫困人口规模总量相较于前两个时期不降反升，以至于到2012年精准扶贫初期，这一形势仍然没有根本性扭转。值得一提的是，这并非缘于前两个时期脱贫攻坚不力或者说成效不显。正如前文所言，前两个时期脱贫攻坚取得了突出成效，并为后两个时期奠定了坚实的根基。这种越扶越多的局面之所以会出现，存在两个突出的重要原因。

其一，经历前两个时期的不懈努力，伴随着经济社会的高速发展，我国的贫困线标准逐年提高，且逐年提高幅度较大。也正是在这一时期，我国的贫困线标准逐步接近国际标准，并逐步走向后来的与国际并轨。1993年，我国的贫困线标准是人均纯收入350元/年，而到2000年，这一标准提高到625元，2008年进一步将其提高到1196元/年。贫困线标准的提高，一个最直接的影响即带来贫困人口规模的大幅增长。

其二，被排除在贫困线标准之外的次贫困人群尚且存在较大规模，特别是大量的贫困临界人群。这部分存量较大的次贫困人群即便是沿用前两个时期的国定贫困线标准，在遭受轻微的家庭变故、自然灾害等风险时，也会瞬间跌入贫困悬崖。同时，由于前两个时期在可持续性保障脱贫和巩固脱贫成效领域关注不足，导致一大批已经脱贫的人群在随后的几年因失去了帮扶或者再次遭遇风险而大范围返贫。

因此，在寻绎脱贫攻坚发展历程的过程中，把不同脱贫攻坚时期的贫困人口规模总量变化作为比较的重要参考变量，甚至作为衡量各个时期脱贫攻坚成效的主要依据，难免缺乏科学性和客观性。

之所以将 2001 年开发式扶贫八七攻坚时期结束，到 2012 年精准扶贫的开启这期间的时期称之为开发式扶贫巩固提高时期，是基于党和国家脱贫攻坚政策和实际工作的延续性而言。正如前文所言，这一时期，党和国务院颁布《中国农村扶贫开发纲要（2001—2010 年）》，湖北省也参照《中国农村扶贫开发纲要（2001—2010 年）》颁布了《湖北省扶贫开发规划（2001—2010 年）》。明确在《国家八七脱贫攻坚计划》的基础之上，针对开发式扶贫八七攻坚时期的遗留问题再攻坚、再巩固、再提高。

这一时期脱贫攻坚迎来了绝佳的机遇发展期，突出表现在以新世纪以来的中央一号文件为标志。“三农”问题历史性地上升成为全党工作重中之重，而脱贫攻坚作为“三农”工作的重心也顺势被提到更高的高度。这一时期西部大开发战略、全面建设小康社会战略、社会主义新农村战略同步开启，并快速、有力地推进，为脱贫攻坚增添了“左膀右臂”。也是在这一时期，延续几千年的农业税费被取消，乡镇综合配套改革大力推进并完成预期目标。但从脱贫攻坚本身而言，这一时期的脱贫攻坚很大程度上继承了开发式扶贫八七攻坚时期的路线和方针，接续了开发式扶贫八七攻坚时期未完成和待提升的大量工作。通过比较《中国农村扶贫开发纲要（2001—2010 年）》与《国家八七扶贫攻坚计划》可见一斑。

这一时期脱贫攻坚的奋斗目标，强调尽快解决少数贫困人口温饱问题，进一步改善贫困地区的基本生产生活条件，巩固温饱成果，提高贫困人口的生活质量和综合素质，加强贫困乡村的基础设施建设，改善生态环境，逐步改变贫困地区经济、社会、文化的落后状况，为达到小康水平创造条件。这一时期与再攻坚、再巩固、再提高紧密相关的特点与成效突出表现在多个方面。

中央和省级配套的脱贫攻坚财政专项资金较上一时期进一步大幅增长。不仅实现了将脱贫攻坚财政资金列入财政预算的重大突破，也强化了各涉农资金、资源的整合力度，这是有针对性地统筹解决上一时期突出存在的脱贫攻坚财政资金不足难题的有力举措。针对上一时期存在的脱贫攻坚财政资金分散、多头管理、使用效率低等突出问题，专门出台《财政扶贫资金管理办法》和《财政扶贫项目管理费管理办法》等法规予以规范。同时，开始推行各级脱贫攻坚财政资金专户管理和专款专用制度，并进一步强调财政专项资金的审计、监管。

“建档立卡”从探索走向普及。国家在总结各省贫困户和贫困人口信息管理经验的基础上，开始向全国普及“建档立卡”管理制度，对所有贫困线标准下的贫困户和贫困人口进行档案记录和跟踪管理。湖北省在这一时期，于 2005 年和 2009 年先后两次对全省所有贫困户贫困人口进行了摸底调查，并完成“建档立卡”。尽管当时的“建档立卡”在信息化、动态化管理与精准性等方面，与党的十八大以来的精准扶贫时期相比有很大差距，但在那个时期仍然极大地提高了脱贫攻坚的准确性与科学性，发挥出重大作用。

脱贫攻坚“整村推进”开始探索实施。这一时期开始围绕贫困村的基础设施（如通水、通路、通电、通邮、通信、通广电等），贫困人口的收入、教育、医疗等，探索实施脱贫攻坚“整村推进”工程。湖北省于 2003 年专门出台《湖北省人民政府关于集中扶贫资金分批扶持重点贫困村的意见》，先后于 2003 年和 2004 年分别确定 300 个、500 个整村推进重点村。尽管当时的做法尚未普及，也存在诸多漏洞和不足，但这种做法既是在总结前两个时期“撒胡椒面”式的扶贫困境基础上的一种提升，也不失为是一种新探索，为后续的脱贫攻坚积累了经验和教训。

进一步加强定点帮扶、社会动员和国家合作。在继续做好沿海发达地区对口帮扶西部贫困地区的基础上，充分发挥民主党派和工商联、群众团体、大专院校、科研院所、人民解放军和武警部队等社会各界在扶贫开发中的重要作用，进一步动员社会各界帮助贫困地区的开发建设。探索实行各级党政机关、企事业单位、社会团体对贫困村、贫困户的点对点、直接到乡到村定点帮扶。这是一大进步，为后续配合“整村推进”提供了有力支撑。同时，积极号召海外、境外的华人、华侨及各种社团组织，通过不同形式支持贫困地区的开发建设。积极争取国际组织和发达国家援助性扶贫项目。

“易地扶贫搬迁”提上日程。这一时期由国家计委主导，旨在从根源上解决贫困代际传递的“易地扶贫搬迁”举措，开始由地区试点逐步走向全国推广。湖北是积极响应这一举措的省份之一。2004年湖北省专门颁布《关于进一步做好全省扶贫开发工作的意见》(鄂政发〔2004〕30号)，要求在符合政策标准的“建档立卡”贫困户中，实施易地搬迁工程。据不完全统计，这一时期，湖北先后搬迁安置6万多户，20多万贫困人口。[①]

在经历了第一个攻坚时期和第一波高潮之后，又经历了一个较长周期的再攻坚、再巩固、再提高，中国的脱贫攻坚取得了“决战”——精准扶贫时期开启之初的已有成就，这为那时老、少、边、穷地区的脱贫攻坚决战打下了坚实的基础。否则，精准扶贫的起步之路也许会更加艰难。

①丁士军，陈志等：《改革开放40年：湖北农村扶贫开发》，中国社会科学出版社2018年版，第198—200页。

决　战

2012年，党的十八大胜利召开，脱贫攻坚旋即进入精准扶贫时期，即中国扶贫开发的决战决胜总攻时期。在以习近平同志为核心的党中央坚强领导下，全党全国全民族全社会勠力同心，掀起了中国脱贫攻坚的大决战和总高潮。

历时8年，终于，中华民族在中国共产党的领导下，从全局、全域上消灭了困扰几千年的绝对贫困顽疾，为波澜壮阔的中国扶贫开发史诗写下壮丽的作结诗篇。有关这一时期脱贫攻坚的辉煌业绩、成就与经验等，是全书所要倾心呈现的精华所在。

伟大光荣属于中国人民，属于中国共产党，更属于中华民族。伟大光荣，得益于以习近平同志为核心的党中央的伟大领导，也得益于精准扶贫这一伟大创举。党的十八大以来，以习近平同志为核心的党中央，系统总结、深刻反思中国的扶贫开发史，并在充分汲取历史经验和教训养分的基础上，审时度势、高瞻远瞩地作出了“精准扶贫”这一伟大历史抉择和战略部署。

2012年底，党的十八大召开不久，党中央就突出强调，“小康不小康，关键看老乡，关键在贫困的老乡能不能脱贫”，承诺“决不能落下一个贫困地区、一个贫困群众”，拉开了新时代脱贫攻坚的序幕。2012年12月29日，习近平总书记在河北阜平革命老区视察扶贫工作时，首次提出“精准扶贫”。2013年，党中央提出精准扶贫理念，创新扶贫工作机制。2015年6月18日，习近平同志在贵州召开部分省区市党委主要负责同志座谈会上，提出“扶贫开发贵在精准、重在精准，成败之举在于精准”的论断。10月16日，在北京召开的“2015减贫与发展高层论坛”主旨演讲中，他重申“六个精准、五个一批”的扶贫战略思想。11月27日至29日，中央召开扶贫开发工作会议，突出强调实现脱贫攻

五峰县采花毛尖韵春日（五峰县扶贫办供图，周京荣摄）

坚目标的总体要求，实行扶持对象、项目安排、资金使用、措施到户、因村派人、脱贫成效“六个精准”，实行发展生产、易地搬迁、生态补偿、发展教育、社会保障兜底“五个一批”，发出打赢脱贫攻坚战的总攻令。2017年，党的十九大把精准脱贫作为三大攻坚战之一进行全面部署，锚定全面建成小康社会目标，聚力攻克深度贫困堡垒，决战决胜脱贫攻坚。[①]

精准扶贫是一个多元一体化的实践方略，也是一个体系化的战略结构体系，核心在于“一条主线、三位一体、四个切实、五个一批和六个精准”。

“一条主线”，即坚持精准扶贫实践路径和方略，以精准扶贫实践方略为统领，动员全党全国全社会力量，向贫困发起总攻，确保到2020年所有贫困地区和贫困人口一道迈入全面小康社会。

“三位一体”，即充分发挥政府、市场与社会的作用，坚持专项扶贫、行业扶贫、社会扶贫等多方力量、多种举措有机结合和互为支撑，构建起政府、市场、社会协同推进的“三位一体”大扶贫格局。

“四个切实”，即切实落实领导责任——坚持党的领导，发挥社会主义制度可以集中力量办大事的优势；切实做到精准扶贫——扶贫开发贵在精准，重在精准，成败之举在于精准；切实强化社会合力——扶贫开发是全党全社会的共同责任，要动员和凝聚全社会力量广泛参与；切实加强基层组织——做好扶贫开发工作，基层是基础。

“五个一批”，即通过扶持生产和就业发展一批——为贫困群众打造“造血”能力；通过易地搬迁安置一批——挪出“穷窝”斩“穷根”；通过生态保护脱贫一批——以生态补偿反哺贫困地区；通过教育扶贫脱贫一批——发展职业教育、技术培训提升就业技能；通过低保政策兜底一批——保证贫困群众“一个都不掉队”。

“六个精准”，即扶持对象精准、项目安排精准、资金使用精准、措施到

①习近平:《在全国脱贫攻坚总结表彰大会上的讲话》,《人民日报》,2021年2月26日,第02版。

户精准、因村派人精准、脱贫成效精准。[①]

围绕“一条主线、三位一体、四个切实、五个一批和六个精准”，精准扶贫突破和创新了干部驻村帮扶体制机制，实现省、市、县、乡、村五级干部队伍驻村和村干部一道按户按人精准帮扶；突破和创新了地方考核体制机制，实现第三方评估与省际交叉考核的有效结合。

无论是中央、省、市、县、乡各级的财力物力投入，还是社会各界力量的全面动员，无论是东西部地区间的对口帮扶，还是各大贫困片区间的跨区域对口协作，以及国际减贫合作，这场空前的人民战争，都以历史未有之规模、力度和历史未有之决心、魄力，创造出了又一个彪炳史册的人间奇迹。

“每个人的心中都有一个不一样的哈姆雷特。”不同的人去读、去品不同的故事，体会和感悟都因人而异。不用过多粉饰，但求真切呈现。但愿每一个读者在一位位县（市）区书记、县长、分管副县长、扶贫办主任的脱贫攻坚心路历程中；在一个个为脱贫攻坚而牺牲的英雄事迹中；在无数个曾经和正奋斗在脱贫攻坚一线的功臣和那些通过自我奋斗成为脱贫攻坚最大受益者的贫困户的精彩故事中，会深切体会到、深情感悟到“脱贫攻坚”与“精准扶贫”的精神内涵，也会因此收获自己的人生思索与启迪。

---

①陈锡文，魏后凯，宋亚平：《走中国特色社会主义乡村振兴道路》，中国社会科学出版社 2019 年版。

第二编

湖北脱贫攻坚的磅礴画卷与壮丽诗篇

一、“不破楼兰终不还”的县市领导

这是一个颇受关注的群体，是中国“郡县治，天下安”的主导性因素，他们自脱贫攻坚一路走来的心路历程，少有人知，却备受人们好奇！

恩施市武陵天堑变通途（恩施市扶贫办供图，谢顺摄）

决胜贫困的答卷

——恩施州政协副主席、恩施市委书记向前进自述脱贫攻坚心路历程

恩施市地处武陵山集中连片特困地区，自1994年《国家八七扶贫攻坚计划》起便被定为国家级贫困县。2014年，全市共有贫困村145个，建档立卡贫困户55054户175688人，贫困发生率高达26.08%。那个时候，贫穷落后即为恩施市的代名词，“治穷病、拔穷根”，摘掉贫困的帽子成了全市人民最大的心愿。

经过持续用力、精准攻坚，2020年4月，我们成功摘掉了贫困县的帽子。10月，最后留存的753户1620人通过脱贫验收，标志着恩施市消除了绝对贫困。回顾攻坚的历程，我和市委班子带领全市党员干部，一路访贫问苦、爬坡过坎、攻坚拔寨，解答了四个关键问题，交出了一份经得起历史和人民检验的答卷。

“扶持谁”

解决好“扶持谁”的问题，才能扣好精准扶贫的第一颗“纽扣”。但是，没有调查，就没有发言权，更没有决策权。为了找准第一颗“纽扣”，我严格落实“五级书记抓扶贫”要求，走遍了全市145个贫困村和48个有贫困人口的非贫困村，深入开展调查研究，力求把问题摸排准、把对象识别准、把政策谋划准。

幸福的家庭都是相似的，不幸的家庭各有各的不幸。经过多轮专题调研和精准识别，我们摸清了贫困现状，找准了致贫原因，并将贫困对象划分为三大类，一户一策、精准施策。

第一类是贫困程度深、脱贫难度大的“三无人员”。所谓“三无”，即无

劳动能力、无资金来源、无基本住房保障。

我驻点联系的太阳河乡茅湖淌村，就有这样一户贫困户。户主叫李美权，一家三口都是残疾人。李美权听力一级残疾，妻子覃光香肢残一级、智残二级，儿子李大福多重二级残疾。一家人住的房屋四面透风，经常是屋外下大雨、屋内下小雨，生活条件十分艰苦。

对这类人怎么办？只有兜底保障。村里将李美权一家评为低保户，并落实了易地搬迁、残疾人补贴、计生特扶等帮扶政策。生活条件的极大改善，激励了李美权一家自力更生、不等不靠，他们不仅种了 6 亩地，还养了 5 头猪，高质量实现了“两不愁三保障”。脱贫后的李美权，脸上经常挂满笑容。

全市像李美权这样的家庭不在少数。我们举一反三，建立了动态管理台账，制订了有针对性的帮扶方案，精准落实了低保、五保、民政救济等扶持政策，没有让一名“三无人员”在脱贫的路上掉队。

第二类是贫困程度较深、脱贫难度较大的“一有两无两差”人员。所谓“一有两无两差”，就是有一定的劳动能力，但无稳定的收入、无基本的技能，住房条件差、公共服务基础设施差。

恩施大峡谷有名的“背篓哥”刘成松，过去就属于“一有两无两差”人员。大峡谷景区没有开发前，刘成松是村里出了名的低保户，他家境贫寒、生活困难，40 多岁还没成家，和年迈的父母挤在破旧的老木屋里。大峡谷景区开发以后，刘成松靠一个背篓吃上了“旅游饭”。他每天在景区卖山货、帮游客背行李，不仅赚了钱、建了房，还讨上了老婆，摘掉了贫困户“帽子”。

像刘成松这样有劳动能力，却无稳定收入和基本技能的群体，只要帮他们找准发展产业的路子，提供就业创业的机会，他们就能够顺利脱贫。

第三类是贫困程度一般、脱贫难度较小的“三有两较差”人员。所谓“三有两较差”，即有一定的劳动能力、有一定的劳动技能、有比较稳定的收入，但住房条件相对较差、公共基础设施相对较差。

比如，新塘乡河溪村贫困户钟兴桥。他一家五口，居住在河溪村竹坪组，山大人稀、交通闭塞，走出大山脱贫致富是他最大的心愿。2016 年，钟兴桥一家被评为易地扶贫搬迁对象，他从大山深处搬到了双河集镇易迁安置点。交通条件、居住条件改善后，钟兴桥便开始了自己的创业路。他找到河南一家楸树种植经销公司，争取到项目资金，在新塘乡河溪村、木栗园村投资种植楸树，不仅自己成功脱贫，还吸纳周边群众就业，带动 30 余户贫困户走上了脱贫路。

像钟兴桥这样的贫困户，在全市占大多数。只要拉一把、扶一手，依靠自身发展完全可以摆脱贫困。

锁定了建档立卡对象，分清了贫困类别，我们确立了因村施策、因户施策、因人施策的基本思路，自我加压，明确了“4099”工作目标（“40”即零硬伤、零短板、零信访、零容忍；“99”即群众认可度达到 99% 以上），提出了“54321”工作法（“5”就是“五个基础”：基层党建、基础产业、基础设施、基本公共服务、基层治理。“4”就是“四个反复”：反复走访掌握社情民意、反复沟通增进情感交流、反复研究敲定脱贫方案、反复动员落实发展措施。“3”就是“三个一口清”：要求村“尖刀班”干部和结对帮扶干部做到政策一口清、民情一口清、施策一口清。“2”就是树立“两个形象”：树立村干部“领头雁”的形象，树立干部的公仆形象。“1”就是实现“一个目标”：恩施市如期实现脱贫“摘帽”），推动了“六个精准”“五个一批”在恩施市落实落细、落地见效。

同时，为确保“扶真贫、真扶贫”，我们先后开展了多轮数据清洗和数据质量提升行动，对扶贫工作开展“回头看”，及时梳理政策兑现情况，制定后扶工作措施，巩固脱贫成效。

“谁来扶”

脱贫攻坚是一场没有硝烟的战争，打赢脱贫攻坚战需要非常之举、非常之策、非常之力。

我们按照战时要求，迅速成立了由我任政委、市长任指挥长的市脱贫攻坚指挥部，并在 17 个乡镇成立了由市级领导任指挥长的脱贫攻坚前线指挥部，推进重心下沉、资源下沉、力量下沉，充分调动“四支力量”，分兵作战、合力攻坚。

第一支力量是扎根基层的“尖刀力量”。

脱贫攻坚战，必须一线作战、尽锐出战，保持不获全胜决不收兵的定力，发扬“钉钉子回脚”的精神，增强“宁脱三层皮不叫一声苦”的韧劲，凝聚成一把锋利的尖刀，向贫困宣战、与贫困决战。

为此，我们抽调 2638 名市、乡最精锐力量，下沉到村，组建 193 个驻村扶贫“尖刀班”，坚持“岗位在村、工作在村、吃住在村”，一线作战、狠抓落实；1.1 万名党员干部全覆盖结对帮扶贫困户，用心用情用力解难题，密切了党群干群关系。

脚下沾有多少泥土，心中就沉淀多少真情。村民期盼什么，“尖刀班”就要回应什么。比如，恩施市屯堡乡田凤坪村老百姓最期盼的事，就是解决“靠天吃水”的问题。但是，这个村吃水难由来已久，过去也采取了很多办法，始终没有彻底解决饮水难题。怎么办？驻村“尖刀班”站了出来。他们花了近两个月时间四处找水，但是始终没有找到理想水源，村里唯一没去找的地方只有村背后那几百米高的绝壁。驻村“尖刀班”没有放弃最后一线希望，迅速成立悬崖探水队，“尖刀班”成员罗方宇、杨文清身先士卒，在几百米高的绝壁岩洞中找到了清泉，彻底解决了村里 183 户 780 人的饮水难题。

我们的“尖刀班”队伍中，有的是“父子兵”，有的是“夫妻档”，还有的带着幼小的孩子去扶贫，他们克服一切困难，为乡村发展出点子、找路子，啃下了一个个“硬骨头”，以工作精准度提升群众满意度，以工作责任感提升群众获得感，以干部的辛苦指数换来群众的幸福指数，夯实了党的执政根基。

事实证明，我们的“尖刀班”是一支特别听号令的队伍、是一支特别能吃苦的队伍、是一支特别能奉献的队伍、是一支特别能干事能成事的队伍，被群众形象地称为扶贫路上最可爱的人。

第二支力量是主动作为的“企业力量”。

有企业才能做大产业，有产业老百姓脱贫才有盼头。我们从政策、资金、项目等方面出台激励政策，充分调动市场主体积极性，引导企业家履行社会责任，助力脱贫攻坚。

恩施花枝山生态农业公司董事长刘小英就是一位很有责任感的企业家。她为自己定下了“打造一品、致富一村、带动一方”的目标，投入400余万元，采取吸纳就业、产品回购、股权分红等方式，带动群众发展茶叶产业，帮扶贫困户脱贫增收。在她的带动下，花枝山村从一个贫穷落后的偏僻山村，蝶变成绿水青山、茶园飘香、文明富裕的美丽新村，全村126户贫困户脱贫致富，过上了梦寐以求的幸福生活。

几年来，我们通过开展“千企帮千村”扶贫行动，引导509家企业结对帮扶145个贫困村。同时，累计发展新型市场主体2634家，链接贫困户4.5万户，链接率达到81.6%，带贫益贫成效明显；筛选41家带贫能力较强的民营企业，采取“多对一”的方式，结对帮扶11个重点攻坚村，帮助贫困户拓宽了致富门路。

第三支力量是携手共进的“协作力量”。

“东西部扶贫协作”是党中央推动跨区域协调发展、协同发展、共同发展的大战略，是恩施市脱贫攻坚、全面小康、加快发展的大机遇。

习近平总书记主持召开银川座谈会后，我们和杭州市江干区迅速行动、深入对接，明确了“恩施所需、江干所能”协作原则，打造了“名誉村长、硒品入杭、恩施月嫂、山中车间、杭情施意、同心圆共同体”六个协作品牌。特别是聚焦贫困村差产业、差企业、差理念的现状，聘请40多位杭州明星企业家，担任恩施市50多个贫困村的“名誉村长”，他们带来了先进的理念、管理的经验、成熟的市场，有力推进了脱贫攻坚和美丽乡村建设。

三年来，江干区聚焦扶贫协作，累计投入财政资金1.38亿元，实施项目120个，带动4万余贫困人口脱贫增收；聚焦发展合作，引进10余家浙商落户恩施，推进了产业梯度转移，实现了两地合作共赢。

第四支力量是情意浓浓的“爱心力量”。

精准扶贫既是政治任务，也是爱心工程，尤其需要全社会的广泛参与。为了调动各方积极性，我们构建了政府、社会、市场共同发力的大扶贫格局，涌现出了一大批爱心企业、爱心组织、爱心人士，凝聚起守望相助、并肩战斗的“爱心力量”。

我们充分发挥中国社会扶贫网等平台的纽带作用，引导7.4万名爱心人士注册，竭尽所能扶贫济困、传递爱心。

恩施市崔家坝镇崔家坝社区曹家湾组的崔婧鑫，就是这份大爱的受益者。2014年，12岁的崔婧鑫被确诊“先天性再生障碍性贫血”，让这个本就贫困的家庭雪上加霜。驻村“尖刀班”了解情况后，通过低保、医疗救助、护林员补贴等多种方式，帮助这个家庭渡过难关。2019年5月，崔婧鑫再次病发，被紧急送进医院，但手术需要30万元。驻村“尖刀班”第一时间将崔婧鑫的情况发布到中国社会扶贫网，此情况得到了国务院扶贫办、中国社会扶贫网领导的高度重视。2019年8月7日，“挽救17岁再生障碍性贫血女孩众筹项目”在中国社会扶贫网正式上线，仅用27天便募集善款30.16万元，崔婧鑫的手术费终于有了着落，这个因病因贫变得孤僻的花季少女，终于露出了久违的笑脸。

我们还成立了毕兹卡社会工作服务中心，通过设置乡村社工站，让近万名农村家长、儿童受益；我们引导建立义工协会，支持开展志愿服务活动，发动义工积极参与教育扶贫、健康扶贫，在全社会传递了向善向上向好向美的正能量。

“怎么扶”

精准扶贫，重点是扶贫，难点是脱贫，关键是精准。习总书记强调，精准扶贫“贵在精准，重在精准，成败之举在于精准”。打赢打好脱贫攻坚战，精准施策是关键中的关键。

——扶贫先扶志。物质上的贫穷并不可怕，可怕的是精神上的贫穷。“自甘贫”思想不消除，“要人富”就要走很长的路。因此，扶贫必先扶志，脱贫必先脱懒。

恩施市白杨坪镇熊家岩村贫困户于某，因为发展动力不足、家境贫困被纳入贫困系统。于某发展动力不足，根源在于思想上的“等、靠、要”，对村里的工作稍有不满意就扬言上访。为此，驻村“尖刀班”从思想层面着手，针对动力不足的问题，安排干部帮着干，发动企业带着干，宣传正面典型推着干，哪怕是被动的，首先要让他干起来。经过一年多努力，他的5亩茶苗、4亩银杏长势良好，务工收入明显增加，各项奖补政策悉数到账。尝到劳动甜头的于某，变得越来越积极，越来越勤劳，2018年他主动申请摘掉了“穷帽子”。

脱贫致富，既要富口袋，更要富脑袋。为了真正把贫困户的“志”扶起来，我们积极开展乡风文明引领行动，推进“五佳五好”评选（五佳：最佳美丽乡村、最佳美丽社区、最佳脱贫标兵、最佳扶贫干部、最佳扶贫市场主体。五好：好婆媳、好妯娌、好姑嫂、好邻里、好心人），教育引导广大人民群众感党恩、听党话、跟党走，厚植了感恩文化，激发了内生动力。

——要致富先修路。道路是经济发展的动脉，更是脱贫致富的基础。唯有路通，产业才活、群众才富。

近年来，恩施市在省委、省政府支持下，先后有4条高速公路、1条铁路贯穿全境，恩施机场拓展航线15条，已经成为武陵山区重要交通枢纽。

但是，打通大通道，还要畅通内循环。恩施市作为一个国家级贫困县，基础设施落后是最现实的市情。任凭我们有“世界硒都”“华中药库”“烟草王国”“天然氧吧”等美誉，都因交通不便，导致“养在深闺人未识”。如老百姓自我调侃那样：“一块五花肉被盖在了饭里。”

修路！在市级层面也很快形成统一意见，下定决心、整合资金，不仅要打通内循环，还要逐步畅通“毛细血管”。人心齐，泰山移。精准扶贫以来，我们统筹资金24.5亿元，既改造了太阳河“十大拐”这样的旅游公路，也打通了新塘“壁挂公路”这样的乡村公路，累计建成“四好农村路”4900余公里，老百姓的致富之路越走越宽阔。

修路，只是我们补齐基础设施短板的一个缩影。2014年以来，我们累计整

恩施市太阳河“十大拐”公路（恩施市扶贫办供图）

合资金 82.67 亿元，在出行困难的地区逢山开路、遇水架桥；在用电困难的地区增变台、扩电容；在饮水困难的地区建水厂、挖水窖；在通信困难的地区拉网线、建基站；在住房困难的地区搞搬迁、改危房……农村面貌发生了翻天覆地的改变。

——授人以鱼不如授人以渔。“输血”只能治标，“造血”才能治本。拔掉穷根，必须处理好短期脱贫与长期增收的关系，既要坚持标本兼治，又要注重治本除根。

按照这个思路，我们在不折不扣落实教育扶贫、健康扶贫、兜底扶贫、生态扶贫等政策的基础上，聚焦产业、就业、创业，建立“授人以渔”的扶持模式，帮助贫困群众持续稳定增收。

产业是脱贫的关键所在。没有产业，脱贫就无从谈起，持续增收也是一句空话。为了夯实产业基础，我们聚焦生态文化旅游、硒食品精深加工、生物医药、清洁能源“四大产业集群”，建基地、建园区、建链条，带动 5.4 万贫困户稳定增收，产业带贫率达到 97.9%。贫困人口人均纯收入从 2014 年的 2597 元，增长到 2020 年的 9588 元，增幅 269%。尤其是在特色产业上，我们放大“恩施玉露”的品牌价值和带动效益，提档升级 124 万亩特色产业基地，87 个产品获得绿色认证，37 个产品获得有机认证，家家户户都有了“当家产业”。

就业是脱贫的根本之策。没有就业，收入就涨不起来，群众就富不起来。我们把就业作为第一民生，全面实施精准扶贫技能培训工程，累计培训 16.11 万人次，其中贫困人口 5.38 万人次；通过专项招聘、定向培养等方式，帮助 6.7 万贫困人口实现稳定就业；建成就业扶贫车间 33 个，吸纳 367 名贫困人口就业；以易地扶贫搬迁集中安置点为重点，开发道路养护、乡村保洁、社会辅助性服务等公益性岗位 729 个，有效解决了搬得出、稳得住、能致富的问题。

创业是脱贫的源头活水。没有创业，增收的渠道就不宽，脱贫的路子就不广。我们以审慎积极的态度，鼓励引导老百姓创业致富。为此，我们明确了 120 条优化营商环境举措，提升行政效能、厚植创业土壤、激发创业活力；充分发挥金融扶贫杠杆功能，累计发放扶贫小额贷款 6.3 亿元，发放“新型经营主体 + 建档立卡贫困户”贷款 4.9 亿元，有效解决了老百姓创业没有启动资金的问题。在此基础上，我们实施创业致富带头人培育工程，累计培育创业致富带头人 866 名，带动贫困户就业 5772 人，辐射带动贫困人口 3 万余人。

“如何巩固提升”

脱贫攻坚是一场持久战，必须持续用力、久久为功。

近年来，我们围绕精准脱贫打“攻坚战”，围绕州级试点下“先手棋”，围绕全域振兴出“组合拳”，推动“传统农村”向“美丽乡村”蝶变，成功创建了国家首批全域旅游示范区，跻身中国最美县域榜单。

我们注重试点示范，先后将二官寨、洞下槽打造成全州乡村振兴试点，并放大州级试点效应，着力建设 3 条示范生态走廊（大峡谷、恩鹤线、双龙线），梯次培育了 7 个市级试点，成功创建了 50 个省级生态村、16 个省级美丽乡村示范村。

我们注重规划引领，围绕乡村振兴“二十字”方针，科学设置 5 类 27 项指标，谋划全市乡村振兴蓝图，系统编制美丽乡村、全域旅游、产业发展等总体规划；围绕农村建房“三原则”，坚持“能依山的不占田，能集中的不分散，能体现民族特色的不建小洋房”，严格要求“房不乱建、山不乱挖、树不乱砍、田不乱占、河不乱填”，守护绿水青山，留住美丽乡愁。

路虽远，行则将至；事虽难，做则必成。经过 8 年持续奋斗，脱贫攻坚取得重大胜利，使“三农”工作得到了极大提升，党群干群关系发生了深刻变化，进一步夯实了党的执政根基。作为实现第一个百年奋斗目标的参与者、见证者，我感到无比光荣、无比自豪。

雄关漫道真如铁，而今迈步从头越。未来，我们将巩固脱贫攻坚成果，奋力加快绿色发展、高质量发展，在实现第二个百年奋斗目标的征程中，体现恩施担当、贡献恩施力量、展现恩施作为！

不让一个贫困户掉队

——襄阳市委常委、保康县委书记张世伟自述脱贫攻坚心路历程

我踏上保康这片热土，一转眼已经9年多。这9年多在历史长河中虽是短短一瞬，于我而言却是一段最美好、最充实、最弥足珍贵的时光。保康早已成为我深深眷恋的故乡。尤为难以忘怀的，是我担任县委书记后团结带领全县人民落实习近平总书记精准扶贫战略思想、打赢脱贫攻坚战的那1500多个日夜。

保康地处鄂西北荆山深处，一直是湖北省深度贫困县和国家秦巴山片区脱贫攻坚重点县。截至2014年，全县共有贫困村65个，建档立卡贫困人口29489户83075人，贫困发生率高达53.6%。

打赢脱贫攻坚战、不让一个贫困群众掉队，既是时代的要求，也是全县人民热切的期盼，更是我这个县委书记义不容辞的责任。

近五年来，我始终把精准扶贫作为最大的政治、最大的责任、最大的任务，紧紧团结和依靠全县人民，凝心聚力、夙夜为公，攻坚克难、奋力拼搏，攻下一个又一个难关，啃下一块又一块硬骨头，胜利完成了新时代脱贫攻坚目标任务。

2016—2018年，在全省贫困县党政领导班子扶贫开发工作成效考核中，保康连续三年获得全省第一。

2019年4月29日，省政府发文批准保康退出贫困县。

2020年7月，保康顺利接受了脱贫攻坚的国家普查。

保康能够摘掉贫困帽子，离不开上级党组织的坚强领导，离不开各级领导的关心厚爱，归功于全县各级党员干部“舍小家、顾大家”的无私情怀和共同努力，归功于28万父老乡亲的万众一心、奋力拼搏。能有幸赶上这个时代，共

同创造和见证保康的变化，交上一份无愧于时代、无愧于组织、无愧于人民的答卷，结下一份如山高、似水长的战友情、鱼水情，我感到非常荣幸、非常自豪、非常感激。

出政策　建机制　构建脱贫攻坚的“四梁八柱”

精准扶贫是一场攻坚战，更是一个系统工程。作为指战员，如何统筹谋划，调兵遣将，是摆在我面前的当务之急，这个问题不解决好，就有可能忙而无序、忙而无效，甚至打乱仗、打败仗。

小智治事，大智治制。精准扶贫要决战决胜，必须从政策和机制入手，做好顶层设计。但精准扶贫是人类历史上的一次伟大的创举，古今中外都没有可复制、可借鉴的经验，唯有在实践中不断探索。

那段时间，我白天带着县扶贫办主任，深入乡镇、村组进行调研，听取基层干部、贫困群众的意见建议；晚上认真学习研究上级有关文件精神，进行“头脑风暴”。我经常半夜打电话给分管县领导和县扶贫办主任，或安排部署相关工作，或就有关问题交换意见。很快，一套完整的政策体系和工作机制逐渐酝酿成熟。

结合县情实际，我提出建立“1+N”政策支撑体系。“1”就是《保康县关于整县推进精准扶贫工作的决定》，“N”就是产业扶贫、健康扶贫、教育扶贫、金融扶贫、兜底保障扶贫、生态扶贫、光伏扶贫、就业扶贫、危房改造、基础设施扶贫等一系列政策。

政策有了，如何压实责任，推动政策落地生根？我提出建立“四大工作机制”。

第一是战时工作机制。在县级层面，成立全县精准扶贫作战指挥部，由我任第一指挥长，县长任指挥长，建立精准扶贫领导小组联席会议制度，每两个月召开一次联席会，研究解决工作中的困难和问题。在乡镇层面，成立 11 个乡镇现场作战指挥部，分别由联系乡镇的县“四大家”领导任现场作战指挥长，镇委书记、镇长分别担任战区第一指挥长和指挥长，负责本战区的精准扶贫工作。

第二是领导包保机制。也分三个层面：县委常委，县人大、县政协主职领导联系11个乡镇及重点贫困村；其他县“四大家”领导、副县级干部包保贫困村，实行每月“两天一夜”驻村；县直部门“一把手”实行每周“两天一夜”驻村，驻村工作队每周“五天四夜”全脱产驻村。

第三是牵头联动机制。成立产业扶贫、易地搬迁扶贫、兜底保障扶贫、健康扶贫、教育扶贫、就业扶贫、金融扶贫、基础设施建设扶贫等八项重点工作领导小组，分别由分管副县长担任组长，八个县直部门牵头抓总，负责规划编制、组织实施，做到全县脱贫攻坚“一盘棋”。

第四是驻村帮扶机制。做到“三个全覆盖”，驻村工作队实现全覆盖，在4家省驻村工作队和85家市驻村工作队的基础上，全县组建248个驻村工作队，驻村开展精准扶贫。第一书记实现全覆盖，精准选派257名第一书记，安排1446名党员干部开展驻村帮扶，覆盖全县257个村。结对帮扶实现全覆盖，组织全县6600多名党员干部，与2.9万户贫困户开展结对帮扶活动。

制度的生命力在于执行。为了推动“四大机制”落实落地，我带头联系马良镇，包保扁洞河、水斗两个重点贫困村，结对帮扶乔兆菊、严红、王宗耀、杨贞刚、望必翠等5户贫困户。我率先垂范，大家照葫芦画瓢。

实践证明，“1+N”政策体系、“四大机制”的指导性、针对性、操作性非常强，抓住了关键、抓住了要害、抓在了点子上。精准扶贫变成了全体党员干部共同抓的工作，成了大家共同的政治责任。

选头雁　育能人　筑牢脱贫攻坚的坚强堡垒

俗话说，“村看村、户看户、群众看干部、干部看支部”。打赢脱贫攻坚战，村支部书记这支队伍至关重要，哪个村支部书记能力强、作风硬，哪个村的发展就快。重视村支部书记队伍建设，善于和村支部书记打交道既是我的一大工作特色，也是我的一项重要工作方法。

我建有一个微信工作群，群员除了我和县委组织部长外，全部是村支书。

全县 257 个村支书、19 个社区书记，我基本上都能叫上名来。我经常对村支书们说："不要把村长不当干部，也不要把村长太当干部。"告诫他们做人要有情怀，做官要有境界，做事要有章法。

马良镇扁洞河村是全县 65 个重点贫困村之一。记得我第一次去扁洞河，看到村支书乔永鹏脸色疲惫，精神萎靡，整个人不在状态。果然，开座谈会轮到他发言的时候，他一上来就猛倒苦水，说现在当村干部没有盼头，工作任务重、村里没收入、工资没保障、群众不满意。他还说，由于扁洞河太穷、太破、太落后，扁洞河人走到哪儿腰杆都直不起来，从来不敢说自己是扁洞河的，怕说出去别人瞧不起。我听了很痛心、很难过，但同时也改变了对乔永鹏的看法，认为他性格直率，敢说真话，也想实实在在为群众干一些实事，只是苦于没门路。

我当即就对乔永鹏说："老乔，我们这次搞精准扶贫是真搞，不是假搞；我到扁洞河驻村，是真驻，不是假驻。只要你有信心、有想法、有路子，我们就帮你，实实在在地帮你。我相信经过我们共同的努力，扁洞河一定能旧貌换新颜！"

亲切地叫一声老乔，一下子就拉近了我和乔永鹏的距离，他精神一下子振作起来，告诉我现在最想做的事有三件：一是把桥建起来，二是把茶园恢复起来，三是把村委会建起来。我让老乔详细汇报了具体的实施方案，认为这三件事切实可行，是解决扁洞河村贫困现状的当务之急。于是，当场表态大力支持。

有了"靠山"的老乔一心扑在工作上，忙着建桥、忙着建村委会、忙着易地搬迁、忙着改造茶园，经常十天半月不回家。如今，扁洞河在乔永鹏的带领下，变美了、变富了，村里的易地搬迁小区取名"奋斗小区"，文化墙上的"撸起袖子加油干""幸福都是奋斗出来的"标语格外耀眼。老百姓特意编了一句顺口溜形容这巨大的变化："昔日的扁洞河，稀饭顺嘴喝；现在的扁洞河，成了香饽饽。"

青龙湾村是黄堡镇的一个边远贫困村。村里可谓一穷二白，村委会没办公场所，村集体没收入，老百姓没产业，全村漫山遍野都是苞谷秆子，唯一令我欣慰的是村支书陈天华为人厚道，踏实肯干。我召开现场办公会，就青龙湾存在的困难和问题一一研究解决。返回的时候，我握着陈天华的手说，贫穷不可怕，落后也不可怕，关键是要选准发展方向，只要敢拼敢干，就没有攻克不了的难关。三年来，陈天华记住我的嘱托，带领村支两委一步一个脚印，撸起袖子加油干，誓把旧貌换新颜。截至 2017 年底，全村 124 户建档立卡贫困户全部脱贫，乡亲们的日子越过越滋润。

像乔永鹏、陈天华这样的优秀村支书，保康还有很多很多。我们坚持“吃苦者尝甜、优秀者优先、有为者有位”导向，选聘优秀村（社区）党组织书记进入乡镇工作，着力提升村“社区”带头人待遇。首批 7 名挂任乡镇党委委员的优秀党组织书记已经走马上任，村支部书记队伍的干劲更足了，“领头雁”的作用发挥更充分了。

抓产业　建项目　夯实脱贫致富的坚实根基

“产业始终是扶贫脱贫的根子”。我多次在全县大会上强调，扶贫不是慈善救济，不管是一个县也好，一个村也好，还是一个家庭也好，如果没有主导产业，没有致富项目，就没有经济上的稳定后续来源，就不是真脱贫、脱真贫。

但是发展产业不同于修路架桥，只要有钱就能办事。产业扶贫是一项系统工程，必须深谋远虑、统筹谋划，要综合考虑政策因素、资金支持、市场前景、产业链条、贫困户的自身基础，其中一个环节出了问题，就有可能劳而无功、劳民伤财，甚至血本无归。

如何培育壮大扶贫产业？我提出“两手抓”的工作思路。

一手抓“大”，即全县农业特色主导产业。如果没有主导产业作支撑，贫困户一家一户的分散经营就是无源之水。我们坚持优化结构、提升品质并重，大力培育“一镇一品”“一村一品”，稳定茶叶、烟叶、蓝莓、蔬菜、中药材等特色产业基地规模，串联形成从特色种植基地、农产品精深加工，到仓储管理、市场营销等全产业链。积极做好农业与文化旅游、健康养生、电子商务等产业的融合文章，实现农业从简单生产型向经营型、综合型转变。

一手抓“小”，即贫困户一家一户分散的小规模生产方式。在全县农业特色主导产业总体布局之下，立足贫困村、贫困户现状，按照宜农则农、宜林则林、宜商则商、宜游则游的思路，实行“菜单式”产业扶贫，通过推行直补到户、龙头带动、资产收益、入股分红、旅游带动、转移就业等“六大”模式，引导、支持贫困户精准发展产业，确保每个有劳动力的贫困户有一项以上增收产业，贫困户家庭人均纯收入达到 4000 元以上。

“两手抓”有效提高了农业特色产业组织效率，解决了小生产与大市场矛盾，增强了贫困户抵抗市场风险能力，让贫困户真正嵌入到产业发展中，成为产业发展的最大受益者。像西坪村的小龙虾养殖、八斗坪果蔬采摘、陈家湾冷水米等产业都相继发展起来。不仅如此，陈家湾、马良街、鸡冠河、八斗坪等四个村还依托马良镇丰富的山水资源和人文资源，抱团发展田园综合体项目，实现了由脱贫攻坚到乡村振兴的华丽转身。

解难事　办实事　让人民群众实实在在过上好日子

坚持人民至上、以人为本，让人民群众过上好日子既是脱贫攻坚的出发点和落脚点，也是一名党员领导干部义不容辞的责任和使命。我经常在内心告诫自己，群众把掌声和信任给了我，我绝不能辜负脚下的这片土地，不能辜负这片土地上的人民，必须始终牢记以人民为中心的发展思想，紧盯山区群众反映强烈的吃水难、行路难、看病难、上学难、办事难等“八难”问题，下大力气办好民生实事。其中，尤以解决群众饮水难问题最为曲折，投入的精力最多。

保康七成以上地区属喀斯特地貌。“天上下雨地下流，雨停三天用水愁”，吃水难问题世代困扰着群众的生产生活。2016 年 5 月，我去赵家山村讲党课，村干部在会议室摆了几箱矿泉水，我问摆这么多矿泉水干什么，批评他们太奢侈。村支书赵祥华委屈地说赵家山的水太脏了、不能喝。我走到村委会旁边的一户人家打开水缸一看，果然是浑的，一缸水、半缸泥，而且发黑发臭。赵祥华告诉我说千百年来赵家山的群众喝的都是这样的水。这不仅让我吃惊，更让我痛心。水是生命之源，没有水，怎么解决温饱？怎么发展产业？怎么让群众脱贫过上美好生活？

从赵家山村回来后，我迅速召开解决农村饮水安全问题专题会议，亲自担任全县农村饮水安全领导小组组长，责成县水利局抽调工作专班迅速摸清全县农村安全饮水现状。一周后，我带领县水利局、财政局、扶贫办等县直单位“一把手”，再次前往赵家山现场办公，我打算以赵家山为突破口，彻底解决全县农村安全饮水问题。

会议提出两种解决方案。一是从赵家山村海拔最低处的一口老井提水，预算投资 50 多万元，但是水量不大，只能覆盖全村一半的人口，而且遇到天旱仍然缺水；二是从宜昌市夷陵区的黄马河提水，预算投资 5000 万元。一个村就要投 5000 万，全县七成以上的地区都缺水，要投多少钱？而且电费也是天文数字，群众承受不起。我提出能不能打深井取水呢？大家听了我的话哄堂大笑，说保康属于喀斯特地貌地区，地底下到处是溶洞，都是空的，怎么能打深井取水呢！

一个偶然的机会，我到马良镇西山村调研，看到尧治河集团在进行磷矿钻探时从地下涌出大量的水，水的压力非常大。我灵光一闪，西山村海拔 1300 多米，赵家山村海拔只有 800 多米，两个村都是喀斯特地貌，既然西山能钻出水，赵家山肯定也能。我兴奋不已，当即给赵家山村支书赵祥华打电话，问他敢不敢试一试打深井取水。赵祥华感动地说：“你一个县委书记为了老百姓，都敢‘冒天下之大不韪’，我一个村支书有什么不敢的，我干！”

在我的支持下，赵祥华迅速找来专业钻探队开始深井取水。打到 100 米深的时候，没有水；300 米深的时候，还是没有水；500 米深的时候，赵祥华哭了，深夜 12 点给我打电话说，失败了，确实没有水。难道我们真的错了？但直觉告诉我不能放弃，我鼓励赵祥华说，继续往下打，如果打到 600 米仍然没有水，所有的责任我一人承担，我向全县人民谢罪。

奇迹总是“第一个吃螃蟹者”创造的，是勇于开拓者最大的礼物。打到

550米深的时候，赵祥华给我打电话，兴奋地说："书记，出水啦！好大的水啊！"这一刻，我竟然不敢相信。要赵祥华多拍一些图片和视频发给我，看着视频中亮晶晶的水花，我不由百感交集，眼眶一下子就湿润了。

赵家山打出水来的消息迅速传播开来，方圆百里的群众都自发前来参观，对于祖祖辈辈生活在喀斯特地貌地区的人们来说，这一刻大家已经等待了几千年。为了把水安全稳定地送到千家万户，县水利局新建了占地850平方米的水厂，实行无人值守和自动化控制。紧接着，我们迅速扩大赵家山深井取水的战果，投入3000多万元，在全县又成功打了10口深井，建设集中蓄水池34个，铺设供水管道20万米，彻底解决了喀斯特地貌地区群众千百年来吃水窖的历史。保康解决山区群众吃水难的新闻上了央视，引起了巨大的社会反响。长期在北京居住的宜昌籍作家温新阶老先生看到新闻后，深受感动，不远万里从北京赶赴保康采风，一口气写下了《赵家山》《哗哗的流水声》两篇文章，分别在《湖北日报》和《人民日报》发表。

保康县马良镇赵家山村深井出水一刻（保康县扶贫办供图）

大走访　察民情　用脚板丈量短板　用真情赢得民心

我经常跟干部讲，我有"三个一"：一双大脚板，走遍山山水水；一副宽肩膀，挑起全县的重担；一张婆婆嘴，说尽不平事。一直以来，我习惯采取"四不两直"的方式进行暗访，不打招呼、不定路线、不听汇报、不要陪同，直插基层、直奔现场，对问题即时发现，即时交办，督促限期整改。县委督查室做过一个统计，担任县委书记以来，我累计进村入户暗访198次，全县257个村我走遍了245个，发现和解决各类问题 1230 个，110 名镇村干部因暗访中发现的问题受到通报批评或党纪处分。曾有某乡镇党委书记私底下戏言，防火防盗难，没有防张世伟难。虽然只是一句玩笑话，但我暗访的威慑力可见一斑。

只有“扎”下去，才能“捞”上来。有一次，我本来打算到保康与兴山县交界的金包村去暗访，阴差阳错走到了歇马镇东坪村地界。大老远看见一间破破乱乱的土坯房，全县投入了那么大的财力、物力、人力搞易地搬迁、危房改造，解决老百姓的住房问题，怎么还有这么破的房子？我决定上前一探究竟。走近一看，发现门前坐着一位老人，我让老人带领我们到家里看看，真是家徒四壁。我问老人是不是精准扶贫户，老人说不是。我大为诧异，这么穷，竟然不是贫困户！老人说，你别不信，村里比我还困难的人也不是贫困户，贫困户都是村干部的亲朋好友。老人一席话，让我感到事态严重。我立马掉头去村委会，找到村支部书记，当面质问他全村精准扶贫工作情况，他支支吾吾说不清。周围的群众听说我来了，纷纷围了上来，反映村干部办事不公平，一时群情激愤。我当即打电话给县纪委书记刘三元，让县纪委派人彻查此事。后来村支部书记因为优亲厚友，工作失职受到撤职处分。

其实，像东坪村这样的例子，在我暗访的途中数不胜数。不管是干部作风不实的问题，还是贫困户识别不精准的问题，抑或是易地搬迁、产业扶贫、民生改善等重点工作推进过程中暴露出来的具体问题，都难逃我的火眼金睛。对于暗访中发现的问题，我让县委督查室盯住不放，做到事事有回音，件件有着落。因为我的认真、我的较真，全县“庸、懒、散、软、混、拖、滑、啰”等不良风气少了，干部精气足了，凝聚起打赢脱贫攻坚战的强大气场。

回忆带领全县人民脱贫奔小康的这段时光，可以说有付出也有收获、有艰辛也有喜悦、有历练也有提高、有发展也有遗憾，这是我宝贵的人生阅历，将永远定格在我人生的底片中。习近平总书记说，脱贫摘帽不是终点，而是新生活、新奋斗的起点。在今后的工作中，我将再接再厉、奋勇拼搏，我坚信，保康的明天一定更加美好！

我是“一线总指挥”

——黄冈市政协副主席、麻城市委书记杨遥自述脱贫攻坚心路历程

麻城位于大别山脚、举水河畔，区域面积 3747 平方公里，人口 126 万。麻城集老区、山区、贫困地区于一体，是黄麻起义的策源地，在这里诞生了红四军、红二十八军两支主力红军，有 7.6 万人参加红军，14.3 万人为革命英勇捐躯，走出了 48 位共和国将军。

由于受地理区位、自然资源、交通条件等因素制约，麻城经济发展相对滞后。1986 年被确定为国家扶贫开发重点县。2014 年，全市有贫困村 178 个，建档立卡贫困人口 59096 户 159733 人，贫困发生率 16.68%。

发展不够是麻城的最大实际，摆脱贫困是老区人民的最大心愿。近年来，我和广大干部群众一道，落实精准方略，下足绣花功夫，决胜脱贫攻坚。2020 年 4 月，经省政府批准，麻城退出贫困县序列，开启全面小康新生活。

保持一种情怀

2009 年 8 月，组织将我从江汉平原的潜江市调到大别山区的麻城市任市委副书记、市长。在与党政干部见面时，我说了三句话：把群众当家人、把麻城当家乡、把干部当朋友。在与全市干部群众共同生活、工作、奋斗的这十二年里，我是这么说的，也是这么做的。从陌生到熟悉，从感性认识到理性思考，从融入其中到扎根奉献，我很快成为了地地道道的麻城人。

有一回，我到鼓楼街道办事处红石咀村四组贫困户曾祥勇家走访。一进家门，看到房间里的衣服、杂物堆得乱七八糟，儿子正在服药，儿媳又是残疾，家里

没有一件像样的东西，我的心情十分沉重。麻城有不少像曾祥勇这样的贫困户，看到他们破旧低矮的房子、愁容满面的家人，我心里也下定决心：一定要带领乡亲们摆脱贫困。

2016 年，麻城精准扶贫工作全面铺开。这一年，又恰逢县乡换届。当时我已在麻城工作 7 年，担任市委书记 5 年，按照惯例，届满需要调整。组织上已经进行考察，拟安排我到上级党政班子任职。但为了打赢脱贫攻坚战，当年 4 月，中央组织部、国务院扶贫办印发《关于脱贫攻坚期内保持贫困县党政正职稳定的通知》，明确贫困县党政正职在完成脱贫任务前原则上保持稳定。

得知消息后，我心中曾有过一时的波动。但在深入学习习近平总书记关于打赢脱贫攻坚战系列重要论述后，我深刻地认识到脱贫攻坚期内贫困县党政正职保持稳定，确实有利于保持既定工作思路，有利于保证人员的稳定性、政策的延续性和工作的连贯性。

2016 年 4 月、2019 年 9 月，习近平总书记先后两次来到大别山革命老区考察。2016 年 10 月 2 日，时任中共中央政治局委员、中央组织部部长赵乐际同志来麻城调研，问到我对中央关于贫困县党政正职保持稳定的政策理解不理解。我坦诚向他汇报：县委书记岗位稀缺、平台广阔，中央决定将脱贫摘帽的历史重任交给我们，这既意味着我们要操更多的心、要劳更多的神，更意味着中央对我们的信任与肯定。

精准扶贫以来，我走遍了麻城 452 个行政村。2017 年农历正月初一，我来到木子店镇贫困户杨芍宜家过大年。杨芍宜年届 70 岁，在 2016 年“6·30”特大洪涝灾害中，家里的土坯房被冲垮，她被村干部及时救了出来。年底，依靠国家危房改造资金和灾后重建资金，再加上女儿女婿筹措一部分，老人重新盖起了新房。围坐在火炉旁，早年已嫁到仙桃的女儿动情地说：“如果没有国家政策、没有精准扶贫，真不知道母亲怎么渡过难关。”

从贫困群众真诚又朴实的话语中，我体会到的既是一种感激，也是一种期盼，更是一份沉甸甸的责任。

探索一条路径

麻城是湖北省贫困人口最多、脱贫难度最大、攻坚任务最重的县（市）之一。要实现如期脱贫，必须有坚强的组织领导。

市委、市政府成立以我任组长的全市脱贫攻坚工作领导小组，负责脱贫攻坚工作的总决策、总部署。同时组建由我任政委、市长任指挥长、其他市级领导任副指挥长、相关单位主要负责人任成员的脱贫攻坚指挥部，负责脱贫攻坚工作的牵头推进、具体实施和督办落实。

指挥部成立了，接下来的攻坚战怎么打？ 2015 年 7 月，我和市长蔡绪安同志带头，组织市“四大家”领导、指挥部成员和扶贫工作队员全员进村入户，围绕精准识别、产业扶贫、搬迁扶贫、保障兜底、医疗救助、社会力量扶贫和实绩考核等 10 个专题，开展了为期一个月的精准扶贫大调研。

通过大调研成果的汇总分析，我对全市精准扶贫工作的思路逐渐清晰起来。2015 年 8 月 28 日，我们召开市委七届六次全会研究精准扶贫工作，明确了“四年脱贫摘帽、一年巩固提高、2020 年全面小康”的工作目标。陆续出台《关于推进精准扶贫“5566”攻坚计划的实施意见》《麻城市乡镇办区和市直部门领导班子精准扶贫实绩考核办法》《麻城市干部驻村帮扶贫困村和贫困户考核办法》《麻城市精准扶贫工作问责暂行办法》等文件，明确回答了群众关心的“扶持谁”“谁来扶”“怎么扶”“如何退”等重要问题。

所谓精准扶贫“5566”攻坚计划，就是开展“五大行动”（精准识贫行动、产业扶贫行动、搬迁减贫行动、帮扶脱贫行动、兜底济贫行动），发展“五大产业”（养殖业、中药材产业、林特产业、蔬菜产业、乡村旅游业），做到“六个精准”（扶贫对象精准、项目安排精准、资金使用精准、措施到户精准、因村派人精准、脱贫成效精准），建立“六项机制”（资金整合机制、保障兜底机制、协同帮扶机制、脱贫退出机制、工作激励机制、目标考核机制），切实改变贫困村面貌、增加贫困户家庭收入、提高贫困人口自我发展能力，努力实现“富民强市、全面小康”。

我深知，产业扶贫是稳定脱贫的根本之策。而产业扶贫，重点要解决好以下几个问题：一是发展什么产业？二是谁来发展产业？三是资金从哪里来？四是贫困户怎么带动？

带着这些问题，我来到福田河镇听取乡镇同志的意见。

福田河镇是麻城菊花种植大镇，种植菊花有上千年的历史。近年来，随着成本上升、种苗退化，菊花种植走入了困境，种植面积一减再减、品质一降再降、价格一压再压。该镇党委书记程伟向我讲述了她的看法：目前种植福白菊比较效益不高，如果任其发展，品种将会进一步退化，种植面积将会进一步萎缩，要想推进这一产业健康发展，需要加强原种保护，提升菊花品质。

但是，原种保护、品质提升需要时间，镇委班子对此方案存在很大分歧。我告诉她："当'一把手'要有定力，只要是认准的事，只要是群众期盼的事，哪怕过程长点、苦点、累点，都要坚持去做。"这番话让她坚定了信心，下定了决心。2017 年，她找到全国研究菊花的顶尖团队——南京农业大学陈发棣教

麻城市福田河镇菊花种植基地农民采菊忙（孙宁悦摄）

授团队，签订了为期5年的产学研合作协议，共建福白菊原种保护中心和教学科研基地。经过两年多的培育，2019年，福白菊脱毒苗正式出圃，脱毒苗不仅品质好、病虫少，而且产量高、效益好。这一新技术迅速得到群众认可，在全镇推广。

与福田河镇毗邻的另一菊花产业大镇——黄土岗镇，则走了一条差异化发展道路。他们引进菊花专家徐颂文建设菊花高新技术产业园，打造集菊花科研、基地种植、精深加工、产品销售、文化展示、旅游服务于一体的三产融合发展示范园，培育的菊花品种达2300余种，开发出菊花酒、菊花眼贴、菊花宴等系列产品，推动了麻城菊花从一花独放到百花齐放，从单一链条延伸到产业链的各个环节。

如今，麻城菊花已经由两个传统种植乡镇发展到十余个乡镇种植，菊花种植规模达到10万亩，建成全国最大的菊花生产基地，菊花系列产值达到30亿元，带动3000余户贫困户户均增收5000元以上。

同发展菊花产业的思路一样，我们围绕产业特色和比较优势，培育了杜鹃花、福白菊、山茶花、玫瑰花、杏花“五朵金花”，叫响了“人间四月天、麻城看杜鹃”“麻城菊花、福泽万家”等品牌，构建形成麻北菊花、油茶，麻东板栗、中药材、食用菌，麻中南粮食蔬菜、花卉苗木的特色产业扶贫格局。

麻城还有部分贫困村没有主导产业，部分贫困户只有弱劳力或丧失劳动能力，这部分贫困对象如何脱贫，成了“难中之难”。但是，经过调研发现，麻城年均日照时间长达2150小时，且荒坡荒滩多，是湖北省最适合发展光伏发电的县市，而通过光伏扶贫可以解决无主导产业的贫困村和无劳力的贫困户脱贫问题。

说干就干。我主持召开会议，决定由市国资委出资3000万元组建能投公司，贫困村通过村级产业发展资金入股、贫困户通过申请小额扶贫信贷入股，采取集中建设、集中管理方式建成光伏扶贫电站45座，总装机容量91.6兆瓦。这一相对集中模式比分布式模式发电效益提高了3%，建设运营成本减少了20%。

目前，这些项目正源源不断地发电、源源不断地转化成扶贫收益，麻城光伏扶贫年收益分配资金达 1217 万元，覆盖了 164 个贫困村，带动 1847 户贫困户户均增收 5300 元。

麻城产业扶贫已经实现了“镇镇有主导产业、村村有产业项目、户户有增收途径”。引进培育了新型农业经营主体 2643 家，通过特色产业等方式带动贫困户 49160 户，带贫率达 100%。

攻克一批难关

2017 年 6 月 23 日，习近平总书记在山西省太原市主持召开深度贫困地区脱贫攻坚座谈会，指出在脱贫目标上，实现不愁吃、不愁穿“两不愁”相对容易，实现义务教育、基本医疗、住房安全“三保障”难度较大。

麻城“两不愁三保障”情况如何？我立即找民政、教育、卫健、住建等部门的同志了解情况，部门的同志告诉我：总体情况还好。我还是有些不放心，一方面叮嘱他们继续摸情况，一方面自己抽时间到贫困户家中了解情况。

2017 年 8 月 22 日，我没有打招呼，随机走访了夫子河镇、白果镇的几个易地扶贫搬迁点。在点上，我找几个群众了解情况，他们告诉我，点上的房子比原来自己住的房子好很多，只是没有工具房，也没有菜园、田地。

“易地扶贫搬迁要让老百姓搬得出、稳得住、能致富。缺田少地，怎么能稳得住老百姓啊？”在第二天召开的易地扶贫搬迁专题会上，我向参会的同志提出了问题。

有同志提出，以前规划不到位，建设资金也不够。有同志建议，是不是将搬迁点上原计划的房前屋后少硬化一部分，用作群众的菜园。大家你一言、我一语地发表意见，很快就形成了易地扶贫搬迁点后续建设“八个一”工作方案，即相关部门分工协作，为每个搬迁点（搬迁户）建立一本台账、强化一项管理、健全一套制度、办好一块专栏、做实一批产业、建设一间用房、提供一块菜地、安装一套器材，全力确保搬迁户“搬得出、稳得住、能致富”。

几年来，麻城累计建成 4487 户易地扶贫搬迁房，全部按“八个一”方案配套到位。对于不符合搬迁条件的贫困户，我们积极落实危房改造政策，累计改造贫困户危房 17915 户，实现了所有贫困户住房安全有保障。

大家都知道，有时一个人一场病就能将原来富裕的家庭变成债台高筑的贫困户。还有群众反映，在外地就读的贫困户子女没有享受到教育资助政策。

针对因病致贫问题，我们探索设立“防贫保”，由市政府每年招标采购一定份额“防贫保”，通过不限定具体保障对象方式覆盖全市所有贫困边缘户，有效解决了贫困边缘群众因病致贫问题。在外就读的贫困户子女享受教育扶贫政策问题由我们督促市教育局及时与外地教育部门沟通联系，落实麻城籍贫困学生教育扶贫政策。同时，由市政府每年拿出专项资金，对没有享受政策的外地就读贫困家庭子女进行全覆盖补贴，确保教育扶贫，不落一人。

按照之前确定的目标，在大家共同努力下，我们稳扎稳打，脱贫攻坚中的难题一个个破解，漏洞一个个补齐。至 2019 年底，基本完成了脱贫任务。但是，一场新冠肺炎疫情突如其来，对我们的扶贫脱贫工作造成了严重影响。疫情之下，市场主体的带动动力是否会减弱？有没有因疫返贫的群众？

2020 年 1 月 24 日晚是除夕夜，我主持全市疫情防控工作会议，研究新冠肺炎疫情对我市精准扶贫工作的影响及应对措施，要求全市所有驻村扶贫工作队员于第二天上午 10 点全部奔赴驻点村参与疫情防控工作，巩固脱贫成果。

当疫情刚刚得到遏制之时，各地方对人员管控的政策仍然偏紧，农民外出务工交通不畅、对接不顺。为此，我决定由 5 名副县级干部带队，带着核酸检测报告、带着麻城疫情防控的成果奔赴麻城外出务工人员相对集中的珠三角、长三角，一家一家地拜访当地政府部门，争取为麻城务工人员提供便利。我们的努力获得了回报，中山、苏州等地纷纷派出专车来麻城接务工人员返岗。我们争取铁路部门开通专列 12 趟。同时，还通过“点对点”集中包车、自驾拼车，对外输送贫困劳动力 5.7 万人。

锻炼一支队伍

干部是“关键少数”。脱贫攻坚工作中，我始终将扶贫干部的选拔、配备作为一项重要工作抓在手上。在选优配强市指挥部成员的同时，我要求组织和扶贫部门按照“硬抽人、抽硬人”的原则，从市直单位、乡镇机关抽调精干力量，组建过硬驻村工作队全脱产开展驻村扶贫。

乘马岗镇小寨村是开国中将王必成的故乡，在这里驻村扶贫的省军区工作队，一直为当地干部群众交口称赞，甚至认为“省军区派来的工作队是真正来扶贫的”！

为什么省军区派出的工作队驻村效果，比我们自己派出的工作队好？我一边找有关部门的同志了解情况，一边深入部分偏远村组暗访。很快，我便找到症结所在：省军区派出的工作队长期驻村，以村为家，为村办实事，而我们市直部门派出的工作队，不少是“身在曹营心在汉”，隔三差五到城里、回单位办事。

这个问题必须解决。我立即召集组织部、纪委监委的同志开会，要求组织部门下发通知，驻村扶贫队员的工作和党组织关系与派出单位脱钩，必须每周“五天四夜”岗位在村。同时，坚持激励与约束并重。一方面，将年度考核优秀等次指标向工作队倾斜，落实生活补贴政策，改善工作队员的吃饭、住宿等问题。另一方面，组建 19 支扶贫督查队，对每个乡镇扶贫工作特别是驻村工作队工作开展常态化督查。一系列措施，让工作队的作风很快得到彻底扭转。

回顾麻城几年来的精准扶贫工作，在收获如期脱贫摘帽成效的同时，我们也培养和锻炼了一大批优秀干部。比如，“一把手”带头驻村扶贫的中国人民银行麻城支行行长姚正旺，“贫困户给驻村干部捐款”的扶贫干部肖伟民，在寒冬跳水救起落水儿童的市住建局驻村工作队队长方中海，携妻带子去扶贫的市水利和湖泊局驻村队长曾选明，等等。

还有黄土岗镇四道河社区驻村工作队长伍开连同志、南湖街道办事处草鞋店村党支部书记李光同志、南湖街道办事处闵家集村驻村工作队员李继斌同志、乘马岗镇扶贫督查队员刘珠亚同志，他们把生命献给了扶贫事业，他们用行动践行了初心使命，我们永远怀念他们!

收获一份满意

群众满意是我们做好一切工作的出发点。群众一通，工作轻松；群众不通，问题严重。要做到群众满意，必须坚持走群众路线，到群众中去倾听群众声音。

2019年8月，我到夫子河镇调研发现，该镇组织干部深入群众家中，通过“咵天说事”的方式，听取意见和建议，现场帮助解决实际困难和问题，效果非常好。

我对夫子河镇做法进行了归纳总结，在“不忘初心、牢记使命”主题教育中创新开展“塆组群众会”，组织广大党员干部与群众“同围一张桌、同坐一条凳、同聊一席话”，在面对面、心贴心“咵天说事”中践初心、担使命。两年来，全市召开塆组群众会6000余场，收集意见建议4000余条，解决问题3000余个。干成了一大批过去想做但没有做的事，解决了一大批过去想解决但没有解决的问题。

随着一个又一个难题的逐步解决，麻城的城乡环境发生了巨大的变化，环境变美了，干群关系变和谐了，群众对精准扶贫的满意率也越来越高了。

2020年8月份以来，麻城连续接受了湖北省市县扶贫成效交叉考核、第三方评估和全国脱贫攻坚普查等3次考核。从结果看，省交叉考核和第三方评估成绩都好于上一年，脱贫攻坚普查五项主要指标数据综合排名均位居黄冈第一。实现省级扶贫成效考核连续四年获得A或好等次。

过去的日子，如电影画面一样掠过。回望我在麻城工作的12年，在麻城的历史长河中不过是一瞬间，但在我自己的人生岁月里，却是一段难以忘怀的经历。

脱贫摘帽不是终点，而是新生活、新奋斗的起点。不管时代如何风云变幻，人民对美好生活的向往，始终是我们的奋斗目标。

老区振兴在路上，让我们重整行装再出发!

做一只春天的布谷鸟

——咸宁市委常委、崇阳县委书记杭莺自述脱贫攻坚心路历程

我于 2011 年 11 月卸任咸宁市旅游局局长来到崇阳县任县委副书记、县政府县长。屈指数来，我一头扎进幕阜山深处的崇阳县已有十个年头了。这个地处大幕山、大湖山、大药姑山的湘鄂赣三省交界的地方，春天里，布谷鸟会不停地叫着：布谷、布谷。老人们解释说，意思是“春天种好谷，秋天收好谷”。

修路：脱贫攻坚的硬条件

崇阳，因县治位于“崇山环绕，大集之阳”而得名。总面积 1968 平方千米，俗称“八山半水分半田”。下辖 8 镇 4 乡 187 个行政村，总人口 51 万人。由于受区位条件、人才、技术、资金等瓶颈制约，这片山清水秀的革命老区一直非常贫穷和落后，属于幕阜山集中连片特困地区，被确定为湖北省 37 个贫困县之一。截至 2013 年底，崇阳县建档立卡贫困村 47 个，共有建档立卡贫困人口 19327 户 70369 人，约占崇阳总人口的 1/7。

然而，勤劳朴实的崇阳人民爱着自己的家乡，辛勤建设自己的家园。我愿意融入他们中间，做一只春天的布谷鸟，带领他们共同努力。

党的十八大后，习近平总书记视察湘西十八洞村，首次提出“精准扶贫”。从此，中国大地上，“精准扶贫，不落一人”如春天里吹响的号角，一场伟大的脱贫攻坚战就此拉开序幕。作为一县之长，特别是一个贫困县的县长，我想起“来时路”的那份承诺，感到使命沉甸甸的，心绪不能平静，该怎样投入这场战斗呢？

这时，布谷的叫声在我耳边回荡。

我来崇阳的第一个冬天，临近年关，大雪纷飞，天寒地冻。很多农民居住在幕阜山深处的一些高寒地区，由于路弯岭陡，村民进不了城，干部也进不了村，但村民需要生活物资。我们安排民政局和相关人员租来马匹驮上物资，头戴电灯像矿工一样摸爬跋涉至高枧、大岭等地。

其实，与江西搭界的高枧、大源距崇阳县城不到 50 千米，村民乘车来县城却需 4 个小时，坑凹的砂石路天晴一身灰，落雨一身泥。铜钟乡与县治天城接壤，没有直通公路，到县城需经白霓镇堰下、内洲等村绕道而行。天城镇茅井村离县城不足 5 千米，却是唯一一个与县城不通公路的村，人们往来只得从崇赤公路经天城洪下到赤壁的雪峰山方能到茅井，平时靠船摆渡隽水河进城和返村，遇洪水或冰雪则只能蜷伏在家。

路，山区的路，如一根根神经，牵着崇阳的历史与现实，也牵着我的思绪。崇阳要脱贫致富，群众过上好日子，就得破瓶颈、补短板，就得先修路。我坚定地提出：对于山区贫困县来说，交通就是第一民生，是脱贫致富的硬条件，没有退路，砸锅卖铁也要修路！

因此，我反复强调，必须优先建设“四好农村路”，巩固拓展交通成果，做好“农村公路 +”文章，助力精准脱贫攻坚。于是，一场覆盖全县农村山乡的交通大会战震撼打响。

我们发扬坚韧不拔的崇阳精神，“愚公”书写传奇。经过数年的艰苦奋斗，全县所有乡镇全部通二级以上沥青路，村村通畅四级以上水泥（沥青）路，20 户以上自然村湾全部通水泥（沥青）路，先后完成农村公路绿化 1600 公里，改造农村公路 200 公里，建成“四好农村路”精品示范路 300 多公里。公路“路长”设置、管养、村村通客车率均达到 100%，获得全省“四好农村路”示范县称号，2019 年被评为全国“四好农村路”示范县。

湛蓝的天空下，青色的沥青路面，细腻得像泼墨晕染的绸缎。绿色的护栏蜿蜒在幕阜山脉深处，彩色的道路交通标线提醒着欢快的行者。《半月谈》杂志记者撰文，赞崇阳“路通了，日子就活了”。“路通了，原来藏在深山的美景成了脱贫的‘金钥匙’。这几年，崇阳县大力推进‘农村公路旅游’，先后投入了30多亿元规模建设总长500公里的20条生态绿道，沿线打造特色观光园、采摘园和景区景点。”

我还认识到，崇阳的贫困原因呈现出多样性、反复性和复杂性。要想优化脱贫环境，必须解决群众最关心最切身最现实的问题，力求精准发力，举一反三，补齐短板。

除大兴交通建设外，我们紧接着实施了“九河九港”整治三年行动计划。依靠基层组织和群众，激发社会力量，资金多方筹措，交由乡镇和相关部门调度，分年分段整修，共投入5.8亿元整治河流18条，使过去“大雨大灾，小雨小灾”的状况得到根本整治。

同时，我们围绕提升群众幸福感，大力推进城乡融合发展，先后实施旧城区改造、路网管网提升、城市饮水、城市天然气、变电增容等重点民生工程，环卫市场化改革等热点难点事项，城市形象显著提升。每年民生支出占一般公共预算支出的75%以上。集团化办学、“联校网教”教育模式在全国推广，先后获评“全国县域义务教育发展基本均衡县”“全国教育创新优秀单位”“全国农村留守流动儿童工作示范县”“全国职业教育先进单位”等称号；是全国紧密型医共体建设试点县，获评“湖北省食品安全示范县”。

补短板的过程，也是事业发展的过程，既顾了眼前，也惠了长远，为脱贫攻坚奔小康和乡村振兴打下了坚实的基础。

产业：脱贫攻坚的硬根基

阳春三月，阳光明媚，莺飞草长。我牢记总书记“贫困地区要从实际出发，因地制宜，把种什么、养什么、从哪里增收想明白，帮助乡亲们寻找脱贫致富的好路子”的殷殷嘱托，沿幕阜山旅游公路来到我的扶贫工作驻点村——铜钟乡坳上村。

该村头枕青山水库，是个移民村、边缘村，共4个村民小组、715人、村域面积 8000 平方米。尽管自然风光秀丽、植被茂盛、空气清新，但多少年来，起伏的山坳就像锯齿铿锵地在贫穷路上拉着村民的辛酸。我深入了解村情，问计于民，同村干部、驻村干部一起制订坳上村发展规划和扶贫计划。针对坳上村的实际，我们决定将脱贫攻坚与美丽乡村建设相结合，注重和发挥村庄特色与个性，使村庄形态与生态环境相得益彰，使产业与绿色相融，努力做到“示范做表率，模式可复制”。

谋篇布局既定，撸起袖子加油干。

一方面，打基础，补短板。将基础设施建设迅速展开，将水泥路或沥青路铺到每个村组、村湾，有路必有树木花草和路灯；兴建党员群众服务中心和村委会，将村奋斗目标蓝图，诗文书画文化上墙，将农家书屋和“四点半”学校进驻活动中心，绿化、亮化、美化周边环境。

另一方面，精实施，兴产业。将扶贫产业和观光农业抓紧兴起。做到有山必栽茶药、楠竹和必放牛羊，有田必栽莲荷，有水必养鱼虾，还在有田有水有荷花之上必安装光伏发电，一个“工农结合”的立体微型产业脱颖而出。

坳上村祖祖辈辈没种过莲藕，在我的鼓励下，2016 年春，村干部沈国华带头组织沈加甫租田 20 多亩，从江西引种成功。夏秋莲花莲蓬相间并举，可赏风景、可尝莲籽，冬春挖莲藕，可自食和外卖，每亩收入在 3000 元以上，是种稻谷的三倍，为村旅游发展景上添“花”。2018 年，坳上村被咸宁市授予“最美村湾”，被国家林草局授予“国家森林乡村”称号。

2016 年 10 月，正是脱贫攻坚战如火如荼之际，我被任命为中共崇阳县委书记，深感肩上的担子更重了。

崇阳山多，还得“靠山吃山”，咬定青山不放松。县委决计精准施策，培养扶贫产业，把自身优势发挥出来，着力发展“两茶两竹一药”产业和“一花”旅游业。

一是种茶树，采一缕茶香，富一方百姓。精准扶贫以来，茶产业在崇阳蔚然兴起，茶园面积快速发展到 8.6 万亩。我们生产的白茶被评为“咸宁十大名茶”，获得中博会农产品金奖，其青港白茶基地被评为“中国最美茶园”。

油茶是崇阳的传统产业，过去渐渐萎缩，放任管理。随着人们生活水平的提高，茶油作为营养价值高、口感好的油种，近几年呈发展势头，全县油茶面积 13 万亩，产业优势逐渐显现。

二是植竹子，冒一根竹笋，撬一个市场。崇阳雷竹产品深加工、多样化，桂花泉镇被誉为“雷竹小镇”，既有鲜笋进入武汉等大城市的超市，又有多种深加工产品进入全国超市。

崇阳还有楠竹面积 43 万亩。利用楠竹加工竹筷和竹制用具方兴未艾，竹扇、竹帘、竹画等工艺品制作也悄然兴起。

三是栽药材，做一品药剂，治一片贫困。崇阳中药材闻名遐迩，熊银德以企业家的身份助力脱贫攻坚，以产业带动贫困户就业，齐拔穷根，共奔富路，成为当地的美谈。熊银德 6 岁就随父亲上山采药，认识 100 多种中药材。2015 年在铜钟乡坳上村组织成立了湖北领康中药材有限公司，联合股东向中药材产品市场延伸。企业采取“公司 + 基地 + 合作社 + 农户”的经营模式，不到几年工夫，滚雪球般发展壮大，种植面积达到 8600 余亩，扶助了 7 个村集体经济的发展，让每个村集体经济年收入达到了 5 万元以上。据统计，他的公司 2017 年带动就业人数 813 人，年用工 22580 余人次；2018 年带动就业人数 926 人，年用工 31600 余人次；2019 年带动就业人数 1468 人，年用工 46300 余人次。仅 2019 年就向用工人员支付工资 340 多万元。

四是兴旅游，观一树樱花，迎八方来客。崇阳有集中连片野樱 10 万亩，风景绝美。我们以“樱”为媒，以活动为载体，推动乡村旅游开发。2017 年，湖北卓越集团与崇阳签订战略合作协议，投资 10 亿元，将龙泉山打造成一个以野樱花自然观赏为切入点，集自然风光观赏、休闲度假、健康养老、中医养生、生态农业于一体的大型综合性乡村度假示范基地和崇阳县全域旅游的示范小镇。

咬住青山谋发展的同时，崇阳注重盆地“平原经济”的推进，开展“长短结合、工农结合、多点支撑、绿色循环”的特色产业，鼓励科技推动，能人带动，出台贫困产业扶持政策，引导贫困户自主发展特色种植、养殖业。

干部：脱贫攻坚的硬支撑

我深刻认识到，脱贫攻坚既是一项历史性工程，更是一项最紧迫、最重要、最艰巨的政治任务、发展难题和民生工程。必须提高政治站位，始终把脱贫攻坚摆在首位；强化党建引领，始终把责任压实落到实处。

崇阳县委认真学习贯彻习近平总书记关于扶贫工作的重要论述与中央和省、市关于精准扶贫工作部署安排，研究部署我县精准扶贫作战方案，相继出台了精准扶贫“35860”行动计划、决战决胜脱贫攻坚决定、“五个一批”扶贫实施办法、贫困村集体经济发展、脱贫攻坚战三年攻坚行动方案、巩固提升政策措施等系列文件。

县脱贫攻坚领导小组坚持每半个月召开一次碰头会，通报情况，部署工作，解决实际问题。落实“五级书记抓扶贫”工作要求，坚持书记抓、抓书记，县委书记、县长遍访所有贫困村，层层传导责任压力，把精准扶贫工作纳入年度目标综合考核，作为乡镇和部门主要负责人的第一责任、第一要务，严格考评，并实行“一票否决”。建立督人、督事、督业务、督项目资金的全方位督导机制，确保脱贫攻坚工作落地生根。

方针政策确定后，干部是决定的因素，党建引领是关键的因素。其实，所有扶贫干部都像布谷鸟，做春天的使者，日夜奔波在山乡农村，为脱贫攻坚朝催夜促，千叮万嘱。

我们积极发挥农村基层党组织战斗堡垒作用和党员先锋模范作用；提升村组织“传帮带”贫困户脱贫致富活动；开展党建引领扶贫“领头雁”行动，全县 187 个行政村，选派机关事业单位优秀干部任第一书记，实现村级党组织第一书记全覆盖。铜钟乡坳上村的党建经验入选中组部《抓党建促脱贫攻坚案例选》。

与此同时，注重扶贫干部的学习提高，请省扶贫办专家前来崇阳讲课，传授扶贫知识和经验。在脱贫攻坚与乡村振兴相衔接的关键时刻，磨刀不误砍柴工，于 2019 年 4 月，组织县“四大家”领导和各乡镇、相关单位的负责人共 80 人赴浙江、江西，历时 5 天，行程 2000 多公里，实地参观了安吉的余村等 15 个村，使干部开了眼界，取了“真经”，增强了乡村振兴信心。

崇阳大市村远近闻名的有“一物一人”。“一物”是国家级文物商代铜鼓，“一人”是全国人大代表、村党支部书记程桔。“90后”的程桔大学期间加入中国共产党，毕业后于2013年9月在广州阿里巴巴第三方合作公司担任网页设计师。2014年，程桔的家乡大市村面临村支部换届，村支部一班人年龄老化。程桔巾帼不让须眉，主动回到贫穷的大市村，当选为村党支部书记、村委会主任，带领村民一步一个脚印地干事创业，率先在全县脱贫出列。2019年程桔荣获全国脱贫攻坚奋进奖，2020年4月被共青团中央、全国青联共同颁授第24届“中国青年五四奖章”。

2018年3月，县发改局副局长侯伟良被派驻大市村任第一书记。他知道要当好“领头雁”，必须一步一个脚印为民干实事。2019年由村集体流转150亩土地种植太空莲，带动周边村民发展农家乐；流转土地240亩，栽种杨梅、蔬菜，集旅游观光、休闲、水果采摘于一体，发展现代观光农业；保护开发大型溶洞，打造4A级旅游风景区；宣传推广堪称一绝的大市石雕工艺，等等。侯书记对大市村发展的倾情努力，由衷地感动了大市村的群众。村民们向上级要求侯书记继续留任村第一书记，助力乡村振兴。侯书记由衷地感慨：这是一种最高的奖赏和信任，此心安处是故乡。

像侯伟良这样的村第一书记，一驻多年，事迹非常感人。在第一书记的带动下，各村的群众性工作开展鲜活起来。第一书记们日日夜夜驻扎在村里，摸清村民的生活规律、心态变化，找出他们关心关注的问题，紧密围绕“话政策、话发展、话民生、话和谐、话成效”内容开展“湾子夜话”。

“湾子夜话”一般在村民的院落里举行，由驻村干部、第一书记主持，引导村民自由发言，直奔主题，有什么问题和困难放开讲，然后干部群众一起商量解决办法。现在，“湾子夜话”成为崇阳农业农村工作的一张亮丽名片，成为新时期农村工作的重要抓手。2019年8月21日，中央纪委国家监委办公厅《纪检监察信息》单篇刊发《湖北崇阳“屋场夜话”助力巡察工作向基层延伸》，向全国推介做法。人民网、光明网、《农民日报》等新闻媒体先后宣传报道。

情怀：脱贫攻坚的硬功夫

群众利益无小事，扶贫处处系真情。走遍崇阳的山水和乡村，有很多事让我难以忘怀。

铜钟乡坳上村我的联系户金丽亚身患绝症，几次住院及手术，花光家里积蓄，债台高筑，几经绝望。这种大病返贫现象使我几次到医保局调研，“解剖麻雀”。在全省没有实施“985”之前，我县就实行“一站式”“一票制”即时结算服务，落实基本医保、大病保险、医疗救助、补充保险“四位一体”医疗保障，贫困人口政策范围内医疗费用报销比例达90%左右。扣在金丽亚头上的“医债大锅”也随之抛掉了。

石城镇猪场因挖机施工不慎致使管道破裂，粪水随河流入下流，污染水源，长坪村群众强烈要求安装自来水。其实，该村饮用水为地下井水，并非河水，但地表水经常不能达到卫生标准。为此，我们派水利部门实地勘察，找到新水源，安装自来水，于2020年10月为全组36户132名村民提供安全清洁的生活用水。村民十分高兴，一致表示“吃水不忘党恩”。

我到贫困户家中，总要到他们的床头看看、摸摸，当发现棉絮薄了、破烂了，就赶紧安排住村干部“点对点”地换上新被絮，并将旧絮几床合一床翻新成垫絮。并在全县将此作为一项为民实事落实。温饱问题的解决，睡得“温暖”与穿得“温暖”同样重要。

说到压实扶贫责任，创造性地开展脱贫攻坚工作，我认为最重要的是要有一种想为贫困人口之所想、急贫困人口之所急、乐贫困人口之所乐的情怀。

我平时到乡下督查，从不带媒体记者。金塘镇的东岳村位于鄂赣交界处，建档立卡贫困户170户691人，有残疾人73人，是全县5个深度贫困村之一。有一天，我翻山越岭来到这里，看村容村貌变化大，产业实打实，账卡经得查，贫困户满意，我也很高兴。不觉已到晌午，烈日当空，准备离村，因有规定不能在村里吃饭。但驻村第一书记、县人大副主任李力坚持留我到贫困户范学豪家吃便饭。这时我才想起这天是我的生日，手机也收到儿子发来的“生日快乐”的祝福，就留了下来。那顿午饭，我和着检查满意的高兴吃得特别有味，感觉那苕线粉、炸豆腐真香。同桌的其他人哪晓得是我的生日呢！

十年八载扶贫路，脚印深深情深深。我的心早融入了崇阳，崇阳是我可爱的家乡。

崇阳又是诞生“水滴石穿，绳锯木断”成语的地方，这成语犹如一把双刃剑，时刻悬挂在我的脑海。

开弓哪有回头箭呢？我得憋着一股义无反顾向前冲锋的劲头。子规夜半犹啼血，不信东风唤不回。当我当选为崇阳县委书记时，我诚恳而又坚定地说，我深深爱上了这个充满希望和活力的好地方，要千方百计建设好崇阳，给我爱的崇阳和爱我的崇阳一个无愧的交代。我想，崇阳赢得了脱贫攻坚战的伟大胜利，既向党交了一份圆满的答卷，也向崇阳人民兑现了一份承诺。

圆满的答卷和兑现的承诺，离不开崇阳“四大家”领导和各级干部的共同努力，他们讲政治，讲大局，维护团结，积极肯干，敢于担当，就像布谷鸟，充当春天的使者。这是我在崇阳这十年的最深刻的体会。由此，我心中充满着一种春天般的大家庭的温馨。

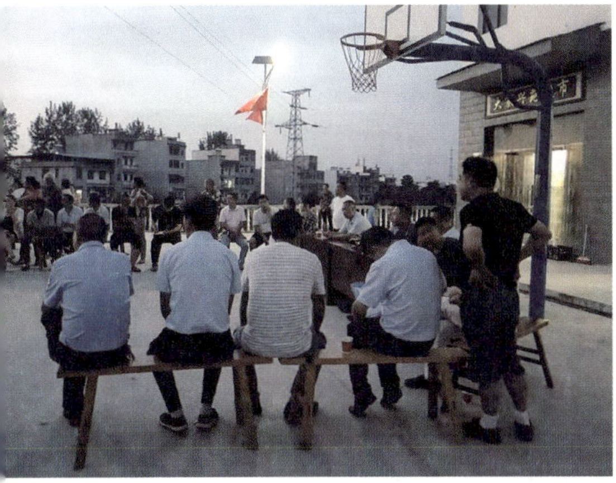

崇阳石城镇村子里的湾子夜话（崇阳县扶贫办供图）

问渠那得清如许

——随县县委书记陈兴旺自述脱贫攻坚心路历程

随县是炎帝神农故里、农耕文明发源地。这里山多田少，区域面积 5673 平方千米，总人口过百万。尽管不是国家级和省级贫困县，全县仍有建档立卡贫困村 52 个、建档立卡贫困人口 75209 人，占随州市贫困人口总量的 45%，是全省 11 个重点攻坚县之一。

我到随县工作九年了。自党的十八大吹响脱贫攻坚的号角以来，全县上下万众一心、众志成城，全力打好脱贫攻坚这场硬仗。2020 年 11 月，全县建档立卡贫困村全部出列、贫困人口全部脱贫，连续三年在全省年度扶贫成效考核中位居非贫困县前列，被评为“好”等次。欣慰之余，回望来时路，感慨万千。几年的实践再次证明，贫困群众要想实现有质量的稳定脱贫，必须要有“源头活水”，这个“源头活水”，就是发展产业。

找准“突破口”

大家都知道，增收脱贫靠产业，可产业发展的方向在哪里？贫困村、贫困户产业发展的突破口怎么选？我夜不能寐。“没有调查就没有发言权。”我一个个村湾走、一家家农户访，记不清开了多少个“诸葛亮会”，走访了多少名村支书和“土专家”。调研中，我的思路逐步明晰：随县地处江淮分岭，气候适宜，丘陵众多，森林覆盖率达到 58%，有 40 多年的香菇种植历史，群众基础较好，种植技术成熟，于是我决定把香菇作为扶贫产业发展的突破口。

找准了突破口，说干就干。我和相关同志一起召开了一系列会议，将“香菇产业”作为全县脱贫攻坚精准施策的首选产业，将香菇种植基础好的三里岗镇吉祥寺村作为调研点总结经验，建基地、搞加工、拓市场，带动全县香菇产业健康发展。

三里岗镇吉祥寺村农民种植香菇历史悠久、经验丰富，群众种植香菇基础好，近千户村民几乎家家都是“老菇农”。经过近几年重点支持和持续发展，如今吉祥寺村不仅香菇种植规模大，香菇交易量也大，这里建成了中南地区最大的香菇交易市场——三里岗香菇大市场，被农业农村部评为“定点市场”。现在，每逢年度新香菇上市时，全国各地的客商纷至沓来，日平均交易量达到5万公斤，交易价格成为全国香菇市场价格的晴雨表。吉祥寺村不仅靠香菇富了村，也让村民的口袋鼓起来了。“一年种菇建新房，两年种菇娶新娘，三年种菇存银行，四年种菇奔小康”，这段“顺口溜”就是三里岗香菇产业改变人们生活的真实写照，至今仍广为流传。

随县很多农民都是通过在房前屋后种植香菇起家，从提篮小卖到骑着摩托车走村串户，到开着小货车做买卖，再到招兵买马办起香菇加工厂，围绕香菇产业走上脱贫致富的快车道。村民们从过去的一辆自行车、一条蛇皮袋走村串户起步，到一辆皮卡、一台磅秤赴“汉”奔“粤”接力，现在已发展到满载集装箱、跨越太平洋，产品远销60多个国家和地区，年出口近5亿美元，居全省之首、全国前列。“中国香菇之乡”“中国花菇之乡”蜚声海内外。

2020年新冠肺炎疫情期间，我们仍然把香菇产业作为全县复工复产的重中之重来抓，动员组织相关部门全力搞好服务保障。香菇出口逆势飞扬，月均出口增幅达40%以上，全县198个村种植香菇（占总村数51.6%），10万农户30多万人参与到香菇产业链中，年生产规模2亿多袋（棒），其中有劳动能力的贫困户香菇种植覆盖面达80%，户均年收入3万元以上，为顺利完成脱贫攻坚任务并实现有质量有品质的脱贫书写了浓墨重彩的一笔。

收获了香菇扶贫产业成功的喜悦，我信心倍增，乘势而上，不断扩大成果，决定以香菇产业为基础，大力发展特色种植养殖产业。结合全县实际，研究出台了《随县发展特色产业助推精准脱贫指导意见》《随县农业产业扶贫（2018—2020年）实施指导意见》等系列文件，制订产业发展规划和奖补方案，持续加大扶贫产业投入力度，引导种养大户、家庭农场、专业合作社、农业加工企业通过各种方式将产业发展与产业扶贫深度融合，助力脱贫攻坚。政府“有形之手”和市场“无形之手”握手成拳、同向发力，全县以香菇为龙头的食用菌产业、以油桃为龙头的水果产业、以油茶为龙头的木本油料产业和中药材产业、畜禽水产养殖业等五大特色产业迅猛发展起来。

目前，全县有8600余户贫困户种植特色林、果、茶20余万亩，户均年增收过万元；有近1万余贫困户从事畜禽养殖业。全县农民专业合作社发展到1138家、家庭农场284家。2020年湖北省扶贫办组织第三方评估结果显示，随县特色产业市场主体带贫率达到96%，贫困户特色种养殖比例由2014年的28.5%提高到目前的80%。

抢占“新风口”

我一边结合实际，重点培养扶持全县特色种植养殖产业健康发展，克服农业产业的周期性和风险性影响，一边又在思考着，怎么将产业扶贫的路子拓展得更宽、更加稳定。贫困群众要实现稳定有质量的脱贫，单一地靠种植养殖业是不够的，我们必须进一步引导贫困群众解放思想、拓宽视野，为贫困户培育增收的新“增长点”。

路有千条，先走哪条？我瞄准了生态文化旅游产业。随县历史文化底蕴深厚，自然资源丰富，生态条件良好，有着300多处具备开发价值的旅游景点，有A级景区景点10余处，加之有特色的农业产业和农产品，这就是带动群众脱贫致富的“富矿”。我们结合美丽乡村建设和农家乐、民宿业发展，大力推动实施“旅游+”扶贫工程，为具备资源条件的贫困村制定乡村旅游规划，建设旅游基础设施，吸纳贫困户就近就业。经过现场调研，我把指导工作的重点放在旅游资源较好的淮河镇龙泉村，以点带面，示范引领，推进随县旅游扶贫产业发展。

淮河镇龙泉村属省级革命老区建档立卡贫困村，位于鄂豫两省交汇处，位置偏僻，交通闭塞，经济薄弱，发展水平落后，致贫原因叠加，是随县最偏远的村庄之一。从随县城区到该村，要花 3 个多小时，道路崎岖，外人很少光顾，是著名小说《桐柏英雄传》《西游记》故事的原型地。2009 年，随岳高速建成通车，一条连接随岳高速与 312 国道的公路穿村而过，拉近了村庄与外界的距离。随着条件的改善，我们加大招商力度，将湖北玉龙投资股份有限公司引进来建设了以西游记漂流为主体的文化旅游景区。如今，景区年接待游客 20 余万人次，旅游直接收入 3000 余万元，被评为“国家 4A 级景区”。旅游季节，公司每年聘用当地农户 300 余人在景区务工，从事安保、维护、清障等工作，大多数是本地贫困人口。同时，西游记漂流还带动了龙泉村近百家农户从事农家乐创业和土特产品销售，带动一大批村民及贫困户足不出村就能就业创收。每年 7 月到 9 月的旺季，农家乐生意异常火爆。以往被视作“穷山恶水”的地方，如今都成了宝贵的旅游资源，成为了众人追捧的“好山好水”。

有了这一成功范例的示范效应，我们因势利导、因地制宜，结合各地田园风光、自然生态、特色产业谋划推进全域旅游建设发展。截至 2020 年，全县共完成了 32 个贫困村旅游规划工作，占符合条件贫困村的 84.2%。淮河镇龙泉村、洪山镇温泉村、柳林镇双利村、万福镇凤凰山村等一批乡村旅游特色村建设已成为贫困村脱贫攻坚新样板。全县约有 7000 名贫困群众就近在景区景点就业或经商，在兼顾家庭劳动生产的同时，每月还有不低于 2200 元的纯收入，一些有技术的装修工日薪甚至超过 600 元。

2016 年，国家发改委鼓励光伏产业发展，结合精准扶贫对贫困村建设的光伏电站项目给予政策支持。我经过调研并咨询专家，结果发现随县山场面积大、光照时间长，比较适合发展光伏产业，于是乘势而上，提出了“县级统筹、镇场负责，政府主导、社会参与，政策扶持、注重实效”思路。采取“政府补贴、驻村单位帮扶、市场主体帮建”模式，全面推进光伏电站建设。先后实施了“光伏 52 工程”“光伏 100 工程”，为全县 52 个建档立卡贫困村和 100 个贫困人口多、脱贫任务重的经济薄弱村共兴建光伏扶贫电站393座，总装机46.44兆瓦，全部并网发电并纳入国家补贴目录，覆盖全县282个村，惠及贫困户8220户。仅此一项，每个村年收入就超过了5万元，最高的达到30余万元，一大批集体经济“空壳村”实现根本性翻身，为村级产业发展壮大提供了有力支撑。

随县的扶贫产业随着脱贫攻坚的推进实现了较快发展，但是产业扶贫的短板也逐渐暴露出来，突出的问题是有好产品不一定就卖出好价钱，农户辛勤耕耘劳作，有时收获的产品却因外销渠道不畅影响了收益，从而制约了产业的发展。为了补齐短板，我上北京、跑广州，千方百计为农产品外销拓宽渠道，积极倡导鼓励随县籍青年才俊返乡创业发展电子商务。我注意融合关联产业，推动随县在2018年、2019年先后获得“全国农村一二三产业融合发展先导区”“电子商务进农村国家级综合示范县”项目建设支持，不遗余力地引导互联网与精准扶贫有机对接，按照“电商＋产业”“电商＋基地＋农户”模式，通过“招商引资、自主发展、政府支持”等形式配套基础设施，完善网络体系，引导贫困农户开展订单生产，共建设镇村电商网点500余个，给予资金设备支持并培训电商从业人员，不断推动全县优质农产品进入城市，扩大了贫困户增收渠道。

打造“好端口”

“帮钱帮物，不如帮建一个好支部。”我始终把“抓党建促脱贫”牢牢抓在手里，坚持“围绕扶贫抓党建，抓好党建促扶贫”理念，注重发挥党组织政治引领作用和党员先锋模范作用，推动党建引领脱贫攻坚不断取得新突破。

打赢脱贫攻坚战，党组织和党员是关键，动员全社会广泛参与是重点，群策群力合力攻坚是夺取胜利之本。我注重充分调动政府、社会、市场等各方力量攻坚拔寨，推动干部与贫困户结对、企业对村帮扶，形成扶贫路上“手拉手”、脱贫攻坚“肩并肩”的工作格局。实施“企业跟着干部走”，县级领导当好村企之间的联结纽带，积极推进“百企帮百村”精准扶贫行动，引导233家企业参与脱贫攻坚，带动社会资源向贫困村、贫困户投入，实现村企共同发展。推动“干部跟着群众走”，组织全县 6986 名干部与贫困群众结对子，“一对一”进行帮扶。号召“群众跟着产业走”，形成全县上下同心协力、共战贫困的“大合唱”，营造全社会支持参与扶贫的“大格局”。

柏树湾村原来是个负债村。2009 年村集体经济清产核资时负债 67 万元，直到 2014 年脱贫攻坚开始时仍然债台高筑。该村有 295 户村民，常住村内的村民不到四成，村集体的唯一“家底”是土壤贫瘠、无人承包的 8000 亩荒山，是典型的“后进村”。我找到支部书记张桃沧，要求他“带着村干部走出去看一看，解放思想，开动脑筋，不能守着 8000 亩山场资源讨饭吃”。张桃沧几次外出考察学习，所见所闻让他豁然开朗，深刻认识到传统农业难以强村富民，必须转变观念。“靠山吃山”，他决定从盘活现有山场资源入手，摸索种植金银花、芍药、白桃等经济作物，将外地经验与本村实际相结合，探索出一条资源变资产、资金变股金、农民变股民的“三变”新路子。

张桃沧带领村“两委”大胆地对过去那些低价承包、一包多年等有失公平而群众反应强烈的合同进行清理和规范，对村集体土地、农户承包地等精准确权，共收回村民占用的“四荒地”2000 多亩。由村党支部、村委会、合作社统一规划、统筹开发，使模糊的产权清晰化、分散的资源聚集化、集体的资产市场化。

手里有了资源，张桃沧有了底气，带领一班人大力发展集体经济项目，成立了种植、水产养殖、果品等五大专业合作社，金银花、油茶、大白桃、芍药、水产等特色农业遍地开花，种植面积达 8000 亩，市场估值超 2 亿元；组建了萌阳食品、晟源保洁、柏树湾混凝土等三个村办企业，总产值近 2 亿元，税收近 1000 万元，提供就业岗位近 300 个。

现在的柏树湾村，处处洋溢着生机与活力，产业发展更是兴旺发达，硕果累累。村民年人均收入 2.2 万元，村集体经济年收入稳定在 200 万元以上。集体有了钱，支部有威信，人心也齐了。柏树湾村凭借着团结拼搏、艰苦奋斗的精气神，以支部为引领，闯出了一条脱贫致富的产业振兴之路。

草店镇金锣山村是一个重点贫困村，村集体经济年收入不足 5000 元，没有主导产业，村民靠外出务工挣钱养家糊口，村干部工资多年没有兑现，在群众中也没有威信，村里工作比较被动。这样的村要在2020年实现脱贫该怎么办？工作中我发现金锣山村的情况在贫困村中具有一定代表性，于是我将金锣山村确定为我的扶贫驻点村，挑选国土资源局干部周伟同志任该村“第一书记”，督导金锣山村吹响脱贫攻坚“冲锋号”。

几年来，他和村支部一班人一起，一方面号召村民们自力更生，依靠自己勤劳的双手改变村里的环境和面貌；另一方面积极奔走，多方呼吁，寻求政策资金支持。先后争取到省级美丽乡村示范点建设、农业综合开发建设等项目，帮助村里整合350万元资金发展富民产业，新建了一个年生产种植20万棒的香菇基地和一个占地80亩的苗木花卉基地；帮助村里引入耀兴大海公司新建了一个占地200亩的羊肚菌种植基地；招商引资开办了一个小型制衣厂，就近解决了近百名贫困人口就业问题。2018年底，金锣山村整体出列，贫困人口全部脱贫，村集体经济年收入达30万元。

脱贫攻坚战打响以来，随县有一大批像张枕沧和周伟一样的基层党员干部，克服困难，艰苦奋斗，在扶贫一线默默坚守、辛勤耕耘，将自己的心血汗水奉献给了扶贫事业。他们高举着党的旗帜，引导贫困群众靠辛勤劳动创造美好生活、改变贫困面貌，让鲜艳的党旗在农村高高飘扬。

在遍访贫困村、贫困户时，我发现经过各级干部的努力，贫困户发展产业脱贫的积极性被调动起来了。但由于市场的不确定性和一些外部环境的影响，贫困户发展产业的风险依然存在。如何降低贫困群众发展产业的风险，实现稳定增收，是个不容忽视的问题。我组织农业农村局、扶贫办和部分村基层干部共同研究，结合实际不断完善产业带贫机制，创新“村集体＋能人（专业大户）＋贫困户（农户）＋村干部”组建合作社“四位一体”产业扶贫模式，健全产业扶贫项目与贫困户利益联结机制，发挥村干部参与产业项目发展的作用，降低产业项目发展风险，确保贫困户创业增收，取得明显的成效。

高城镇梅子沟食用菌专业合作社和环潭镇萌阳食品有限公司是“四位一体”

产业扶贫模式中的典型代表。高城镇梅子沟食用菌专业合作社成立于 2018 年，采用“村集体 + 合作社（专业大户）+ 贫困户（农户）+ 村干部”共同出资参股的模式组建香菇种植合作社，投资建成 300 平方米的制棒车间、3300 平方米的智能温控联动养菌大棚 12 座和 2 座冷冻库；采用“合作社搭建平台 + 农户集中制棒分散种植”的模式为以贫困户为主要服务对象的社员搭建食用菌种植及销售平台，帮助周边农户加工菌棒，承包菇棚管理，进行技术指导和产品回收，减少生产和销售过程中的风险，保障了贫困户每年都有不低于 2 万元的收益，解决了 30 名贫困人口的就业问题，为村集体经济增收近 30 万元。

环潭镇萌阳食品有限公司成立于 2019 年。公司首期投资 300 万元，三分之一的股份来自村集体的扶贫项目资金，三分之二的股份来自村干部以及全村 223 家农户（含 51 户贫困户），这 51 户贫困户的入股资金全部由村集体捐款支付，公司近四成的员工来自贫困户家庭。该公司共建设 2 万方平米出菇大棚，年产 200 万袋的菌棒生产线和 200 平方米的冷冻库，年销售菌棒 20 万棒，营业收入达 150 多万元，员工年平均工资在 2 万元以上。用公司负责人的话说：“我们这种‘村委会 + 村干部 + 香菇种植大户 + 农户（贫困户）’的模式让村里家家户户都有股份。全民入股、人人分红，致富路上，不落一人。”

“脱贫摘帽不是终点，而是新生活新奋斗的起点。”我深知，随县虽然已经顺利完成脱贫攻坚任务，但这只是新征程的新起点，随县人民群众对美好生活的新期待、新向往将是我今后工作的新目标、新追求。“雄关漫道真如铁，而今迈步从头越”。下一步，我将持续在巩固脱贫成果上下功夫，持续在防返贫、防新致贫上下功夫，进一步发挥好随县资源优势，把资源变成群众增收的财源，有效衔接脱贫攻坚与乡村振兴，促进全县经济社会全面发展，全面提升随县城乡颜值、生活品质和人民素质，为随县更加美好的明天做出更大贡献。

随县高城镇梅子沟村优质稻田基地（随县扶贫办供图）

把脱贫卷答在群众心坎上

——郧阳区委书记孙道军自述脱贫攻坚心路历程

我是 2015 年 12 月由十堰市郧阳区区长接任区委书记职务的，可以说是从头到尾经历了脱贫攻坚战的全过程。现在一回想起团结率领全区干部群众实干苦干、攻坚克难的 1900 多个日日夜夜，我就热血沸腾，感动不已。

精准扣好“第一扣”

习近平总书记曾经教导过我们，脱贫攻坚工作要做实，必须把贫困识别、建档立卡工作做实，确保把真正的贫困人口弄清楚，把贫困人口、贫困程度、致贫原因等搞清楚，以便做到因户施策、因人施策。

郧阳区原本是集“老、山、边、贫、库”于一体的国家级贫困县，但究竟有多少真正的贫困人口？哪些才能定为贫困户？不少干部群众对过去的很多数据和客观依据有争议、不认同。为做好精准识别工作，确保识真贫、扶真贫、脱真贫，区委发动各级领导干部下村入户摸情况。

2014 年初，我到包保的五峰乡下三岔村调研。一大帮村民围着七嘴八舌，愤愤不平，纷纷向我猛烈“开炮”：“张三家在市区买了小产权房子，凭啥他能算作贫困户？”“李四家儿子买农耕机，是不是也算有车户？”“王五家能评上贫困户，是不是因为他小舅子在镇上当干部？”

对群众的议论和质疑，我当场表态重新识别贫困户，并顺势而为，问计于民，和群众一道制订了“一看房，二看粮，三看劳力强不强，四看有没有读书郎，五看有没有病卧床，六看有没有硬家当，最后算算收支账”的“六看一算”

直观简便的识别法，探索了“五保户、孤儿、准五保户直接纳入，低保户和残疾人综合评定”的“五类群体”兜底区别对待法，结合“七进八不进”刚性指标约束法和大数据信息对比法，把有房有车的“面子”与天灾人祸的“里子”相结合，确保精准识别。

调研结束后，我们在全区开展“大走访、大核查、大清洗、大审计、大整改”五大活动，重拳铁腕挤水分、纳真贫，精准识别贫困对象。以“政策讲评、农户自评、组级提评、逐户核评、群众互评、村级审评、镇级认评”等“七评工作法”为基本程序，逐村、逐户、逐人、逐项精准甄别，应进尽进，应出尽出，全程公示，筛出真贫。2014年确定贫困对象48103户157821人，确定易地扶贫搬迁对象66943人。

考虑到收入标准的变动、因病因灾返贫等因素，2015年再次采取专班核查、大数据信息比对、贫困人口信息审计整改等多种手段，对贫困人口再次进行大清洗，该纳入的纳入，该退出的退出，最后确定全区建档立卡贫困人口为48061户162779人，易地扶贫搬迁人口为22309户64175人，基本实现“卡内无硬伤、卡外无真贫”。

不脱贫誓不休

我区有省定重点贫困村85个，贫困发生率35.63%，贫困人口在全省最高排名第六，比全市高出20.82%，占全市贫困人口的19%。其中，易地搬迁对象22309户64175人，湖北省排名第三。这组数字无论是放在全省还是全市都让人触目惊心。对我这个区委书记来说，更是犹如泰山压顶，压力极大。

我在郧阳工作了十四年，跑遍了全区384个村子。

胡家营镇冻青沟村黄金喜，参加过对越自卫反击战，在战场上英勇杀敌，荣立三等功。退伍几十年来，战斗留下的伤痛一直伴随着他，平时干不了重活，也不能外出打工，加上妻子体弱多病，多年来只能靠几亩薄地维持一家生计。直到2018年前，他依旧住着四面漏风的破旧房子，常年喝着水窖库存的浑浊雨水。每次到他家看望，心情便格外沉重。我暗下决心："一定要带领群众摆脱贫困！"

2015 年 11 月，党中央、国务院出台了《关于打赢脱贫攻坚战的决定》，明确脱贫攻坚工作的指导思想、总体目标、方法路径、政策措施、组织保障等内容，为我们构建脱贫攻坚的"四梁八柱"提供了根本遵循。

于是，紧扣"两不愁三保障"标准，结合郧阳实情，我提出了"12345"的落实举措，即"绿色发展、精准脱贫"一个方向引领，"政府是主导、群众是主体"两方力量调动，"红色强基、绿色固本、金色富民"三色工程推动，"环郧阳湖、泛滔河流域、堵河流域和丹江河流域"四大战区攻坚，"发展生产脱贫一批、易地搬迁脱贫一批、生态补偿脱贫一批、发展教育脱贫一批、社会保障兜底一批"五个一批统筹，强力推进各乡镇的脱贫攻坚工作。

在具体操作上，我们还制定了《郧阳区关于深入推进精准扶贫精准脱贫的实施意见》，细化实化产业就业、易地扶贫搬迁、义务教育、兜底保障等"五个一批"实施方案，围绕精准落地出台健康扶贫、金融扶贫、交通扶贫、水利扶贫、信息化扶贫、驻村帮扶、资金管理、短板查补等一系列细化了的政策措施。

方针、路线与政策决定之后，核心在落实。

工作谁来抓？分则力散，专则力全，必须集中优势兵力打攻坚战。我们成立了精准扶贫工作指挥部，我和区长任指挥长。区"四大家"联系四大片区攻坚，县级干部包联乡镇及重点贫困村，站位一线，靠前指挥。同时，还组建了 340 支专职驻村帮扶工作队，选派 1715 名科股级干部担任贫困村村民小组第一小组长，1.46 万名普通干部职工全覆盖结对帮扶贫困户，尽锐出战、组级为战。

钱从哪里来？放大在南水北调中线工程移民搬迁中探索的整合资金办大事的做法，每年整合扶贫、财政、住建、交通等 22 个部门 8 亿元以上涉农资金用于脱贫攻坚。

2016 年 2 月 29 日，我在"十堰市脱贫攻坚军令状"上签名，落笔那一刻，深感责任重大，我的誓言是："区摘穷帽，村出穷列，人拔穷根，战而不胜，提头来见！”

扎实打好攻坚战

扶贫开发贵在精准，重在精准，成败之举在精准。我立足郧阳实际，当好“小郎中”，号准脉，开好方，下足“绣花功”，持续“钉钉子”，脚踏实地，一笔一画绘就郧阳脱贫攻坚图。

挪穷窝，逼出了“三大五进”易迁扶贫路子。在叶大乡调研时，我听群众讲了一个令人心酸的笑话：一位农民有7块地，耕完6块，最后一块找不着，仔细一看，原是被一顶草帽盖住了。这是当地农民对缺田少地的自嘲。叶大乡有1000多户易迁户，找遍全乡，没有一片能容纳20户易迁户的合适地块。不只如此，胡家营镇、五峰乡、梅铺镇、谭山镇、大柳乡等等，都有这样的困难，如果选择就地分散安置，不仅需要大量开山挖石，投资巨大，还不能从根本上解决就业增收、稳定脱贫问题。

“绝不能让群众从一个穷窝窝搬到另一个穷窝窝！”2017年3月区委常委会上，我斩钉截铁地说。借鉴南水北调移民搬迁经验，跳出原乡镇就地解决的办法，实行全域大集中，跨区域集中搬迁安置。

按照这个思路，我们建成了湖北省最大的易地扶贫搬迁安置区，共安置4237户15380人，在环郧阳湖中心城区和汉江生态经济带、国省道沿线城镇经济带，统筹规划几个集中安置点，全部高标准建设。同时，采取进城就近务工、进园服务创业、进镇发展产业、进中心村灵活创业、进幸福院兜底保障“五进”模式，让易迁群众稳固增收、稳定脱贫。

2018年全省易地扶贫搬迁现场会在郧阳召开，郧阳易迁工作经验在2020年10月14日举办的全国扶贫日易地扶贫搬迁工作论坛上作出介绍，郧阳区荣获全国“十三五”易地扶贫搬迁工作成效明显县的称号，青龙泉社区荣获全国“十三五”美丽搬迁安置区的称号。

换穷业，闯出了“1+2+N”的产业扶贫路子。我曾在南化塘镇问贫困群众：

是否愿意搬迁到青龙泉社区，过城镇居民的生活？东溪村韩国平70岁的老父亲跟我红了脸："种了一辈子地，搬去能干啥？""养不了鸡、喂不了猪，吃菜要花钱，这咋整？"

我是农民的儿子，我深知群众的担心不无道理——产业是贫困群众稳定脱贫不返贫的坚实保障。那段时间，我和区长胡先平同志定下分工，一个对内挖潜，充分调研郧阳原有产业发展的可行性；一个对外招商，引进农业龙头企业。经过充分调研论证，我们选择了郧阳农民最熟悉的香菇产业。

郧阳是传统香菇产区，气候适宜，群众有经验。我们组建十堰市昌欣香菇产业发展有限公司，按照"龙头企业＋合作社＋农户"模式，2017年率先在青龙泉社区高标准建设香菇产业基地1165亩，配套点、养、种一体化大棚534个，香菇种植小棚1470个，组织300余户易迁户种植香菇，当年种植香菇120万棒，不到五个月，户均增收1.5万元。韩国平凭借学来的种植技术，2019年被社区评选为"香菇状元"，一斤花菇卖出240元"天价"。

按照全产业链、全生态链、全价值链模式，我们又探索区建扶贫产业园、镇村建扶贫车间、户建扶贫作坊，在谭家湾镇建设食用菌循环经济扶贫产业示范园，成立华中食用菌研究院，建设研发中心和香菇交易市场。引进上下游企业22家，建成智能化四季出菇工厂，形成集研发、种植、加工、销售于一体的香菇产业链条。在19个乡镇建设自动化香菇制棒车间24个、各类菇棚4.9万个，年种植香菇4000万棒，2万户贫困群众种出了小康生活。

为了让集中搬迁安置的农民能够顺利完成非农转移并实现充分就业，2018年3月，在郧阳挂职的水利部干部陈伟畅告诉我，他的老家浙江诸暨大唐有袜业企业受劳动力、土地等要素瓶颈制约，正实施"腾笼换鸟"，拟转移部分袜业产能。听闻这一消息，我立即决定成立专班，由区长胡先平、挂职干部陈伟畅带队，到大唐了解情况、开展招商。

为承接这个具有重要意义的非农产业，我们经过讨论，开出"黄金十条"等产业扶持政策，结果如同一个大磁场，吸引力巨大。3年间，我们先后引进上海东北亚新等 26 家袜业企业落户郧阳，签约袜机 11200 台，到位袜机 5980 台，可日产袜子 120 万双，年产值 20 亿元，成为中部地区最大的袜业生产基地。

同时，我们按照“扶贫车间 + 扶贫作坊 + 农户”的扶贫模式，积极引导贫困群众购买缝头、翻袜、定型、包装等加工设备开办扶贫作坊，不仅集中安置的贫困户得到充分就业，近万名留守妇女和老人也从田间走进车间，从农民变成织袜工人，真正实现了“挣钱顾家两不误、安幼养老都兼顾”。

龙韵村易迁户明刚是从深山搬迁到柳陂镇集中安置点的贫困户。在我和镇村干部的支持下，他购买缝头机和翻袜设备开办扶贫作坊，自己缝头，母亲翻袜，全家上阵，每天处理 1000 双，人均月收入可达 4000 余元，一下从农民变成了产业工人，稳定地过上了小康生活。

拔穷根，改出了“三驾协同”的金融扶贫路子。“救护车一响，一年猪白养”，“辛苦脱贫奔小康，一场灾病全泡汤”。贫困户马德华曾向我诉苦，好不容易在帮扶干部指导下发展养殖业，但由于传染病，不仅没赚到钱，还亏了一万多，一下成了特困户，以后再也不敢发展种植养殖业了。

缺资金、缺保障成为贫困户发展产业中的“痛”。但面对扶贫小额信贷，银行担心贫困户资产差、风险大，不敢贷；保险公司担心贫困户发展产业失败概率高、意外风险点多、赔付概率高，不愿保，同时传统贷款程序复杂、流程多、资金到手慢，导致看得见政策却享受不到，干部干着急，群众没办法。

针对政银企民多方的难点、痛点、堵点，我和区长胡先平组织专班深入研究，立足实际，积极探索，主动与湖北省人保财险公司沟通汇报，政府、银行、保险公司“三驾协同”，促成并签订全国第一张保额为 2 亿元的扶贫小额信贷综合性大保单，涵盖种植业养殖业保险、借款人意外保险、贷款信用保证保险等全方位、一揽子保险产品，对贫困群众贷款综合保障率达到 90% 以上，对银行放贷综合保障率达到 70% 以上，破解银行贷款“怕”、贷款“慢”的问题。

群众富不富　关键看干部

脱贫攻坚是一场没有硝烟的战争。打赢脱贫攻坚战，必须干部带头，群众参与，男士女士都是战士，老将少将都是干将，才能决战决胜、全胜完胜。

2016年初，我到五峰乡下三岔村调研，路上下起了鹅毛大雪。冬天的夜黑得特别早，晚上我在包保户董正才家里召集驻村干部开会。围着红红的火炉，大家有话直说，各抒己见。我从中发现一个问题，村内包联领导有第一书记、驻村工作队、乡镇包村干部、村“两委”干部等，工作队员来自中直、省、市、区、镇各级，乡镇不敢大胆履行属地管理责任，更不敢动真碰硬管理区级及以上驻村工作队员，1.5万名帮扶人员与村“两委”存在“两张皮”现象。

为了统筹各方力量，发挥聚合效应，压实乡镇属地责任，防止帮扶部门多头指挥、各自为战，甚至出现推卸责任、相互“甩锅”的问题，我们决定由乡镇派出干部担任村精准扶贫指战所指战长，统筹驻村帮扶工作队和村“两委”力量，包保单位副科级以上干部直接担任村小组长，实行组级为战，真正实现了人员统筹、力量统揽、资源聚合，凝聚了攻坚合力。

在工作方法上，为解决驻村工作队干什么、怎么干的问题，探索形成了“369”工作法，以开展“家庭卫生大清洁、家风家规大培育、家庭万元增收项目大落地”为重点，三级干部用好晚上6点至9点黄金时间，扎实开展同住一晚、同吃一顿饭、同干一天活、打扫一次卫生、栽一棵树、谋划一个万元增收项目、开一次家庭会、解决一个具体问题、制定一个家风家规村规民约、算好一笔脱贫账“十个一”活动，确保户户走到、扶贫作坊、安幼养老、固本强基四项重点工作落实落地，不断提升群众的满意度。

在我和区长的率先垂范下，时任区委副书记彭艳和现任区委副书记王丽媛坐镇指挥，接续奋斗，区人大主任焦宗敢组织包保村搭建香菇大棚，政协主席徐洪斌则吃住在深度贫困村，全区各级干部闻令而动、冲锋在前。

上下齐心，其利断金。“五打水井”的“第一书记”杨光山，解决了白浪镇叶庄村千百年来的饮水难题。“六下河南”找到汽车坐垫编织门路的驻村干部李宁，解决了谭山镇塘城村贫困群众就业增收难题。率先在全区开展四季出菇试验的村书记沈先贵，为全区香菇发展蹚出了新路子。承包村里的袜业后道加工中心的柳陂镇龙韵村贫困户朱方林，从泥腿子当上了小老板，带动60余人务工，一年净收入近20万元。

好日子还在后头

2020年4月23日，湖北省政府宣布郧阳区正式脱贫摘帽。48061户、162779人摆脱贫困，85个省定重点贫困村出列，农村居民年人均纯收入从7038元增长到11786元，2018年以来连续三年脱贫攻坚综合考核位居全省“好”的等次。全国金融扶贫、全省易迁扶贫、就业扶贫现场会、定点扶贫现场会先后在郧阳召开，金融扶贫、易迁扶贫、产业扶贫等经验先后在全国易迁论坛、上海浦东干部学院等重要会议上交流。

郧阳区茶店镇樱桃沟樱花烂漫（郧阳区人民政府办公室供图）

然而，我深深知道，还有一部分脱贫户虽然基本生活有了保障，但收入水平还不高，脱贫基础比较脆弱；一些因病致贫、因残致贫户还主要依靠兜底保障，一旦家庭再遇上点风险变故马上就是雪上加霜；香菇、袜业脱贫产业搞起来了，但产业链条还不长，带动作用还有待提升。群众对美好生活还有更深切的期待，等等。

记得 2020 年 5 月 14 日，我到杨溪铺镇调研时，罗沟村养猪大户刘厚成告诉我，他还想扩大养殖场："我想把郧阳土猪做成品牌，开办养殖、屠宰、加工一体化的公司！"

还记得从事油橄榄种植加工的朱瑾艳向我报告，虽然由最初的 30 亩发展到现在的 3 万余亩，带动 11 个乡镇 23 个村户年均增收 5000 元以上，但她还有更大的梦想。她打算建设国际油橄榄文化交流中心、橄榄精深加工智慧工厂，引进先进生产线，着力建成集生产、研发、科普、观光、文旅为一体的三产融合项目，带动更多的群众参与产业链增收致富，真正把绿水青山变成金山银山，让父老乡亲挑上"金扁担"。

群众的期盼就是我们努力的方向。在区委总结会议上，我向领导干部提出了"五个千方百计"：千方百计把更多农民转化为市民，千方百计把农特产品转化为商品，千方百计把村庄田园转化为景区，千方百计把党员干部转化为为民服务的"店小二"，千方百计把闲置资源转化为滚滚财源。夯实基层基础，突出产业就业，构建巩固脱贫攻坚成果与乡村振兴有效衔接的机制，加快农业农村现代化，促进农业高质高效、乡村宜居宜业、农民富裕富足。

"脱贫摘帽不是终点，而是新生活新奋斗的起点！"波澜壮阔的脱贫战役已取得全面胜利，乡村振兴的战场已全面开启。站在新的历史交汇点上，我们将牢记嘱托，不忘初心，接续奋斗，带领全区人民奔赴新的战场，夺取新的更大的胜利！

绝不能出现新致贫返贫

——洪湖市委书记伍昌军自述脱贫攻坚心路历程

2020 年 4 月，轰轰烈烈的扶贫攻坚战已近尾声，组织上调我到洪湖担任市委书记。我深感责任重大，使命光荣。接过接力棒，我向全市干部群众承诺：用心用情用力完成脱贫攻坚目标任务，绝不能出现新的致贫返贫。

大调研　凝聚防返贫的共识

来洪湖的第二天，我到市扶贫办调研，与市扶贫办的同志研究如何抓好收官之年的扶贫工作。随后，市“四大家”各位领导开始密集走访全市贫困村和贫困群众。近一个月时间，我带头走访了 20 多个贫困村、近百个贫困家庭。

在新滩镇同进村贫困户齐冬香家里，我与她促膝谈心，了解她家致贫原因，了解她儿子史建的病情。从调研、座谈、走访中，我感觉到扶贫干部和贫困群众有共同的担心：脱贫摘帽、出列之后，扶贫政策会逐步取消，因病或其他变故而返贫怎么办？

根据走访中了解的情况，各乡镇、市扶贫办和驻村工作队员紧密围绕“如何防止新的致贫返贫”的问题展开“大排查、大调研”活动，对所有建档立卡贫困户（含边缘户）进行了精准排查摸底，要求严格做到家家到、户户入和“三保障”落实情况，了解就业需求和产业状况，找准贫困户稳定脱贫路径，为精准施策下好“先手棋”，打好主动战。

通过这次大调研、大排查，市委提出的把防止返贫作为收官之战重中之重的决策，很快便成为了全市党员干部的共同认识，调研排查中的见闻也为具体地健全防止返贫监测帮扶机制提供了宝贵的第一手资料。

建机制　完善防返贫的政策措施

为了充分运用好调研成果，我专门召开市委常委会和市扶贫攻坚领导小组会议，专题讨论研究防止返贫监测帮扶工作。4 月底，洪湖市扶贫攻坚领导小组办公室出台了《洪湖市关于建立防止返贫监测和帮扶机制的实施意见》，内容主要是“四个结合”：一是坚持事前预防与事后帮扶相结合；二是坚持开发式帮扶与保障性措施相结合；三是坚持政府主导与社会参与相结合；四是坚持外部帮扶与自主发展相结合。随后，我们又下发了《关于建立防止返贫监测和帮扶机制的补充通知》，明确对边缘易致贫户的危房改造、“防贫保”、产业扶贫、就业扶贫、金融扶贫和兜底保障等政策措施，不仅继续有效，而且还优先实施。

2020 年 7 月，洪湖遭受特大洪涝灾害，全市受灾农作物面积 90.8 万亩，绝收 14.7 万亩，受灾贫困户 960 余户。我率领有关部门先后走访了所有受灾严重的乡镇和村组。7 月 13 日，我到龙口镇刘家边村查看灾情，30 多名受灾群众围着我反映灾情。看到他们期盼的眼神，我更加坚定了组织干部群众抗灾赶本的决心，也更加意识到防止返贫监测帮扶的重要性。

当晚，我主持联席会议，制定出台了《洪湖市积极应对洪涝灾害影响，组织开展防止返贫监测帮扶及生产自救工作的通知》《关于加强特殊困难群体监测帮扶的通知》《洪湖市支持贫困户抗灾赶本奖补办法》，指导各地各驻村工作队组织群众开展生产自救、督促加快农业保险理赔、落实扶贫小额贷款、支持务工增收、鼓励社会各界对重灾贫困户进行帮扶等八项举措，努力让贫困群众不因受灾而减收。

定对象　强化重点人群的跟踪核查

作为基层领导干部，我深知贫困的发生是动态的，防止返贫工作也不可能是一次排查、一次比对就能够锁定对象的。在明确对监测户帮扶政策措施的基础上，我与市扶贫办的同志就有效监测的方式方法进行具体探索，对扶贫、民政、医保、教育、卫健、应急管理等各个部门的定期数据进行共享与比对，将重点监测家庭信息、镇村干部入户核实、依照标准、规范研判等构建成一个监测体系。同时，将务工返乡“回流”、农产品“卖难”、特种养殖户转产以及长江禁捕转产渔民等困难家庭情况亦及时纳入监测帮扶范围。

2020 年以来，我先后组织全市党员干部开展了三轮防返贫监测排查。进入常态化疫情防控后，通过市疾控中心提供的新冠肺炎确诊患者名单，围绕重点对象组织干部入户核实，全市共识别监测对象 18 户 54 人，其中脱贫不稳定户 6 户 19 人、边缘易致贫户 12 户 35 人。

7 月，特大洪涝灾害发生后，再次安排乡镇、村干部入户核实，新增监测对象 7 户 23 人，其中脱贫不稳定户 5 户 14 人、边缘易致贫户 2 户 9 人。

9 月，为了扎实做好贫困对象年度动态调整，我督导市、乡镇、村扶贫干部，一方面对未脱贫对象严格评估验收，另一方面继续对已脱贫对象跟踪监测，再次对因病、因残、因灾、因家庭突发变故引发的刚性支出明显超过上年度收入和收入大幅缩减的家庭进行重点摸排，动态跟踪。同时，将大病自付费用在 3 万元以上非贫困农户和自付费用在 2 万元以上贫困户、长江禁捕转产等困难家庭作为重点，确定监测对象 11 户 49 人，其中边缘易致贫户 9 户 42 人，脱贫监测户 2 户 7 人。

强帮扶　实现监测对象的动态清零

为了确保监测帮扶的效果，在落实“一户一策”“一户一专班”的基础上，我要求各级扶贫干部对监测对象实施重点帮扶。一是增加帮扶力量。对未脱贫户增加驻村单位班子成员为帮扶责任人，对脱贫监测户增加驻村单位主要负责人为帮扶责任人，对新冠肺炎确诊患者贫困家庭增加乡镇区办主要负责人帮扶，对边缘易致贫户由驻村干部和村党组织书记共同帮扶。二是严格督促各项帮扶措施落实。对 306 户监测户实施产业帮扶措施，给予产业奖补 47.205 万元，落实抗灾赶本奖补 5.355 万元；对 705 个监测贫困劳动力落实就业帮扶，安排公益性岗位 76 个，给予外出务工交通和生活补助 31.65 万元，对 83 户监测户发放小额扶贫贷款 505.8 万元，将 406 户监测家庭纳入保障兜底范围，为 17 户监测户落实“防贫保”理赔，对 14 户监测户开展慈善救助、救助金额 11.2 万元。三是增强发展后劲。全市所有从事产业的监测户均与村两委领办合作社建立利益联结，通过技术指导、入股入社、代种代管等方式落实了帮带。

通过落实防止返贫监测和帮扶，有效巩固拓展脱贫攻坚成果。2015—2020 年，全市累计脱贫 16167 户 51727 人，出列 68 个贫困村。全市农村居民年人均可支配收入由 2013 年的 11045 元增加到 2019 年底的 18583 元；建档立卡贫困人口年人均纯收入由 2015 年的 3124 元增加到 2020 年底的 11890 元。

通过深入细致监测研判，全市脱贫监测户 249 户 840 人，边缘易致贫户 387 户 1270 人，目前，致贫返贫风险均已消除，实现监测对象动态清零。贫困村生产生活条件明显改善，发展后劲明显增强。

千淘万漉虽辛苦，吹尽狂沙始到金。2021 年是奋进“十四五”、逐梦新征程的开局之年，我将弘扬老区传统，发扬脱贫攻坚精神，保持真抓实干的良好作风，做好与乡村振兴衔接文章，绝不让困难群众出现新的致贫返贫，以脱贫攻坚成色更好、质量更高的优异答卷，迎接党的百年华诞。

洪湖市万全镇黄丝村精准扶贫前的原貌（洪湖市扶贫办供图）

洪湖市万全镇黄丝村精准扶贫后的新颜（洪湖市扶贫办供图）

精准挖穷根

——崇阳县人民政府县长郑俊华的脱贫攻坚心路历程

声势浩大的脱贫攻坚战，随着2020年的离去，也逐渐进入了尾声。2021年2月25日，全国脱贫攻坚总结表彰大会在北京隆重召开，会上崇阳县人民政府县长郑俊华被授予“全国脱贫攻坚先进个人”称号。这份殊荣，来之不易。采访中，郑俊华饱含深情地对我们说：“这几年，在崇阳战贫工作实践中，倾注了我无数的热情和热血，我走遍了崇阳盆地的村村湾湾，遍访农家，问计于民，寻找良策，与崇阳人民一道，竭力消除贫困，朝小康路上衔枚疾进。今天的成绩属于崇阳人民，属于千千万的扶贫干部。”四年，弹指一挥间。回首四年间，一千多个日日夜夜，从忧心、焦虑，继而到欣喜、振奋，一幕幕画卷历历在目。时至今日，常令郑俊华心如潮涌、感慨系之。

精准诊断　扣准第一粒扣子

崇阳地处湖北省贫困发生率较高的幕阜山区，居于幕阜山脉中段北麓。受地理资源环境的限制，这里道路崎岖，耕地资源较少，物产匮乏。四年前，郑俊华还是咸宁市安监局的局长，对崇阳的情况虽也有所了解，但对基层的具体现状可以说是一头雾水，“组织谈话的时候，确实有些意外，我知道崇阳很穷，在崇阳当县长远不如在市里当局长清闲，但我是一名党员，既然组织信任我，让我挑起这份担子，我便义无反顾地上，绝无怨言！”

从市里下到县里，郑俊华的足迹遍布了崇阳县12个乡镇，186个行政村。翻山岭，冒风雪，顶烈日。一次次的走访，一次次的调研，郑俊华面对面拉近干群距离。他说，讲群众听得懂的语言，带着温度，带着感情，才能建立党群干群的信任关系。实地调研让郑俊华很快就对全县的县情有了新的认识，对基层现状有了深入准确的把握。是时，崇阳的精准扶贫刚刚起步，郑俊华除了深入基层了解情况外，就是在不停地琢磨，他认为这一次中央部署与以往扶贫最大的不同，就是突出了“精准”二字。在进村入户，与各个层面的干部群众多次交流后，郑俊华逐渐对本县贫困发生率较高的原因有了越来越清晰的判断。

交通基础设施差是制约崇阳发展的最大问题。通过深入调研，郑俊华知道全县 47 个重点贫困村，都处于幕阜山区偏远之地，通村组的道路曲折崎岖，要开展基础设施建设，往往投入大，比较效益低。虽然经过多年的努力，通村公路的骨架已经建立，但多数道路宽度只有 3 米多，不能双向会车，难以满足乡村现实的需求。

同时，崇阳作为打工大县，经过数十年的持续劳务输出，边远乡村人口空心化严重。留下的村民，多半年龄偏大，劳动技能素质相对较弱，增收不易。如调研中，郑俊华就发现地处金紫山脉的横山村，留居村里的人口只有 300 来人，想选出几个头脑明白的村组干部都难，只好从已经迁到山下的村民中去动员能人回村。在开展精准扶贫之前，乡村医生数量不足，设施简陋，看病难看病贵没有根本解决，许多村民因卫生知识缺乏，看病不及时，小病拖成大病，直到丧失劳动能力。学生生源的减少，导致师资配置下降、学校撤并，教学质量下滑。还有农村商贸流通、金融服务、文化娱乐等都较为短缺。这些都困扰着农村的发展，使得越是靠近山区，贫困发生率越高。

做大共享圈　乡村发展再平衡

对于贫困乡村来说，基础设施是最稀缺的资源，改善基础条件，补齐短板，能够让最大多数村民受惠，为培育脱贫攻坚内生力打下最坚实的基础。

基础设施及民生公益事业建设，要投入大量的真金白银，对于崇阳这样的财力薄弱县来说压力是非常大的。郑俊华内心只有精打细算，没有犹豫吝啬。

2018年底，脱贫攻坚战进入白热化阶段，资金保障压力倍增，深深的焦虑感，让郑俊华一向坚实的身板也有些挺不住了。因患上严重的耳疾，他不得不进行手术治疗。术后，因心系扶贫工作，在动完手术的第三天，郑俊华便返回了县里，继续着连轴转的状态。那几年，每年统筹用于精准扶贫的财政专项资金额都在10亿元以上，这样的筹措整合力度，在崇阳是前所未有的。

要致富，修好路。中山村深藏在大湖山腹地，村民出行难成为县“两会”焦点话题。三年前的早春，在县委统一部署下，县通远公司工程队携带数十台机械，隆隆开进高枧乡。为了督促项目尽早完工，郑俊华曾先后十几次去中山公路现场。在那里，他说，通远公司的汉子们，一群铁血的造梦者，让他感动，让他知道大山深处的路一定能打通！中山公路建成通车后，在外的村民纷纷相携回村，许多乡亲喜极而泣。当地籍知名书法家吴象虎挥毫泼墨，以“锦绣中山”寓意该村此后的好日子。

水患，是崇阳人心头的一道伤，也是全县脱贫摘帽绕不过去的关隘。历史上的崇阳，多次饱受水患的肆虐。郑俊华告诉我们，过去河道治理投入不足，绝大多数堤防防洪标准低，难以抵御山洪的侵袭。恰逢脱贫攻坚有一些项目支撑，县里决心趁此契机，根治崇阳盆地的水患。郑俊华亲自担任了陆水崇阳段河长，每季度必到现场调研督办，解决遇到的实际问题。2020年，又遇强暴雨，郑俊华带队住进了指挥部，时刻关注着汛情，很多次都是一夜未合眼。所幸的是，崇阳经受住了山洪的考验，新修堤坝没有发生一处破溃，全县安然度汛，保住了近几年的扶贫成果。

山区农村电网一直是一个薄弱环节，由于供电质量不高，制约了加工型产业发展，也限制了村民家用电器的换代升级。2017年12月的一个寒雨夜晚，郑俊华正在东岳村参加村民“湾子夜话”活动，本来就不怎么亮的电灯突然熄灭了，同行人员经电话了解，停电原因是高压故障跳闸，涉及整条线路，不知何时恢复。村民们不愿散去，就着烛光，反映山区供电不稳，生活不便，困扰产业发展，要求尽快帮助解决。那一刻，郑俊华深切体会到山区人民的难处，内心也有一种自责之情。第二天，他就召集了相关部门的调研协调会。面对县境东南部电网网架结构薄弱、供电距离长、供电方式单一问题，他们积极争取省供电部门的支持，竭尽全力做好电改项目的配套服务，实现了全县电力建设档次的大提升。

开发对路产业　深扎致富根系

乡村产业的薄弱，优质劳动力的大量流出，导致乡村一度衰落，消除贫困的难度更大。产业兴盛，才能留住人，才能将资源变现，获得较好的劳动收入。因此，崇阳始终把产业扶贫作为脱贫攻坚的重头戏。全县以“两竹两茶一药”为主导产业，以水果、蔬菜、稻虾共养、光伏发电等为特色产业，推动重点产业向资源优势区域和扶贫重点村聚集，构建幕阜山绿色扶贫产业带。同时，全县以扶贫公路为纽带，大力发展白茶、楠竹、养殖等特色产业，建成雷竹小镇、森旺农业、青港白茶等特色农业基地；结合生态旅游资源，打造了浪口温泉小镇、大岭樱花小镇、塘口桃源小镇等特色小镇，拉动了全域旅游发展进程。

崇阳中草药野生种类繁多，发展中药材，有一定的产业基础，易于被普通农民接受，优势较为明显。郑俊华联系帮扶的天城镇桃红村，野生黄精资源丰富，早几年重视不够，采挖严重。2017 年，郑俊华通过多重渠道，为该村引进一位武汉老板，发展黄精种植，带动全村发展黄精 4000 多亩。2020 年，郑俊华再到桃红村药材基地调研，听老板蔡秀芳介绍，一分地黄精苗春季卖了 8000 多元。按照当前行情，预计五年收获期后，该村年黄精产值达 2 亿元。见证着该村中药材产业的起步、发展和壮大，郑俊华深有感触：发展中药材应该是崇阳县农业产业转型升级的最优选项。为此，在市委要求开展的“六个一”活动中，他又将以中药材为例探讨崇阳农业产业如何转型发展，确定为人调研的课题。通过与相关人员深入交流，向外了解国内中药材市场走向动态，他进一步认识到，崇阳发展中药材符合县情，产出价值可观，可作为扶贫后续产业着重培育。郑俊华把自己的调研情况和思考意见，提交县“四大家”联席会研究，经过多轮研讨，形成了共识，明确中药材产业作为扶贫产业的优先选项。近两年，崇阳的中药材种植势头良好，带动贫困户 1786 户，户均增收近万元。

"三扶"齐发力　根治贫困的痼疾

几年的扶贫工作，让郑俊华意识到：挖穷根就要挖到根子上，要给予贫困家庭志气和智力扶持，补齐贫困群众的精神短板，找回他们自立的信心，才能激发贫困群众脱贫的内生动力。

为了有效破解城乡劳动者再就业难题，郑俊华主持制订了具有实操性的技能培训方案。由人社部门牵头，工青妇等群团组织协助，吸引各类协会、职业培训机构参与，广泛开展职业技术技能培训。以政府购买方式，依托县职校、社会培训机构实施。培训内容包括：种植、养殖、家政、月嫂、电商、手工艺等。1983 年出生的汪信军，白霓镇大市村人，母亲患病在身，大额医疗费令他面容憔悴，妻子也疾病缠身，只能在家操持些许农活。3 个孩子上学，一家人的生活，全落在他一人肩上。得知县里出台的培训政策后，汪信军参加了扶贫免费技能培训，掌握了叉车驾驶技能，并考取了叉车操作证。现在白霓一家竹制品工厂上班，月薪 4000 多元，能在家门口就业，还能兼顾家里农活，汪信军对脱贫后的日子充满了信心。丁金刚是郑俊华的帮扶对象，全家四代 8 口人，妻子患尿毒症，儿子也没什么能耐。老丁天天勤扒苦做，虽然养了 2 头牛，但一时半会也变不了现，生活一直过得十分拮据。郑俊华头几次去他家，一家人都有点垂头丧气，找不到脱贫路。郑俊华便鼓励他儿子参加技术培训。后来，老丁的儿子在县城开了一家餐馆，生意红火，月纯收入达到 2 万多元。每次郑俊华去他家，老丁口里总离不开感谢二字，他说要感恩党的好政策，要感谢郑俊华对他家的帮扶。

农村妇女是脱贫攻坚的重要生力军。为了做好农村妇女职业技能培训，郑俊华曾先后多次到县妇联调研，听取县妇联汇报，并深入基层，了解广大妇女同志的诉求。当时城里缺少母婴护理师，妇联想开展这方面的职业培训，郑俊华当即表示支持。2017 年以来，县妇联组织开办育婴员培训班 35 期，培训学员 1570 人，其中 90% 的学员获得培训合格证书。“70 后”妇女魏珊红接受培训，并被推荐到武汉悦熙月子中心继续实习，取得高级育婴师证，成为崇阳“楚大姐”月嫂品牌的金牌育婴师。她像一粒种子，带动了一批家庭妇女满怀梦想走出乡村。

在扶贫工作中，郑俊华走遍了崇阳的山山水水。进村入户，走访干部群众，听到了不少基层干部倾诉扶贫工作难的苦衷。特别是遇到少数没信心没技能，又没有进取心的对象，的确非常难做工作。一些人以穷为荣，争当贫困户，认为越穷越实惠，指望“吃低保、靠救济”。对于这些“精神贫困”的人，如果只送钱送物，不改变其内心的依赖思想，不激发其脱贫的斗志，不补精神之钙，是很难帮其真正脱离贫困的。如何扶志，开展群众自强教育很重要。县里的大会小会上，郑俊华要求广大党员干部必须始终坚持人民立场，以求实担当的精神，直面矛盾和问题。要加强村民的诚信教育，倡导契约精神，重塑他们勤劳、淳朴、自强、爱家的品质。建立村民理事会，创办村史馆，讲传统，讲发展史，举办文明乡村邻里节。组织扶贫文艺轻骑队，乡村提琴剧团，以群众喜闻乐见的形式，寓教育于文艺活动之中。

崇阳县高视乡中山村中心小学学生们的午餐会（毛铖摄）

习近平总书记在山西考察时说：“乡亲们脱贫后，我最关心的是如何巩固脱贫、防止返贫，确保乡亲们持续增收致富。”在基层实际帮扶中，郑俊华时常遇到游离于贫困边缘的家庭，如何对这个群体进行帮助，建立防贫保障，是摆在郑俊华案头的一件大事。2018

年，是崇阳计划实现全县脱贫摘帽之年，为了在冲刺阶段再鼓劲，也为巩固脱贫成果早做准备，崇阳举办了“决战 2018”脱贫攻坚大型公益活动，发起了防止返贫保障基金募集活动。许多单位、企业和个人开展了现场捐款行动，此次活动共募集善款 957 万元。郑俊华与县委书记杭莺同志商量，提议以此为基础，建立崇阳县防贫保障救助专项基金，建立防止新致贫和返贫的预警机制，筑起了一道致贫返贫的“拦水坝”。

人不负青山，青山定不负人。这几年，让郑俊华感到值得欣喜的是，全县 8000 多名党员干部的真情付出，获得了期望的结果。2018 年，全县实现整体脱贫摘帽；2018 年、2019 年全省精准扶贫年度考核，崇阳都排在全省前十位；2019 年，在全省乡村振兴“首考”中，崇阳县被评为优秀。特别是 2020 年，面对突如其来的新冠肺炎疫情，统筹推进战“疫”战“贫”，高质量实现“两个确保”目标任务，取得了很好的实效。近三年先后摘得国家园林县城、全国“四好农村路”示范县、国家生态文明建设示范县、中国天然氧吧等“国字号”招牌。郑俊华说，脱贫攻坚战这么火热的经历，让他付出很多，也让他收获了很多。脱贫摘帽不是终点，而是新时代、新生活的出发点。乡村振兴路上，他将与全县人民一道，意气风发，奋力前行。

念好“五字诀”

——恩施市长苏勇的脱贫攻坚心路历程

“岁月之手推开一扇又一扇门窗，新的风景总是扑面而来。时代是出卷人，我们是答卷人，人民是阅卷人。”这是调研组采访恩施市委副书记、市长苏勇时，苏勇说的最深情的一句话。恩施市位于鄂西南武陵山区腹地，是恩施州州府所在地。这里山清水秀、民风淳朴、资源富集，但这里也曾是国家级深度贫困地区。2020 年 4 月 21 日，湖北省人民政府同意恩施市退出国家级贫困县序列。至此，绝对贫困在恩施市成为历史。“那天，我正在去安置点调研的路上，望着车窗外的大山，心里久久不能平静。”恩施市宣布全面脱贫的日子，苏勇至今难忘。

2015 年 6 月 6 日，苏勇来到恩施市工作。当时整个恩施市贫困发生率高达 26.08%，远高于全国 7.2% 和全省 14.4% 的平均水平。同年，党中央在扶贫开发工作会议提出实现脱贫攻坚目标的总体要求，发出打赢脱贫攻坚战的总攻令。苏勇说，当初接过全市脱贫攻坚指挥部指挥长的担子，他心里也没有底，只是深知责任重大，使命光荣。面对人民群众的殷切期盼，他不敢有半点懈怠，早已做好了牺牲小我、不辞辛劳奔走于脱贫战线的觉悟。面对贫困这个人类社会的顽疾，“挪、换、改、结、拔”这一五字诀，成为苏勇和市政府全体成员，在市委的领导下，勠力同心，决战贫困的一大“法宝”。

挪：易地搬迁“挪穷窝”

恩施是典型的喀斯特地貌，境内群山万壑、河谷纵横。有些地方，自然环境恶劣，发展基础薄弱，一方水土难以养活一方人。如何解决这些群众的脱贫问题，关系到恩施市脱贫攻坚战的大局和成色，也成为苏勇的一块“心病”。

2016 年 4 月，苏勇到屯堡乡罗针田村调研，走到了最偏远的老李家，老李家恶劣的条件有些出乎苏勇的意料。这是一间不足 30 平方米、楼层低矮的三间木屋，房子内外破烂不堪，老李一家四口就“蜗居”其中。通过交谈，苏勇了解到老李一家四口人，仅有四亩多责任田，大多都是陡坡地，一年收成十分有限。这里离集镇很远，往返需要一整天，仅指望这一份薄产，很难养活一家人。老李家艰辛的日子让苏勇有些心酸，老李对贫困的无奈与改变现状的无力深深刺痛着苏勇的心。他暗下决心，一定要改变现状，为大山里面像老李一样的贫困老百姓多做实事。通过连续几日的实地走访，苏勇了解到大山深处有许多与老李家类似的情况，他们大多居处简陋，耕地不多，基本上都是陡坡田，靠种田难以支撑一个家庭，更谈不上摆脱贫困。之后，苏勇召开全市相关部门会议，经过摸底，最终确定类似家庭全市共有 2300 多户，规模较为庞大。

为解决这部分贫困群众的脱贫问题，苏勇多次召集乡镇和市直有关部门负责人进行座谈。经过广泛讨论，大家一致认为：这些一方水土养不活一方人的地方，只有搬出来、重新安置到条件较好的地方，配套发展产业，才能从根本上解决问题。因此，恩施市在严格遵守国家易地扶贫搬迁“三条红线”的前提下，确定了“尊重意愿、立足长远、统筹规划、以点带面”的易地扶贫搬迁政策。

搬不出、稳不住的问题在易地搬迁初期普遍存在。苏勇说，老百姓都知道党的政策好，但要搬离故土，仍不免顾虑重重。搬出去后靠什么生存，能不能融入新的环境，原来的田土、山林还是不是自己的……对于干部们来说，没有经验可借鉴，没有模式可参考。苏勇便号召广大党员干部一家一户去做工作，白天走访农户，晚上开村民小组会、屋场会。干部的辛苦付出换来了群众对党和政府的高度信任。苏勇自己也亲自上阵，仅仅是罗针田村老李家，他就去了三次，每次一谈就是一两个小时，最终做通了老李的思想工作，老李也成为全市第一批搬进安置点的贫困户。在搬迁过程中，苏勇始终叮嘱党员干部要让老百姓真正的实现安居与乐业并重，让群众搬得出、稳得住、能致富。

六年来，苏勇先后20余次到各易地搬迁集中安置点了解项目建设和搬迁户生产生活情况。崔家坝镇水塘村的向安极是苏勇的包保户，原先靠种田为生，收入微薄，一家四口搬进100平方米的安置房后，夫妻俩在村鞋厂打工，人均月收入近3000元，加上退耕还林、地力补贴等收入，前后生活天差地别。等到苏勇再次上门时，向安极千恩万谢："感谢党，感谢苏市长，要不是你们，我们哪有今天的生活，以前简直是做梦都不敢想！"脱贫后，罗针田村的老李也给苏勇打电话说，告诉他已在邻近集镇开了个早餐店，生意红火，太感谢党的好政策了。那一刻，苏勇感慨万千，真正领悟到了"只要政策到位、工作到位、配套到位，群众就会跟着党走，群众也一定能够走上脱贫致富的幸福路"。

换：调整结构"换穷业"

过去，恩施市产业发展规模小、水平低、组织化程度不高，在广大农村地区，基本上都还是传统的种植养殖业，农民增收渠道相对单一，收入普遍较低。为了改变这一现状，2015年，苏勇安排市直有关部门对全市农村劳动力就业状况开展了一次抽样调查，结果显示有超过40%的劳动力外出务工，乡村人才趋于空心化，内生动力严重不足。那一刻，苏勇明白如果不能从根本上解决好产业、就业和创业问题，变输血为造血，如期实现高质量脱贫势必成为空谈。

正确的决策离不开调查研究，正确的贯彻落实同样离不开调查研究。为此，苏勇走遍了全市13个乡镇172个行政村，通过调查会、研讨会、走访调查、蹲点调查、典型调查、实地考察等调查形式，让他心中对全市产业发展的情况有了一盘棋。其中，苏勇在红土乡稻池村调研时就发现，稻池村气候良好、土地肥沃，又临近清江画廊，区位优势明显。但该村大量人口外出打工，人口空心化严重，是一个不折不扣的贫困村。村里缺乏主打产业，村集体经济短板突出。实施精准扶贫以来，在村党支部书记黄大忠的带领下，村里瞄准了富硒小水果种植，帮助400多户贫困户脱贫。总书记指出：调研是一个了解情况的过程，也是一个推动工作的过程。调研后通过由表及里的思考与分析，来透过复杂的现象找出事物的本质。苏勇明白，像稻池村这类贫困村，要解决的问题主要有两个：一是要确定主导产业；二是要有市场主体带动。其中后者尤为重要，没有成熟的市场主体来组织，村民各自为政谋发展就是一头雾水。鉴于此，苏勇和有关部门深入谋划，决定在全市普遍推广“121+X 产业扶贫模式”，将贫困户通过市场主体链接到产业链上，带动脱贫，取得了很好的效果。

开阔眼界，转变思路，才能激发内生的活力。作为中西部的干部，苏勇深知中西部与东部发达地区之间的差异，为了更好地学习东部发达地区的经验，引进高素质人才，吸引一大批投资额大、拉动力强、影响深远的基础设施和产业项目，苏勇曾多次带队到东部沿海地区考察学习。东部地区民营经济的发达，令苏勇大受震撼，也最令他渴望。因为他明白这些企业给当地带来了大量的财富和就业机会。如何才能引得凤来栖，苏勇明白关键在于良好的营商环境，让东部企业落户大山，最关键的也是优化营商环境。对此，恩施市先后出台了多项招商引资配套政策，鼓励企业干事创业，努力为招商引资企业做好“保姆式”服务。

改：夯实基础“改穷貌”

基础设施一直是恩施市的短板。在过去，历任领导都在为改善基础设施殚精竭虑，但由于地方财力有限，公共服务供给始终处在较低水平，群众意见很大。

苏勇记得，在他去杨家山村调研时，村民杨正桃拉着他的手说：“苏市长，我们现在生活没有问题了，也开始富裕起来了，就是没有个像城里人一样跳跳广场舞、打打篮球和乒乓球、唱唱歌的地方。”在公龙坝村和村民座谈，群众同样也向苏勇反映了电力卡口问题。在天落水村、田凤坪村，通过与群众拉家常，苏勇了解了当地群众对解决人畜饮水问题的渴望。在刘家河村，村民胡新柏向苏勇反映，原先的教学点撤销后，村里孩子上幼儿园要到十几里外的崔家坝集镇，必须有一个家长租房陪读，负担很重。人民群众一个又一个的难题，都被苏勇记在了心里。总书记说：研究调查是一个联系群众、为民办事的过程。其落脚点还在于为民办事、为人民谋幸福，这才是共产党人的初心与使命。

老百姓的事，无小事。苏勇都一件一件去解决，一项一项去完善。比如，刘家河村学生上学难问题，他要求教育部门迅速研究恢复刘家河村教学点，并就此问题在全市摸底排查。令苏勇感动的是，在杭州市江干区来恩施挂职副市长姚洪华的支持下，江干区杰力集团对口援建刘家河村教学点。仅仅一年，一栋漂亮的三层教学楼建设完工，2020 年 9 月顺利交付使用。交接仪式上，胡新柏热泪盈眶，苏勇也心潮澎湃。全市其他地区学生上学难问题，也通过住读的方式逐一得到解决。几年来，对于交通、电力、饮水、通信等问题，苏勇要求各有关部门牵头提出解决方案，总体谋划，专项推动。所涉资金，通过中央转移支付、项目争取及统筹各类扶贫资金，全部得以妥善解决。

结：精准帮扶“结穷亲”

苏勇说，精准扶贫是一项系统工程，既需要政府统筹谋划、全力推进，更需要社会广泛参与、互帮互助。

——着力党员帮扶结“穷亲”。在全市 145 个贫困村和 48 个有贫困人口的非贫困村，全部组建了脱贫攻坚“尖刀班”，来自中直、省直和州、市、乡、村的各级干部 2638 人加入“尖刀班”，他们“吃住在村、工作在村、岗位在村”，成为脱贫攻坚前线的利刃尖兵。

——着力社会帮扶结“穷亲”。发挥人大代表和政协委员优势，实施“人大代表在行动”“政协三大工程”，扎实开展“千企帮千村”“10.17 扶贫日”等系列活动，全市 1200 多家市场主体与 1.8 万贫困人口建立利益联结机制。

——着力对口帮扶结“穷亲”。围绕“616”对口支援，省住建厅牵头 10 个单位，累计投入资金 23.05 亿元，实施帮扶项目 245 个；7 个武陵山试验区建设成员单位，帮扶项目 131 个，资金 180.73 亿元。省自然资源厅牵头 12 个省直单位，落实帮扶事项 189 项，帮扶资金 3.17 亿元。兄弟单位的帮助，为恩施市争取到了一大批项目资金，增添了全市脱贫攻坚的动能。

——着力东西部协作帮扶结“穷亲”。2016 年，恩施市与杭州市江干区“结亲”。几年来，按照“恩施所需、江干所能”协作原则，江干区 9 个街道（管委会）与恩施市 17 个乡镇（街道）实现对口帮扶全覆盖。江干区先后投入财政资金 1.38 亿元，实施项目 120 个，帮助恩施市带动 4 万余贫困人口脱贫增收。

拔：解放思想“拔穷根”

几年来，苏勇一直在思考，农村的资源条件相差不大，为什么在发展上千差万别？在先后走访调研了 17 个乡镇 145 个贫困村和所有有贫困人口的非贫困村后，苏勇意识到贫困的根本还是在思想，突出表现是“平均主义”“等、靠、要”思想作祟，少数人以争当贫困户为荣，认为国家的钱不要白不要。

2016 年 10 月，苏勇接待了红土乡房垭村的信访人谢国林。交流中，谢国林向他控诉贫困户评定不公平，原因是他们家没有评上贫困户，同屋场的邻居评上了。了解到基本情况后，苏勇拉着谢国林的手，语重心长地说：“你只比较了你和别人一样多的人口，一样多的责任田和山林，一样的房屋，比的是看得到的；你没有比你家老人比他家老人健康，你家没有孩子上学，他家有两个孩子上学、负担很重；你只比较两家收入一样多，而没比较他家比你家开销大得多。”苏勇的一席话说得谢国林面红耳赤。苏勇后来听说，谢国林不再无理取闹，一门心思学习楸树种植，找到了致富的路子。

苏勇说，实际工作过程中对这类人一定要直指要害，让他们从历史形成的“平均主义”“等、靠、要”思想禁锢中解放出来，这不是在和他个人论长短，而是和贫穷的思想根源作战，是脱贫攻坚更重要更深层次的要求。为了鼓励上进、奖掖后学，苏勇号召在全市以村级为单元，连续四年开展“五佳五好”评比活动，给先进集体和个人颁发奖励证书和奖金，并通过各类媒体广泛宣传报道他们的先进事迹，弘扬正能量，给全社会树标杆，激发贫困群众勤劳致富、脱贫奔小康的内生动力。同时各级政府在信贷支持、技术指导和市场对接等方面密集跟上，主动对接各类贫困群众，激励他们再接再厉，进一步点燃奋力脱贫的熊熊之火。

六年的时光只是弹指一挥间，对苏勇而言，却是一段与日月争天，铭记一生的岁月。回望来时路，在以习近平总书记为核心的党中央坚强领导下，按照党中央、国务院决策部署和省、州工作要求，围绕市委统一谋划，苏勇他们把工作的重点放在“挪、换、改、结、拔”五个字上，向人民群众交出了一份满意的答卷。

总书记说：“脱贫摘帽不是终点，而是新生活、新奋斗的起点。”苏勇知道，尽管恩施市已经摘掉了贫困县的帽子，但现在还不是举杯相庆、放松懈怠的时候，脱贫攻坚成果还需要进一步巩固，产业发展的基础还需要进一步夯实，人民群众对美好生活的向往给我们提出了更高要求，未来任重道远。但他坚信，只要铆足一股劲、拧成一股绳，尽锐出战，奋勇前行，就必将绘就恩施更为壮美的乡村振兴画卷，让老百姓的生活越过越红火。

恩施市红土乡稻池村精准扶贫换新颜（恩施市扶贫办供图）

高山上的亲人

——五峰县副县长李章庆的脱贫攻坚心路历程

“爹！今天在忙些什么啊？身体咱样啊？现在天变凉了，注意添加衣服！”贫困户杜登榜老人听到这声亲切的话语，赶忙从屋里走了出来。“老伴，快出来，我们的‘县长儿子’又来看我们了，他真是费心了，给我们又是送棉被又要我们注意身体健康，比亲人还亲呢！”

这是2020年10月17日“全国扶贫日”上午，我们在湖北省宜昌市五峰土家族自治县采花乡长茂司村5组杜家屋场杜登榜家采访时遇到的场景。杜登榜的儿子常年在外务工，已定居在城里，他口中的“县长儿子”就是他的帮扶责任人，名叫李章庆，是五峰土家族自治县委常委、县人民政府副县长。

2017年，李章庆开始以帮扶责任人的身份与长茂司村结缘。长茂司村是一个名副其实的贫困村，精准扶贫开展之初，综合贫困发生率超过40%，村里的硬化道路总里程不足3公里，交通极其不便。在得知村里的基本情况后，李章庆主动要求结对帮扶村里最偏远的贫困户，一段暖心故事由此揭开序幕。

一声爹娘　拉近心的距离

2017年5月6日，李章庆在乡村扶贫干部的带领下，来到杜登榜家中。“他当时笑呵呵地问我们家里的情况，长到70岁，那还是我第一次见到副县长这么大的官哩！”

杜登榜老人回忆起那天的场景笑着说道：“当时我也不知道帮扶责任人是干什么的，总觉得这么大个官事多，蛮忙，肯定没有闲心过问我的事情，他到底会不会对我负责任，我心里是没底的！”杜登榜当时心里还想：“这么大个官来帮扶我，也不过是走走过场！往脸上贴金的！”初次见面，老人心里犯嘀咕是人之常情。但是，后来的李章庆却用实际行动慢慢地走进了老人的心房。

因为二老与自己的父母年龄相仿，从第二次入户走访开始，李章庆便以“爹娘”相称。对杜老夫妇嘘寒问暖，竭尽所能地为其解决生活上大大小小的困难。得知杜老两个儿子均在外打工成家，李章庆拍着胸脯对老人说：“为了让大哥、小哥安心工作，您二老有什么困难就直接和我说，不要让他们在外担心！”2018年，村里开始实施茶丘片区农网改造，施工期间，电压不稳导致杜老家里的电视机意外被高压电烧坏。杜老一下就慌了神，平时两位老人在家，闲来无事就喜欢看看新闻，听听外面的消息，劳动休闲时的精神生活全靠它了。李章庆得知情况后，立即给杜老打了一个电话：“农村改农网是好事，就是要解决咱们用电不稳的问题，出现意外谁都不愿意看到，我们这里正好有一批捐赠来的电视，我帮爹申请一台，您不用慌，到时候只需要注意用电安全，不要让孩子们担心！”随后，便托人将一台液晶电视送到杜老家中。杜老笑呵呵地看着崭新的电视，心底对这个“县长儿子”的犹疑渐渐烟消云散，有了一层莫名的亲近之感。

2018 年 10 月 17 日“国家扶贫日”当天，李章庆来到家中与杜老同吃同住。那天傍晚，杜老叫住正在用机器打磨地坪的李章庆，语重心长地对他说：“你是副县长，要管全县扶贫的事，不要在我这里耗费太多精力！我们俩身体虽然有点老毛病，但是目前生活怎么都还过得去，你要踏踏实实做好工作，我们也真心希望你能越来越好！”李章庆笑着说：“不用操心我，您把身体照顾好就是对我最大的支持！”扶贫不仅要迈得进门槛，更要走得进心坎，这是李章庆经常教育乡村扶贫干部的话，更是自己开展工作的真实写照。

一次感化　转变旧的观念

李道梅是李章庆帮扶的另外一户，女儿陈平常年在外务工，近 70 岁的老人独自生活在长茂司村茶丘张家阳坡的高山上，平时不太注重打扫，家里比较脏乱。

女儿对此也非常头疼："以前每次过年回家，都要花半天多时间进行大扫除。"对于老人的家庭卫生问题，李章庆同样看在眼里，急在心里，多次苦口婆心开导老人要做好家庭卫生。但是，如同女儿的唠叨，老人似乎并不在意。去了几次发现没什么变化。

为了改变老人不讲卫生的习惯，李章庆心想，要用自己的实际行动感化老人。2018 年 10 月 17 日，李章庆来到李道梅家中，自己带头动手，帮助李道梅清理杂物，刷洗锅灶。忙活了一个多小时，家里终于收拾得干干净净，焕然一新。打扫清洁做完，李章庆还取出带来的鲜肉和蔬菜，亲自下厨做了一桌丰盛的饭菜，并邀请周边邻居和李道梅老人，一起在火炉上开开心心地吃着饭、聊着天。突然，李章庆关切地问了一声："老人家，高不高兴！"一句关切话语让倍感孤独的李道梅两行热泪夺眶而出，激动地说道："孩子们在外打工，以往家里只有过年的时候才能这么热闹！真得感谢这么多人陪我吃饭！关心我！"

李章庆忙碌的身影在老人心中留下了深刻印象，从那以后，老人忙完农活，总会在家中这里扫扫、那里擦擦，房前屋后也摆放得整整齐齐。"现在过年回去，我轻松多了，做完饭的炒锅，我妈都会叮嘱我不要乱放，一定要先垫一块抹布，不能把桌子弄脏了！"女儿陈平笑着说，"李县长的到来，确实给我家带来很大的转变，屋里变得敞亮了，妈变得爱清洁了！真的特别感谢他，我以前嘴巴说起茧了，我妈都听不进去。"

2019 年，李道梅老人不幸被确诊患有肝癌，转诊到县医院后，李章庆曾专程去医院探望，他握着老人的手说："您要好好听医生的话，等您身体养好，我还想再去您家里看看呢！"老人笑了笑说："家里现在可和以前不一样了，尽管去看哩！"2020 年 2 月 20 日，正值新冠肺炎防疫期间，老人在家中病逝。据女儿陈平讲，老人在病重期间，还微弱地喃喃着，时刻惦记着李县长那一份无声的感化和深深的爱。村干部上门去叮嘱家属丧事简办的时候发现，老人墙外堆放的柴火依然是整整齐齐。可见，扶贫先扶志并不难，只要心诚，就一定能感化人，李章庆的身体力行胜过千言万语的宣传。

五峰县采花春景（五峰县扶贫办供图，闫京东摄）

一片真情　点燃爱的希望

肖文维是李章庆结对帮扶最偏远的一户。第一次走访时，他在村干部的带领下，徒步跋涉 2 个多小时才来到该村茶丘杜家岩。映入眼帘的是破旧茅草房下的蛛网和门前小姑娘眼里的渴望，他叮嘱肖文维一定要全力配合村里的搬迁工作，不要有后顾之忧，搬到安置点，才能缩短女儿求学的路，这个家才会有希望。

终于，肖文维在 2018 年初顺利入住长茂司村和平小区，李章庆特意在年前专程从百余公里外的渔洋关赶到长茂司村来慰问他。在集中安置点新家中，李章庆看到水电已通，墙上还贴着女儿余芳宝的奖状，不禁想起了第一次去他茶丘旧房时的情形。如今生活已经得到保障，他感到非常欣慰，递过专门从县城带来的鲜鱼等过年物资，还拿出崭新的文具交到余芳宝的手里，嘱咐她临近中考更要好好学习，不能让父亲失望。李章庆一片关怀问候，就像冬日里的阳光，点燃了小姑娘余芳宝的希望之光。

如今，肖文维已经是安置点管理员，有一份稳定的工资，还可以抽空在集镇周边打零工，女儿也发奋努力，如愿考入五峰民族高中珍珠班。“真的特别感谢李县长当初的劝导，我开始觉得放弃田、山林等生产资料搬下来可能不好讨生活，没想到真是应了那句老话，树挪死人挪活！”肖文维看着慢慢好起来的日子说道，“李县长的姑娘也在县民族高中读书，只要他去学校就一定会打听余芳宝，看望她。我的姑娘一个人在县城读书，还有人关心！真的感到幸福开心！我也才可以更踏实地在家搞事！”扶贫先扶智，教育是从根上摆脱贫困的方法。李章庆不仅帮助肖文维解决住房的燃眉之急，更帮助余芳宝增添了信心和希望。

老吾老，以及人之老；幼吾幼，以及人之幼。在采花乡长茂司村的大山里，李章庆始终情系贫困户，把贫困户当作自己的亲人，用真心，倾真情，出真招，扶真贫，真心实意为他们办实事。蜿蜒曲折的山路上，有他辛勤的汗水，脱贫攻坚的华章里，有他暖心的故事。

二、“甘洒热血写春秋”的帮扶队员

他们是一粒砂砾，是一块红砖，是一根挑千线的针，是永动的陀螺……他们带来了脱贫的希望，架起了贫困通往小康与富强的桥梁！他们一路走来跌宕起伏的心路历程，尽现了中国的脱贫攻坚！

恩施市天落水村连心桥通车时老百姓杀猪宰羊来庆祝（恩施市扶贫办供图，谢顺摄）

扶贫办主任的脱贫攻坚心路历程

攻坚忠诚路

——保康县扶贫办主任廖道明的脱贫攻坚心路历程

一颗心全部系在扶贫工作上，一个人扛起了一面旗，以自己无私奉献和忠诚担当诠释着为党分忧的党员本色，书写着对党和事业的无限忠诚。他，就是连续 4 年被县委、县政府授予“工作成绩突出贡献个人”，荣登 2020 年第一期“襄阳好人榜”的保康县扶贫办主任廖道明。2019 年，中共保康县委在全县“不忘初心、牢记使命”主题教育中，隆重作出向廖道明同志学习的决定。

“金刚钻”如何炼成

在脱贫攻坚战打响的关键时刻，2015 年 12 月 18 日，廖道明走马上任保康县扶贫办主任。

自从那一刻起，廖道明的工作状态就是马不停蹄、日拼夜战，时刻都在与时间赛跑。

2016 年春节前，县委主要领导明确告知廖道明，春节上班后第一站要到扶贫办调研，听取全县脱贫攻坚工作打算。

当别人都沉浸在春节的欢乐中时，廖道明却日里食不甘味、夜里难以成寐，满脑子都被脱贫攻坚工作占据。这是他人生中度过的最难忘的一个春节。

全县脱贫攻坚战究竟怎么打？一系列落地政策能否在最短时间内出台，还要形成体系？推进脱贫攻坚工作常态化、长效化机制如何建立？责任体系如何构建？攻坚压力如何传导？督办落实如何有效推进？这一系列问题都逐渐在廖道明脑中形成了清晰的答案。

正月初九，县委主要领导带领相关领导和部门主要负责人到扶贫办调研。在全面听取廖道明对全县脱贫攻坚工作的思考后，领导和同志们都感到非常满意。

这次调研之后，保康脱贫攻坚工作迈进了一个全新的阶段。在短短 3 个月时间内，全县精准扶贫“1+N”政策支撑体系在襄阳市率先形成，并完成了 11.3 万字、内涵丰富、措施具体、数据翔实的高质量规划，为保康打响脱贫攻坚战提供了政策和规划支撑。其他县（市、区）纷纷前来取经。

紧接着，县精准扶贫领导小组联席会定期召开，县“四大家”领导联镇包村，入户“大走访”、政策“大宣传”、信访“大起底”，交叉督办、专班督办、暗访督办，目标考核等一系列机制常态化有序推进。

面上工作铺开之后，一个又一个具体的难点问题接踵而至。他根据全县脱贫攻坚实际，进一步地深思熟虑，提出了打好产业扶贫、易地搬迁、危房改造、饮水安全“四场硬仗”的方案，为县委、县政府的科学决策提供参考。

脱贫攻坚战，攻坚的重点是什么？廖道明建议，应该瞄准制约全县脱贫“摘帽”的饮水安全和住房安全两大突出短板，成立全县农村饮水安全工作领导小组和住房安全工作领导小组，分别由县委书记、县长担任组长。

由此，一场轰轰烈烈的饮水和住房安全最为艰难的战役在保康大地打响，向全县脱贫攻坚的“硬骨头”发起冲锋。廖道明作为县扶贫办主任将杠杆作用发挥到淋漓尽致，搅活了全县脱贫攻坚一池春水。

随着脱贫攻坚的纵深推进，保康县在全市全省夺取了一项又一项耀眼夺目的攻坚荣誉。

在全省贫困县党委和政府扶贫开发成效考核中，连续四年位居全省第一方阵，其中 2016 年至 2018 年连续三年位居全省第一，实现“三连冠”；财政专项扶贫资金绩效考评连续四年获得全省优秀等次；2017 年初，保康作为唯一一个单位在全省农业农村工作会上就脱贫攻坚工作作典型交流；2017 年接受国家第三方评估，2018 年接受国务院脱贫攻坚大督查、新华社暗访，获得高度评价；

2018 年 11 月以来，先后通过整县脱贫“摘帽”市级初评验收、省级核查验收；2019 年 7 月，以既没有错退、也没有漏评、群众认可度 98.55% 的优异成绩，高质量通过贫困县退出国家抽查。脱贫攻坚成为了保康的一块金字招牌，先后有省内外 46 个县（市、区）赴保康考察学习。

就是这样，廖道明干一行、爱一行、钻一行、精一行，把自己硬是炼成了“金刚钻”。

“政策通”如何练就

俗话说：给别人一碗水，自己要有一桶水。

廖道明深知，要做好精准扶贫工作，自己必须首先成为“政策通”。基于这一认识，他每天总是第一个上班，最后一个下班，逐字逐句、如饥似渴地学习、研究、掌握精准扶贫政策，做到了然于胸。

有人认为，“两不愁三保障”中的住房安全，针对的只是贫困户，忽视了非贫困户的住房安全问题。廖道明通过对政策的深刻理解和领会，向县委、县政府建议，出台实施非贫困户危房改造政策。县委、县政府果断地采纳了他的意见，决定对全县居住危房的非贫困户（家庭中没有财政供养人员、私营业主等），按照 C 级加固改造每户 5000 元、D 级新建改造每户 8000 元的标准予以补助，从而全面解决了非贫困户的住房安全问题。

“研究政策要精准，时时刻刻做有心人。”廖道明说，“只要有 1% 的机会，就要尽 100% 的努力。”

2018 年，廖道明跟随县考察团到贵州荔波县学习考察。

常人眼中的一次例行学习考察，又成为廖道明“借道”学习的桥梁。白天，他一路走、一路看、一路学；晚上，他前往荔波县扶贫办向同行们学习取经，把荔波县的脱贫攻坚好政策、好经验“学到了家”。他坦承，贵州经验为保康脱贫攻坚提供了有益借鉴。

九层之台，起于累土。好评如潮的背后，是廖道明政策研究得透，政策落实得精准，标准把握得好，把工作做在平时，各项工作都抓在了点子上。

“老黄牛”如何负重

扶贫办主任是公认的苦差事。“群众脱掉贫，干部脱层皮。”这是近年来流行在扶贫战线上的一句口头禅。廖道明说，我必须是第一个要脱层皮的人。他像一头“老黄牛”，默默负重前行，从不叫苦，从不言累。

面对艰巨的任务，廖道明负重前行的“秘诀”就是“实干”“苦干”加“巧干”。

如何理解巧干？廖道明说：“脱贫攻坚时间紧、任务重，巧干就是要讲究工作方法，把工作抓准、抓实，不折腾、少走弯路。”

保康的脱贫攻坚工作抓得准，把握的节奏和力度恰到好处，没有走弯路，这是全县上下普遍公认的。

火车跑得快，全靠车头带。廖道明的“巧干”还“巧”在他善于挖掘集体力量。工作中，廖道明以身作则，率先垂范，他的干劲、拼劲、耐劲，深深影响着县扶贫办和精准扶贫作战指挥部办公室的全体干部职工。他们心往一处想、劲往一处使、拧成一股绳，他们就是一组先进的群像。

用心负责，敢于较真，人称“德国鬼子”的宋德杰；

铁面无私、不怕得罪人的“黑包公”杨大宏；

敢于吃苦、任劳任怨的“战斗兵”马维军、宋永波；

不辞辛劳、不计得失的“勤务员”袁飞、李学伟……

如此，特别能吃苦、特别能战斗、特别能奉献的扶贫团队“尖刀班”，应运而生。

县扶贫办和精准扶贫作战指挥部办公室的“战士”成为了全县脱贫攻坚战役中的中流砥柱。无论是下基层督办，还是迎接各类检查；无论是清晨出发，还是暮夜而归，他们始终上下一条心、拧成一股绳、搏尽十分力，理应博得头功。

“责任心”如何体现

每天最早到达办公室，最后一个离开，全年没有休过一天假，365 天循环往复一心扑在扶贫工作上。这是身边同志对廖道明日常工作生活的真实反映。

无论是建档立卡、小额信贷、雨露计划、项目管理等扶贫办业务工作，还是涉及产业扶贫、易地搬迁、健康扶贫、教育扶贫、光伏扶贫、兜底保障扶贫、社会扶贫等有关脱贫攻坚的重要工作，哪项工作薄弱，他就紧盯不放；哪项工作遇到了困难和问题，他就亲自研究；哪项工作遇到了阻力，他就亲自协调；从不计较个人得失，心中所装的只有全县脱贫攻坚大局。

“说实话，我很累，也想好好休息一下，但时间不允许啊，一闭上眼脑海里都是还没做完的工作。”

2019 年 4 月 29 日，省政府发文批准保康县退出贫困县。保康顺利“摘帽”，大家在高兴的同时不禁松了一口长气：“脱贫攻坚工作终于告一段落了，不用再这么紧张了。”

“虽然‘摘帽’了，但我们仍然不能掉以轻心。”全身心投入扶贫工作的廖道明，本该比任何人都该松口气，可正是因为身上的责任，让他深知“摘帽”不是终点，而是一个新的起点。

“在这个关键节点上，我们一定不能抱有侥幸心理，越是看似能放松的时刻，越是要拧紧发条，严阵以待。”廖道明向县委、县政府建议，严格按照“摘帽不摘责任、摘帽不摘政策、摘帽不摘帮扶、摘帽不摘监管”的要求，进一步压紧压实脱贫攻坚责任。

随即，全县开展问题整改攻坚战，实行县直单位“一把手”五天四夜驻村工作战时机制，进一步压实攻坚责任，全面围绕“两不愁三保障”问题进行再排查、再攻坚。

2019 年 7 月，贫困县退出国家抽查抽到保康，第三方评估检查组对保康的脱贫攻坚工作给予高度评价：“村村一个样，村村一样好。”短短 10 个字的评价，是对保康脱贫攻坚工作的高度凝练，更是对廖道明在关键时刻保持定力、把握大局的充分肯定。

廖道明把扶贫工作当成了一项事业，更当成了一份使命，他用奉献和担当化解了百姓的疾苦，用忠诚和汗水铸就了党的事业，彰显了一名共产党员的本色。

保康县马良镇扁洞河村整体划一的现代化社区（孙宁悦摄）

十年扶贫老主任

——崇阳县扶贫办主任赵明星的脱贫攻坚心路历程

赵明星是土生土长的崇阳人，当了十年扶贫办主任。十年的风雨历程，一路的酸甜苦辣，真实地记载了家乡 19297 户 70329 人脱贫，47 个贫困村出列，摘掉贫困县帽子的故事，也见证了崇阳县由一个落后的山区贫困县跻身乡村振兴先行县的巨大变化。

崇阳县地处湘鄂赣边陲，幕阜山片区中端北麓，为武汉城市圈重要组成部分，是湖北省 37 个贫困县之一，集老区、库区、穷区、边区于一体。2014 年全县建档立卡贫困人口 19297 户 70329 人，47 个贫困村，全县贫困发生率为 17.34%。

“精准扶贫，贵在精准，成败在精准。”作为县扶贫办主任，赵明星感到身上的担子特别沉重。他带领扶贫办一班人，走村串户，对全县 12 个乡镇 187 个行政村开展调研，创造了“五子识别法”，即一看房子，二看仓子（粮食），三看票子（收入和存款），四看身子（健康程度），五看学子（学习就读）。按照这个办法对全县贫困人口多轮调查，反复核实，建档立卡，在全咸宁市率先建立了精准扶贫贫困人口信息查询网、大数据信息管理平台，公开精准识别后的贫困人口家庭情况、脱贫措施、帮扶责任人等信息资料，做到公开、公正、公平，不漏一人，不错一人。

贫困识别精准了，第二步是对症下药，因贫施策，斩断贫根。赵明星向县委、县政府提出精准扶贫“35860”行动计划，规划用三年时间，着力实施“五个一批”扶贫，全面落实八大项目支持，灵活创新六项发力机制，努力实现零贫困乡镇、零贫困村、零贫困人口的奋斗目标，以确保崇阳县顺利进入小康社会。

县委、县政府通过调查研究，采纳了赵明星的建议，统筹整合财力，集中力量办大事，将决战决胜脱贫攻坚作为最大的政治担当、最大的民生工程来抓。2016 年至 2020 年连续五年每年统筹使用财政专项资金用于精准扶贫的资金额超过 10 亿元，占县财政年度支出的 1/3。县本级财政扶贫投入，远远高于财政收入增量的 15%、当年清理回收可统筹使用的存量资金中的 50% 和本级财政投入占省市投入总量 80% 的三项指标刚性要求。

崇阳县乡村振兴绿色产业园景（孙宁悦摄）

2018 年底，赵明星 80 多岁的父亲病重，弥留之际想看看儿子，而此时全县脱贫攻坚正进入关键阶段，正在第一线紧张处置各种矛盾问题的他，没能回家与父亲见最后一面，没有与父亲说最后一句话。尽管内心非常遗憾与惭愧，但他知道自古就有忠孝不能两全之说。

扶贫路不是一蹴而就的，是摸着石头过河走过来的，其中不免要走一段弯路。2017 年崇阳县在全省党委政府扶贫开发成效考核中，考核排名靠后，赵明星作为扶贫办主任，看到这个结果，深深自责，知耻后勇。他反复摸排，上下征求意见，大胆调整扶贫工作思路，起草制定了《崇阳县贫困村出列问题清单》和《崇阳县 2017 年度贫困人口脱贫问题清单》，继续弘扬敢打敢拼的工作作风，加强问题整改，扫清一切问题障碍。

2018 年 10 月 22 日到 25 日，中央第二巡视组在崇阳开展脱贫攻坚巡视工作。赵明星率领扶贫办日夜加班，对中央巡视组反馈的问题进行梳理，认真总结经验教训，限时监督有关方面整改，并举一反三，对全县脱贫攻坚工作再来一次大扫描、大整改、大提升。

2019 年 4 月，崇阳县被省委、省政府批准退出贫困县行列。8 月，赵明星又马不停蹄地组织开展脱贫攻坚暨乡村振兴培训，就如何巩固提升脱贫攻坚成效接续乡村振兴进行了专题讲座，制定了《崇阳县 2020 年脱贫攻坚巩固提升各项政策汇编》。在 2019—2020 年党委和政府扶贫开发成效考核中，崇阳县取得了全省 92 个县（市、区）第 8 名的好成绩。乡村振兴巩固脱贫攻坚工作在全省被评为“优秀”等级。崇阳县扶贫办被省委、省政府评为第三届湖北省“人民满意的公务员集体”。赵明星被评为咸宁市 2019 年度高质量发展先进个人。

传承扶贫恩

——随县扶贫办主任胡明乾的脱贫攻坚心路历程

随县是湖北省11个重点攻坚县之一，有建档立卡贫困村52个、建档立卡贫困人口7.5万人，脱贫攻坚任务艰巨。目前，随县贫困户“两不愁三保障”目标全部实现，贫困人口年人均可支配收入由2014年的2565元增至2020年的10570元，贫困群众生产生活条件明显改善。随县连续三年在湖北省扶贫成效考核中被评定为“好”等次，位居非贫困县前列。良好成绩的取得，离不开由胡明乾团结带领的扶贫办一班人的辛苦努力、实干苦干。

心怀感恩投扶贫

2017年初，在随县脱贫攻坚 “攻坚拔寨”关键期，胡明乾走马上任，担起随县扶贫办主任的重担。初任扶贫办主任的胡明乾，不仅要肩负起沉重的扶贫任务，面临越来越大的工作难度，还不得不面对老父亲卧病在床（于2017年11月去世）、母亲患脑梗塞生活不能自理的家庭困境，可谓内外交困，压力如山。是年3月，在接连的扶贫下乡走访途中，胡明乾不幸遭遇严重车祸，造成右臂肩胛骨粉碎性骨折，几度昏迷，先后两次入院进行手术治疗，被鉴定为十级伤残。

组织考虑到他的实际情况，拟调整他的工作岗位。胡明乾想的却是一定要报答党和人民的恩情。“20世纪六七十年代，我的家是贫困家庭，在党委、政府的帮助下才得以完成学业，走上工作岗位。如今组织委我以重任，将我安排在扶贫办主任这么重要的岗位上，是对我的信任和认可。正是脱贫攻坚决战决胜的关键时期，我绝不能半途而废。” 胡明乾坚决表示，“不打赢脱贫攻坚战坚决不换岗！”

他与母亲及妹妹商量后，将生活不能自理的母亲送回乡下托付给妹妹、妹夫照料，家里的大小事务都托付给妻子，自己则全身心投入扶贫工作。伤愈不到半年时间，尚处在恢复期的胡明乾陆续走访了随县的52个贫困村和其他行政村，广泛倾听乡镇干部群众的意见和建议，挨家挨户走访贫困户，主动嘘寒问暖、排忧解难。脱贫攻坚以来，与大多数常年奋战在脱贫攻坚一线的党员干部一样，他四年多时间里没有休过一次“年休假”，“5+2”“白加黑”更是工作和生活的基本常态。在访谈中，我们始终能够感受到他身上那种饱满的扶贫热情和不畏艰难、任劳任怨的精神与姿态。

当好扶贫战线“参谋员”

扶贫办是脱贫攻坚的“参谋部”。胡明乾勤于向县委、县政府请示、汇报，及时为县委、县政府提供第一手资料，并提供合理化的建议。在他的推动下，随县“四个常态化”工作措施得以创立并有效落实——县委、县政府每月召开一次脱贫攻坚专题会议，研究脱贫攻坚工作常态化；县、镇、村三级党组织书记进村入户开展遍访贫困对象常态化；各级党政主职每月利用5天时间抓扶贫常态化；县脱贫攻坚领导小组坚持每季度召开一次脱贫攻坚调度会常态化。

上任之初，面对建档立卡信息系统基础数据质量不高的问题，胡明乾深入思考，在借鉴其他县市先进经验的基础上，提出改善意见和建议，最终在全县落地实施。贫困户基础档案信息由39页精简至13页，村级档案由32类减少到15类，极大减轻了基层负担，提高了数据质量，保障了信息的准确性。

针对部分贫困群众攀比思想严重、内生动力不足的突出问题，胡明乾建议在全县范围内开展表彰脱贫先进典型活动，以帮助贫困群众树立正确导向。全县连续三年表彰脱贫典型，各村镇也根据实际情况对自力更生的脱贫典型予以表彰，在全县树立起勤劳致富、自主脱贫的浓厚氛围。

针对部分扶贫政策因为县级财政不足而不能及时落实的现状，胡明乾在向县委、县政府请示汇报后，提出合理的建议。最终随县“勒紧裤腰带”，在财政资金极为紧张的情况下，每年统筹整合财政资金近6000万元用于各项扶贫政策的落实。

“当好扶贫战线上的‘参谋员’。”胡明乾说，“时刻坚持问题导向和底线思维，为全县扶贫工作号脉问诊、纠偏正向。”自胡明乾上任以来，随县连续三年在湖北省扶贫成效考核中被评定为“好”等次，位居非贫困县前列。成绩来之不易，胡明乾的作用和贡献毋庸置疑。

探索产业扶贫新路子

产业扶贫是脱贫攻坚最有力的抓手之一，既能顾当前又能管长远，从长远和根本上保障贫困人口持续稳定脱贫。随县草店镇金锣山村的羊肚菌种植基地，如今进入丰产期。年年丰收，100亩基地每年的收益能达到300万元，入股的贫困群众最低人均增收万元以上。作为基地主要负责人的刘辉感慨：“实践证明，胡明乾提出的‘五位一体’扶贫模式，带贫效果明显。”

“村集体+专业大户+合作社+贫困户+村干部”的产业扶贫模式，是胡明乾在充分走访调研的基础上，提出的创新扶贫产业模式。“以往的‘专业大户+合作社+贫困户’的模式带贫效果不明显，贫困户的利益得不到保障，导致他们动力不足。”胡明乾认识到，村集体、村干部、专业大户的产业发展能力远远强于贫困户，只有将这几个主体与贫困户紧密相连，才能带动贫困户共同发展起产业。唯有实行利益共享、风险共担，立足长远降低贫困户发展产业的风险，才能可持续性地增强贫困户发展产业、摆脱贫困的信心和积极性。2018年春，这种“五位一体”产业扶贫模式在草店镇金锣山村和高城镇梅子沟村率先试点，随后在全县范围推广。基于这种规模，随县目前已发展壮大合作社等各类市场主体682个，培育各类种植养殖大户2368家，随县贫困户特色种、养殖产业的覆盖率也得益于这种模式，增长到96.8%以上。

在“五位一体”模式下，随县大力实施“三个跟着走”带贫机制（资金跟着项目走、项目跟着产业走、产业带着贫困户走）。在胡明乾的直接推动下，全县制定了产业扶贫发展规划，大力推进以香菇、中药材、水果、油茶种植和畜禽、水产养殖等为主导的农产品特色产业发展。围绕脱贫攻坚，全县如今已经有种植香菇村158个，10万农户40余万人参与，带动有劳动能力的9000余户贫困户种植香菇3000万袋。全县的香菇加工企业达到60余家，其中出口企业24家，吸纳5000余人次贫困人口家门口就业。全县贫困户种植特色林、果、茶160万亩，惠及贫困户8600余户。1.5万户贫困户从事畜禽、水产家庭养殖业。

胡明乾大力推进随县“光伏52工程”“光伏100工程”项目建设，为随县52个贫困村和100个扶贫任务重的非贫困村建设村级光伏电站共计262座，全县村级光伏电站年收益3200万元，受益贫困户达8820户。

在积极推动香菇多元化种植模式的同时，胡明乾将随县香菇单一“分散种植”变为“分散种植”和“工厂化种植”相结合，变“春栽”为“春秋两栽”，香菇种植效益提高了两倍，菇农收入大幅上升。随县有劳动能力的贫困户香菇种植覆盖率达到80%，香菇产业成为随县稳定脱贫的主导产业。

光伏扶贫成效显著，全县共投资2.3亿元建设光伏电站393座，总装机46.44兆瓦，全部并网发电并纳入国家补贴目录，覆盖全县282个村，每年村集体增收5万元以上，惠及贫困户8220户。

同时，实施“旅游+”扶贫工程，为38个具备资源条件的村制定乡村旅游规划，建设旅游基础设施，吸纳当地贫困人口就近就业。淮河镇龙泉村、万福店凤凰山村、高城镇梅子沟村等一批乡村旅游特色村已成为贫困村脱贫攻坚新样板。

眼看长远不居功

“看到村民们如今幸福的生活，感觉自己的工作很有意义。”胡明乾说，脱贫攻坚战虽然已经取得决定性胜利，但在今后的工作中，他将继续攻坚克难，巩固拓展脱贫攻坚成果，将其同乡村振兴有效衔接，努力让群众的生活越来越好。

2021年，全国脱贫攻坚总结表彰大会上，胡明乾获评“全国脱贫攻坚先进个人”荣誉称号。他谦虚地指出：“荣誉属于脱贫攻坚战线上全体战友，属于所有为脱贫攻坚付出心血的同仁。在今后的工作中，还将一如从前、接续奋进，为巩固拓展脱贫成果、全面推进乡村振兴做出应有的贡献！”

（本文参考了随县发布有关报道）

随县吴山镇河西村光伏发电场图景（孙宁悦摄）

驻村工作队的扶贫故事

再续鱼水情

——麻城市乘马岗镇小寨社区省军区扶贫群像

军队是一个特殊的组织，军人是一个特殊的群体。在脱贫攻坚战中，他们为中国的脱贫攻坚事业做出了突出贡献，然而却鲜为社会所知。黄冈麻城市乘马岗镇小寨社区省军区扶贫群像，将是我们了解和感知中国军队和中国军人在和平年代为伟大事业无私奉献、不懈奋斗的一个窗口。在“如何扶”“怎么扶”的表现之中，它将为我们展现一幅新时代的军民鱼水深情画卷。

“听党指挥、能打胜仗、作风优良”是中国共产党在新形势下的强军目标，这一目标在脱贫攻坚中同样得到有力体现。湖北省军区坚持“去最艰苦的点，帮最贫困的村”的脱贫攻坚指导思想，驻扎黄冈麻城市乘马岗镇小寨社区，不仅探寻出了一条革命老区脱贫攻坚的示范路，也为军队在和平年代帮扶革命老区发展致富总结出了可资借鉴的丰富经验。

小寨社区地处大别山腹地，由原小寨村、艾家河村、凌家岩村 3 个独立村合并而成，区域面积 27.6 平方千米，辖 28 个村民小组，115 个自然垸。与河南新县田铺乡接壤，是王必成将军故里，杨泗寨战斗遗址所在地，是极为典型的偏远山村和大别山革命老区深度贫困村。全村总人口 715 户 2574 人，建档立卡贫困户 228 户 691 人，贫困发生率 27%。精准扶贫以前，道路交通、农田水利、医疗卫生等基础设施建设严重滞后，既没有村级产业，也没有有效的经济来源，全村人均年纯收入仅为 4108 元。

自 2016 年省军区驻扎小寨社区开始，省军区党委高度重视小寨扶贫工作，多次集体赴社区开展扶贫工作调研。在反复论证的基础上制订《小寨社区精准脱贫三年规划》《省军区年度帮扶工作计划》，确定了帮扶具体思路和重点帮扶工作任务。省军区主官先后 20 多次赴社区检查指导、现场办公解决困难问题，分管扶贫工作的副政委先后 30 多次到社区进行手把手帮带，现场解决扶贫工作中遇到的实际问题。

五年间，省军区扶贫工作队带着对老区人民的深厚感情，满腔热情、积极作为，有力推动精准扶贫工作稳步发展，脱贫攻坚工作取得显著成效。

极力当好参谋。针对合并村村干部能力素质参差不齐、思想不够统一的实际，开展经常性的谈心交心活动，积极做好合并、合心、合力工作。主动帮助村干部排忧解难，为村镇当参谋、提建议，集体研究制订扶贫工作脱贫计划、社区发展规划，确保各项建设因地制宜、科学合理。带领村干部一道主动上门做好群众工作、解决群众生产生活中遇到的实际问题。社区支部班子想干事、能干事、干成事的氛围日益形成。

主动推进工作。驻点村帮扶产业项目和基础设施多，涉及的矛盾、问题突出，为推动工作落地见效，工作队主动作为，敢较真、敢碰硬，创造性开展工作，确保工作有序推进。帮助修建的通组公路、美丽乡村建设示范点和光伏、菊花、油茶、苗圃、板栗、养鸡、中药材等产业项目建设，涉及上百户村民的切身利益。为提高工作质效，完成上级交办的各项任务，工作队主动协调市、镇相关职能部门多次现场解决工作中遇到的土地流转、拆迁补偿、政策补贴等突出矛盾和问题。

严格监管督导。秉持“预算的每一分钱都必须真正用在脱贫致富关键点上”的帮扶原则。工作队实时督导社区对每个项目严格落实“立项、预算、招标、验收、结算、审计、付款”等程序，对项目建设过程实施全程监督，确保施工按照规划、用材符合要求，建经得起历史检验的基础设施项目。

基础设施建设为先。先后投入经费 216 万元，新建 26 条、12 公里通组路。协调交通部门拓宽社区主干道 2 条、5.4 公里，对村口至河南省交界处 1 条 6.5 公里通村公路“刷黑”升级改造，极大方便了村民出行。协调水利部门改造江菜河水库，新建水厂1座，解决社区130户安全饮水问题。协调国土部门修建河岸护砌25条、1.3公里，平整土地700亩，修建坑塘23口、拦水坝35座、生产便道11条、机耕桥4座、挡土墙13面、硬化晒场8个，为农户生产生活、种植灌溉、防洪防灾等提供了有力保障。

扶贫产业发展为要。根据"'光伏分红'巩固一批；菊花、油茶、板栗改良带动一批；苗圃、中药材、特色养殖扶持一批"的产业扶贫思路，先后在社区新建菊花加工厂、中药材加工厂各1座，引进6个市场主体、发展7个主导产业，仅2019年直接给贫困户带来总收益达196.8万元，人均收益2873元。精准实施"光伏分红"，投资100万元，整合小寨、凌家岩重点贫困村的扶贫资金140万元，共同参建麻城市集中式光伏电站230千瓦，每年分红24万元，收益期25年。按照协议，50%归村集体，50%用于帮扶贫困户。四年来，社区光伏分红收益共计96万元，其中社区集体收益40.8万元，贫困户收益55.2万元，分别发放给443户贫困户。

推动油茶规模发展。累计投入221万元，引进麻城市四季春茶油公司，帮助社区发展油茶基地2个，新建生产用房1处、硬化生产道路2公里、修建生产便道1公里、平整土地200亩，共计种植、改造油茶1038亩，其中基地新种油茶830亩，改造老油茶林120亩。按照协议，社区以新种油茶林地入股公司从事油茶种植生产经营，进入丰产后所得收益按公司52%、社区集体48%的比例分红。同时，对社区80户贫困户和800多亩低产油茶林进行改造，为贫困户增收达40多万元。

多方扶持菊花种植。投入150万元，新建1座占地2000平方米，日加工新鲜菊花2.5吨的菊花加工厂。打造菊花基地4个，主要种植观赏菊、金丝皇菊、福白菊等。同时，对基地外贫困户菊花种植纳入帮扶范围，总规模达230亩。按照协议，公司每年支付社区集体10万元菊花加工厂租金。三年来，菊农总收益达120万元，惠及贫困户89户。

全面推广板栗改良。投入30万元，引进深圳合兴板栗公司，对300亩板栗林进行改良嫁接，打造示范基地。按照协议，公司每年为农户提供良种嫁接苗和技术指导，带动社区低产板栗林改良，并负责社区农户板栗代销售和产品代加工。同时，在社区建立板栗初加工收购站，鼓励社区贫困户和农户剥板栗米，实现贫困户足不出户务工增收 6.2 万元。

精准到户生态养鸡。投入 40 万元，引进金诚合兴农业有限公司，成立生态养鸡合作社。在 4 个集中养殖点搭建大棚围栏，采购良种鸡苗，开展家禽卫生防疫等。先后为 112 户贫困户发放鸡苗 3820 只，贫困户总收益达 38.2 万元。

引入苗圃治理环境。投入 90 万元，引进麻城巨人苗木公司，建立苗圃基地培育油茶、杨梅等经济林苗木。2019 年该基地被纳入省级油茶定点育苗基地。截至目前，该公司按照协议，连续 2 年为社区贫困户免费发放 1 万株油茶种苗，并定期对党员群众服务中心、美丽乡村和文化活动广场的绿化植被进行免费补栽、修剪和日常管护。通过基地务工，带动社区 100 户贫困户增加收益 34.3 万元。

支持药材持续发展。投入 40 万元，联合富泰中药材合作社在社区修建 1200 平方米中药材半成品加工厂 1 座，同时流转土地 2300 亩，建立白芷、丹参等中药材基地。近年来，350 户农户通过基地务工增收 196 万元，惠及 103 户贫困户，人均年增收 5600 元。

帮扶措施精准为要。在小寨社区雇用有劳动能力的贫困户王昌桂等 5 人为生态护林员，发放护林补助每年 4000 元。对社区符合条件的 56 户贫困户进行金融帮扶，累计授信额度达 241 万元。累计投入 6.43 万元，捐赠乘马中学音响设备、爱心书包、宿舍楼窗帘等。对社区 85 名享受“雨露计划”的贫困家庭学生发放教育资助 12.75 万元。每年组织贫困户种养殖技能培训，进一步提升社区贫困户致富能力，巩固脱贫步伐，确保社区贫困户持续稳定增收。

服务条件大改善。投入 120 万元，对党员群众服务中心进行改造升级，改善了村委办公、村民办事条件；引接电商服务平台，为村民提供信息咨询，开展农产品网上销售服务。筹集 3000 余册书籍建设乡村书屋，为村民开展学习教育提供了基本阵地。按照村级卫生室标准，设立就诊室、输液室、药房，配备

2 名专业医务人员、各类医疗卫生设备，解决了村民看病就医难的问题。积极配合镇、村两级，按照人均 25 平方米标准，新建了 650 平方米的安置点，解决了 11 户贫困户住房保障问题。协调市、镇将 27 户贫困户搬至得胜寨易地搬迁安置点，帮助 29 户贫困户进行危房改造，解决贫困户住房安全问题。

乡村文明大改观。先后投入 339 万元，在付家河建立美丽乡村示范点 1 个，在凌家岩组、丁家楼组、付家山组分别辐射建设美丽乡村 3 个。投入 84 万元，在社区 28 个村民小组新建 28 个公共厕所。同时结合“厕所革命”，通过分户改造、联片改造相结合的方式，完成了社区 200 户农户无害化厕所改造任务。制定推行《公共厕所管理规定》和实施“村规民约”活动等，提升广大群众自觉维护公共环境的“主人翁”意识，有效解决长期以来社区公共场所脏、乱、差的问题。督促市场主体对付家河美丽乡村和党员群众服务中心缺损苗木进行补栽，草坪进行修剪，维护了美丽乡村建设成果。定期发动居民对社区主干河道开展“周末河道清理日”活动，累计出动居民 100 余人次，清理垃圾 500 多斤，有效缓解河道堵塞、水源污染等问题。

精神文化大提升。充分发掘当地丰富的红色资源，修缮王必成将军故居，举办王必成、廖荣坤将军雕塑揭幕仪式，积极发挥红色文化育人功能。投入 42 万元，在 28 个村民小组新建文化宣传墙 84 面，大力宣扬核心价值观和村规民约。整合省军区文化资源，组织直属队官兵开展送戏下乡活动，大力宣传扶贫政策，培树表彰脱贫典型，让村民在思想上增强对党、国家和军队的情感认同，提高群众满意度。

激发贫困群众内生动力，以摆脱“精神贫困”。工作队注重把扶贫与扶志、扶智相结合，营造全社区“关心扶贫、支持扶贫、参与扶贫”的良好氛围，激发起强大合力。通过在全社区开展“好媳妇”“好婆婆”“党员标兵”“脱贫之星”“致富带头人”等先进典型评选活动，采取以奖代补方式，激发贫困群众依靠勤劳致富实现自我脱贫，树立起摆脱困境、“我要脱贫”的斗志和勇气。通过开展教育扶贫活动，与乘马中学留守儿童建立起“志育”机制，帮助学校改善教育环境，培养学生感恩社会、回报社会的情怀。

结合驻村扶贫工作队职责，组织村“两委”班子成员开展谈心交心活动，就工作中产生的矛盾隔阂问题，进行开诚布公的批评和自我批评，及时消除误会，营造团结共事氛围。通过组织“支部主题党日”活动，组织社区党员上党课、学政策，进一步统一党员的思想认识，激发党员争先带头意识。给每一户贫困户发放“军民连心卡”，鼓励贫困户和广大群众对扶贫工作开展情况进行监督、咨询和建言献策。依靠大众网络，建立小寨社区党员、村民微信群，及时通报扶贫工作进展情况，了解民情诉求，纯正风气，传播正能量。

工作队通过入户走访了解到，贫困户仅靠土地流转和基地务工等帮扶措施还不能够迅速脱贫致富。为解决这一问题，按照年度产业帮扶计划，采取因地制宜、因人而异，打好“输血”“造血”组合拳。推广一批产业发展新模式，例如菊花产业由以往市场主体大包大揽到今年的贫困户在自己流转的土地种植菊花，市场主体保底收购的合作经营新模式。再例如油茶产业由以往的市场主体流转土地打造油茶基地，到今年的贫困户改造自家的低产老油茶林，市场主体提供技术指导和改造经费补贴，并按市场价保底收购的新合作模式。还有生态养鸡产业实行贫困户自养、公司提供鸡苗，并负责成品鸡收购等互惠互利模式，走出了产业发展的新路子。

为响应国家消费扶贫号召，按照军委国防动员部文件精神，经省军区党委批准，将社区农产品纳入省军区走访慰问产品目录优先采购。近几年，先后集中采购小寨村山茶油、土鸡蛋、菊花等农产品共计150余万元，协调重庆警备区购买扶贫产品60万元，用于春节、“八一”节日慰问。

努力提升贫困户思想认识。针对个别贫困户对已得到的扶贫补助说不上来，对自己生产收入能瞒则瞒、能不报则不报；对不按贫困户危房改造面积标准建设，致使脱贫又返贫等现象，通过入户查看银行“一本通”，核对贫困户帮扶收益情况的方式，同时加强教育引导，纠正思想偏差，让他们感受到国家和军队对他们实实在在的帮扶，以提升其对精准扶贫的满意度。努力实现精准帮扶全覆盖。对广大群众普遍关心的项目选址、工程质量等，积极协调相关部门尽力满足各组、垸的合理化需求，提升贫困群众对精准扶贫的整体满意度。

高标准、高要求、高质量如期完成小寨社区的脱贫攻坚，是省军区党委坚决贯彻落实党中央、中央军委脱贫攻坚要求，履行国动系统“六部”职能的实际行动，责任如山、军令如山。在小寨村的脱贫攻坚路上，省军区展现出了新时代中国人民解放军的精神和风貌，拿出了决战决胜的气势，真抓实干、敢打必胜，下好了“绣花”功夫；找准了小寨村产业发展的新路子、新模式，实现了小寨村从被动扶贫到主动脱贫的根本转变，“输血”变成了“造血”，切实在老区扶贫中立起了军队帮扶的时代标杆。

小寨村如今脱贫了，脱贫攻坚取得了全面胜利，但这绝不是省军区帮扶小寨的终点。在全面推进乡村振兴的新征程中，省军区将牢记习近平主席嘱托，不忘人民军队初心使命，不忘省军区承诺责任，始终保持一流的工作标准，始终保持“两手抓两不误”的工作统筹，始终保持务实的工作作风，及时制订帮助小寨全面推进乡村振兴的后续帮扶计划，进一步持续增强小寨内生发展、自强自富的“造血”功能，致力将小寨打造成高质量、高品质的乡村振兴示范村和军队帮扶老区乡村振兴的示范村。

麻城市乘马岗镇小寨社区精准扶贫前的原貌（麻城市扶贫办供图）

麻城市乘马岗镇小寨社区精准扶贫后的新颜（麻城市扶贫办供图）

湾子一家亲

——崇阳县白霓镇龙泉村驻村干部庞烨的扶贫故事

2017 年，龙泉村的脱贫攻坚任务考核排名全县倒数第一，基础设施落后、邻里乡亲不合、干群关系脆弱、上访次数较多，谁也不想碰这块烫手的山芋。白霓镇党委思来想去，最终决定将原东岳村的扶贫书记庞烨派过去，火速支援龙泉村。

今年 58 岁的庞烨，原来是农业农村局土管办的一名军转干部。虽然褪下了军装，但“服从命令为天职”的习性已深刻地融化在血液之中。接到工作任务后，他没有丝毫迟疑。尽管周围的同事曾好意提醒过：龙泉的扶贫工作可不是个容易活儿，他却仍然我行我素、充耳不闻。

庞烨坚信事在人为，必须下定决心、想方设法啃下这块硬骨头，不辜负组织对自己的信任。

初来乍到，为了尽快摸清楚村里的情况，落实精准识别的文件要求，庞书记每天走访农户、查看产业、熟悉村情。逐一核实信息、全面掌握致贫原因，完善贫困户各项资料，有的放矢地制定相关帮扶措施。驻村三个月，他没有回过一次家，所有休息时间加起来只有三天，一天是清明节回老家祭祖，还有两天是五一劳动节假期。

赤胆忠心、呕心沥血的背后是七大本工作日志的见证，上面详细地记录了他在龙泉村遍访途中发现的各种问题。把这些问题的来龙去脉与是非曲直弄清楚后，今后的工作方向他茅塞顿开、豁然开朗。

不仅如此，担心部分村民白天外出务工或从事劳动生产错过入户访谈的机会，他还组织工作队、村干部们于晚饭后定期召开“湾子夜话”，开诚布公地向大家介绍村里的各项工程、项目计划，共同商讨龙泉村致富途径。仅2018年就组织了30多场。“湾子夜话”有效拉近了村“两委”与乡亲们之间的距离，同时切实解决了不少过去普遍困扰该村发展的问题。例如：龙泉村原来的道路只有3.5米宽，随着村级产业的发展，为加强与外界联系，现在需要将道路再拓宽2.5米，但反对之声层出不穷，阻碍了项目的推进。通过“湾子夜话”组织大家集体讨论，村民们各抒已见，相互规劝，最终村里没有花一分一厘，顺利完成道路铺设。

原来的龙泉村上访严重，凡是看到外面的公务车进来，村民们便不管三七二十一，一窝蜂似的拥上去反映问题。庞烨到任初期还为此受了批评。这样下去不是个办法，必须尽快解决！他悄悄制作了100多张写有自己电话号码的卡片，张贴在村里的大街小巷，只要村民有需要帮助的地方，都可以给他打电话倾诉。面对那些想提问题又不好意思打电话给他的村民，庞烨又想出一招，他在村头巷尾设置了若干意见箱，专门用来收集村民的问题和建议。

他的手机常常是24小时待机。大家的需求五花八门，比如：这里修桥不方便，那里的道路质量较差，家里孙女生活无着落怎么办，婆媳关系破裂如何缓解，等等。对问题进行整理、归类后，庞烨将那些共性的棘手的问题集中上报县扶贫办，同时集中力量率先解决所需资金在1000元以下的项目。

驻扎在中国农村的最基层，没有惊天动地的大事件，有的只是一些微不足道却又错综复杂的小问题，但似乎每一件事都牵动着老百姓的心，关系着他们的直接利益。尽管有时践行公平公正可能会触犯一小部分人的利益，但庞烨在处理这些事情的时候问心无愧、无怨无悔。

有一次村里拓宽修路，由于侵占到部分村民的土地而遭到他们的强烈反对。是庞烨特别帮助过的一家贫困户勇敢地站出来，为庞书记据理力争，分析道路拓宽后的好处。“项目好不容易争取下来，如果不实施的话，就白白浪费了县里的帮助，我们龙泉村何时可以脱贫致富奔小康？”庞书记也积极协调，借富济贫、平衡田地分配，耐心地为大家讲解道路拓宽后能为村民、为村集体所带来的收益。大家渐渐被庞书记的真诚打动，主动让出自家土地，使道路得以顺利铺设。

针对精准扶贫工作中的硬伤——低保评定环节，庞烨组织包括党员、村干部、驻村工作队员、村民在内的30位代表对申请人挨家挨户地上门勘查。在充分了解每家的经济和健康状况后，再进行对比、评议、确认，有16户19人在这次审查工作中被踢出低保行列。阻断了人家的财路，犹如挖了人家的祖坟。这些村民一时间无法接受，天天找茬儿闹事。那段时间，庞书记不仅要天天面对他们的谩骂和白眼，还要坚持登门入户安抚他们，向他们解释不符合低保的原因，误解和委屈他都一一咽下。

但令人欣慰的是，经此一事后，全村上下都重新认识了庞书记，大家开始相信他是一个守护公平正义、全心为民服务的好干部。于是但凡村里夫妻吵架、兄弟闹矛盾、邻里之间产生了摩擦，都纷纷来找庞烨调解，他总是耐心地帮助大家化干戈为玉帛。六组有个婆婆和媳妇已经吵架多年，婆媳关系僵硬，一见面就对骂不止。婆婆满眼委屈地找到庞书记倾诉，庞烨便把二人叫来坐在一起。起初两人拒绝坐在一起，更缄口不语。于是，庞书记单独约谈双方，让她们分别讲述对方的缺点，然后一一对质。再分别与两人谈心，指出她们各自不恰当的地方，令其自我反省。他用科学知识加以引导，化解了婆婆曾经的误会，解开了媳妇的心结，现在婆媳关系和好如初，家里一片祥和，即将共同迎接新生命的到来。

与过去工作轻松、环境优渥的局机关不同，驻村帮扶的日子艰辛而漫长。到了快退休的年纪，庞烨本可以像其他人那样躺在功劳簿上享受照顾，但他却选择了一条看似光芒万丈实则挑战重重的道路。这条路上没有鲜花铺地，有的只是荆棘泥泞和困难坎坷。一年三百六十五天，无论天寒地冻还是烈日炎炎，穿在他身上的总是那件洗得发白的蓝色衬衫。艰苦创业、不忘初心，他的身上体现了共产党员干部最纯粹的品质和最朴素的信仰。

六七年前，龙泉村的湖泊不知为何，水质变得越来越浑浊。作为哺育全村上下的生命之源，村委会高度重视，但终因找不到准确的污水来源而不了了之。庞烨驻村后，大家把他拖到乡亲们自发建立的微信群里，名曰“为饮水而奋斗”。没想到入群之后，铺天盖地的谩骂声扑面而来。可是大家在群里天天骂、天天吵也拿不出具体的解决办法。庞烨向大家承诺，不管克服多少困难，水的问题一定会帮大家解决。问渠那得清如许，还是要从源头找问题。他身先士卒，不怕脏、不嫌臭，亲自穿上防水服，下到水里。经过实地勘察，发现原来是淤泥堵塞了泉眼。随后，他带领大家连夜清除了淤泥、疏通了泉眼，清澈的水流又汩汩地冒了出来。村民们纠结多年的问题迎刃而解。从此“为饮水而奋斗”正式更名“龙泉乡亲”，大家已经把庞烨当成了一家人。

安装木地板，是一项对技术和时间要求比较高的工作。龙泉村外出务工的村民们从事这项工作的起步时间早、经验丰富，村里的致富带头人分散在全国各地，专门承包木地板安装工程。但有时由于用工信息不畅，导致包工头们找不到合适的安装工人，耽误工程进展。

了解到这一现实后，庞书记希望能够在用工单位和村劳动力之间架起一座沟通的桥梁，解决用工和求工信息不对称的问题。为了增加村民的收入，合理衔接农忙和空闲时间，村集体成立了崇阳红石劳务服务有限公司，通过群消息发布通知，将最新的用人需求传递到村里每家每户，使大家足不出户就能获得一手的务工资讯。

公司的成立极大丰富了就业信息，拓宽了大家的就业渠道。目前，村里先后输出富余劳动力外出从事木地板装饰工程 600 多名，其中有贫困户 40 多人。200 元 / 天的报酬，加上包吃包住，人均年收入可达 6 万元以上。现在，龙泉村 611 户居民，超过一半的家庭拥有私家车，村里别墅林立，基础设施完备。

2018 年以来，作为扶贫第一书记，庞烨与村“两委”精诚合作，争取项目资金，相继完成了新党员群众服务中心建设、全村道路拓宽刷黑、河堤护砌、高标准农田整改等一系列项目，建设数量和规模达龙泉历史之最。

背靠千年茶马古道，绿水青山见证了这个村子曾经的繁华与喧闹。古老的驼铃与现实的汽笛声在记忆深处交织出动人的交响变奏曲。狠抓党建、发展产业、精准扶贫、振兴美丽乡村，庞烨从点滴小事做起，从人民群众亟待解决的问题入手。短短三年，恍如隔世，龙泉村再也不是那个人见人嫌的“问题村”，摇身一变成为了孕育着无限潜力与希望的地方。

比亘古磐石更坚硬的，是庞烨心中那颗矢志不移的致富决心；比熊熊烈焰更温暖的，是庞烨心中那团永不消逝的扶贫真情。

龙泉村已然成为了庞烨的第二个“家”。2018 年驻村 294 天，2019 年驻村 305 天。即使到了脱贫攻坚的收官之年，他也坚守在岗位上，不曾想过退却，陪龙泉走完最后一段路，为龙泉站好最后一班岗，迎接未来更多挑战和更大的考验！

“杭情施意”浓

——“东西部扶贫协作”杭州市江干区帮扶恩施市的扶贫故事

钱塘江东流而去，从江干流向舟山，一浪接一浪，浩浩汤汤；春天的清江河，岸边绿油油的小草和姹紫嫣红的花朵，挤满整个河畔，两岸花草香。因为一场携手，江干、恩施走在了一起，跨区域开展“东西部扶贫协作”。

2017 年以来，江干区先后提供财政帮扶资金 1.2520 亿元，在恩施市实施项目 107 个，带动贫困人口 3 万余人。江干区 9 个街道、管委会与恩施市 17 个乡镇实现对口帮扶全覆盖；8 个社区与恩施市 8 个村，27 所学校与恩施市 25 所学校，9 家医院与恩施市 18 家医院，34 家企业、7 家社会组织与恩施市 49 个贫困村分别结对；42 位杭州明星企业家、社会组织负责人担任 50 个贫困村“名誉村长”。引进 11 家东部企业落地，累计投资 8 亿元，形成多层次、全领域协作帮扶机制。

这是一场没有硝烟的攻坚之战，从钱塘江畔延伸至清江两岸。这是一场人力、物力、智力的大较量。

“名誉村长”添希望

“名誉村长”来了，山村沸腾了，村里有了大变化！

2018 年以来，江干区与恩施市深化“万企帮万村”行动，实施“名誉村长”项目，42 位杭州明星企业家、社会组织负责人担任恩施市 50 个贫困村 “名誉村长”，建立长久结对关系，开展走亲连心“1+5”活动，即带强一个组织，壮大一个产业，办成一件实事，奉献一片爱心，带动一批消费。

他乡亦故乡，何处不是热土。心若有使命，哪里没有事业。这是对“名誉村长”

闻卫东和浙江杰立建设集团“他乡亦故乡”情怀最好的诠释。

崔家坝镇刘家河村是恩施市深度贫困村之一，山高路遥，涧深水急。家长每天往返接送孩子上学，负担较重，雨雪天更是苦不堪言。

2019 年 3 月，闻卫东当上刘家河村 “名誉村长”，从此率领杰立集团开启和刘家河村村企结对筑梦历程。他听闻此事，决定教育扶贫，捐建小学。小学建筑面积 786 平方米，共 4 层，2019 年 5 月动工，克服新冠肺炎疫情等多重困难，于 2020 年 8 月竣工。杰立集团投资约 380 余万元，完成交钥匙工程。

2019 年 3 月 26 日，学校正式奠基。设计图纸、统筹规划，烦琐异常。选址、设计、建材、施工、布局等，事无巨细，闻卫东事必躬亲，多次亲临施工现场指导。“底楼一定要架空，山区太潮湿”“买 3 匹冷暖柜式空调，冬天教室里才暖和”……

在他的带动下，杰立集团的管理人员和技术人员，来回杭恩两地 20 趟，飞行 3 万多公里，对接项目 10 余个。

“名誉村长”到村，村里变化真不少!

浙商证券股份有限公司董事长吴承根是白果乡两河口村“名誉村长”。他在捐赠 60 万元修缮两河口村小学教舍的基础上，又捐赠价值 4 万元的校服、跑鞋等物，策划把小学打造成民族特色学校。

2020 年，浙商证券针对两河口村阳昌隆组生态环境优势突出、风景秀丽、资源丰富的特点，又投入 415 万元建设“浙商证券·东西部扶贫协作生态农场”，包括茶叶加工生产线、农产品加工中心、特色民宿，项目建成后直接或间接提供就业岗位 200 个，解决当地部分群众就业问题。

“硒品入杭”富山乡

俗话说，酒香还怕巷子深。守着“金矿”啃“土豆”，正是千年来土家族人的生存状态!

“硒品入杭”，富了山乡。江干区电商联盟企业、“名誉村长”企业、行业协会企业，构建线上、线下销售闭环。2018 年开始，杭州益橙科技有限公司在恩施市建立“1+10+X”益贫电商平台，即市级一个总中心，乡镇10个分中心，“X”是江干区皋亭山风景区、长睦农贸市场、华润万家超市等销售点。在恩施市三岔镇茴坝村建立生鲜直供基地，推动恩施小土豆、土家腊肉、高山蔬菜等农产品进入杭州商超系统。2020年4月25日揭牌现场，该公司通过直播方式，仅1小时便在线销售恩施小土豆12000斤。

以前不敢想的事，都变成现实。恩施硒土豆、恩施玉露茶、中药材、天然蜂蜜等系列农产品成功入驻阿里巴巴、京东、杭州建行善融电商、贝店等平台。

恩施土豆居然能和吉尼斯世界纪录联系上，这可不是吹牛。2019年，恩施市山货在杭销售额超5000万元。8月22日，贝店正式发起24小时销售恩施富硒土豆吉尼斯世界纪录挑战，单日销量破60万斤，创造吉尼斯世界纪录。

蜕变。山里人在蜕变，大山也在蜕变。2020年3月28日，恩施市委常委、副市长姚洪华带头在淘宝“吃货频道”开展线上直播云带货，半个小时现场销售额达到13万元。在两地推动下，江干区对口局、凯旋街道、彭埠街道积极响应，分别举办杭州市“双千直播”大型活动、春江水暖局长带货直播、2020杭州（彭埠）枢纽商务区首届新消费节、“凯旋号”幸福直通车等一系列直播活动。

借力杭州“电商之都”的优势，在两地政府的引导下，杭州文广投资控股有限公司、杭州益橙科技有限公司联合在恩施市屯堡乡花枝山村打造“网红直播村”。杭州方面邀请薇娅团队、李佳琦团队、杭州文广集团主持人、阿里巴巴淘宝大学资深培训导师，为恩施市570名农民开展专业培训，30人成为首批农民网红，为“硒品入杭”奠定基础。

山里车间忙。精选、打包、装车……经历疫情考验，在屯堡乡鸦丘坪村“扶贫车间”里，村民忙个不停。“我们这里绞股蓝、藤茶等绿色、有机农产品，在沿海地区很受欢迎。这批绞股蓝将销往浙江、福建沿海一带。”湖北仙芝堂生物科技有限公司负责人张喜说。

在“东西部扶贫协作”中，绿色有机产品与沿海市场联姻，深山好东西远“嫁”山外。

江干牵线搭桥，企业联姻联合，引导企业到深山建基地、建车间，岗位送到贫困户家门口。打造了恩施玉露、养生功能茶、富硒土豆等3个万亩产业园，建设山中车间7个，发展民宿6家。

三年来，两地工会组织牵头，在恩施大峡谷风景区管理处、太阳河乡梭布垭村建成两个工会疗休养益贫基地，开展工会“疗休养+”走村连心活动，探索形成“吃住购、游助帮”消费扶贫新模式，江干区共有80批次疗休养团2200余人次赴恩施市开展疗休养和扶贫济困，直接带动消费800余万元。

三年来，恩施市“山货”“硒品”在杭销售额达到1.25亿元。2020年“名誉村长”通过订单消费方式，助力结对帮扶村开展疫后重振和灾后重建，累计采购恩施市农特产品超过300万元。

创举，在富硒热土演绎，正是因为有了“东西部扶贫协作”这个桥梁。

人才交流“互通”畅

“下了飞机我就是恩施人了。”2018年4月，江干区选派闸弄口街道党工委副书记、办事处主任姚洪华到恩施市挂职服务，任恩施市委常委、副市长。姚洪华事必躬亲，扶贫点上的一切，他时刻惦念，也更享受扶贫路上收获的快乐。从深度贫困村到万亩产业园，走访从未停歇。

江干区选派彭埠街道综合治理科科长何松青到恩施市挂职服务，何松青来到恩施时，家中二宝出生尚不满4个月，重担就全数落在了妻子身上。之后父亲摔伤骨折，他也只能匆匆赶回看望一眼，便又赶回恩施，投入到“东西部扶贫协作”中。

“孔雀”东西飞。在人才交流和培训中，2018年至今，恩施市选派13名党政干部、127名专业技术人员，其中医生69名、教师58人，赴江干区挂职交流学习。江干区选派3名党政干部、82名专业技术人才到恩施市挂职服务。两地联合举办各级领导干部培训班7期、培训750人次，举办专业技术人才培训班30期、培训1584人次。

“孙医生很仔细，我们特意带孩子过来体检。”大家口中的“孙医生”就是孙晓莺，是杭州江干区采荷街道社区卫生服务中心的一名儿童保健科主治医生，有着 20 多年儿科工作经验，现在是小渡船卫生院挂职副院长。

“挂职绝不是去做客人、走过场，而要真正发挥作用，为基层解决实际困难。”尽管手部开刀治疗后还未康复，自 2018 年 4 月到恩施后，孙晓莺每天都坚持在科室坐诊，亲自带教其他医生。一年半的挂职期，在孙晓莺看来，就意味着要“分秒必争”。她边传教、边学习、边总结，为卫生院完善机制打实基础。

人才交流“互通”，让就业实现无缝链接。恩、江两地紧扣地域特色，打造“三保”，即保洁、保安、保姆培训品牌，为贫困户提供免费培训，订单式输送，月均工资超 6000 元。

恩施市盛家坝镇贫困户张金梅靠做月嫂的收入，照顾好了瘫痪的丈夫，供起两个孩子读书，人也变得开朗大方。贫困户李求丽，大雪封山时从老家红土

恩施市白杨坪镇洞下槽村的杭州市对口协作帮扶茶企（孙宁悦摄）

乡辗转到盛家坝镇学习。现如今，她在杭州是“三星”育儿嫂，包吃包住一月6000多元。

钱塘春潮涌，帮扶暖清江。土家族大爷、大娘的山货、硒茶，走出了大山，成为人们餐桌上的美味；土家族儿女开始走出大山，当起月嫂，拥有了高薪；更多的杭州人、江干人来到恩施，领略仙居恩施的独特魅力！

“杭情施意”浓。钱塘江与清江虽然相隔千里，但江水涓涓缠绵，云雨相牵。有了心心相连，情谊必将如水般润泽，绵亘久远。

（本文为恩施市融媒体中心谢顺供稿）

巾帼展芳香

——保康县供电公司驻村干部谢尚翠的扶贫故事

2015年精准扶贫工作伊始，保康县供电公司就派出了一支经验丰富的党员干部工作队进驻两峪乡，23人中只有谢尚翠一名女同志。

那是谢尚翠第一次跟着队伍来到这片深度贫困地区。作为队里的年轻女同志，她的任务是负责采编新闻、撰写宣传文稿，似乎与“扶贫”关系并不密切。然而，让所有人始料未及的是，这位偶然跟着来采风的柔弱女子，后来竟然独自扛起了供电公司驻村工作队的大旗，带领一群年富力强的男队员，为两峪乡顺利脱贫摘帽，实现农民的美好生活披荆斩棘、破浪前行。

2016年，谢尚翠受命担任长冲村第一副书记。接到上级领导的任务安排，她有些激动，也有一丝担心。激动的是自己终于可以为村民们脱贫做点实事了，担心的是不知道自己能否不负所望，帮助长冲村的百姓们走出贫困的泥沼。

出发前一夜，她辗转反侧、难以入眠。第二天，她来村里报到，村干部们根本没有把她放在眼里。村支书甚至还在心里嘀咕，派个女同志来扶贫，不给我们添乱我就谢天谢地咯！谢尚翠迫不及待地想见到村里的贫困户，并希望能够和乡亲们快速熟络起来。但由于是第一次来长冲，人生地不熟的她向村书记提出，烦请他或其他村干部带领她入户走访，竟惨遭拒绝。原本一路过来车马劳顿、道路坎坷已经让她身体有些不适，再看看村里凌乱破败的土坯房和陈旧的电力设施，如今又吃了闭门羹，接下来的日子肯定更不好过，谢尚翠的心情跌到了谷底。

好在她及时调整情绪，耐心地跟书记讲解驻村工作队的各项计划安排。又买了牛奶、饼干等，带着大包小包的礼物来到留守老人、儿童家中，帮他们打扫卫生，陪他们聊天，辅导孩子做功课，努力拉近与贫困群众的心理距离。

对于那些有劳动能力的农户，谢尚翠则建议他们通过观看电视新闻、收听广播等渠道积极了解当下帮扶济贫的社会背景，充分响应党和国家的号召，树立起艰苦创业、勤劳致富的信念，结合自家的实际情况和个人特点发展产业，如果存在任何困难或需要帮助的地方，驻村工作队必将利用好各项奖、补、帮政策为大家保驾护航。

村里的道路改造前，谢尚翠与驻村干部们走访贫困户不得不从村里的林荫小道穿过，时常遭遇狗、蛇等野生动物，吓得她在心里哇哇大叫，却还要故作镇定，不让队员们担心自己。雨后的道路泥泞不堪，弄脏了鞋子、裤子，她也不以为意。炎热的夏天，植被郁郁葱葱，她常常被两旁的灌木刮得满身创伤，再加上蚊虫叮咬，胳膊上的包肿得跟蚕豆似的。然而她不曾有过一丝怨言，总是昂首走在队伍的最前面。

扎根两峪乡后，谢尚翠一边要主持长冲村的帮扶工作，一边还要督办东湾村和枫香坪村两个驻村工作队的进展情况。

2016 年秋天，谢尚翠来到东湾村重点帮扶对象肖永江家里。一进肖家大门，就被一股恶臭熏得直反胃。原来，2011 年 4 月 23 日，肖永江在河南金矿打工时不幸遭遇矿难，造成下肢瘫痪、全身多处骨折。经抢救和长达 10 个月的住院治疗后，身体有所好转，但余生只能在轮椅上度过。虽然在村干部的帮助下打赢了官司，但肇事公司无力赔付其高昂的医药和治疗费花销，致使本就不富裕的家庭雪上加霜，从此债台高筑。肖的老婆闻讯后，毫不犹豫地离他而去，留下一个年仅 3 岁的女儿嗷嗷待哺。出事前在隔壁新买的房子又不知为何发生了意外，屋顶不慎坍塌，无法入住。“人财两空”的肖永江虽然只有 30 多岁，但仿佛对生活失去了信心，整日浑浑噩噩，借酒消愁。由于常年不注意个人清洁，他的脚趾已经发生溃烂，屁股上长满了褥疮。家里破乱不堪，弄得像猪圈，地上散落着几只空酒瓶，让谢尚翠一行连个落脚的干净地方都没有。

穷人的孩子早当家。由于肖永江生活不能自理，养家和照顾父亲的重担就落在了女儿和奶奶身上。可怜女儿3岁起就要学着端屎端尿照顾父亲的饮食起居，而60多岁的奶奶则每天早出晚归，靠给种烟叶的工人们做饭，获得一点微薄的收入。转眼孩子即将到上学的年纪，仅仅依靠奶奶一天60元的辛苦收入，就算加上肖永江的一级残疾低保补助，猴年马月才能挣脱贫困线的束缚啊？！

虽然大家都非常同情肖家的不幸遭遇，驻村工作队每次去探望肖永江都自发地为其捐款捐物，给孩子带去新衣服、新书包，捐款少则两三百，多则八百、一千，但这种捐赠终究是治标不治本。

谢尚翠心急如焚，她不辞辛苦，蹚过崎岖不平的小路，又一次徒步两公里来找肖永江的母亲李勋菊商量。在劝说了两个多小时后，肖母终于答应养一头猪试试。但紧接着没钱购买种猪的问题又来了，谢尚翠赶紧赶回公司向领导申请，由供电公司出资为他们送来了一头黑毛种母猪，又帮助他们建起了猪圈，从此肖母开始尝试喂养母猪。

但由于肖母缺少实地饲养和接生经验，第一窝生的8个猪仔被母猪踩死了5只。谢尚翠听闻后，连忙与她分享自己家养猪的一些经验教训，还请来兽医为其提供技术指导，并帮助肖母一起消杀了猪圈。母猪第二次下崽的时候，肖母便谨记谢尚翠的叮嘱，小心翼翼地准备着，这次小猪仔全部成活了。

淘到第一桶金后，肖母尝到了甜头，她的养猪劲头更足了，毫不犹豫地投资加盖了猪圈和水窖，开始全心全意发展养猪事业。随后几年，肖母的养猪经验越来越丰富，规模也越来越壮大，成为了村里有名的养猪大户。她养出来的猪肥头大耳、体型健硕，刚出生的小猪崽也是供不应求，常常是还没满月就已经被"盯"上了。如今，当初谢尚翠送的那头黑母猪已经相继诞下了十窝小猪仔。仅2019年，肖家通过卖猪获得的净收入就有4万余元，而国家的配套产业帮扶资金又可以为肖家带来一年6000元的补助。

考虑到肖永江家的特殊情况，为了方便肖母能够继续照看猪圈，谢尚翠建议村里对肖家原计划实施的易地搬迁集中安置政策做出了一些调整，改为分散安置。利用国家拨款的专项资金，在其原地基上重新修建，建起了 125 平方米的新家。肖永江一家终于告别了黑黢黢的小屋，住进了宽敞明亮的双层洋楼。

如今，再次来到肖永江家，门外的柏油马路畅通无阻，门口的几亩菜地郁郁葱葱；他笑容满面地坐着电动轮椅出来迎接驻村工作队员们。放眼望去，院子里晒满了金灿灿的玉米；打理得井然有序的猪圈里，一群小猪崽围着猪妈妈游玩嬉戏，还有两只慵懒的大肥猪在惬意地睡午觉。

看着眼前的一切，谢尚翠的心里无比欣慰。肖母拉着她的手直呼："现在生活简直不可思议，孙女送到县城上学了，出嫁后未曾谋面的妹妹们也都回来探亲了。不仅还清了之前的外债，在'新农合'的社会保障体系下，儿子的后续治疗费用全部由政府承担报销了。前段时间他还投资承包了砖厂呢！"她将这一切都归功于谢尚翠和她的工作队曾经送过来的那头"金猪"。

2017 年，谢尚翠转任枫香坪村第一副书记。枫香坪村有建档立卡贫困户 92 户 259 人。驻村不到一年，村里 90% 的户主她都认识，而且对村里的情况了如指掌。这都得益于她不厌其烦地遍访农户，与村民们拉家常，为贫困户们送去定制的帮扶计划和增收措施。她经常拿"富口袋要先富脑袋"启发和教导贫困户们，引导和鼓励大家解放思想、实事求是。

今年 62 岁的褚兴洲曾是村里远近闻名的单身汉。他酗酒严重，整日游手好闲、无所事事，靠低保救助和偶尔打零工得过且过。谢尚翠带领扶贫队员来到他家时，他正在快要倾倒的房子里吊儿郎当地摆弄地上的空酒瓶。好说歹说，劝说他趁着眼前的大好机会做点实事，可是褚兴洲就是无动于衷。谢尚翠无可奈何地叹了一口气，但生气归生气，忙还是要坚持帮。

过了几天，谢尚翠同样为其送来了一头母猪。看着从天而降的母猪，褚兴洲突然萌生了养猪的兴趣。但一年过去了，邻居家的母猪都生了两窝小猪崽了，褚兴洲的猪却越长越肥，就是没动静。他焦急地找到谢书记询问原因。原来，由于缺少养猪技术，褚兴洲把自家母猪喂成了肉猪，无法再产仔了。无奈他只好把母猪卖掉，但获益的 5000 多元钱让他感受到了养猪致富的快乐。于是他用这笔钱作为启动资金，又买来几头猪崽开始喂养。

在谢尚翠的帮助下，他家第二年出栏的两头肉猪一头卖给了工作队，一头自己屠宰了庆祝新年。意识到付出就有回报后，褚兴洲铆足了劲儿，养猪的同时开始种植土豆。待到土豆丰收时，谢书记亲自开车上门收购，为他省去了一大笔运输费。在驻村工作队的帮助下，2000 多斤土豆销售一空，褚兴洲的心里乐开了花。要知道，过去经常他无论种什么，都因为销售过剩而堆积在家里，只能眼睁睁地看着东西腐烂变质，熬到后来索性就放弃了努力。有了谢书记的支持和鼓励，他再接再厉，每天早早地起来喂猪、割猪草，给土豆浇水、施肥。忙忙碌碌中，生活变得有模有样。

过去大家眼中懒惰的褚兴洲如今已经脱胎换骨。搬到了集中安置点后，虽然随着年龄的增长，褚兴洲的慢性支气管炎和风湿病愈发严重，但他还是坚持每天往返于猪圈和新家之间，尽力而为地做点事情。

一心扑在扶贫工作上的谢尚翠，一度忽略了对家庭的关心和照顾。虽然儿子已经在神农架市成家立业，但丈夫的一次突然摔倒昏迷，还是让谢尚翠心有余悸。那是夜里 11 点多，她突然接到县医院急诊室打来的电话，自己的丈夫因下楼时一不留神踩空、从楼梯上摔了下来、陷入了昏迷，幸好被邻居及时发现送到医院救治。

基于五天四夜的驻村要求，此时的谢尚翠还驻扎在枫香坪村里，距离县里有一个多小时的车程。赶赴医院的路似乎变得格外漫长，谢尚翠坐在车里六神无主、不知所措，她不知道平时好端端的丈夫为何突然会晕过去，也不知道现在医院里是什么情况。她十指交错，无处安放的双手不停地来回摩擦，希望可以通过这样来缓解一下自己的焦虑。幸运的是，丈夫并无大碍。尽管每次回忆这段经历时，她都是笑着讲完的，但恐怕只有真正经历过的人才懂得其中的心酸。这种舍小家、为大家的奉献精神感动了村子里的每一个人。

村民眼中的谢尚翠保留了女性最原始的细心与周到，但同时又打磨掉了娇柔脆弱的一面。她说话铿锵有力，做事雷厉风行，一点不输县里其他帮扶单位的男同志们，可谓巾帼不让须眉。她用自己的扶贫真情，打动了曾经怠慢她的村干部们，也打动了对她持怀疑态度的贫困户们。大家再有困难和问题时，总是毫不犹豫地向谢尚翠倾诉，她俨然成为了两峪乡的“一分子”，成为了当地群众的贴心人。

从空壳村到产业村，谢尚翠和她的工作队走过的地方陆续形成了油茶、香菇种植等长效产业，村集体经济蓬勃发展，枫香坪、东湾、长冲等村的300多户建档立卡贫困人员已经全部脱贫摘帽，年人均可支配收入超1万元。谈及脱贫后的帮扶工作，按照习近平总书记的讲话指示，谢尚翠和她的驻村工作队没有着急撤出，而是决定留下来共同谋划乡村振兴。在谢尚翠和她的工作队看来，过去“扶一把”，未来还要“送一程”。

谁说女子不如男。谢尚翠、程桔、蒋敏，还有那些叫不上名字来的女党员干部们，她们用实际行动向我们证明，纵使中国农村再贫穷、条件再恶劣，在需要她们的地方，“铿锵玫瑰”都将无畏艰险、倾情绽放。

供电员工在恩施市屯堡乡天宝洞安装安全供电设备（恩施市扶贫办供图，王永胜摄）

知耻而后勇

——恩施市芭蕉侗族乡南河村驻村第一书记张大福的扶贫故事

窗外的风掀起桌上的日历，时光倒流回2018年2月6日。已是农历腊月二十一，在市直机关上班的张大福正和妻子谋划着返回鹤峰老家与年迈的双亲欢度春节。2015年，张大福的母亲由于严重的呼吸道疾病，被迫转诊到省城住院治疗，虽已好转，但基本丧失了劳动能力。父亲的身体本就时好时坏，又因为担心老伴旧病复发，只好长期在家陪伴照顾。平日里工作繁忙的张大福夫妇，无暇在二老身边尽孝，只能在电话中多几句嘘寒问暖。回乡过年、全家团聚是他们心中最大的期待。望着车子里五花八门的年货礼盒，望着马路两旁高高悬起的大红灯笼，张大福早已归心似箭。

可是就在这个时候，他突然接到了领导约谈的通知。张大福心想，马上就要放假过年了，领导找自己会是什么事呢？他不敢迟疑，三步并作两步来到领导办公室。原来，经过上级的充分考量，决定将驻村扶贫的重任交给他，让其担任驻村第一书记兼扶贫工作队长。张大福听后，脑中“轰”的一下一片空白，他完全没有思想准备。驻村，意味着自己将不能如期回家过年，而是直接去村里报到；意味着之后的一千多个日日夜夜自己将无法陪伴家庭，照顾年幼女儿的重任也都将落在妻子一人身上；而抽空回家探望多病的父母亲更成了奢望。

伴随着对家的不舍与挂念，还有他对工作的敬畏和担心，担心自己第一次驻村因缺少经验而给单位抹黑，担心自己因扶贫工作不周而拖了单位的后腿，张大福的心里一时间五味杂陈。然而，一想到自己作为局里的一名老党员，理应给年轻队员们做出表率，况且组织上的决定从来不会空穴来风，他来不及和妻子商量，更没有和领导讨价还价，而是一口答应了下来。

农历腊月二十二，按照州、市脱贫攻坚 1 号令要求，由市、乡、村三级干部共 12 人组建的南河村“尖刀班”正式宣告成立。行动刻不容缓。腊月二十三，张大福简单打点了行装，带领“尖刀班”第一次走进南河村。

从恩施市芭蕉侗族乡集镇一路向南颠簸，翻越 4 公里的陡峭山路才抵达村委会。方圆 30 平方公里的土地上，居住着 1293 户 4553 人，其中建档立卡贫困户就有 397 户 1261 人。整个村庄被包裹在崇山峻岭之中，几乎没有硬化路面。一条条狭长的山脊两侧，散落着一个个破旧的院落，到处是危旧木房，就连村委会的办公楼也是一座 80 年代修建的两层土坯房。通信和电力设施老化落后，水资源短缺、人畜饮水困难，村民生产、生活难以自足。用村民蹇再周的话形容就是“电饭锅煮不熟饭，常年肩挑、背扛，一旦下雨，孩子们就得绕几小时的山路才能上学、回家”。

驻村以后，张大福才意识到南河村扶贫工作的复杂和艰巨。由于封闭保守，这里的村民等、靠、要的思想根深蒂固，还时常有村民带头滋事，聚集在村委会抱怨政策兑现不公。全村上下连一个完整的村情简介都没有，一时间，脱贫攻坚千头万绪，让张大福不知所措，根本不知道应该从哪里入手。

“尖刀班”第一天给坟前坝组开会，村民就因为修桥的事给了他们一个下马威。刚招呼大家坐下，“老难缠”老阙就气急败坏地跳了出来：“我们这个组的危桥你们什么时候解决？”周围的村民也都跟着他附和。老阙以前是村里的“名人”，对村里的各项工作分外挑剔，处处与村干部作对。

张大福和队员不敢有丝毫怠慢，通过全覆盖走访农户，他们渐渐理解了老阙和村民的焦躁不安。坟前坝组的危桥是 30 年前村民自发集资修建的，也是全组 20 余户 68 位村民外出务工、学生上学的唯一通道，然而现在桥墩已严重变形，桥面混凝土大面积风化，桥面两边没有栏杆遮挡，每到丰水期河水就会漫过桥面，严重影响出行安全。多年来村民们一直联名上访，但均未得到满意的答复。张大福果断决定，以建桥为突破口，解开村民们的心结。

通过反复勘查，“尖刀班”从多方争取到20万元资金，终于在2019年10月开始危桥重建。村民们拍手叫好，还自发组织了5名村民参与施工和监督。2019年底新桥竣工，大家亲切地将其命名为“连心桥”。张大福随即又借着走访的机会，化解了老阙与村干部的隔阂。2019年腊月二十九，老阙和村小组组长主动找到张大福，希望邀请“尖刀班”成员与全组村民在桥上合影留念。看着老阙脸上高兴之中透着认可的笑容，张大福终于舒了一口气！

时间紧、任务重，张大福一行暂时落脚在村委会二楼。外面天寒地冻，这里却经常停水、停电，裹着厚厚的棉被，照样被冻得瑟瑟发抖。好不容易挨过了严冬，本以为终于可以睡个踏实觉的张大福没想到，门口几家茶厂的加工机器从3月开始便昼夜轰鸣，噪声震耳欲聋，让人彻夜难眠。而此时，浮躁和焦虑不安的情绪在张大福的心中不受控制地蔓延开来。冲动之下，张大福不经请示擅自脱队租住民房。为此，组织上给予了警告处分。

受到处分的张大福，对自己盲目追求安逸环境的行为懊悔不已，他像泄了气的皮球，一度对工作丧失了信心和勇气。往事不堪回首，但亡羊补牢、为时不晚。在妻子的鼓励和同事的安慰下，张大福开始深刻反思自己的错误，多少贫困户的生活现状远不及此，但他们不屈不挠、艰苦奋斗，希望有朝一日能够摆脱贫困的枷锁，自己又有什么理由挑三拣四、怨天尤人？他默默地回到村里，回想起昔日和队友们一起战斗的情景，不禁潸然泪下。“知耻就要后勇。”他决心重整旗鼓，变压力为动力，努力奋进，早日帮助南河村改变贫穷落后的面貌。

三年来，张大福带领的“尖刀班”坚持规划先行，为南河村争取到各类项目资金4000余万元，系统推动村里的基础设施、产业发展、民生改善、基层治理等全面发力，让过去自然条件差、发展基础弱、群众工作难的重点贫困村一跃成为了脱贫攻坚示范村。放眼望去，连绵不断的硬化路面、拔地而起的通信基站、用之不竭的清澈水源、焕然一新的砖瓦房屋、芳香四溢的绿色茶园、硕果累累的杨梅基地、干净整洁的居住环境……新兴的两家龙头企业，解决了大批留守妇女的就业问题。气势宏伟的80千瓦光伏发电站，实现了村集体经济零的突破，年收益可达10万元以上。弹指一挥五年里，贫困户发生率从28%下降至0.24%。小组座谈会、院子会、屋场会的组织召开，加强了各项扶贫政策、法律法规和乡风文明的宣传，补足了群众的精神之钙。这里成为改善党群干群关系的“新阵地”、增强群众内生动力的流动“讲习所”，以及决战脱贫攻坚感恩教育的“加油站”。短短几年，从“等、靠、要”到自力更生，从扯皮拉筋到团结上进，从寸土必争到握手言和，南河村的精神面貌迎来沧桑巨变。几代南河村人曾不敢想象的奢望，在这一代梦想成真！

居住在大鱼龙安置点的贫困户周然志，身残志不残，在落实了低保、残补等政策后，依然希望能够通过自己的双手创造美好生活，早日退出低保行列。在驻村工作队和村委会的帮助下，他开始承接电子产品加工，并加入了合作社，每月有1000元左右的收入，年底还有分红。空闲之余，周然志热心公益，经常为安置点的群众义务劳动。他用坚韧和勤劳演绎生命的价值，用温暖和爱心感动身边的世界。

留下一支不走的工作队，根本是要让群众有主心骨，狠抓群众工作中关键少数，建强党支部。驻村后，“尖刀班”发现党员参与活动的积极性不高，党支部凝聚力不足，大家思想涣散、纸上谈兵，缺乏奉献和实践意识。

“老蹇，今天是什么风把你吹来了？”“唉，别提了，以前认为来不来无所谓，现在通过村党支部教育，每月都要评分，如果年底不及格，和你们在一起我脸上挂不住呀！”

老蹇的转变，源于“尖刀班”坚持不懈抓党建，也得益于党员积分制的创新管理。为了有效破解基层党建偏、弱、散的难题，“尖刀班”开拓创新，实行党员积分制管理，将全村67名党员连成一个整体，参会、学习、履职都纳入了积分内容，通过自评、支委评、党员互评，规范积分评定程序，将积分多少作为优秀党员的评定依据。现在，全村党员参加活动的积极性明显提高，有3名失联党员主动与组织取得联系并补交了党费。2020年疫情过后，还有11人主动提交了入党申请书。

“虚心竹有低头叶，傲骨梅无仰面花。”2019 年 3 月 13 日，刚开完乡前线指挥部脱贫攻坚调度会的张大福，又连忙赶到村里与全体“尖刀班”成员们商议接下来的工作。突然，会议室的门开了。村民唐菊英和儿子阙胜（化名）站在门口，手中捧着一面锦旗和一封感谢信。面对这一幕，张大福心里五味杂陈。

唐菊英是南河村坟前坝组的非贫困户，丈夫常年在福建务工，她独自一人在家，一边照顾两个孩子和年迈的父母，一边经营几亩茶园，一家人生活虽然清贫，但十分温馨。眼看着大儿子阙胜考上了大学，唐菊英夫妇对未来的生活充满希望。可天有不测风云。2010 年 3 月的一天，正在用餐的阙胜突然昏厥，全身失去知觉。起初大家都以为是贫血所致，没有放在心上。不料次年 3 月阙胜再次无故晕倒，而且发作次数越来越频繁。唐菊英一下慌了神，她赶忙陪同儿子前往恩施州中心医院检查，最终确诊为癫痫病。看着躺在病床上的儿子痛苦挣扎，唐菊英抹着眼泪，却无计可施。

2014 年，自强不息的阙胜从恩施电大平面设计专业毕业，但因患有癫痫病无法正常工作。唐菊英带着儿子四处求医，前后花费了近 20 万元，都不见好转。一家人为了他操碎了心，原本开朗乐观的阙胜也变得沉默寡言。

张大福在走访过程中，了解到阙胜的家庭情况，便一直记挂在心头。他联系了州优抚医院，希望可以让阙胜住院治疗。医生检查了阙胜的病史，认为治疗效果甚微，建议他们放弃治疗。张大福没有想到癫痫病竟然如此棘手。阙胜还这么年轻，是全家人的希望，绝不能让他们因病致贫！入户走访、心理疏导、寻求出路……张大福想方设法地给阙胜加油鼓劲。

2018 年 6 月，转机终于出现。一个偶然的机会，张大福经多方打听得知，农工党中央社会服务部和农工党湖北省委主办的“杏林春雨”行动将专门在恩施为癫痫病患者进行义诊救助。他迫不及待地赶到州农工党和慈善总会咨询相关政策，然后又前往市慈善总会替阙胜完成了申报。张大福不辞辛苦辗转多次，终于在 7 月底获得批复，北京某专科医院决定接受阙胜入院治疗。

欣喜之余，张大福又开始为费用报销未雨绸缪。“住院费用在限额标准范围内，除农工党中央专项救助基金资助50%外，基本医保基金按照40%的比例予以报销，最后你们只需承担10%的医疗费，还能报销生活费和车费。”他耐心地给阙胜及家人讲解国家的优惠政策。冬去春来，阙胜的病情逐渐稳定下来。重拾生活的信心后，小伙子现在每天在茶园里采茶，一天可以收入300多元。从此，他无畏疾病的魔爪，挺起生活的脊梁。

无规矩不成方圆。脱贫攻坚涉及项目众多、资金庞大，为了公平、公正、公开地推进精准扶贫各项工作，防微杜渐、守住底线，以平和之心对“名”，以淡泊之心对“位”，以知足之心对“利”，以敬畏之心对“权”，张大福和“尖刀班”的成员们制定了《南河村“尖刀班”精准扶贫廉政工作制度》，并定期开展学习。2019年10月的一天，张大福正在埋头填写低保户申请资料，贫困户谢俊翠找上门来千恩万谢。为了报答张队长帮助自己落实低保提标、购买水稻保险和上门办理残疾证等帮扶举措，她硬是将1000元钱塞给张大福作为答谢礼，结果被张大福义正辞严地拒绝。他一边帮老人家把钱收好，一边耐心地解释道，自己身为共产党员，是国家的干部，为大家服务是天职，金杯银杯不如群众的口碑！

2020年春节注定是不平凡的。大年三十张大福的“尖刀班”接到通知，要求大年初一中午12点前到村开展抗疫工作。顾不上与年迈的双亲吃上新年的第一顿饭，正月初一天还没亮，张大福便匆匆吻别睡梦中的女儿，冒着鹅毛大雪，独自驾车消失在茫茫的乡间公路上。

连夜赶回南河村，村民的脸上写满了焦虑，大家七嘴八舌议论纷纷，各种小道消息不胫而走。张大福顾不上休息，马不停蹄地带领“尖刀班”成员开始研究防控对策，他们发动党员、下沉干部和村民志愿者，架设卡口、阻断隔离、到户宣传、逐人排查……

起初，大家对疫情知之甚少，部分村民认为张大福的防控举措有些小题大做，还有的村民对居家隔离怨声载道。面对群众的质疑，“尖刀班”耐心地给大家讲解病毒的危害和武汉疫情的严峻形势，组建物资购买和配送小组，竭尽所能地满足大家的生活需求。然而，棘手的问题还是出现了。

2 月 7 日，指挥部通知张大福，村民李某为武汉返乡人员，排查为疑似病例的密切接触者，需要集中隔离。显然，之前专班上门排查时，李某隐瞒了真实情况。张大福连忙带队员赶到他家，还没进家门就被李某的妻子堵在门口，她声嘶力竭地叫道："你们今天不还我们清白，我就跟你们没完！"李母也在屋内对着"尖刀班"疯狂呵斥："我儿子没有发病，你们就要把他隔离，我要告你们！"张大福和队员一时间不知道如何是好。他们不厌其烦地劝说李妻，隔离是为了防患于未然，没有侮辱李某的意思。为了全家乃至全村人的健康，希望他们能够理解并接受免费隔离。这下，李妻才委屈地道出缘由。原来，得知李某是武汉返乡人员后，邻居们不分青红皂白，在背后对他们指指点点，严重伤害了他们的自尊心。张大福听后，没有责怪他们故意隐瞒，反而不停地鼓励和安慰李妻，密接不一定就会感染。

看到"尖刀班"为大家如此拼命，村民陈兴兵主动申请加入抗疫志愿服务队。在他的带动下，上至白发苍苍的六旬老人、下至十来岁的中学生都纷纷参与到新冠肺炎疫情的防控工作中，志愿者的队伍不断壮大。大家众志成城，没有给病毒留下可乘之机。疫情防控期间，全村共登记排查消毒车辆 2000 余台次，排查返乡人员 651 人，重点跟踪人员 147 人，全村没有出现一例确诊或疑似患者。

历时两个月，张大福和队员们日夜坚守在抗疫一线，中途不曾回过一次家。而他身为白衣天使的妻子，同样义无反顾地将生死置之度外，勇敢地奔赴抗疫最前线，年幼的女儿只能托付给远在鹤峰的爷爷奶奶。那段时间，张大福听到最多的话是来自女儿电话那头的询问："爸爸，你什么时候可以回家？""爸爸，你什么时候可以来接我？"女儿天真无邪的声音让张大福暂时忘记了抗疫的疲惫，可他却只能用"快了，快了！"来敷衍和安慰女儿。

冬日里的疫情才刚刚得到缓解，长江流域又遭遇夏季连续强降雨天气。南河村内出现不同程度的公路变形、房屋裂缝、田坎垮塌开裂等地质灾害。78 万方滑坡体，严重威胁群众的生命和财产安全。灾情就是命令，责任重于泰山，时间就是生命。张大福不惧危险，带领“尖刀班”迎难而上，第一时间赶到现场勘察，制定应急预案。随即，他们在危险区拉起警戒线，向村民发放明白卡，及时安排受灾群众撤离。宁可十防九空，不可一时无备。为了布防万无一失，“尖刀班”协同村干部轮流值守，每天对10个定点实施24小时监测。在“尖刀班”的感召下，贫困户陈万家主动请战，从6月28日晚上起，历时41天从未间断。他索性将家搬进了帐篷，一把卷尺、一支手电、一件雨衣、一个记录本就是他的全部装备。大家从观望到支持，从支持到参与，越来越多的村民踊跃参与到抗灾巡查和后勤服务中来。看到滑坡治理工程即将实施，村民老李发自肺腑地感激道：“我们终于可以回家了，治理之后我们就更安全了，你们就是我们的亲人！”

惟其艰难，更显勇毅，惟其磨砺，终得玉成。南河村俨然成为了张大福的第二个家，他用经营小家的无私精神来帮扶和治理这个大家。曾几何时的处分没有浇灭张大福一如既往的扶贫热情。他心系群众，以真情换真心，把群众的事情当成自己的事情来对待，终于苦尽甘来。

23°C的服务

——五峰县人社局驻五峰镇香东村工作队周春林的扶贫故事

情为民所系，权为民所用，利为民所谋。党和国家的干部，不论是人民选举出来的，还是录用、招聘或任命的，都是“社会的负责任的勤务员”。作为人民的勤务员，该有着怎样的服务态度才能更好地为人民群众谋福利，五峰县人社局驻五峰镇香东村工作队周春林在精准扶贫工作中交出了“于帮扶之中践行23℃服务”的答卷。什么是践行23℃服务？周春林说，“23℃”是人体感觉最舒服的温度。近年来，在开展结对帮扶过程中，他一直践行着人社部门倡导的23℃服务理念，急群众之所急、帮群众之所需、解群众之所难。为贫困群众提供最贴心、最需要的“23℃”服务。

2017年6月，在县人社局上班的周春林突然接到上级组织重任，到五峰镇香东村驻村帮扶。常年在机关工作，突然要驻村扶贫，对于周春林而言，一时间有些不知所措。该怎么和老百姓打交道，周春林心里没底。周春林感叹，当时县人社局里派驻村里的工作队长提前给他打了“预防针”——他包保的几户情况比较复杂。周春林说，初次入户，他便真正领略到了这几个帮扶对象的“厉害”：有的牢骚满腹，对村干部意见大；有的冷嘲热讽，对帮扶工作不满意；有的内生动力不足，“等、靠、要”的思想严重；有的矛盾纠纷十分突出，邻里关系长期不和。

初访结束后，肩上沉甸甸的责任，让周春林倍感压力。一方面，精准扶贫不仅是一项工作任务，更是一份政治担当，责任必须不折不扣地落实，任务必须保质保量地完成。另一方面，在周春林心里，他觉得作为人社局分管扶贫工作的负责人，如果不迎难而上、攻坚克难，怎么做好示范、带好头？周春林说，当时他就暗下决心：“组织上既然把任务交给了我，那就没有退路，硬着头皮也要走下去。”

要做好包保户的帮扶工作，让每户都满意，并非易事。为此，周春林先厘清整体的扶贫思路，首先要做的就是全面摸清每个帮扶户的情况，因户施策。然后就是与帮扶户交朋友，坚持以诚心、用真情与他们交心谈心，这样才能“踏进老百姓的门槛”。所以每次入户，周春林都让自己成为一位倾听者，让自己去倾听老百姓内心的烦闷、苦楚，听他们发发牢骚，在倾听中了解他们的真实想法和诉求。在交流中注重激发他们的内生动力，增强他们脱贫的信心和决心。把帮扶户当亲戚，把每次入户都当成“走亲戚”，时不时地与他们通电话、拉家常；逢年过节，带上米、油上门慰问；通过扶贫网对接他们的微心愿，哪家有困难第一时间尽力给予帮助解决。这些微小的服务举措，让贫困群众体验到了最舒服、最暖心的服务，亲身感受到了帮扶干部的真心实意以及党和政府的温暖。

周春林告诉我们，践行23℃服务的根本，就在于坚持为贫困群众办急事、解难事，为他们提供最需要的服务。徐长会是周春林联系的一个贫困户，虽然她家离村主干公路仅 30 米，但是这 30 米的路是一条小道，非常狭窄，给她家带来极大不便，运送生产资料都需要用背篓或摩托车转运。由于路况不好，她的丈夫老刘在转运肥料时，几次摔伤，让本有残疾的夫妻俩更是雪上加霜。

然而，修路也并非易事。由于多种原因，她家与邻居长期以来有很深的隔阂。可修路要经过邻居山林，邻居毫不商量，坚决不同意，多年来村里协调数次，始终也没能凑成双方的和解。周春林在详细地了解情况后，先后 3 次到邻居家登门拜访，并动员徐长会夫妻二人到邻居家主动和解。精诚所至，金石为开。徐长会一家人与邻居之间的“疙瘩”终于被解开。没多久，徐长会家门口就修通了到户公路，解决了出行这一大难题。

2018 年，在冬天入户走访过程中，周春林又发现徐长会家的房子漏雨，且原来的沙土墙脱落严重，于是马上向镇、村两级进行反映。经过现场核查后，

2019 年 3 月，徐长会夫妇的老屋顺利纳入了危房改造计划。改造计划制订了，可是新的问题又来了。周春林发现徐长会的丈夫老刘因摔伤致残有后遗症，徐长会本人则患有高血压，夫妻二人身体都欠佳，儿女在外务工，家里缺乏劳力，施工队一时又难找。按照上级的要求，危房改造又必须在 4 月底前开工，5 月底前完成。一时间，危房改造成为周春林的一块心病。

“当时，在 4 月初五峰镇召开的脱贫攻坚推进会上，危房改造未开工的名单有徐长会夫妻和我的名字。被‘点名批评’，让我感到了空前的压力，弄不好就要拖全镇的后腿。”说到这里，周春林仍是有些心有余悸。但事在人为，通过四处打听施工队，多次上门做工作，帮忙出主意、想办法，同时及时与徐长会在宜昌打工的女儿联系，让她也多关心家里的事，终于，徐长会家的危房改造得以按期开工。“经过一番努力，4 月 17 日我再去他家时，旧房已经完全拆除，我心里的一块石头终于落地。我继续鼓励他们两口子，要在确保安全和质量的前提下，加快工程进度，我个人到时给他们发奖金。”

5 月中旬再入户，看到徐长会家的房屋第一层已完工，为兑现当初的承诺，周春林当时就掏出 300 元现金递给老刘，并表示这是他个人给夫妻俩发的一点奖金，感谢对扶贫工作的支持与配合。当时，徐长会夫妻二人千恩万谢：“党的政策这么好，我不能给政府添乱，您帮我们做好事，不能让您为难。我自己的事，您还给我们发奖，实在过意不去。”那一刻，从一向满腹牢骚的老刘口中说出这样的话，当时的周春林感慨万千，真真切切地领悟到了“只要工作做到家，群众自会听党话”。

胡朝丽是周春林帮扶的另一个贫困户。多年来，由于山林田界纠纷，他家与邻居周胜海家矛盾十分突出，经常吵架甚至打架。为此，当地派出所曾多次出警，镇、村干部也多次上门调处，但收效甚微。两家的矛盾已然成为影响全村乃至全镇和谐稳定的重难点问题。

两家积怨已久，周春林看在眼里，急在心里。如何攻克这一难点，化解两家矛盾？既然分别上门调处收效甚微，那为何不把两家召集起来开个屋场会调解试试？有了主意，周春林立刻开始落实。他先找到周胜海户的帮扶责任人，得到了他的支持。2019 年 5 月 28 日，一场只有两个帮扶人、一名村干部、两名当事人参加的最小“屋场会”召开了。周春林说，当时两家一见面便相互指责，吵得不可开交。但是从他们激烈的争吵中，周春林找出了问题症结所在。他先是站在公正立场上对两家各自进行了疏导，然后苦口婆心地展开劝导，动之以情，晓之以理。一番劝解之后，两家人的态度稍有缓和。最后，周春林又耐心细致地宣传村规民约和公民诚信档案，告诉他们其中利害。经过近 3 个小时“软硬兼施”的调解，双方虽未明确表态今后不再闹矛盾，但对周春林他们的调解非常认可，一再表示感谢。

书痴者文必工，艺痴者技必良。两年来，周春林把 23℃人社服务融入帮扶工作中，用真心，扶真贫，取得了实实在在的效果，得到了镇村干部的认可，他的帮扶对象也都发生了很大变化。牢骚少了，矛盾小了，笑容多了，动力足了，满意度升了。周春林说，两年的帮扶，让他与联系户在相互交流中增进了了解，在排忧解难中建立了感情，联系户也把他当成了自己的亲人。当他们遇到烦心事，总愿与他交流；当他们遇到困难时，总要让他帮忙出主意。现在让他最欣慰的是通过努力为贫困户解决一个个难题后，老百姓双手捧过的一杯热茶，发自内心的一声感谢，脸上洋溢的真诚的笑容。周春林说，这都让他的心中感到无比踏实和喜悦。

“今年是五峰的脱贫摘帽之年，我将继续脚踏实地，坚持贯彻 23℃人社服务理念，用心用情做好帮扶工作，努力提高扶贫工作质效，坚决打好打赢脱贫攻坚战，不获全胜，绝不收兵。”

这就是扶贫干部周春林的帮扶故事，也是对习总书记在《摆脱贫困》一书中所写的“干部只有到人民群众中去，并且同人民群众保持血肉相连的关系，才能使党的方针、政策得到更好的贯彻”的最好落实。

（本文为五峰县人社局周春林供稿）

高山上的春秋

——五峰土家族自治县融媒体中心驻村工作队的扶贫故事

五峰土家族自治县五峰镇楠木河村，是位于五峰镇西北边陲的一个典型边远山区深度贫困村。山高路陡，交通不便，农业生产水平低下，基础设施建设严重滞后。“有狮子无球、有凤凰无头、有猫儿无鼠、有灯盏无油。”这曾是当地老百姓口口相传的一句老话。五峰土家族自治县融媒体中心驻村工作队队长肖永石清楚记得，2016年2月初，由习近平总书记亲自指挥部署的“精准扶贫、不落一人”的人民战争，在五峰镇楠木河村正式打响后，县融媒体中心按照县委、县政府作战指挥部的统一安排，负责五峰镇楠木河村战区的精准扶贫工作。当月，五峰土家族自治县融媒体中心驻楠木河村工作队成立，干部肖永石进驻五峰镇楠木河村，成为县融媒体中心首任驻村工作队队长。

提起第一次进村，肖永石坦言，当时心里忐忑不安，只是深感精准扶贫工作任重道远。来到村里就是为了“打赢一场仗、带富一方人”，虽早已做好了牺牲休息时间、不辞疲倦奔走于脱贫战线的准备，但进村之后，“村里的恶劣条件，说实话完全出乎我的意料”，“当时各方面那都不好形容。所以进村后我就暗暗发誓，一定要改变这里贫困落后的现状，为村民们做点实事”。

恶劣的自然环境与贫困的现状并没有让肖永石退缩，反而坚定了他“敢作为、有作为、善作为”的驻村扶贫的决心。驻村后，肖永石迅速理清思路，明确首要任务就是迅速开展走访、了解村情，熟悉全村所有农户的家庭情况。在他带领下，工作队在不到一年的时间内先后走访了200多户贫困户，并将每一户家庭的各方面情况都烂熟于心。因此，肖永石成了工作队的“活资料库”。此外，肖永石还对村内地质资源和文化遗址等文旅资源进行了实地调研，撰写了一篇专题调研文章《楠木河旅游发展初探》，用丰富的资料阐述了他对楠木河村未来发展方向的见解，得到了县委主要领导的高度认可。

想致富先修路，这是偏远地区发展亘古不变的道理。驻村之初，工作队发现楠木河全村仅有一条3米宽的年久失修的硬化通村路，其他为数不多的通组砂石路路况也都极差，时常发生塌方。村民生活进出，干部外出办事，都必须翻山越岭，绕路出行。“进出看天气，快慢看运气”的村路，让企业进不去、产品出不来，丰富的旅游资源得不到开发。落后的交通条件成为了肖永石心中的痛点，破除交通难题是他摆在工作清单第一位的事项。

为此，肖永石带领的驻村工作队全力协助村“两委”认真规划梳理、积极对上争取，狠抓省级深度贫困村扶持项目，先后开展了十多条新修路、改扩建路、硬化路项目建设。目前，4条通组主线公路及便道实现顺畅通行，五西高原自驾游环线公路楠木河段基本建成，全村循环路网构建完成。交通条件的大力改善已成为全村旅游扶贫至关重要的一环，已成为群众脱贫攻坚和旅游致富的“银腰带”。

谈及驻村第一次入户走访时的经历，肖永石记忆犹新。他清楚地记得，刚驻村不久，一位中年汉子气势汹汹地来到楠木河村委会，要求工作队的同志无论如何要到他家里去走一走、看一看。这人叫王益洪，楠木村六组人，贫困户王全阳的长子，一家四口，上有年过古稀、体弱多病的父母双亲，下有身患精神病的弟弟王益华。他自己也身患多种疾病，一家人至今还挤在十多平方米的破屋里。一无电灯，二无交通，三无收入来源，生活十分艰难。

“当时王益洪那祈求的眼神，一时让我们丈二和尚摸不着头脑。进村前，曾经听说楠木河村的村民喜欢扯皮！听着他的诉说，我心里想，今天验证了：扯横皮的！”说起往事，肖永石有些哭笑不得。肖永石说，当时天色渐晚，为了不耽误县广播电视台一行进村入户开展一对一进行帮扶的十多名帮扶人员的行程，肖永石只能立即表态，下次进村我们工作队一定先到你家看一看，了解情况。

次日，肖永石与一名同事，骑摩托车行走过一段山路，再步行近两公里蜿蜒小路来到王益洪家。事不凑巧，家中唯一的当家人王益洪进城给患精神病的弟弟买药去了。当肖永石走进王益洪的家中时，被眼前的一幕震撼了。这是一间不足二十平方米、低矮的土坯房子，内外破烂不堪，室内还被隔成两半，一半是王益洪父母的“卧室”，一半是蹩脚的厨房，传统的土灶门前用两根木棍围着一个敞开的火坑，供他们一家烤火取暖。土灶上一口大锅也早被患精神疾病的小儿子砸坏。肖永石沿着简易的木梯爬到楼上，看到了王益洪两兄弟的“卧室”，所见之处烟雾弥漫、凌乱不堪，感觉稍不注意就要头碰房梁。肖永石看完整间屋子，都没有发现一件像样的物件。这家人艰辛困苦的生活令人心酸。

但是通过走访周边其他农户得知，其实王全阳一家是当地出了名的“铁公鸡”，其子王益洪被当地村民誉为“家庭队长”“老赖”“扯横皮户”，“好吃”“懒做”更是闻名乡里。20 世纪 70 年代初期，勤劳善良的楠木河村人为解决村里的照明问题，曾自发组织义务工在村里建成了一座小型水电站，解决了部分农户的供电照明问题。而王全阳一家，因居住较为偏远，不愿投工、投劳、投资，故未能点上电灯。随着时代发展，社会进步，楠木河村的供电设施也经历了多次农网改造，发生了根本性的改变。但因当时的人力有限、财力不足，村里每次线路改造均以义务投工、投劳等方式分摊到户，完成各工段的改造任务。王全阳一家每次均以各种理由推辞，拒不投工，也不投劳，更不投资。“从不参加，还承诺不点灯、不用电、不出力、也不出钱。”典型的“稀泥巴扶不上墙”，“等、靠、要”思想严重。仅一墙之隔的堂兄王益明家有电，而王益洪家却 40 多年未通电点灯，此举在当地被传为笑谈。40 多年来，县里、镇里、村里的各级党员干部曾多次出面协调，调解多达百余次，终因王全阳一家“树敌太多”、做事刻薄、与当地群众结怨太深、不配合等原因引起大多数村民的强烈不满，每次调解均不了了之。而王全阳一家多年靠吃返销粮、享受低保等政策维持生活。长此以往，便形成了严重的依赖思想和惯用的“老赖”伎俩。

本着政策要落实、工作要到位的原则，回村后，肖永石立即将这次入户走访的情况与驻村工作队员商议，并向单位分管领导汇报，同时与楠木河村“两委”交换看法。最终决定再次走访王全阳户，与王益洪进行一次深入交谈，听听他的真实想法。

之后，肖永石和驻村工作队员与楠木河村“两委”“踏破门槛”，数次登门劝说，晓之以理，动之以情，鼓励其按政策享受易地扶贫搬迁政策，改善居住条件。而王益洪总是以父母高龄、弟弟患精神病等种种理由“一赖再赖、一拖再拖”，拒不配合。肖永石说，村“两委”、驻村工作队只好另辟蹊径：一方面申请县民政部门将王全阳户纳入“贫困群众特殊行”帮扶对象予以救助，拟落实救助资金 2000 元，用以购买砖石、水泥等建筑材料，帮助在原住房旁新建一间临时住房，以解决王全阳一家生活用房的燃眉之急。另一方面，充分借助省委、省政府关于全力推进精准扶贫、精准脱贫，着力实施“电力扶贫”这一重要扶贫政策，帮助王益洪一家迅速架通到户的电力线路，尽快解决王益洪一家长达四十多年不通电的问题。让人懊恼的是，王益洪根据救助资金需求仅申请了一台油锯、一个电热水壶、两壶食用油和两袋大米，不同意临时建房解决居住困难。工作队的同志当即批评王益洪：“电才搞通，就准备开始享受了。”帮扶计划搁置、流产。

为解决王全阳一家供电问题，村“两委”、驻村工作队曾花费近两个月时间，跑东家、奔西家、做动员、搞协调、求谅解。精诚所至，金石为开，最终赢得了大多数村民的理解和支持。施工队员在克服公路不通、施工不便等诸多困难后，架设水泥电杆 12 根，铺设线路 3000 多米，投资 7 万余元，帮助王全阳一家架通电力输电线路，让王全阳一家结束了长达 40 多年未点电灯的历史，王全阳家第一次用上了电、点上了电灯。驻村工作队又帮助购买卫星电视接收设备，让王全阳一家能看上电视，更好地了解外面的世界。

其后，村“两委”、驻村工作队向县住建局求援，局里当即召开专题办公会议，研究解决王全阳的住房安全等相关问题。经讨论研究，最终决定，在王全阳堂兄王全新原宅基地上施工统建住房一栋，解决王全阳一家的居住困难；利用安全饮水集中建池的政策和项目，解决安全饮水；利用“厕所革命”的有利条件，实施厕所改造兴建；实施低保兜底救助，落实残疾人“两补”、养老保险、医疗救助等系列政策，解决基本生活来源；委托万绿中蜂养殖专业合作社落实极贫重扶代养中蜂 10 群，委托狮子垴中药材种植专业合作社代种中药材 2 亩，解决后扶产业。经过村“两委”、驻村工作队、结对帮扶人和社会爱心企业等多方持续帮扶，王益洪家被纳入农村低保，享受危房改造政策。一系列扶贫政策的落实改善了王益洪一家的物质生活条件，让一家人过上了温饱而有尊严的生活。

除了对个别贫困户的政策性兜底保障外，让全村的老百姓住得安稳舒心、生活有盼头，让整个楠木河村变得富裕，是驻村工作队时刻记在心头的事情。在工作队眼里，将楠木河村打造成种养殖专业村、生态旅游村、富裕文明村，是他们为之不懈追求的目标。长久以来，楠木河村没有自己的商店，村民们要跑到 17 公里以外的老县城购置生产生活物资。驻村工作队成立专班，促成顺民扶贫超市在村委会门口落地。这样一家便民实惠的扶贫超市，成为了山窝窝里便民的“百宝箱”，方便了村民们的日常生活。同时，新建的楠木河村千斤园茶厂，有效缓解了楠木河村 2400 多亩茶叶鲜叶出售难题，保障了全村茶农稳定增收。

发展产业是摆脱贫困的根本之策。多年来，驻村工作队始终把产业发展拿在手上、放在心上、落实在行动上。经过多方考察和调研，驻村工作队和村“两委”大力调整产业结构，新建楠木河村狮子垴中药材产业基地，补齐易地搬迁后扶产业和楠木河村村集体经济短板，培育“林、药、蜂”三大重点产业。如今，贫困农户分别加入合作社参与中药材种植，一度荒芜的狮子垴片区已种满了贝母、独活、云木香、牛膝等中药材，扶持产业良好的发展前景给全村老百姓带来了美好生活的盼头。

要扶志更要扶智。驻村工作队从驻村之初，就注重村里的乡风文明建设。

肖永石带领工作队员统筹协调帮扶单位力量，充分发挥了县融媒体中心“户户通、村村响”的优势，把广播当成了向村民们传递正能量的重要手段；联合县融媒体中心举办庆“五四”“七一”等系列群众文化活动，老百姓喜闻乐见。肖永石还带头成功化解了村内一起长达三十多年的土地纠纷，《现代版“六尺巷”故事，“友谊公地”划出好民风》荣登地方媒体，成为文明乡风建设的正面典型，广为传播，以致不少村民请求村委会调节矛盾时，都说务必请肖永石到场。工作队通过召开屋场会、村民大会、县乡镇村多级微信公众号等方式，线上、线下齐发力，加大主流价值观宣传。不少党员、村民代表都反映百姓素质、文明乡风已在潜移默化中改变。

2018 年 11 月，经楠木河村村“两委”及驻村工作队组织专班入户核查，全村 210 户贫困户 630 人，均已达到“两不愁三保障”的标准。经宜昌市核查验收组 2018 年 11 月 22 日入户核查，已达到“户脱贫、村出列”相关要求，准予脱贫出列。

时光如白驹过隙，一转眼之间，县融媒体中心驻村工作队在楠木河村已驻村五个年头。脱贫攻坚战取得阶段性胜利，楠木河村顺利实现整村出列。可肖永石和驻村工作队却没有选择带着脱贫的喜悦离开，他们仍然保持一贯稳健扎实的工作作风，继续巩固脱贫成效，为楠木河村谋划乡村振兴长远发展。

志之所趋，无远弗届。从调研报告到修筑环线高速，从动员调整农业结构到丰富村民文化生活，从扶产业、扶智力到扶精神，驻村工作队工作的方方面面，从未停止。如今，新的发展蓝图正在这高山与大地上铺开，系统性的规划将助力把楠木河村打造成种养专业村、生态旅游村、富裕文明村。这一着眼于长远格局的规划，秉承着“功成不必在我”的信念，也记录着肖永石对这片乡土最朴素单纯的情感、对楠木河发展最真挚殷切的期盼。

（本文为五峰县融媒体中心驻楠木河村工作队供稿）

五峰县五峰镇楠木河村王全阳精准扶贫前的危房（五峰县扶贫办供图）

五峰县五峰镇楠木河村王全阳精准扶贫后的新房（五峰县扶贫办供图）

鼓起劲俯下身

——五峰县湾潭镇红旗坪村驻村干部肖曙光的扶贫故事

红旗坪村位于湾潭镇西南部，离湾潭集镇郊 6 公里，距县城 60 公里。全境皆山，平均海拔 1450 米，森林覆盖率 85%，俗称万里高荒。1930 年 4 月，贺龙带领部队在此指挥了“五里坪围歼战”。此役胜利，满山红旗飘扬，红旗坪村也因此得名。

2018 年，宜昌市地税局组织机关干部到红旗坪村，与贫困农民同吃同住同劳动，肖曙光同志就在其中。他老家洪湖瞿家湾也是革命老区，他小学就读的就是“贺龙小学”，而红旗坪村也是贺龙战斗过的地方，肖曙光感到特别亲切。“三同”虽然只有一个星期，但对肖曙光触动很大，他不止一次问自己：我能为贫困村做点什么？主动请缨赴宜昌五峰县湾潭镇红旗坪村担任第一书记，肖曙光义无反顾作出了这个选择。

迎难而上　勇啃硬骨头

初来村里，有热心的村民主动劝告肖曙光，不要招惹上访户。可他不怕“引火烧身”，主动将上访户作为自己的联系户。

雨点夹着雪花，砸在泥泞的土路上，肖曙光踩着一双沾满黄泥的皮鞋，踏上了土家吊脚楼的走廊。

“张老哥，我带着两个朋友来看你啦！”“肖书记，这么大的雨你还来，快进屋吧！”门里走出一个汉子，将来客迎进屋。头顶上吊着不少新熏制的腊蹄，炭火盆的烟在屋里缭绕。汉子名叫张恩学，59 岁，曾是多年的上访户。

“十几年前我带头修路，村里一分钱没补。”坐在火盆边，张恩学将经历娓娓道来。“村里承诺的补助资金没兑现；农电改造中每户都是三相四线电，只有他还是二相电；响应号召办合作社，却被取消了贫困户待遇。”话锋一转，他又说，“如果肖书记早来几年，我们这路早通了，还用得着上访？”坐在对面的肖曙光笑着摇了摇头。

红旗坪村距离宜昌城区有近4个小时车程，是远近闻名的“上访第一村”。“过去，由于村里少数干部办事不公开、处事不公正，不少村民有怨气。”肖曙光说，上任之初，他便将化解上访矛盾放在首位。

村民邓忠举多次上访，村里没人敢惹，肖曙光主动上门。“放山炮炸坏了我家的水池，村里硬是不给修。”邓忠举抱怨。“凡事都要按程序、讲规矩，且不说是不是放炮炸坏的，你要价不要过高。”肖曙光看到桌上的8斤蜂蜜，心里有了主意。“按市价我买了，800元，你先拿去买材料。”接到肖曙光递来的钱，邓忠举眼眶湿润了。

“老张住的这一片是村里的‘老大难’，长期以来不通公路，附近村民发展产业受到限制。”肖曙光说，修路需要经过张恩学的地，他却耍起性子，死活不同意。

肖曙光前后两次提着礼品上门，给张恩学讲政策、做工作，又自己掏钱帮他98岁的父亲买衣服和药品，多方争取给他解决了用电、饮水等难题。由于门口路不好走，肖曙光摔了好几跤，第二次只能拄着拐上门。“看到肖书记这个样子，我还闹什么闹呢？”张恩学终于同意修路。

在肖曙光的努力下，老上访户纷纷“化干戈为玉帛”，邓忠举成了村里的种植技术带头人，张恩学到修路现场担任技术指导，还为修路村民提供午餐。肖曙光趁热打铁，带动大家发展高山土猪、蔬菜、中药材等特色产业，成立或引进10多家专业合作社，全年产业户均增收近3000元。

“通过多次登门拜访，放下姿态交心，了解上访户的诉求和上访原因。慢慢发现，原来村民们的怨气，源自过去少数村干部办事不公开、处事不公正。

凡是群众反映强烈的问题，就要认真对待；凡是群众痛恨的行为，就要严肃纠正。以这样的心态来解决让群众不高兴、不满意的问题，才能祛除以前不合理做法的不良影响，用新思路新举措树立党员干部的形象。”

面对落后现状，肖曙光有勇有谋。他牵头制定全村产业发展规划，争取资金 100 多万元扶持发展蔬菜、中药材和生猪产业，还鼓励村民办起了 8 个农家乐；新建、整修公路 20 多公里，实现了“户户通”。目前红旗坪村仅高山蔬菜大棚专业合作社所种植的蔬菜就已经扩大到了 130 亩。蔬菜供不应求，对接武汉的中百超市、百胜超市，有的甚至远销深圳等地。2020 年，仅产业发展一项，全村户平增收 3000 多元。

五峰县湾潭镇三台坡村农民打理大棚蔬菜（五峰县扶贫办供图，马玉娇摄）

从细微处着手　用真心做扶贫

为贫困群众办实事，就得贴心贴意。工作队员称肖曙光的私家车后备厢是个“小超市”。进村时装的是药品、毛巾、香皂等小礼品，走访农户他从没空过手。每次回宜昌的时候，后备厢装换成了土豆、蜂蜜、腊肉等农产品，他总是先垫付，销不完就作为礼物送给亲朋好友。

在走访贫困户的过程中，肖曙光发现村里有20多位村民患有风湿病，他把这事常记心上。今年8月，回洪湖老家看望父母时，他专程到本地一家治风湿很有名气的医院给院长“做工作”，受感动的院长当即决定捐赠两箱类风湿药。他觉得难得回来一次，就自掏腰包又购买了两箱。回村后，他迅速通知患风湿病的村民到村委会领药，大部分患者服用后感觉效果很好。

2020年村里生猪出栏量翻了倍，如果不把这些肉猪卖出去，贫困群众就无法增收。肖曙光利用回城的机会找销路。联系了一大批关系户，累计订单达20多万元。肖曙光帮扶的一个贫困户会编篾器，但卖不出去。他就以30元一个的价买来，再装上土豆，卖给城里的亲朋好友，一举解两难。

二组71岁的彭兴相，15岁时小腿莫名坏死。肖曙光上门走访时发现他腿上腐肉的气味难闻，随行人都不敢靠近。肖曙光轻轻揭开卫生纸，细细查看，清洗、上药，一气呵成。转身返程，肖曙光吐了一地。随后，他又拨通电话问诊，又找来老人子女的电话，劝他们回村就地发展，顺便照料老人。

下乡时，肖曙光听说村里有10多个村民夜晚骑摩托车摔死摔伤，主要原因还是光线暗。于是，他想到了装路灯。除了申请镇村投入装100盏太阳能路灯外，他还通过微信朋友圈募集资金，准备再为单家独户和屋场院子集中的地方装100盏太阳能路灯。

扶贫改面貌　鼓起村民精气神

今年5月，肖曙光在走访贫困群众时，听说村里还有一位健在的抗美援朝老兵，名叫田吉政，已经84岁高龄。找到他家一看，好一阵心酸。家里值钱的就是两副棺木。房屋内大坑小洼，屋顶透着光。特别是老战士的头发盖过了双耳，说是好几年没理过发了。肖曙光双休回宜昌时，特意买了一把推剪和剃须刀，回村的第二天就去为老人理发、刮胡须。后来又花2000多元为老人从头到脚买了全套复制的抗美援朝老军装，并为老人拍了照片，装成相框，给老人留作纪念。

村委会门前建了一个大广场，每天都有二三十个村民跳广场舞。70多岁的五保户沈鹤林天天在旁边看，但没人愿意和他跳。有一天，他看到了肖曙光，就大胆地问："肖书记，我能不能请你跳舞啊？"肖曙光不仅陪他跳，第二天还给沈鹤林换了一身衣服。五保老人露出久违的笑容，开心地说道："肖书记没架子，不嫌弃穷人。"

红旗坪落后状况的改善，得益于肖曙光带领工作队把红旗坪群众对美好生活的向往，转化为切实的行动。时下，红旗坪村脱了贫，巩固脱贫成效也有了稳定的基础，乡村振兴正在以良好的势头向前进发。家乡的未来会更好，红旗坪人充满信心和憧憬。

（本文参考了《人民日报》有关报道）

鲍家墩的贴心人

——省应急厅驻麻城市龟山镇鲍家墩村第一书记骆效斌的扶贫故事

夜幕降临，在麻城市龟山镇鲍家墩村，忙了一天的村干部们相继回家，骆效斌则回到村部楼上宿舍，匆匆吃完饭，便来到村民何正武家，询问他家的养鸡场在防范近期暴雨方面有没有困难。“这个点，村民都在家，方便走访。”骆效斌说，“今年是驻村的第5个年头，早已习惯了这样的生活。”

2016年元月，湖北省应急管理厅应急救援中心副主任骆效斌，受命担任驻鲍家墩村第一书记兼扶贫工作队队长。

5年，1600多个日夜，这位有着安全建造师职称的第一书记，见证、推动这片贫瘠的红土地美丽嬗变，从一个无支柱产业、村集体负债的山区重点贫困村，成为首批整村出列，112户357人全部脱贫的村子。村集体年收入达23万元，村民、贫困户年人均纯收入分别达1.4万元、0.84万元。

因工作突出，骆效斌连续4年被省委、省政府表彰为“工作突出的驻村第一书记”和“工作突出的驻村工作队队长”。

5年　走坏20双鞋

鲍家墩村海拔1000米，9个自然垸，3个在山上。骆效斌清晰记得，来村报到那天是农历小年，天空下着雪，路面湿滑。放下行李，骆效斌顾不上休整，就和扶贫队员挨家挨户去慰问贫困户。他说，要在过年前，把慰问金都送到贫困户们的手中。

在67岁的黄胜书家，骆效斌愣住了：低矮的土坯房，光线昏暗，屋外下大雪，屋里下小雪。经了解，黄胜书是聋哑人，儿子在广东打工并结婚，因家里太穷，还没带过媳妇回家，家里只有她一人。

“我是从大山走出的农民的儿子，黄大妈家简陋的土坯房和我乡下老房一模一样。”他暗下决心，以后黄胜书就是我的母亲，一定要借扶贫政策为她盖起新房。

新年上班第一天，骆效斌就和村支部书记来到黄胜书家勘查地基，商讨方案。几经周折，终于为她申请到危房改造项目。2019 年，黄胜书搬进了宽敞的新房，一家人团聚的那一刻，她激动得泪流满面，不停地跟儿子比划着“要感谢骆队长”。

五保老人鲍在礼，聋哑又中风，曾一度卧病在床，骆效斌隔三岔五上门看望，帮助寻医问药。老人病情好转后，伸出大拇指夸赞骆效斌。在他心里，骆效斌就是亲人。

贫困户何学珍两个读高中的女儿面临辍学。骆效斌经常鼓励她们克服困难，每年还送去慰问金和学习资料。如今，两个女儿都是大学生。

“逢年过节、遇到恶劣天气，骆队长都会到特困户家去看看，心细得连我一个女同志都做不到。”鲍家墩村妇女主任鲍会香说。

5 年来，骆效斌走遍了全村 453 户，特别是 112 户贫困户，每户每年要去五六次，走坏了 20 多双鞋。

“没有心贴心的帮扶，哪有我们今天的好日子？”鲍会香说，疫情期间，骆效斌人在武汉，心却牵挂着鲍家墩的乡亲，多次与村干部视频，指导疫情防控，千方百计组织一批急需防疫物资送到村里。因防控有力，鲍家墩成为无疫村。

保住数万人的“饭碗”

“我和妻子在石材厂打工，每月工资有 8000 多元，光伏发电每年分红 2300 元，还有各类补助补贴，全家 4 人年收入有 12 万多元。”算起脱贫账，脱贫户鲍明安一脸的幸福。

和鲍明安一样，鲍家墩全村 300 多名贫困人口，都搭上了产业扶贫列车，走上了脱贫致富路。

脱贫攻坚，关键是激发内生动力，根本之策是发展产业，变“输血”为“造血”，从源头拔穷根。

五年来，骆效斌带领扶贫工作队和村干群一道，牵住产业“牛鼻子”，久久为功，探索出了“321”的“鲍家墩扶贫模式”。

成立3家合作社，能人带动一批。骆效斌走访发现，贫困户何正武家有十几亩山林。“能不能在山林散养土鸡？”

“如果再亏了，我的损失谁来赔？”何正武曾与人合伙养过鸡，但因没有经验技术亏损了。

为了给何正武吃下定心丸，骆效斌承诺：“如果再失败，你的损失由我私人负责！”

在驻村工作队的帮扶下，何正武利用扶贫小额贷款解决资金难题，建起了鸡舍，骆效斌又帮他订了3000只鸡苗和1.5吨饲料，想办法送他去培训，请专家来指导，联系销路。

2016年底，何正武家脱贫，如今年收入10余万元。他还牵头成立了村养鸡产业合作社，带动5户贫困户脱贫致富。

在骆效斌推动下，鲍家墩村成立了天麻种植、油茶2个产业合作社，激发一批贫困群众的脱贫致富动力。

开发2个村级产业，分红收益一批。2016年，骆效斌为鲍家墩村争取到产业发展基金100万元，并将基金入股到光伏发电项目，每年可分红10万元，村集体经济一下活了。

鲍家墩村山林资源丰富，却没有转化成经济效益。骆效斌带领大家修好通林路，改造500亩油茶林，承包给种植大户；争取50万元项目资金，建成油料加工厂。两项举措让村集体每年增收7万元。

依托村周边石材厂就业一批。石材产业是麻城的支柱产业，但在2017年，其发展遇到了严峻挑战。因环保问题，整个石材产业面临关停的危机，鲍家墩村在石材厂务工的村民们也面临丢掉“饭碗”的危险。

这一年，骆效斌挂职麻城市副市长，担任石材工业园副指挥长，牵头负责石材产业整改。作为安全建造师，骆效斌发挥自身技术专长，邀请科研院所专家会商，在麻城市委、市政府主导下，推出一揽子整改方案，推进石材工业园走生态优先、绿色发展之路。2018 年，麻城石材工业园在省级环保督察和中央环保督察“回头看”中顺利过关。麻城市还被授予“全国石材产业集群示范城市”等称号。正因为如此，5 年来，麻城石材产业产值从 50.8 亿元增加到 230 亿元，带动 5 万多人就业，其中贫困人口 1 万多人。鲍家墩村 30 名贫困人口在此就业，人均年增收 5 万余元。

留一份清气　积蓄乡村振兴的精神财富

2016 年底，鲍家墩整村脱贫后，骆效斌和他的扶贫工作队并没有停步。他提出，山上建“绿色银行”、山下建美丽乡村的思路，不断巩固脱贫成果，推动脱贫攻坚与乡村振兴有效衔接。

5 年来，在省应急管理厅支持下，骆效斌共为驻点村筹措资金 490 万元，全部用于扶贫工作，其中 200 万元用于基础设施建设。如今，走进鲍家墩村，宽阔的马路、明亮的太阳能路灯、运动场、老年活动中心、图书阅览室、排忧解难室等基础设施一应俱全。

鲍家墩村党支部书记鲍在佳深有感触地说：“骆队长驻村扶贫五年，给我们带来了很多变化，看得见的是硬件条件的改善，看不见的是乡风文明、干部作风的变化。这将是我们实施乡村振兴的精神财富。”

骆效斌第一次参加村支部主题党日活动时，便对“会风”提出严厉而又深情的批评；他对村干部和扶贫工作队员的作风“约法三章”；为帮助贫困户李志军危房改造，他六入其家门做思想工作……

作为 16 家省直单位对麻城定点帮扶工作的牵头负责人，骆效斌定期召开协调会、推进会，明察暗访，督促各单位真抓实干，共筹措帮扶资金 1.98 亿元，实施扶贫项目 46 个，为麻城今年 4 月脱贫摘帽贡献了力量。

然而成绩的背后，骆效斌也有着一份对家人的愧疚与遗憾。

2017 年，他 85 岁的父亲被诊断为脑瘤，而在家照顾父亲的哥哥突发车祸，留下终身残疾。骆效斌托付亲友照看他们。直到父亲去世，他才请假为父亲料理后事。

驻村期间，正是他儿子三年高中关键期，陪伴照料孩子的重任，留给了妻子一人承担。

“扶贫这条路，走起来确实不容易。在这条路上，我虽离家人远了，但和村民的心近了。作为一名共产党员，能参与脱贫攻坚伟大事业，我倍感自豪。”骆效斌坚定地说。

（本文参考了《湖北日报》有关报道）

决胜之际的生命定格

——追忆原洪湖市烟草专卖局驻瞿家湾镇甘岭村工作队员马高俊的扶贫故事

在荆州洪湖市烟草专卖局驻瞿家湾镇甘岭村扶贫工作队租用的民房里，一张办公桌上整齐地放着一摞《2020 年贫困家庭人均纯收入测算表》，工作笔记本摊开着，最后一篇工作记录还未写完，但他却回不来了……这是马高俊留给瞿家湾镇甘岭村干部群众的思念。

2020 年 10 月，“结对帮扶行动月”系列活动火热开展，驻瞿家湾镇甘岭村扶贫工作队队员马高俊为此已经忙活了大半个月。10 月 20 日，洪湖市局全体帮扶干部来到瞿家湾镇开展“消费扶贫月”活动。上午，马高俊负责为帮扶干部们解读扶贫政策；下午入户走访结束后，马高俊坐在办公桌前整理入户情况。

刚坐下不久，他开始打盹。“老马，你累了一天，回房间休息一会儿吧。”队友彭开胜见他如此疲惫，催他停下工作，先休息。一个小时后，马高俊又回到办公室。“睡不安，我要把结对帮扶干部入户情况整理出来，心里踏实些。”殊不知，此时的他已经透支了全部体力……

察觉到马高俊面色惨白，驻村工作队员立即将他送往洪湖市人民医院，随后转到省协和医院救治。突发消化道出血、失血性休克！经抢救无效，10 月 23 日凌晨 4 时许，马高俊永远地离开了他热爱的扶贫岗位，就在脱贫攻坚即将取得全面胜利的时刻，就在举国欢庆的前夕。

2018 年 1 月，听说单位要安排工作能力突出、熟悉农村工作、对农民有感情的干部到瞿家湾镇甘岭村驻村扶贫，他便主动请缨。“这是一项有意义的工作，我必须参与。我在基层工作多年，有农村工作经验，我一定要参加。”他向洪湖市局领导表明了自己的心愿。

生于1961年的马高俊，1978年10月响应党的号召，下放到农村锻炼。1981年12月正式参加工作，1984年7月进入烟草部门工作。多年来，他工作认真负责、任劳任怨、敢于创新，深受领导、同事们的信任和肯定，一直都是洪湖烟草的业务骨干。

成为一名驻村工作队员后，马高俊暗下决心，一定要帮助每一个贫困的父老乡亲脱贫致富。甘岭村紧靠洪湖岸边，是洪湖市68个建档立卡贫困村之一。全村196户825人，其中贫困户45户160人。驻村期间，他走访每个贫困户家庭，了解致贫原因，与帮扶责任人和村干部一起逐户制订脱贫计划。

两年多来，他走村入户，脚步遍及甘岭村5个组的每一寸土地。“160个人的信息，他都了解得清清楚楚，他就是驻村工作队的‘移动数据库’。”队长聂国富感慨道，“老马相当细致，谁家小孩治疗感冒花了多少钱、谁家母猪下了几个崽……只要他知道了，都要记上一笔。”聂队长红着眼眶翻着老马的驻村日志，怀念着与老马共事的点点滴滴。“前段时间他还跟我说，等甘岭村的脱贫攻坚工作圆满收官了，他就安心退休，还说退休以后要搬到瞿家湾来住呢！”

马高俊对甘岭村的特殊情谊，支撑着他到最后一刻还记挂着村里的贫困户。

“老马刚刚送去抢救后不久，还给我打来电话，说给三组贫困户欧阳汉成的一壶油，还放在他办公桌旁边，要我一定记得送过去。”队友彭开胜说道，“他总是这样，无时无刻不记挂着贫困户，扶贫工作在他心里就是最重要的事。”

“我们老百姓要的其实并不多，也许一句真诚的鼓励就能支撑我们走得很远！”脱贫后的欧阳汉成哭肿了双眼，“老马给了我们太多的帮助和鼓励，我现在好想告诉他，我不会再返贫了！”

马高俊常说，在脱贫问题上，群众是主角，只有解决好群众的困难，才能与他们打成一片，激发他们脱贫的信心。

在甘岭村，提起马高俊，人们聊着聊着，就泪流满面……甘岭村一组的周永文，在马高俊的帮扶下，于2019年底脱贫。“在刚刚从事小龙虾养殖的时候，我一点信心都没有，是老马亲自送我去镇上参加产业培训，又安排与我田间相邻的致富带头人徐国峰手把手教我技术，还帮助我申请到5万元的小额贷款作为生产资金。现在，我年收入有3万多元，一家人吃穿不愁，这些都离不开老马的帮助。”

“这两年多时间里，老马把我家的门槛都快踏破了。”甘岭村二组贫困户陈天明，曾因儿子部分医药费不在报销政策内，无法报销，多次找工作队反映情况。

“如果不是前两年老马来做我的思想工作，指导我发展产业增收，到现在我还在想着上访呢！”说起马高俊，陈天明有说不完的话，“今年7月汛情严重，老马一听说我虾田受灾了，马上就来查看我的受灾情况。为了抄近路，他走了200多米全是荆棘的小路。我看到他的时候，他两条腿上全是血印子，当时我心里好难受……”说到这，陈天明抑制不住哽咽起来，“这几天，我只要听到门口有车停下，就感觉是老马来了……”

“我的残疾证还是那年老马开车带我去新堤城区办的，他带我从医院到残联，几个小时就给我办好了。”贫困户陈小街，眼部残疾但一直没有办理残疾证。2018年马高俊第一次入户走访到陈小街家了解到这一情况后，立马就着手处理为陈小街办理残疾证等事宜。“老马为我们操了太多心，我们都来不及感谢，他就离开了。我的心里好难过……”

马高俊帮助贫困户的一桩桩、一件件大大小小的扶贫事，在瞿家湾镇甘岭村的村民们心里打下深深的烙印，他已经成了亲人般的存在。

对于家庭来说，马高俊在重要时刻总是缺席的那个。2019年5月，马高俊的儿子要办婚礼，儿子希望父亲能请几天假帮忙操办。但为了完成全村“两不愁三保障”突出问题排查，他对儿子说：“简简单单办一下吧，我这边事情很重要，离开不得，婚礼你们年轻人自己做主。”懂事的儿子理解父亲，答应道：“我们一切从简，婚礼那天等您。”

有了家人的理解和支持，马高俊更加全身心地投入扶贫工作。

2020 年 7 月，正值防汛抗洪期间，马高俊的孙子出生了。因为贫困户虾田受灾，他一户户联系，一家家查看，忙到没了日夜，只能通过视频看看小孙子。队友笑着说：“想孙子就回去呀，你看你，人都要钻到手机里去了。”“不急不急，以后多的是时间看孙子，现在帮助贫困户抗灾才是当务之急。”马高俊喜滋滋地说。等到马高俊第一次抱到孙子，孙子都已经满月了。

“扶贫的事给年轻人去做，你不要凑热闹。”“我又不老，哪里做不得了，脱贫攻坚是有意义的事业，我不想错过。”马高俊对于参与扶贫工作，总是那么执着、那么义无反顾。

“他总以为自己身体好，什么事都要冲在前面。”老伴平时提起马高俊，总是一顿“数落”，“我们这一家子，都没有他的扶贫工作重要。贫困户有事，他随叫随到，家里有事，他一拖再拖。”

“尽管很遗憾，但是我仍然以父亲为荣，这几年他对工作的态度和对事业的热情，都深深影响着我。”在儿子眼里，马高俊是平凡而又伟大的父亲。

两年多的扶贫岁月里，他留下了可圈可点的成绩。教育扶贫、健康扶贫、光伏发电、兜底保障，护湖员、护路员、环卫保洁等公益岗位扶贫等政策措施在甘岭村一一得到落实。

2019 年底，甘岭村 45 户贫困户家庭实现全部脱贫，2065 亩耕地，建成虾稻连作特色产业基地 2000 亩，贫困人口年人均纯收入达 9587 元，每年增长 10% 以上。

如今走进甘岭村，田成方，树成行，沟渠碧水长流，处处莲荷飘香。宽敞的水泥路直通群众家门口，全村环境优美，坡净户洁景美，一派江南水乡的田园风光。

甘岭村美好的未来，马高俊再也看不到了。但他为村里所做的一切，村民们却永远也不会忘记。

追悼会上，瞿家湾镇和甘岭村干部群众带着“永远怀念马高俊同志”的横幅，来送老马最后一程，表达村民们对马高俊的怀念之情。

（本文参考了荆楚扶贫网有关报道）

青龙泉社区的来龙去脉

——郧阳区杨溪铺镇跨区域集中扶贫搬迁安置的故事

挪穷窝：跨区域安置　搬得放心

十堰市郧阳区地处秦巴山区腹地，本来就是八山半水半分田，土地资源非常稀缺。在国家南水北调中线工程建设中又被认定为核心水源区。为支持丹江口水库建设，先后两次淹没、两次搬迁、三次移城，淹没和征用良田 25 万亩，18 万余人背井离乡，10 余万人“后靠上山”。

郧阳区建档立卡识别出贫困人口多达 162779 人，贫困发生率高达 35.63%，超出湖北省平均水平 20.82 个百分点。其中，易地扶贫搬迁的对象为 2.2 万户 6.4 万人，在湖北省排名第三，有 4000 余户难以在本乡镇（村）找到安置点。

由于郧阳山区地质灾害易发地段多，能够选址安置的地点 90% 以上都是基本农田，特别是叶大、胡家营、鲍峡等乡镇，镇内安置选址难，周边安置缺土地，生产生活条件脆弱，“一方水土难以养活一方人”。

“在土地匮乏的情况下，若分散安置，需开山挖石，不仅破坏生态，而且基础设施建设投资巨大，还只能暂时改变生存条件，不能从根本上解决就业增收、稳定脱贫问题。易地扶贫搬迁，绝不能从一个穷窝窝搬到另一个穷窝窝！”2017 年 3 月区委常委会上，区委书记孙道军斩钉截铁地说，借鉴以前移民搬迁的经验，跳出原乡镇，实施跨区域集中搬迁安置和非农化就业，才能从根本上保证这部分贫困人口稳定脱贫。同时，也加速了农民向市民转化的步伐，推进了城镇化建设。

放眼整个湖北省，以前没有这样大规模集中易迁安置的先例，而都是在“实事求是、因地制宜”的要求下化整为零、就近安排、恢复农业种养，以维护当前的社会稳定。郧阳这样做确实很冒险。区里的干部和一些关心郧阳的老领导都为之捏了一把汗。孙道军书记和胡先平区长两人深入交谈后达成共识，“把‘官帽子’放一边，为了搬迁群众长远发展，我们来做这‘第一个吃螃蟹的人’”。

决策既定，选址何处？最初提出的4个选址，有的离县城较远，难以分享城市的基础设施和公共服务。近的则地势狭窄，不利于群众长远发展。

有人建议，郧阳城东北角那个规划中的科教小镇——杨溪铺镇刘湾村，三面环江，距中心城区仅8公里，滨临汉江，呼北高速从旁边经过，开阔的山场适宜发展生产，依山傍水的风光适宜人类居住，是一块难得的“风水宝地”。

2017年6月，区委常委会、区政府常务会议、区“四大家”联席会先后研究同意，确定将杨溪铺镇刘湾村作为全区易地扶贫搬迁集中安置点，取名青龙泉社区，同时明确以区农投公司作为建设主体，立即开工建设。

驻村扶贫干部苦口婆心阐明易迁优势和好处，动员贫困群众搬到青龙泉社区。起初，只有两三百户报名。随着选址确定，开始施工，报名户数一路增加。等到栋栋高楼拔地而起，配套服务设施日趋齐全，特别是就业前景也已十分明朗之时，易迁群众像是吃上“定心丸”，争先恐后地要求入住，最终达到4237户15380人。

换穷业：建房先建厂 住得安心

易地扶贫搬迁，一个“易”字其实很不易。对于政府来说，跨区域易地集中安置，增加了规划建设、征地拆迁、产业配套和后续服务的难度。对于易迁群众来说，让村民们离开生活了几十年的故土，情感上难以割舍，没有地可种，还叫啥农民？

针对易迁贫困群众的担忧，区委、政府采取了建房先建厂、扶贫先扶业的策略。一边建设搬迁房，一边推行“1+2+N”产业扶贫模式，壮大一个劳务经济，配套发展香菇和袜业两大兜底产业。上下同心，直奔主题，这就是“人人有事做，户户能增收，帮助村民换穷业”。

郧阳气候适宜，资源丰富，群众也有香菇种植的传统。区委、区政府招商引进龙头企业，组建了十堰市昌欣香菇产业发展有限公司。2017 年 8 月香菇产业基地率先开工建菇棚，300 户易迁贫困户试种香菇 120 万棒。当年虽然遭遇雪灾，产量受到影响，但 300 户易迁户仍然户均增收 1.5 万元。

五峰乡小石沟村易迁户陈顺东，原本不愿来青龙泉社区，觉得集中搬迁安置难就业，但试种了 6 棚香菇之后，技术有人教，香菇有人收，种植 5 个月，年增收 2 万余元。收入稳定，一家人又能在一起，便很快喜欢上了这里。2018 年底回村省亲时，他以自身事迹为例，到处向尚未搬迁的老乡宣传香菇小镇的光明前景。

陈顺东从搬迁“顾虑户”到“劝说户”的变化，告诉我们：乐业才能安居，解决好就业问题，才能确保搬迁群众放心搬、安心住。随着香菇产业的需求不断扩大，到 2020 年，青龙泉社区高标准建设香菇产业基地 1165 亩，配套一体化大棚 534 个、种植小棚 1470 个，500 余户易迁户共种植香菇 300 万棒，户均增收 3.2 万元。

按照全产业链、全生态链、全价值链模式的发展要求，区委、区政府还在谭家湾镇建设食用菌循环经济扶贫产业示范园，成立华中食用菌研究院，建设研发中心和香菇交易市场，引进上下游企业 22 家，建成智能化四季出菇工厂，形成集研发、种植、加工、销售于一体的香菇产业链条。在 19 个乡镇建设自动化香菇制棒车间 24 个、各类菇棚 4.9 万个，年种植香菇 4000 万棒，2 万户贫困群众种出了小康生活。郧阳香菇被国家食用菌协会授予“中国好香菇”称号。国家发改委以政策导引推介香菇产业扶贫的郧阳模式，郧阳“香菇之城”悄然崛起。

通过有关部门的不懈努力，2017 年郧阳又招商引进“世界袜王”上海东北亚新公司入驻青龙泉，建成湖北棉伙棉伴智能纺织科技有限公司，装备袜机 1651 台，可年产袜子 1.5 亿双，实现产值约 4.5 亿元，直接提供车间就业岗位

1500多个。

袜厂开工之初，许多自由散漫惯了的村民受不了工厂时间固定、工种单一的约束，流动性很大，企业“用工荒”严重。孙道军书记和胡先平区长经过调研后马上作出两个反应：一是加强对农民的思想文化教育，举办当产业工人所必需的技术培训；二是探索“扶贫车间+扶贫作坊+家庭”袜业扶贫做法，依托棉伙棉伴，积极引进大运集团等企业在社区建立袜业后道工序加工车间，按件计资，灵活就业。

58岁的许巧华每天早上7点前安顿好病床上的丈夫，准时来到离家100多米远的十堰长隆纺织公司袜业扶贫车间。她勤劳能干、手脚灵活，一天翻袜4000双。2019年，在一次袜业技能竞赛中，许巧华夺得翻袜项目二等奖，领到了800元奖金。靠着每月3000元左右的收入，许巧华一家去年顺利摘掉了贫困户的帽子。郧阳袜业扶贫经验入选全国2019年十大产业扶贫案例。

除了香菇和袜业两大脱贫兜底产业之外，依托城区内的商贸、工业企业提供岗位就业。引导留守妇女、老人等劳动力较弱的贫困户，发展小作坊、小编织、小加工、小买卖等居家产业。同时，区委、区政府还积极支持易迁群众外出打工。

拔穷根：社区化服务　过得开心

易地扶贫搬迁，搬的是人心，扶的是民心，强的是党心。

青龙泉社区集中安置点建设初期，很多干部担忧，把4000多贫困户集中到一起，一个小问题便可能酿成大事件。比搬得来、稳得住更让人揪心的是如何把农民转化为市民。

2018年12月8日，首批118名易迁群众喜迁青龙泉，但是不到一周，问题就出现了。有人在楼道里扔垃圾，有人在阳台上养鸡，有人在楼道里堆柴火，有人在花池里种菜，有人在楼梯间烤火，还有人在社区里迷了路，等等。问题接踵而来，社区管委会干部、网格员、楼栋长及物业一群人，天不亮就出动，排查路面，清理垃圾，劝阻摆摊，一天下来，身心疲惫、心力交瘁。

越是最困难的时候越是要加强党组织建设，强化社区治理服务。青龙泉社区成立青龙泉社区党委及居委会，以社区党委为核心，下设 5 个党支部，通过劳务派遣选聘 20 名工作人员，设立 72 个楼栋长，推行“365”工作法，建立“党员、网格员、技术安全员 + 中心户长、楼栋长、警长”的“三员三长”工作机制，开展环境卫生督查防脏乱、矛盾纠纷排查防激化、安全生产检查防事故、规划建设审查防违章、林火洪汛巡查防灾害等“五查五防”。一网覆盖，摸底排查，供需对接，精准服务，建设人心和善、家庭和睦、人际和畅、社会和谐、生态和美的“五和”青龙泉社区。

设立群众便民服务大厅，把城市执法、便民服务力量下沉到社区，乡镇派驻干部、社区工作人员和供电、供水、广电网络、燃气物业、教育卫生、人社民政等部门服务人员全部进驻大厅，为社区群众提供高效便捷的服务。

2019 年 11 月，青龙泉社区党组织结合正在开展的“不忘初心、牢记使命”主题教育实践活动，深入农户讲政策问需求，按照轻重缓急的原则，切实帮助群众解决问题。

按每户 1 分菜园地的标准，在附近罗沟村流转土地 530 余亩，成立专业蔬菜合作社，帮助易迁户管理经营菜园地。对自愿种植菜园的群众分地到户，对不愿种植的群众由合作社托管，发放购菜补贴。

出台易迁群众户籍自愿迁移、前三年物业费政府兜底、原土地山林承包权限不变等政策，组建区、镇、村三级专业合作社和扶贫开发公司，带动农户资产入股分红、土地流转收费、政策补贴兑现，确保搬迁前的农业生产资料保值增值。

统筹配备水电路网等基础设施和社区医院、学校、公交换乘站、超市等公共服务，并在安置区扶贫车间的附近，建设老年日间照料中心和留守儿童托管中心，把更多的劳动力从照顾老人和孩子中解放出来，挣钱顾家两不误。

组织开展以“家庭卫生大清洁、家风家规大培育、家庭万元增收项目大落地”为内容的精神文明建设，力促快速融入城镇化的居民生活。社区经常举办活动，让贫困群众上台讲述脱贫故事，“社会主义好，共产党亲”成为了青龙泉社区易迁群众的普遍心声。

2021 年 2 月 21 日晚上 9 点，央视综合频道大型政论专题片《摆脱贫困》第四集《合力攻坚》播出了十堰市郧阳区杨溪铺镇青龙泉社区脱贫攻坚的典型事迹，青龙泉社区再次沸腾了。居民们奔走相告、载歌载舞，整夜无眠。

郧阳区杨溪铺镇现代化的青龙泉社区与配套的标准化食用菌产业基地（郧阳区委办公室供图）

乡镇干部的扶贫故事

忠贞之志　谦退之节

——追忆原咸丰县清坪镇党委委员、纪委书记谢睿的扶贫事迹

“在他的办公室里，两双沾满泥土的球鞋仍然静悄悄地摆放在角落，电脑桌面上名为‘砂砾’的微信还在响个不停，然而它们的主人却再也不会回来了。”2020年9月15日，时任咸丰县清坪镇党委委员、纪委书记的谢睿，在龙潭司走访农户、检查民居改造项目时，不幸从二楼施工层意外坠落，献出了宝贵的生命，年仅39岁。办公桌一旁的统计文件显示，谢睿生前还在为改善五保户和特困人员的生活质量而忧心忡忡。铁皮书架上，20多本工作笔记整齐划一地排列着，记载了一名基层扶贫干部五年的忙碌与辛酸，理想与担当。

大学毕业后，谢睿曾前往上海、深圳工作，都市的繁华与喧嚣没有让谢睿感到舒适和平静，这个土家族小伙子始终觉得自己像一叶不系之舟，孤身飘零在令人落寞的名利场。2010年，他决定放弃大城市里的优越发展机会，回到湖北咸丰老家，用自己的热血青春建设这片他深爱的土地，带领乡亲们艰苦创业，争取早日摘掉贫困的帽子。从此，他再也没有离开过心中的“桃花源”，直到生命的尽头。

精准扶贫、纪检监察、疫情防控、防汛救灾……他没日没夜地扑在基层工作中，像陀螺一样转个不停。熬夜加班、节假日不回家成了他的常态。就连宝宝出生时，他也没能陪伴在妻子身边。工作占据了谢睿的全部生活。才30出头的年纪，发际却攻上了“山头”。

在脱贫攻坚最艰难的时候，身为乡镇纪委书记的他主动请缨，承包了5个最偏远、条件最差的村子，扛起了清坪镇战胜贫困奔小康的大旗。

龙潭司村山清水秀、风景如画，一弯绢流像一根光洁的丝带镶嵌在这片绿原巨野之上。这里曾是中国革命的起点、红色文化的摇篮，也是谢睿生前日夜战斗过的地方。

“今年白柚大丰收，一亩能卖6000多元，可惜谢书记再也看不到了。”11月10日，龙潭司村唐崖河畔挂满硕果的白柚林里，提起谢睿，村民颜克松的眼泪又忍不住在眼眶里打转。在谢睿的带动下，龙潭司村培育起新的扶贫产业，脐橙、白柚总种植面积超过2000亩。几年来，他为村里理清发展思路，推动革命老区向美丽乡村转型。为了鼓励村民发展民宿和乡村旅游业，他开会的足迹遍布村子里的每一个角落，还经常开着私家车载村民去周边乡镇参观学习。为着力打造红色文化寨院，谢睿积极组织村民投身项目实践，美化庭院70余处，推动民居改造工程近100栋，新修道路10余公里。全村287户贫困户现已全部脱贫。

脚下有泥土，心中有温度。在二台坪村，他将年轻人何冉“扶上马”担任村支书，将一个产业“空心村”努力发展成为种植烟叶、茶叶1300亩的“金叶村”。原有的159户贫困户也已全部脱贫。得知帮扶户饶邦顺的双胞胎儿子同时考上大学，谢睿省吃俭用，从工资中挤出400元钱奖励给兄弟二人。去年中秋节，他还自掏腰包给6位帮扶户每家送去100元慰问金。

在小河村，他四处奔走、多方筹资300多万元建设小河大桥，该桥成为该村最大的民生工程；在鱼塘湾村，他联合相关单位实现通村公路硬化，建成鱼塘湾大桥，路桥投资超过700万元。

他甘当“砂砾”，用生命铺就群众脱贫致富的道路。他无悔于使命，用激情点亮人们幸福生活的曙光。

“12点他在镇政府食堂吃饭时，还在跟我聊，说饭后得趁午休时间去龙潭司村看看民居改造工作的进展，哪知几十分钟后就出了意外。”镇党委书记杨俊眼圈通红。

“我们去送谢书记最后一程……”高峰村支部书记田帛国得知谢睿的意外

消息后在村支书群里提议。“太可惜了，去的时候喊我！”“唉！白发人送黑发人，痛心！”全镇30多位村支部书记怀着无比悲伤的心情前来送别谢睿最后一程。

很难想象，悼念活动的发起人田帛国，还曾因疫情防控不到位而受到谢睿的警告处分。干了十几年村干部，却因工作不力落了处分，田帛国心里感到憋屈，便递交了辞职书。谢睿听说后，立即追到高峰村，给田帛国做思想工作。“他是领导，但没有拿出领导派头，而是从党员纪律的角度给我掏心窝子，很让我感动。”田帛国说，在谢睿的多次鼓励和劝导下，他开始认真反思，“我身为老党员，却经受不住这点考验，太不应该了。”重回村委会的田帛国，对谢睿充满了敬佩。

“秉忠贞之志，守谦退之节”是谢睿在微信和QQ主页上的签名。纪律检查工作如烫手的山芋，但谢睿却勇于担当、甘之若饴。在小河村，谢睿工作的严谨与认真也得到了村民们的认同。2017年，小河村村民对时任村支书吴某吃拿卡要、优亲厚友的违纪行为意见很大，谢睿接到村民们的实名举报后，立刻开展调查工作。最后，吴某被免职并受到党内严重警告处分。

2020年大年初一，看到武汉新冠肺炎疫情暴发的新闻后，他顾不上儿子的哭闹，坚持带着妻儿驱车奔袭1700多公里，快马加鞭地从外地赶回镇里参加抗疫。

然而，返乡之路并不顺利，一路上关卡和检查越来越多，也越来越严。由于不能入住宾馆，困了他就和妻儿挤在狭窄的车子里简单休息，饿了就拿出事先准备的面包咸菜凑合着吃一餐。

回来的当天他就投身疫情防控一线。从清坪镇到咸丰县城，不过一小时车程，可他两个多月才回了一次县城。“他要我把换洗的衣服从窗口扔下去，让儿子在窗口喊喊他，这种特殊的见面，让我们一家三口脸上都挂着热泪，一辈子都难以忘怀。”妻子吴铭回忆道。记不清多少次这样隔窗相望，多少次从窗口给他扔钥匙和衣服下去，他转身就回了乡镇。只是没想到，那次转身离去，竟然成了谢睿和妻儿的永别。

“他经常凌晨一两点给我发信息说还没睡，说工作压力大睡不着。”说起这些，吴铭失声痛哭。

“真是一个好干部！39岁就走了，太可惜……”巴东县野三关镇石桥坪社区宣传栏前，六旬老人邓正聘抚摸着宣传画上谢睿的年轻脸庞，忍不住泪眼婆娑。

英雄已逝，英魂不灭。“砂砾书记”的身影虽已远去，但“砂砾精神”的光芒却愈发璀璨，千千万万个“谢睿”们正前赴后继，为中国农村的减贫事业、为国家的宏图壮志坚持不懈、无私奉献。

谢睿走后的第二天，清坪镇党委大厅的电子屏幕上，依然将他的工作状态显示为“上班”，村民们不愿相信、同事和战友们更不愿相信，那个曾几何时阳光灿烂的小伙子已经离开了这个世界，永远留在了他热爱的扶贫第一线上。

2020年10月，湖北省优秀共产党员谢睿入选“中国好人榜”。2021年2月25日，在全国脱贫攻坚总结表彰大会上，他又被追授为“全国脱贫攻坚先进个人”。

壮志未酬身先死，长使英雄泪满襟。谢睿的一生虽然短暂，但是厚重。扶贫路漫长且艰辛，他却始终如一，不忘初心、坚守使命，用青春和汗水浇灌那盈盈硕果，把忠诚和责任镌刻在这片坚实的土地上。

生如夏花之绚烂，逝如秋叶之静美。一路走来，先后有100多位扶贫干部，将生命定格在了湖北脱贫攻坚这个没有硝烟的战场上。岁月会模糊记忆，但在朝气蓬勃的荆楚大地上，这些名字将永远焕发生机，激励着后来者砥砺奋进。

（本文参考了《人民日报》《湖北日报》等相关报道）

对于广大扶贫干部而言，繁忙是工作的常态，此图为恩施市检察院干部在驻村点加班整理扶贫档案（恩施市扶贫办供图，赵恩秋摄）

用生命写下诗篇

——追忆原麻城市黄土岗镇四道河社区驻村干部伍开连的扶贫事迹

伍开连生前是麻城市黄土岗镇统计干事（扶贫工作队队长），长期从事扶贫工作，先后任黄土岗镇长岭岗责任区扶贫专干、四道河社区扶贫工作队队长，驻四道河社区扶贫工作队员。

2018 年 4 月 19 日上午 10 时左右，伍开连正在村里参加扶贫工作会，讨论村里产业扶贫、档案管理、干部结对帮扶等工作进展和近期安排。“冯龙文，小学学历，因病致贫。现已发放 2017 年土地流转金 1345 元，发放了医疗救助证，申请了小额信贷 2 万元，通过入股获得分红 2000 元，发放土地补助 499 元，这户贫困户今年应该可以如期脱贫了吧……”

在众人讨论声中，一边翻阅贫困户扶贫档案，一边积极发言的伍开连突然垂下了头。社区党支部书记刘义勇见他状态不对，拍了拍他的肩膀：“伍主任？伍主任？”却不见任何回应。大家火速将他送往黄土岗镇卫生院，直到被抬上车，他手里还紧紧攥着一本鲜红的《扶贫手册》。镇卫生院诊疗设备有限，建议转往市医院，市医院确诊为心血管破裂，建议转省同济医院救治，在赶赴武汉途中，伍开连不幸离世。

“经全力抢救最终也没能唤醒他。19 日下午 5 时许，因劳累过度引发心血管破裂，伍开连同志永远地离开了我们……”惊闻噩耗，不胜悲痛，他的爱人易珍当即晕倒过去。

1981 年，伍开连从黄冈水利电力学校毕业，被分配到当时的黄土岗镇四道河乡工作。在那个年代，大中专毕业生稀缺，他学的又是热门的水利工程专业，原本可以去大城市谋求更大发展，但他毅然回到故乡。

37 年里，他面对个人得失从不计较，面对困难从不退缩，面对工作绝不马虎。他曾多次获得省级人口普查先进个人、黄土岗镇优秀共产党员等荣誉称号。由于多年超负荷工作，近年来，伍开连身体每况愈下，临近退休的他完全有理由申请换轻松的岗位，但他始终一声不吭，哪里需要就去哪里，不提自身困难。

2017 年 6 月，麻城市调整 452 支驻村工作队，接到驻村任命后，伍开连当天就赶到四道河社区“安营扎寨”。“伍主任坚持‘五天四夜’驻村，有时还主动放弃节假日。全社区贫困户底数他最清楚，贫困户家里的事，他是事无巨细事事关心，作为一名党员干部，他在工作中尽职尽责有担当。”

“我是从大山里出来的，知道受穷的滋味。我就是再有困难也得去帮他们脱贫过上好日子。”伍开连是这样说的，也是这样做的。“参与精准扶贫一千多个日夜。这段时光里，有应对问题时的措手不及，也有看到贫困户真挚笑脸的由衷喜悦。虽然常年走村串户导致腿部患了骨髓炎，但亲眼看着乡亲们的日子一天天好起来，我很幸福。”这是伍开连扶贫日记里的一段独白，更是一名基层党员的为民情怀。

“他一心扑在工作上，晚上十一点前从未休息过，自从他来咱们社区后，我们的各项工作在全镇始终领先。”四道河社区副书记高孝文说。四道河社区党员群众服务中心里，属于伍开连的那盏灯，始终在大山寂静的夜里闪烁，一如他那熠熠生辉的精神之光，照进每一个扶贫人的心间。

伍开连同志牺牲后，四道河社区的群众心里都不敢信。“他走得太突然了，到现在我还是不敢相信。”“伍开连同志为扶贫事业献出了生命，他的事迹值得学习和颂扬。”

要知道，他离世的前一天，伍开连担心四道河社区群众安全，全天奔波在山间的泥泞小道上。

“伍主任，明天再来吧，暴雨要来了，我得保证你的安全呀！”午后，见天色阴沉，狂风大作，同行的四道河社区副书记高孝文建议改天再走访。伍开连坚决拒绝：“正是因为要下暴雨，咱们就要去那些贫困户家里看看，及时排除安全隐患。”

“那天，天气预报说要下大暴雨，没想到伍主任他们竟然来了，围着我家到处查看，走的时候还说一定要注意安全，万一雨太大有什么事马上给他打电话。”贫困户郑解玉回想那天的情景眼里闪着泪花，“他才 56 岁呀，怎么会这样，说走就走了！”

“当天晚上，我跟他一起再次来到贫困户高传学家。为了提高群众对扶贫政策的知晓率，伍主任每个月都要挤出时间走访，反复宣传党和国家的各项惠民政策。那天，从高传学家里出来已是深夜，天色愈加漆黑，山间阴风怒号，我们还约定明天抽空继续入户，但怎么也没想到，这竟是我们的最后一次同行。”副书记高孝文含泪回忆道。

暴雨过后，四道河社区的所有群众安然无恙，可伍开连却再也看不到雨后的蓝天。

“老伍是一个尽职尽责的好同志，做事一丝不苟，从来没出过差错，没想到他任劳任怨一辈子，就这么悄无声息地走了。”跟他 30 多年的老同事黄土岗镇民政办主任何正勇说着，声音有些颤抖。

“伍主任怎么就走了，他比我还小一岁啊。他可是咱们家的大恩人。”对于伍开连的离去，贫困户杨业梅一时还无法接受，嘴里一直喃喃地念叨着。

4 月 19 日，麻城市黄土岗镇扶贫干部伍开连倒在扶贫前线。在基层倾情奉献 37 年的“老黄牛”，就这么离开了驻点村里他念念不忘的“亲人”，离开了扶贫战线上他携手奋进的“战友”，离开了他深深眷恋的妻儿，离开了他热血耕耘的黄土地。

4 月 23 日，气温骤降，风雨交加。伍开连送别仪式在伍家河村举行。认识的、不认识的乡亲自发从四里八乡赶来为他送行，浩浩荡荡的队伍在烟雨笼罩的山林里穿行。连绵的阴雨、呼啸的寒风仿佛在诉说众人心中的悲痛。

岁月无声，山河见证。青山有幸埋忠骨，脱贫攻坚伟大事业不会忘记，你的名字，早已镌刻在厚重的土地上，永远铭记在人们心中。

（本文参考了《湖北日报》有关报道）

兑现青春的誓言

——洪湖市黄家口镇扶贫办公室主任叶爽的扶贫故事

叶爽的老家位于湖北省黄冈市英山县。2017 年，大学毕业的她通过湖北省公务员招录考试，来到了洪湖市成为黄家口镇扶贫办公室主任。三年的扶贫工作转瞬即逝，黄家口镇表现抢眼、成绩斐然。令叶爽感到骄傲的不仅仅是乡镇焕然一新的发展面貌，更是因为自己曾经向父母许下的豪迈誓言和对农村工作的一腔热忱得到了回报。在基层工作的磨砺下，那个曾几何时象牙塔里稚嫩、青涩的叶爽，如脱胎换骨般迅速成长了起来，成为一名能够独当一面的乡镇干部。

三年前，叶爽还是家里的掌上明珠，过着衣食无忧的都市生活。父母的夙愿是希望女儿毕业后能够留在大城市教书或者应聘到大企业里做管理者。可是叶爽偏偏不顾爸妈的反对，一意孤行地报考了乡镇公务员岗。她向父母许下的誓言有力而高亢，希望自己能够去到最广大而辽阔的农村地区走一走、看一看，在那里挥洒自己的青春和汗水，让生命之花盛开在祖国最需要的地方。看到女儿坚定不移的眼神，叶爽父母紧皱的眉头渐渐舒展开来，听到女儿有如此雄心壮志，他们也露出了欣慰的笑容，并决定给予她最大的支持。临行前，他们把叶爽的行李装了一箱又一箱，叮咛嘱托的话说了一堆又一堆。

带着美好的憧憬，叶爽踏上了这片让她魂牵梦萦的土地。面对纷繁复杂的工作任务，她不敢有一丝懈怠，每天准时进入国网，收集和录入数据；不知疲惫地与各驻村工作队员沟通交流，督促协办各项工作顺利落实；耐心接待群众上访，认真记下大家反映的每一个问题并筹措解决办法；四处奔波申请资金、争取项目，为本镇谋求更好的致富发展机会。熬夜赶工、节假日加班成了她的家常便饭。

当昔日同窗或功成名就或收获爱情之时，叶爽还形单影只地在黄家口镇的村庄里做着不为人知的工作。填不完的报表、写不完的汇报、听不完的诉求，顾不上理睬父母的思念，无数次婉拒朋友的邀约，每天风尘仆仆、素面朝天，连梳妆台上的化妆品也已落上薄薄的一层灰。

然而，初次接触农村工作，尽管叶爽已经在心里设想过各种各样可能遇到的困难，但现实所提出的挑战还是让她有些手足无措。面对顽固不化的贫困户和推三阻四的村干部，她也曾迷惘过、彷徨过，甚至想到了逃离。心中的委屈和愤懑在与母亲视频聊天的那一刻，终于忍不住汹涌而出，眼泪不争气地流下来。可当母亲心疼地劝她回家休息一下时，那个有些执拗的爽妹子又回来了。她说：自己许下的誓言还没能兑现，怎么能说回来就回来呢？父亲则在视频里鼓励和开导叶爽，群众的思想工作要沉下心来慢慢做，不要心浮气躁，要多向老党员干部“取经”，适时调整自己的工作思路和方法。叶爽擦干眼泪，及时调整了心态，虚心向经验丰富的前辈们讨教，与驻村工作队促膝长谈，就连周末她也不忘给自己充电，主动报名了 MBA 培训班，学习专业的管理知识，不断提升业务能力，逐渐摸索和掌握了基层工作方法，更找准了自己在扶贫团战中的位置。

脱贫攻坚不是一朝一夕的事情，其中的艰难困苦恐怕只有真正经历过的人方才知晓，可是这个“90 后”姑娘却能忆苦思甜、乐在其中，着实难能可贵。同事们眼中的叶爽似乎永远不知疲惫、充满力量；而在贫困户的心目中，叶爽永远热情灿烂、笑靥明媚。只是，他们不知道的是，那份疲惫和憔悴，那份焦虑和无助都被叶爽悄悄藏起，收拾得不留痕迹。因为她曾经，以青春的名义宣誓，要让生命之花盛开在祖国最需要的地方。

于是，每当她听到帮扶过的村民告诉她自家吃上了自来水，搬进了新房子，抑或是饲养的鸡又卖了 1000 元钱时，哪怕工作再忙碌、身体再困乏，整个人便又变得精神抖擞，浑身充满了干劲儿！

参与扶贫工作后，叶爽更加体会到自己往日幸福生活的来之不易，也更加坚定了她全力以赴为贫困群众争取同样幸福生活的信念。大岭村有一户人家，父亲因病不幸早早离开人世，母亲不堪生活的压力改嫁去了外地，留下 15 岁的姐姐和年仅 10 岁的弟弟与年迈的爷爷奶奶相依为命，平日里姐弟俩就靠捡拾垃圾卖废品换取微薄的收入。叶爽入户走访后，第一时间联系村“两委”和驻村工作队，一起为其一家四口申请了低保。她还鼓励即将升初三的姐姐，教育是阻断代际贫困的根本，唯有自强不息、奋力拼搏才能改变命运。有党的关爱和教育扶贫政策做后盾，她只要认真复习、放心大胆地应考就好，不用担心没学上。

想到低保不是长久之计，而爷爷虽然年纪大了，但精气神十足，于是叶爽委托驻村工作队联系了镇上的保洁公司，为爷爷增设了保洁员的公益性岗位，又为在家的奶奶免费提供了十几只鸡苗，等到鸡长大了，再通过消费扶贫前来解决销售难题。一系列的帮扶举措落实下来，家里有了较稳定的经济来源，姐弟俩也终于可以安心读书学习了。中考出分那天，叶爽接到了 15 岁的姐姐打来的报喜电话，电话里她欣喜若狂地告诉叶爽，自己以优异的成绩被县里的高中录取了。将来她会更加努力读书，争取考上名牌大学，然后像叶爽姐姐一样回来建设自己的家乡。叶爽听后，心里涌起阵阵暖流，她没想到自己的一番话竟然会对小妹妹产生如此强烈的影响。那一刻，叶爽比自己收到大学录取通知书时还要兴奋，她感受到了帮扶的力量，也意识到了自己工作的意义所在。

尽管在这里的生活不像在大城市一样丰富多彩，但是，一想到贫困户们渴望光明和幸福的眼神，一想到驻村工作队竭尽全力扶弱济贫的工作干劲，以及扶贫战线的前辈们通宵达旦对工作部署研究再研究、琢磨再琢磨的匠人精神，叶爽就备受鼓舞。

2018 年 5 月份的一天，晚上 9 点多钟，叶爽随市纪委到村里暗访，来到市妇幼保健院驻村队员的住宿地点时，发现一名驻村工作队员擅自离岗，这让叶爽十分诧异。随后，她在桌子上发现了一张纸条。“尊敬的叶主任，您好！非常抱歉！打您的手机未及时接通。因母亲脑肿瘤病危，急需手术，现特请 8 个小时的假，明早准时回村，望您谅解！”读完纸条上的留言，叶爽和市纪委的同志们都沉默了。在母亲病重的危急时刻，这名队员还不忘写好请假条放在桌子上，而且仅仅只请了 8 个小时的假！在场的各位都被驻村工作队员一丝不苟的工作态度和无私奉献的精神所打动，叶爽的内心更是深受震撼，她为黄家口镇百姓们拥有如此尽职尽责的帮扶干部而感到幸运，也为自己能够拥有这般志同道合的扶贫战友而感到自豪。有感于工作队员忠诚的政治自觉和严实的工作作风，她更加坚定了要为村级扶贫干部做好服务的决心。

如果说，战友们的高风亮节让叶爽无悔于自己的青春誓言，那么贫困户的自强不息则让她愈发坚定了自己选择的道路。下丰岸村的一位贫困户，被叶爽亲切地称为“张哥”，在三十而立的年纪，被检查出患有肝癌。叶爽见证了他从做手术、化疗到居家休养的全过程。在帮助张哥的医疗费用应报尽报的同时，叶爽最大的希望就是他的病情不再恶化。然而有一天，张哥突然发微信给叶爽说，自己还年轻，不能就这样颓废下去，县里的邮政公司正在招人，他想试试水。

一边忍受着身体对抗癌药物产生的不良反应，一边还怀揣着对幸福生活的无限期望，这让叶爽颇为惊讶。她立即激动地回复道：“好呀，我帮你问问。”她多方打听、四处奔走，搜索并打印了相关备考资料，然后帮助和指导张哥积极应考。虽然最后很遗憾，张哥没有被录用，但经此一役后，两人积累了不少应试经验，张哥也对找工作越来越有信心。天助自助者也，张哥先后干起了快递员、园艺师等工作，事业蒸蒸日上。叶爽还帮他申请到了就业补贴。感动于张哥乐观向上的生活态度和坚忍不拔的精神，叶爽突然意识到自己过去遇到的问题是那么微不足道。她愈发深刻体会到自己肩上的责任，更加坚定了扎根基层、服务基层的理想信念。

三年前，叶爽的普通话测试还是一级乙等水平，与当地老乡攀谈时，大家都以为她是来搞文艺表演的主持人。如今，她的普通话一半混合着黄冈口音，一半掺杂着洪湖黄家口口音，浓郁的乡音拉近了她与老乡之间的距离，让她更接地气，也见证着她为黄家口、为扶贫工作所付出的心血。

从初到基层的好奇，着手工作后的迷惘，到如今对扶贫的坚守和执着，以及带领大家战胜贫困的信心，叶爽的成长印证了她曾经对父母许下的诺言。美丽的花朵不能只生长在暖房，雄鹰只有搏击风雨才能长出坚强的翅膀，而这段工作经历也必将成为她人生中一笔宝贵的财富。

作为年轻扶贫人，只有俯下身子，走进千家万户，才能贯彻落实好习近平总书记提出的“精准扶贫，不落一人”的要求，才能为全面建成小康社会贡献自己的青春力量。少年强则国强，少年兴则国兴。青年有理想、有担当，国家才有前途，民族才有希望。精准扶贫实施以来，像叶爽一样，数以万计的热血青年前赴后继，扎根在条件艰苦的基层，坚守在贫穷落后的山岗。他们都曾以青春的名义庄严地宣誓，奋勇承担起推进民主富强的社会主义新农村建设的光荣使命，他们以坚挺的姿态、不屈不挠的精神，迈着铿锵有力的步伐昂首向前、奔向远方。

山寨英语传奇

——五峰县采花乡采花中学教师向宏佳的扶贫故事

教师是教育活动的核心要素，优秀的师资队伍是教育质量的根本保障。但是贫困地区师资队伍的建设往往是最薄弱的，不论是待遇保障，还是高层次发展平台，都与发达地区没法比，人才很难“进得来”“留得住”，贫困地区的教育质量通常难以提高。教育水平不高难以带来教育收益，教育收益不明显又带来了教育重视和投入不够，形成了“读书无用论”的恶性循环。为了打破这种循环，国家在教育扶贫中投入了海量的物力、人力，其中有很多初心如一、踏实践行的教育工作者。向宏佳就是一个闪亮的代表。

从五峰县城出发，翻越三座大山，攀爬150多公里的山路，驱车三个多小时才能到达向宏佳所在的采花乡采花中学。朴素干净、谈吐有度，是向宏佳给人的第一印象。在那艰苦边远的山区，确实给人以文化人的感觉。

1996年，向宏佳从师范大学毕业，原本可以留在宜昌市教书的他，毅然选择回到家乡五峰土家族自治县，担任采花乡采花中学英语教师。他在乡村广袤的土地上，耕耘教育，为贫困山区教育贡献自己有限的力量，时至今日已二十四载有余。而他亲手送出去的山里娃有500名，不仅让这些娃们摆脱了贫困，更改变了他们几代人的命运。

既是老师　又是“临时家长”

深山里长大的他，深知山里娃求学的不易。“从家里到学校，翻山越岭，从晌午走到天黑。”

24 年来，虽然身在贫困山区，收入微薄，但向宏佳特别注意自己的着装与言行。他经常对学生们说：“品行和习惯，比知识更重要。”向宏佳最难忘的，是24年前走上讲台的第一堂课。在那堂课上，他遇到了“问题男生”小刚（化名），留着长长的头发、两只脚很不文雅地放在板凳上，“东张西望就是不看黑板”。这一幕，深深地触动了向宏佳。他打定主意，“就从他开始，让山里娃娃变个样”。

向宏佳“双管齐下”。课堂上经常点名表扬，课余则不厌其烦找小刚谈心，陪他打乒乓球，关心他的生活状况，讲述当地走出去的名人故事，激励他靠知识改变命运。一段时间后，小刚变了，不再吊儿郎当，上课也认真听讲了，还主动剪掉了长头发。向宏佳说，大山里，像小刚这样的学生太多了，当乡村老师，责任更重一些，不仅要教书，更要育人。

对于采花中学的山里娃，他既是老师，又是“临时家长”。学生有心事，他主动陪他们聊天；学生生病了，他不分白天黑夜送医、买药；学生衣服破了，他挑灯为学生缝补；学生想父母了，他递来电话。

24 年来，他几乎家访了教过的每一位学生，转化后进生 100 多人，自己资助和争取外力资助贫困学生 50 多人。

甘于清贫，二十四载“守初心”

英语，一直是乡村教育里的弱项。身处大山深处，如何缩小山里孩子们与城市孩子之间巨大的教育资源鸿沟？向宏佳一直在思索。

“山里清苦，却也正适合沉下心来提升自己。”为了练就过硬的教书育人本领，他常常挑灯夜战查阅资料、批改作业、撰写文章……别人看来枯燥无比的日子，他却乐此不疲。

为了开阔眼界，提升本领，他先后到澳大利亚昆士兰大学、杭州师范大学、河南大学、湖北大学等高校学习进修。他经常对年轻教师说：“只有练好业务，才能教好山里娃。”

24 年来，向宏佳带的班级 9 次蝉联校中考状元，500 多人被市县重点高中录取。2012年中考，他所教班级，由初三中途接班时全县统考排名倒数第一，进步到全县正数第二，班级均分达到92.8分，高出接班时15分，超出宜昌城区平均分20多分。2017年中考，他所教的班级，全班40名同学全部被市县重点高中录取，400分以上28人，25人进入全县前100名，七门中考科目均获全县第1名。同事们纷纷感叹，“向老师谱写了土家山寨英语教学的传奇”。

24年来，从青春年少到中年沧桑，扎根大山默默奉献自己，向宏佳坚定而执着。山区里简陋的生活环境让一拨接一拨的老师来了又走了，向宏佳成了最笃定的坚守者。他所有的不舍都是这里的孩子们，唯一觉得对不起的是他的妻子和女儿。2001年，向宏佳与妻子王金华结婚，却没有经济能力为她办一场婚礼。后来，有了女儿，一家三口还挤在学校里一个只有20平方米的小单间里。他把全部精力都用在教学上面，潜心点亮山里娃走出大山的指路灯。有老同学曾经给向宏佳介绍工作，请他到海南的一所私立学校当老师，年薪50万元，还可以兼职做培训机构的老师，收入会更多，但向宏佳却如往常一样婉言谢绝了朋友的好意。他说：“别说50万，再多的钱我也不会离开，我要为山区点亮希望。”

辛劳的播种，带来的是各方的认同。他先后获得全国德育先进教师、全国百佳乡村英语教师、湖北省农村优秀教师、宜昌楷模等30多项荣誉。但是，向宏佳意识到自己所在的贫困山区县仍然是教育的洼地，自己仍然是五峰土家族自治县目前唯一的省特级教师、唯一出国进修过的乡村教师……贫困山区县提升教育资源还有很长的路要走。

谈起24年来的经历，他也坦言，身在山区，难免不为大城市里的“荣华富贵”动心。但是望着操场上奔跑的山里娃娃们，那是心里最柔软的地方。“做人要懂得感恩，没有学生和家长对我的信任，没有县乡和学校给我提供的深造机会，哪里会有我的今天？”因为感恩，所以坚守。

他执着坚守，用爱和奉献撑起了贫困山区教育的庇护所。他勤勉敬业，练就了一身过硬的授业解惑的本领，谱写教育脱贫攻坚的华章。在新时代的征程上，这样的精神尤为珍贵。伟大时代呼唤伟大精神，崇高事业需要榜样引领。向宏佳用自己实实在在的行动践行着一名共产党的初心与使命，植根贫困民族山区，为国家育才，展示着教师本分与职责，足以阐释的平凡与伟大。这种精神，足以感染更多人，带动更多的教育资源投身到基层一线，为祖国山区孩子燃起一盏明灯，为山区发展点亮教育希望！

（本文参考了《三峡商报》有关报道）

家国间的抉择

——保康县两裕乡党委书记彭家国的扶贫故事

两裕乡，地处保康县东南部，古称“两鱼”，相传境内东汉河、西汉河旁原各有一小山岗，形似鱼，故得名。初识两裕，山高入云，峡谷绵长，两峪在重重叠叠的山峦里蜿蜒开去，在清晨的薄雾中，映入眼帘的是马头墙、小青瓦，以及齐整干净的大马路。难以想象，这些古雅端庄的徽派建筑群会是两裕最大的易地扶贫安置点双堰湾。

两裕乡党委书记彭家国说，双堰湾安置点与两峪乡集镇隔河相望，占地面积 49558 平方米，建筑面积 25860 平方米，总投资 3500 万元，共安置来自全乡 11 个行政村的 244 户 829 人。

说起双堰湾现在的生活，村民褚方存很有发言权。褚方存一家是 2017 年 6 月从两裕村四组的半山腰上搬到安置点的。因精准扶贫工作的展开，村委员会设立公益性岗位，让褚方存在家附近就找到了工作，成为环境卫生保洁员，不仅有了稳定收入，还可以照顾家人。回想起过去的生活，褚方存感叹道，如今不仅住上了新房子，收入也比以前翻了一番，他对今后的生活充满信心。

和褚方存一样，通过当地政府设置的公益性岗位成为村卫生保洁员的都正清，也是 2017 年从离此地 6 公里外的山里易地搬迁到双堰湾居民安置点的。因为村集体发展蓝莓种植，都正清成为蓝莓基地的股东，收入有了保障，年底有分红。住在安置点的贫困户们做梦都没想到，这辈子不仅能住进楼房，而且还能在家里享受到村集体发展产业带来的股份红利。

村民们“美梦成真”的背后，是精准扶贫五年来，以彭家国同志为代表的两裕乡、村两级脱贫攻坚干部1800多个日日夜夜的艰辛付出的结果。河渠两岸，他们不辞辛劳，滴滴“汗水”汇聚成河，润泽着两裕6800多名父老乡亲。

彭家国书记，一名退伍军人。一头板寸，走路生风，高度的责任感与使命感是彭书记给人的第一印象。事实上，在来时的车上，我们对彭家国书记的个人情况已经有所了解。2015年，也就是国家精准扶贫的首战之年，彭家国被检查出了喉部良性肿瘤，同时妻儿遭遇车祸。“家”与“国”该如何抉择？交谈时，问及彭家国，他似乎不愿过多地提及，只是强调自己是个兵，国家指到哪，自己就打到哪。面对我们的不停追问，尤其是问到“彭书记，这几年，您是否觉得自己对家庭有过亏欠”的时候，刹那间，彭家国的双眼顿时就红了。铮铮硬汉的内心深处，深藏着一缕柔情。一时间，让人心中有些酸楚。

“说到家庭，我特别亏欠。”彭家国话语中还有些哽咽，人非草木，孰能无情。彭家国说，工作顺心的前提是家庭的安心，只有家庭和和睦睦，工作才能顺利开展。作为家庭的脊梁骨，他很感谢自己妻儿的默默支持，正是因为这份支持，才能让他在精准扶贫几年的工作中全力以赴，放手一搏。不过每每念及妻儿，尤其是至今尚未痊愈的儿子，彭家国却难以释怀。由于工作繁忙，他经常缺席儿子的成长过程。儿子读书，他没送过一次；儿子车祸后去看病，他也未能陪同。

采访过程中，彭家国给我们讲起了他与儿子的故事：一次村里发生纠纷，处理完回到家的时候已经是晚上十点多了，一身疲惫的他轻轻推开儿子的房门，想看看儿子是否已经睡下。就在他推开房门的那一刻，儿子不知从哪儿蹿出来，抱住他的手，眼角分明还有泪痕：“爸爸，我刚刚做了个梦，梦到你不要我和妈妈了。”说到此处，彭家国的双眼不自觉又通红起来。纵是硬汉，情到深处不免动容。此刻，彭家国心中的愧疚与心酸，唯有他自己才能切实感受。这时彭家国又说，儿子忽然从衣服里面掏出牛奶和面包递给自己：“爸爸，你饿不饿？”原来这是儿子自己早餐省下来的牛奶和面包，因担心会冷，所以一直拿衣服捂着。

说到这里，彭家国一脸的欣慰，儿子从小就懂事。“所以在‘家’与‘国’

的选择中，对家庭虽有亏欠，但这都不重要，因为妻儿对我都很支持，都很理解。”的确，正是这种来自亲人的默默支持与理解，才能让一个背负扶贫重任的汉子全身心投入“精准扶贫”的攻坚战中，一往无前，无所畏惧。

挪穷窝，斩穷根。大山，交通闭塞，想要走出大山，往往需要在险之又险的山路上攀爬而过。大山，成了穷山僻壤与山外世界的天然屏障。如何搬开这天然的屏障，如何摆脱贫困，唯有通过“挪穷窝、换穷业”，才能帮助他们“拔穷根”。

可是搬出去了，房子是有了，靠什么生活又成了新的问题。在山里人看来，生活在大山里，虽说是穷了点，但是至少能种种杂粮，有口吃的。要是搬了出去，地都没了，自己还怎么耕种。因此，让老百姓搬出大山的前提是解决山里人吃饭、就业的问题。

“谁搬出来的，谁负责到底。”彭家国记得很清楚，这是县委书记张世伟在全县易地搬迁大会上对各乡镇班子提出来的要求。如何才能让老百姓“搬得出、稳得住、能致富”，如何让贫困群众搬出穷窝窝，过上好日子，成为两裕乡、村两级党员干部的重中之重。

致富，一定要有产业。这是我们调研一路走来，县、乡、村三级党员干部说得最多的一句话，两裕乡也不例外。那么，打造怎样的产业才能适合两裕乡的发展？“两裕地少人多，只能提高每亩地的附加值。”彭家国书记说。因此，他和他的成员班子根据两裕乡自身的发展条件总结出了“一药二叶三果”的发展思路。“一药”，就是以中草药为核心；“二叶”，就是以茶叶和烟叶为支柱产业；“三果”，主要是瓜蒌、核桃和蓝莓。如今两裕乡的“一药二叶三果”种植面积近3000亩，每年带动农民增收600多万元，村集体每年就有50万元的收入。

说起“一药二叶三果”，彭家国如数家珍。尤其是说到河渠一侧的1000多亩蓝莓基地，他更是滔滔不绝，脸上洋溢着喜悦的神情。这背后有着他夜奔武汉“三顾茅庐”的故事。彭家国说，一次偶然的机会，听省里一位老领导说起有个生鲜企业准备在湖北做农产品投资，得知这个消息后他非常高兴，一心想要见见这位生鲜企业的老总，希望将企业引入两裕，带动两裕产业的发展。只可惜，先后两次不遇。直到2017年1月10日下午3点左右，听闻企业老总在武汉开会，不顾寒风凛冽，他二话没说，拉着副乡长驾车直奔武汉。凌晨3点，终于在武汉一酒店见到了这位他心念已久的企业老总——上海鹏升实业公司的老板邹宝强。

彭家国笑着说，或许正是这份执着感动了邹总，邹总表示很愿意来两裕考察。“邹总来了很高兴，说我们两裕的土地特别适合蓝莓的种植，其品质不会亚于美洲商品莓。”邹宝强的话让彭家国心里更踏实，也更有干劲了。招商引资初显成效，引进上海鹏升实业有限公司，成立湖北良裕农业科技种植有限公司。

2017年8月，两裕乡成立双堰蓝莓种植专业合作社，统一管理安置点916万元产业发展资金，合作社采取“自愿入股、股本多样化、村委会督查、保底分红”的方式，吸纳安置点及周边村贫困户391户入社。通过“公司＋基地＋合作社＋农户”模式，如今，两裕乡建设了占地1200亩的蓝莓休闲采摘园，种植蓝莓45万余株，直接带动本村及周边500多贫困户脱贫增收。

此外，为了盘活整个两裕乡的产业发展，壮大其他贫困村的集体经济，东湾村、芭桃村等9个村，整合15万元资金以入股的形式注资良裕农业科技发展公司，公司在2018年至2038年，以每年投入资金的10%分红给各村，用于增加各村集体经济收入。

路上遇到村民宋德娥，她告诉我们四年前她家还住在高山上的白庙村，以前家庭收入少、看病就医难、孩子上学难……诸多问题困扰。由山上搬到山下，打工方便、房子好、孩子上学困难的问题也解决了。如今她的丈夫在外面打工，一个月能有6000多元的收入，她在家照顾孩子，平常在蓝莓种植园务工，同时采茶、打烟、种向日葵补贴家用，因为土地通过合作社流转，户均分红一年还有800元。说到这里，宋德娥是一脸的兴奋，直言感谢党的政策好，这在以前是他们不敢想象的。

除了蓝莓种植，大三元茶园也是安置点的一大特色。六年前，两峪聘请乡贤在安置地附近建立大三元茶园，流转土地500亩，茶园日常管理都是安置点附近的村民，王成义就是其中的一员。“我现在一年采茶的收入就有上万元嘞！”村民脸上洋溢着灿烂的笑容是对两裕乡易地搬迁成绩的最大肯定。

彭家国说，现在两峪乡实现农村经济生产总值3.292亿元，全乡农民人均纯收入达到12998元。经济发展了，产业有了保障，乡民们的文明程度也就有了提升。就如今的双堰湾来说，不仅广场、超市、农贸市场、公厕、茶社、书社一应俱全，而且还有了村民自己的乡贤理事会，朝元大戏台每天都充满村民们的欢声笑语。

离开两裕乡的时候，彭家国指着河渠两岸的成片种植园，一脸兴奋地描绘着两裕“乡村振兴”的蓝图：“未来我们两裕乡还将开发500亩的蓝莓园，依托上市企业，夯实增收基础，巩固脱贫成效，强化蓝莓产业链，迎接下一步的乡村全面振兴！”

小党建大能量

——崇阳县白霓镇谭家村扶贫工作队的扶贫故事

“大家可能在来时的路上看到通村公路修得很好，老百姓的房子盖得也很漂亮，但以前的谭家村是重点贫困村。咸宁在湖北本就偏南，崇阳在咸宁也偏南，这白霓镇又在崇阳偏南，处在幕阜山区的腹地。谭家村就处在三乡交界地带，以前是两村合并，110 户贫困户，其中 61 户因病致贫，49 户因残致贫，基础条件差得很！”2020 年 11 月 24 日，咸宁市委组织部党员教育中心主任、谭家村驻村第一书记蔡乾启说起以前的谭家村，一阵感慨。“地理条件的恶劣都是小事情，2013 年我们市委组织部驻村后发现最大的问题，在于村里基层组织的建设问题。”

蔡乾启坦言，村里在 2013 年的时候，就换了“两委”班子，前任村支书因为在新农村建设中涉及经济问题，被免职。后面又选了一任支书，但是问题依旧很多。“这个支书文化水平不高，就读过几年小学，而且对组织不老实，经常阳奉阴违，执行能力相当差。同时，喜欢跟老百姓乱拍胸脯，承诺的事情从来就办不到，经济也有问题，村里到处都是他的白条！当时工作队刚到村里不久，村里老百姓遇到事情，多是当着村‘两委’的面直接说，‘我们不相信你们，只相信工作队’。”

蔡乾启从事全市基层党建工作多年，深知党的根基在人民、血脉在人民、力量在人民。基层党组织只有时刻把老百姓的安危冷暖挂在心上，从老百姓最关心、最直接、最现实的利益问题入手，为老百姓诚心诚意办实事，尽心竭力解难事，坚持不懈做好事，老百姓才会相信你。这样才能把老百姓最广泛地团结起来，把各方面力量最大限度地凝聚起来，这样才能谈发展。乡村振兴阶段虽然提倡打造一支不走的工作队，但村庄的治理基石还是村“两委”。

“所以一定要给村里换个好班子。”2018 年 3 月，刚来谭家村的时候，蔡乾启就已经有了初步的想法，要从他们最熟悉的领域入手，选好一个好的村“两委”新班子，以党建引领全村人脱贫致富。

然而，这条路注定不会一帆风顺。为了打造一个模范式的村“两委”班子，工作队几经波折。蔡乾启说，按照省里要求，村支书一般提倡从致富带头人、退伍军人、回乡大学生等群体中选择。谭家村当时有一个在县城经商的黄姓老板，有回村担任村支书的意愿，蔡乾启便带着工作队员多次前往黄姓老板的企业里去考察，很快发现此人遇事不果断，又碍不过人情，返村担任支书的意愿也飘忽不定，蔡乾启自然而然地将他否决了。同时，县里某局有位局长，因临近退休，听闻村里选支书，也向组织申请到村里来担任支书，但是向组织提出解决待遇问题，也被蔡乾启给否决了。不久，蔡乾启又物色一个返乡大学生，此人以前在广东做教育培训，但没有基层经验，遇到急难险重的事情缺乏担当，不敢拍板，后来又嫌待遇太低，主动请求离职。

几番下来，蔡乾启和驻村工作队员们只能从村里原有的党员中开始物色合适人选。“现在的支书就很不错，也是我们村的党员，只不过当时还没有转正，是预备党员。”蔡乾启告诉我们，一番努力下来，他们终于物色到了合适人选，也就是村里现任支书艾新跃。“新跃这人，踏实肯干，是村支书最好的人选。”蔡乾启对艾新跃的评价很高。他告诉我们，艾新跃是 1979 年出生，全日制中专毕业，久历商海，曾在武汉开工厂，后来返乡创业，自身条件很不错，为人正直，所以被县里“千人计划”引了进来，先是放在隔壁村锻炼，不久调回本村任职，党员转正后任村支部委员。疫情期间转正，表现很突出，经常开私家车来回接送返乡病人。村里在疫情期间有两位老人去世，因疫情要求，经常忙到半夜三四点，从无怨言。不久前，艾新跃被镇上评为抗疫先进个人。原则上，艾新跃需党员转正一年后才能任村支部书记，但因表现突出被破格提前任命。

“现在的谭家村‘两委’全部完成换届，支书是1979年的，一个支委是1978年的，还有一个支委是1986年的，退伍军人转业，落实能力很强，军人作风很硬朗。妇女主任是1977年的，办事能力很强，我认为我们目前的这个‘班子’确确实实是个教科书式的班子。”说到这里，蔡乾启一脸兴奋，“不久前，市委组织部组织各村‘两委’班子出去学习，咸宁市委组织部副部长对我们的工作称赞有加。”

胜非其难，持之者其难也。如何将好的“班子”持续性打造下去，蔡乾启认为需要一个好的“阵地”去培养，也就是打造一个全新的办公场所。用蔡乾启的话说，就是3.0版本的党政服务中心。“当时我们也有旧的党员服务中心，不过只是简单的办公场所，后来市里的组织部长，也是省里下来的干部，到咸宁担任副市长、宣传部长、组织部长，在其任组织部长期间，视野很开阔，主张要在各村打造党政服务中心，提倡‘五务’合一。”

如今的谭家村党员服务中心，将强化党务、规范村（居）务、优化服务、拓展商务、协调事务等“五务”整合。同时，由崇阳县新华书店援建，谭家村建有相对高标准的阅览室，藏有10万册新图书，囊括党政文学、历史地理、农业技术、医药卫生、儿童读物等六大类，并由专业人员对所有图书进行整理、归档、贴标签，更好地方便村民阅读。阅览室的建设极大拓展了村民们的视野，也吸引了许多村民前来感受读书的氛围。

学生艾卉怡说：“这里很安静，很舒适，在这里写完作业还可以看会儿书，看不懂的地方还可以问这里的叔叔阿姨，我很喜欢这里。”依托阅览室建立的“四点半学校”，给小孩子课后学习、做作业用，极大地方便了村里的学龄儿童。除了妇女儿童之家，服务中心还建有戏院、游客中心、电商超市、食堂（农家乐）等等，不仅方便了村民，也方便了游客，更直接增加了村集体收入。依托新建立的党员服务中心，谭家村还挂上了崇阳县基层党员教育培训中心、清华大学乡村振兴湖北省崇阳县教学试点中心、咸宁市委党建实践教学点、崇阳县乡村振兴学校的牌子，每年能为村集体经济创下不少的收入。

同时，依托 3.0 版本的党政服务中心和凝聚力极强的村“两委”班子，谭家村打造了以“蔬菜水果种植 + 旅游采摘”为核心的产业发展链。从 2016 年起，谭家村先后投资 70 万元建起 17 个简易蔬菜大棚，同时与种植大户共同投资 140 余万元建起 4 个恒温大棚种植蔬菜。

日前，在谭家村村委会附近的蔬菜基地，由谭家村和县争锋合作社共同出资建成的 4 个恒温大棚整齐排列，每一个大棚的面积为 2.8 亩，全部采用无土栽培的模式，种植应季蔬菜、水果。争锋合作社的负责人沈林君告诉我们，目前种植的有辣椒、豆角、黄瓜、西红柿、西瓜、羊角蜜，还有水果黄瓜和圣女果。主要销往各大学校食堂和各大商超，年产值达 60 万元左右。

大棚还解决了不少附近村民的就业问题。不少村民长期在这里务工，既能增加收入，又能照顾家里，而且今年工资还涨了，大家都非常满意。一位在蔬菜基地工作了三年的村民介绍，以前是 50 元钱一天，今年的工价高一点，70 元钱一天。这个月能拿到 2100 元的工钱。在基地打工不仅增加了收入，而且离家也近。蔬菜基地自 2018 年建成后，不仅发展壮大了村集体经济，还带动当地农户就业致富。疫情期间，村合作社主动向抗疫一线工作人员捐赠蔬菜，得到社会各界的高度赞扬。

除了蔬菜、水果种植，谭家村还引进企业到村里办厂，解决贫困户就业问题。原谭家村党员群众服务中心一楼的军红纱布厂，为村里和中健公司联合创办，每年为村集体经济增收 2 万元，同时吸纳贫困户长期务工，解决了部分贫困户就业问题，让他们有了稳定的收入。

蔡乾启说，下一步谭家村将进一步扩大产业规模，发展田园综合体，同时引进更多企业来办厂，为群众和贫困户提供更多的就业岗位，让村里富起来，让群众富起来，让贫困户的口袋鼓起来。

“2018 年我们全村就已经开始转入全面推进乡村振兴。今年崇阳县准备将我们打造为全省的示范村，预计 2000 多万元的投资，相信未来的谭家村一定会更好！” 蔡乾启充满对未来的憧憬。以党建为引领，谭家村的脱贫之路不仅走出了湖北特色，也正在往中国特色坚实迈进。

（本文参考了咸宁新闻网相关报道）

崇阳县在扶贫过程中，普遍较为重视党建和文化建设，此图为崇阳县铜钟乡大岭村乡村文化盛宴（孙宁悦摄）

老夫妻的扶贫真情

——洪湖市戴杨场镇树桩村刘运忠夫妻的扶贫故事

群众利益无小事，扶贫处处现真情。今年57岁的刘运忠，是洪湖一中保卫科的科长，退伍军人出身，现任洪湖一中驻戴杨场镇树桩村驻村工作队队长。“这几年老刘在村里将老百姓当亲人，他的工作不仅得到上级组织的认可，也得到了老百姓的高度认可，听说老刘要走了，村里人都舍不得。现在看来让老刘驻村说明我们当初没有选错人。”说起刘运忠这些年的工作，洪湖一中校长顾本志喜悦之情溢于言表。

时间回到2016年底。当时洪湖一中派驻树桩村的驻村帮扶工作队队长、洪湖一中总务处主任工作到期后，顾本志决定让刘运忠挑起驻村帮扶工作队的担子。顾本志告诉我们，因之前驻村工作队的同志缺乏经验，又过于年轻，沉不下心来去落实扶贫任务，导致洪湖一中驻村工作进度很慢，连续两次被市扶贫办点名批评。因此，顾本志决定派出“老将”刘运忠接替工作。“当时老刘已经都50多了，因为他有高血压，所以也没打算让他长年干下去，可不想这一干就是三年，靠着老刘几年的兢兢业业，我们洪湖一中的驻村工作一下就打了个‘翻身仗’。”

刘运忠说，当年校长顾本志找他谈话时，他也犹豫过，一来他自己已经50多了，离退休也就几年光景，二来他的老母亲90多高龄，也需要人照顾。当时周边的人也劝他：“老刘，你都50多了，又有高血压，还下去干啥？”可是刘运忠还是毅然接过下村驻点的重任。他说：“我是共产党员，又是退伍军人，组织安排去哪，绝不能讨价还价，挑三拣四。”其实，出生在农村的刘运忠，打小就有个心愿，让农村摆脱贫困，让乡亲们过上好日子。“去驻村扶贫正是完成心愿的好机会。”

在同意驻村前，刘运忠把自己的想法告诉了妻子吴顺娇，本以为妻子会反对，可没想到，吴顺娇不仅表示支持，还考虑到了刘运忠顾虑年迈的老母亲日常生活起居问题，特地强调一定会照顾好老母亲。当时刘运忠的老母亲已经93岁，有些老年痴呆。为了让丈夫在驻村工作中安心，当教师的吴顺娇在课后第一时间就回家照顾婆婆，和婆婆同吃同住。“我老婆是个很孝顺的人，对我母亲比我都要孝顺！”这是刘运忠对妻子的评价。当被问起对待家庭是否有亏欠，尤其是对老母亲是否有亏欠的时候，刘运忠眼眶有些泛红。“说实话，驻村几年来，我对这个家亏欠太多了，一是对不起母亲，二就是对不起妻子和一双儿女！”

谈及自己的母亲，刘运忠双眼忍不住泛红。他清楚地记得，在2017年10月9日，他休完国庆节假期回到村里的第二天下午3时左右，便接到妻子的电话，妻子含泪告诉他，母亲病危，让他立刻赶回来见母亲最后一面。闻听这个突如其来的噩耗，因村里工作催得紧，刘运忠依然坚持在忙完村中的事务后，才匆匆赶回市里，此时已经是下午6时左右。“庆幸见到了母亲最后一面，否则就是一辈子的遗憾。”我们从刘运忠的口中得知，他很小的时候，父亲就过世了，是母亲独自将他们兄妹五个拉扯大，所以他很感激母亲这一辈子的默默付出。但是在第二天匆忙送自己母亲“上山”后，刘运忠没有多作停留，就回到了村里。说到这里，满脸皆是愧疚的刘运忠补充道：“自古忠孝不能两全，母亲一定能够理解。”

驻村工作队严格执行“五天四夜”，几个男同志在村里日常生活一直缺个负责日常生活及熟练掌握电脑技术的后勤人员，在母亲过世后，刘运忠想到了自己老婆吴顺娇。原本还有些忐忑的刘运忠不曾想到老婆二话没说，就直接答应了下来。“其实我也一直想为咱们洪湖的脱贫攻坚做点自己力所能及的事，而且老刘身体不好，他一个人在村里驻村我也不放心。”

作为洪湖一中的一名生活教师，吴顺娇觉得和丈夫一起去扶贫，不仅可以照顾他的生活，还能实现自己多年来的心愿。两口子“夫妻档”扶贫的心愿是达成了，但常年在村里驻村，一双儿女回来看望两人，也只能到村里来。刘运忠清楚记得，2019 年腊月里，儿子从新加坡回来探亲。刘运忠的儿子早已定居新加坡，因为得知父亲得了冠心病，年前匆匆赶回国看望老父亲。哪知一回家，一把大锁直接栓在门上，儿子只能赶到村里匆匆见上老父亲一面。“当时请儿子在镇上吃了餐饭，我和儿子说，驻村工作太忙了，实在是兼顾不到你，还希望你能理解。”庆幸的是，儿子很理解也很支持他。看到儿子匆匆忙忙地来，又匆匆忙忙地离去，刘运忠心里不是滋味，说到此处又忍不住双眼泛红。

一旁的校长顾本志告诉我们，几年驻村下来，刘运忠几乎是断绝了一切人情往来，甚至连女儿刚生下的外孙，他也未第一时间见着面。家是每个人都难以割舍的港湾，但没有国哪来的家，在“小家”与“大家”之间，刘运忠与吴顺娇做出了自己的选择。

基层工作，首先就要学会与老百姓打交道，切实了解老百姓的所需与所想，才能踏进他们的门槛，走进他们的心房，脱贫攻坚才能真正意义上的开展。刘运忠与吴顺娇这对夫妻扶贫档正是在努力践行这个真谛。

吴顺娇会美容、美发，驻村后凭借这门手艺，很快融入了当地村民。因为村里男性多在外务工，留守在村的妇女，晚上基本都不敢开门，一旦晚上遇到需要紧急处理的事务，吴顺娇则成了工作队最有力的助力。

作为驻村工作队队长，刘运忠时刻关心着树桩村 96 户贫困户在生活中所遭遇的困难。在一次入户了解贫困户基本情况的过程中，刘运忠得知五保户陈云高最大的心愿就是想吃鱼。“一个 80 多岁的湖区老人，最大的心愿竟然是想吃鱼。”一开始刘运忠有些困惑，按理说湖区多鱼，国家给五保户的政策也好，吃顿鲜鱼应该不是难事。通过了解，刘运忠才知晓其中原委：原来老人年纪大了，处理鱼肉太麻烦，也极为不便。了解事情原委后，刘运忠立马到镇上去买了多肉少刺的黑鱼，让妻子做好后送给老人家。鉴于老人日常缺乏照顾，刘运忠两口子决定，只要工作队还在村里一天，就每个月按时给老人送份鱼汤。

村民五组有个小姑娘，先天残疾，不能上学。在走访过程中，工作队发现这一情况，第一时间通过洪湖一中与残校联系，采取了送教上门的形式，解决了小姑娘的上学问题。吴顺娇说，这小孩很喜欢他们夫妻，一听到他们上门，就喊着唱歌、画画。甚至隔壁 80 多岁的老爷子，每次周五夫妻俩回城里的时候就不高兴，一到星期一就对“两口子”的到来翘首以盼。

可以说，工作队的进驻使干部与群众关系明显缓和，也更为融洽。疫情中，工作队更是将老百姓当作亲人，将老百姓的事当作自己的事。2020 年，按照组织要求，工作队全体成员在正月十七（2 月 7 日）就回到了村里，严格贯彻特殊时期规定的“七天七夜蹲点”。刘运忠说，中途他只回过两次市区。一次是给扶贫对象买药，贫困户胡芸兰家里儿子有精神病，一旦失去药物治疗将有暴力倾向；另一次是有个贫困户家里有白血病患者，刚做完手术，急需抗排异的药，而疫情期间因物资挤兑，导致缺乏药物。

时值 2 月中旬，整个洪湖的新冠肺炎疫情异常严重。是时，全市共设有 20 多道关卡。按照刘运忠的话说，那是寸步难行。但村民急需药物治疗，怎么办？针对这一情况，刘运忠和工作队员商量，决定“闯一闯”关卡，刘运忠先到镇指挥部拿了通行证，带着工作人员牌子，开始了自己驾车独闯关卡去市里拿药的路途。“当时我包里放了几包烟，结果刚一到沙口就被拦下，人家说我的通行证只在我们镇上认，他们不认，硬是不让过，我是好说歹说，以病人的特殊情况，最后还是给放行了。以往一个小时到市区的路，我那天整整走了三个多小时。到精神病院，还有十几里路，那次是真过不了，只能走过去，我整整走了一个多小时，自己掏钱买药，当时市里的大药房没有药，我不得不向镇党委书记求援，刚好书记有个同学在市里工作，通过一番联系，这才在一个药房拿到药。”回到村里以后，刘运忠说，当时村民胡芸兰感动得热泪盈眶。第二天，硬是拿了两桶藕来看望工作队，当被问到最后是否收下的时候，刘运忠笑了笑：“我们有纪律要求，哪能要啊，何况疫情严峻，这两桶藕可是能够村民吃一段时间嘞。”

当被问及这几年扶贫工作最大感悟的时候，刘运忠说："这几年下来，我最大的感受就是扶贫重在'扶志'，物质上的帮助只能改变一时，关键在于改变贫困群众的观念。要多鼓励他们，真真切切地把他们当亲人，真心实意地帮助他们，才能走进他们的心里，让他们从思想上想脱贫，要脱贫。"

"刘运忠和贫困户交朋友，把村民当弟兄，是群众的知心人、贴心人和致富引路人。不到一年的时间，树桩村由过去一个长期'老大难'，人人提起头疼的后进村，转变成班子强、产业兴、风气正的先进村，人民群众非常满意。"戴家场镇党委副书记、镇长戴海桃说："刘运忠、吴顺娇夫妇俩是我们洪湖众多驻村帮扶干部的代表，他们用真情帮扶，用爱温暖贫困家庭，为贫困户种下了希望的种子。"

2021 年，刘运忠的驻村工作就要结束了。他说，自己与村民们结下了深厚的感情，村民们需要他，他也离不开村民们。"整村脱贫后，还要实施乡村振兴，如果有可能，我希望向组织申请再多待一年，为村民们做点力所能及的事。"

贫困户争戴大红花

——随县高城镇党委书记张晓云的扶贫故事

随县高城镇梅子沟村出现了一件稀奇事,贫困户主动要求摘掉“穷帽子”。“我脱贫我光荣”，这是随县高城镇梅子沟村隆重举行脱贫攻坚表彰大会上贫困户们的心声。2018年的1月29日,这一天,18位脱贫户戴上了大红花,登上领奖台,纷纷讲述脱贫经历和感想。脱贫致富典型李加国表彰发言时动情地说：“一辈子就戴过两次大红花，一次是结婚，一次是脱贫。”

这件事确实很稀奇。要知道两年前,还有很多人抢着当贫困户,争着“炫穷”,要死要活不愿“摘帽”。梅子沟这个稀奇转变还要从张晓云说起。张晓云是随县高城镇党委书记，梅子沟是她的扶贫联系点。“以前，确实有不少贫困户存在等、靠、要的思想。”张晓云坦言，原来仅仅考虑到物质上扶贫，但是对于精神扶贫并没有给予足够的关注。要知道贫困户也有自己的尊严，也有他们自己的精神追求。所以我们的扶贫不仅要关注到产业发展,让贫困户荷包鼓起来,还要调动他们发自内心的追求美好生活的向往。这就需要我们扶贫干部细心深入地做工作，找到他们的心理症结，解决观念上的贫瘠。高城镇在统筹推进脱贫工作时，杜绝“懒官扶懒汉”的畏难情绪，防止“越穷越要、越要越懒、越懒越穷”的恶性循环。

所以在很多地方，贫困户通过评审摘帽时，总是静悄悄的。张晓云就想，能不能借鉴解放战争时期，中国共产党的政治工作方法“诉苦会”。诉苦会最早是中国人民解放军进行阶级教育的一种形式,全国解放战争时期曾广泛运用。

诉苦即诉旧社会和反动派给予劳动人民之苦。通过诉苦提高全体指战员为解放被剥削的劳动人民而英勇奋战的觉悟。

诉苦会变成了“摘帽会”，大张旗鼓地宣扬脱贫典型，树立了脱贫光荣、奋斗光荣的典型。让摘帽贫困户自己讲述自己的故事，提升未脱贫群众勤劳致富的觉悟和愿望。这就是张晓云在脱贫攻坚中所秉持的观念。也是女性书记情感细腻，用心扶贫的生动阐释，同时非常契合中国共产党注重精神扶贫的要求，以坚守和执着书写了独特篇章，是当之无愧的“半边天”。

集体经济“利益 +”耦合。要想真正实现稳定的脱贫和致富，必须有一个立得住脚的产业。张晓云在产业规划上有其自身的思考。她谈道：“但凡稍微富裕点的村庄，总是伴随着村集体经济的发展，集体的产业发展了，可以更好地吸纳贫困户就业，可以为包括贫困户在内的广大村民提供各种产业社会化的服务。”理是这个理，但是纵观全湖北省，乃至全国，村集体经济发展较好的村庄都非常稀缺，所以尽管大家都知道村集体经济对脱贫攻坚有很好的促进作用，但是很少有能够适应当前市场经济条件的新型农村集体经济模式突显出来。可以说，全国农村集体产业发展之路总是迷雾重重。

张晓云所在的高城镇是随县的香菇大镇，很多农民都从事香菇方面的产业。春秋时节，走进高城镇的农村，可以发现很多农户家门口竖起一个简易的灭菌炉，搭起成排的香菇棚，四处飘散着香菇棒的香味。这就是香菇种植的第一步，菌菇的“制棒”。“农户由于缺少专业的科学知识，一般多靠经验，采用传统的办法，菌丝成活率较差，所以成本较高，品质提升不上去，利润也难以提高。

张晓云认为，要想进一步搞好村集体的香菇产业，还是要从人入手，从技术、管理、市场各方面的人才入手，搞好几个方面的利益联结。换言之就是要找准带头人。刘永德这个年轻人是张晓云挖掘的第一个技术人员。刘永德自己从小跟着父亲制菇，长大后又到东北等地学习和闯市场，对于香菇种植技术非常有心得。他自己成立的炎顺菇业种植基地采用自动化制棒、规模化种植。相较于传统的手工作业，他采用了自动化的办法。推土机将木屑铲至搅拌机内，经加湿、搅拌，在出料口由人工套上袋子，再由机械扎口，一个香菇棒就制成了。在农村，农户自己制 5000 棒香菇棒需要近十天，还要请乡亲们帮忙。基地自动化制棒，一天可制 2 万棒，省时、省工、省成本，每棒香菇可节约成本 0.5 元左右。“自动化制棒可以克服传统种植中的种种不利因素，提高菌丝的成活率，降低香菇棒受杂菌入侵的感染率，提升香菇种植品质。”

张晓云将刘永德这个年轻人请到了高城镇，与之谈判，签订基地建设合作协议。与高城镇龙王庙、七里塔等 6 个村（居委会）共建合作社，基地放在了高城镇梅子沟村。村庄以土地入股、贫困户以金融扶贫资金入股、村“两委”干部以规定比例范围内的资金入股和监管。基地不仅自己实现了生产，还可以还为周边菇农提供孵菌好的香菇棒。“老百姓拿回去自己管理，直接出菇，保质保量。”基地还有一个大胆的梦想，每年制棒 500 万棒以上，为随北乡镇菇农提供孵好菌的成熟香菇棒，改变传统种植模式，提高香菇种植质效，使香菇继续成为老百姓的致富产业。

基地建成投产，每个村集体年增收可达到 10 多万元，带动贫困户就业 120 余人。香菇种植技术的革新只是开始，管理和营销也是村集体产业发展必不可少的一部分。张晓云说：“我们要求每个村的村干部必须带头入股集体产业，只有这样，他们这群人才能一门心思放在村里的事业上。”同时，为了提升销路，又协调湖北裕国菇业公司到村设点收购香菇，该股份有限公司产品远销海外，市场广阔。由此，产业扶贫和村集体产业发展探索出了新路。

坚持优化产业经营体系，变“资源”为“资产”、变“资金”为“股本”、变“农民”为“股民”、变“产品”为“商品”。在张晓云所在的高城镇，通过以人为本的产业道路，坚持了发展本地特色农业，以光伏发电、香菇、高山茶等为主导，优质稻、软籽石榴、蓝莓种植，以及黑猪、土鸡养殖等产业稳步推进。基地厂区、农户车间内摆满了香菇棒，种植大棚已经建起来了，香菇棒已摆在了架子上，正蓬勃生长。

高城镇很多村庄有了村集体收入后，逐渐改变了村级微观公共服务的面貌。

小型文化娱乐广场建起来了，给村民在农闲时提供了娱乐活动的场地；公共卫生间建起来了，并有专业公益岗人员负责日常保洁，过去污水横流、臭气熏天的现象消失了，环境卫生和空气质量得到了质的改观。

这就是张晓云对所在乡镇的引导，一手抓产业，一手抓精神，两手抓两手硬。党员干部干劲足，贫困户精气旺；产业兴旺特色美，精神高涨斗志高。

随县高城镇梅子沟村希望家园（随县扶贫办供图）

三、“俯首甘为孺子牛”的村组干部

他们一手握着家乡，一手牵着世界，让贫困与小康、落后与现代携手相通！

洪湖市老湾回族乡吕蒙口村新建的回族特色村委会

走路带风的汉子

——追忆原夷陵区樟村坪镇董家河村党支部书记余丙华的扶贫事迹

2020年11月3日上午9时，余丙华同志在入户开展低保核查工作时，遭滚石坠落不幸殉职，年仅46岁，将生命定格在了脱贫攻坚征程中。11月25日上午，夷陵区樟村坪镇董家河村，雨雪纷飞，道路湿滑。淹水淌高山上的贫困户孙年友站在门口，盼望着那个拄根竹竿、走路如风的中年汉子再次出现在眼前。“余书记再也不能落屋头歇歇脚了，他还那么年轻，有那么大的干劲……”

董家河村，位于宜昌市夷陵区西北部，山大谷深，最高海拔1930米。2014年，董家河村原支书陈发智和几个村干部商议，村“两委”主职干部都年逾五十，如何为村民服好务，加上村集体经济这么大的块头，还有40多个贫困户要脱贫攻坚，是时候找一个对家乡有感情，而且懂经营会管理的接班人。选谁当董家河村的“头雁”，镇党委、村“两委”和村民代表们千挑万选。

陈发智“白天找，夜里磨，电话催”，39岁的余丙华不顾家人反对，放弃宜昌诚信工贸公司项目部经理百万年薪，处理好矿山工程业务，卖掉三台挖掘机回村。2014年11月，余丙华当选村委会主任，2018年起担任村党支部书记、村委会主任。

他担任村主任和村支书的时候，正是国家大力开展脱贫攻坚的攻坚期，“脱贫奔小康，一户都不能掉”。余丙华上任伊始就怀揣着对1700多个村民的庄严承诺。面临的棘手问题就是淹水淌、孙家墩28户村民仍然不通公路。不通路就难以脱贫，山上就仍然是几十个贫困户，住的土坯房，“冬冷夏热”，“家具、洗衣机、烤火炉，都要背上山的”。

矢志不渝　修通致富梗阻路

余丙华上任后对 1700 多个村民承诺，要修通这条脱贫致富的梗阻路。山上两个村的人都在盼望着：路通了，可以盖新房，再买个车直接开到家门口，山里的板栗等山货也可以变钱了……襄阳市保康县旅游景区九路寨也可以搭上旅游经济顺风车。

董家河村唯独这个地方没有通公路不是没有原因，正所谓两山一河行路难，背脚打杵心里苦。从木匠沟到淹水淌，山高谷深，全长 8.6 公里，山上地质复杂，稍遇雨水，就会塌方落石。

然而，承诺已下，再大的困难也要克服。余丙华为了尽快修通淹水淌、孙家墩的路，两年里筹资金、跑手续、协调农户、组织施工……2018 年 10 月 7 日，管九路开工，余丙华在日记上写道：修路的困难一个个被攻下，住在山上的乡亲们终于看到希望了。

完成 4 条村组公路的路基铺设的日子里，余丙华日不停脚，夜半归家。他常常开着私家车到区里、跑宜昌、赴省城，没在村里报销一滴汽油费、一分钱差旅费。

一顶草帽，一桶泡面，一瓶矿泉水，余丙华不顾安危，常常在周末一大早就进山，一待就是一整天，和施工方商量解决方案。下山后，又是一包泡面对付一下。住在淹水淌的孙年友是村里的重点贫困户，也是村里住得最远的一户人家。他回忆说，余丙华几乎天天“泡”在施工现场，“晒得黑黢黢的”。在余丙华的女儿熊之余的记忆中，父亲一直在外面跑，一天的微信步数达到两万多步是常事，穿坏的鞋不知道有多少双。

“看丙华这么拼，我们都心疼。”老党员孙廷学说，余书记上山去修路现场，每次都是一早提一桶快餐面上山，天黑下山再买一桶快餐面，到他家弄点开水吃完才回家。

“他为这条路付出了太多心血，我们心里都放不下他啊！”一组村民孙友兵回忆已逝的村党支部书记、村委会主任余丙华时，几度落泪。这条路也是余丙华生前带头修的一条扶贫路。

赤心一片　心系 47 户贫困户

董家河有建档立卡贫困户 47 户，余丙华下决心帮助他们尽快脱贫，啃下最后的硬骨头。孙年勇等 7 个贫困户的房屋年久失修，他组织人手架设绞索将维修物资送到山上；孙家墩 14 户村民电杆被冰雪压断，他带头扛着电杆架设 5 公里线路，5 天就恢复通电；贫困户喂的猪崽患病死了，他自掏腰包跑到数十公里的地方买了猪崽，送到贫困户家中……他时常慷慨解囊，帮助生活有困难的群众，多则上万元，少则几千、几百元……

2017 年，“7·18”特大暴雨灾害中，面对洪水肆虐，他在被洪水围困的近 5 个小时里，依旧电话联系、远程指挥救灾工作，组织安全转移群众，几次差点被洪水卷走。

今年 61 岁的贫困户孙年会，回忆起余书记帮扶的点点滴滴，泣不成声。孙年会住在董家河村淹水淌高山上，几间土坯房，加上患有耳疾，一直让余丙华放心不下。两年前的一天，孙年会的家被一场大火化为灰烬。当时的孙年会感觉像是天塌了一般，万念俱灰。“你放心，有我住的就有你住的，有我吃的就有你吃的。”孙年会回忆说，余书记从屋顶救火下来承诺，负责帮助还建一栋更好的房子。“他头天帮我救火，第二天一早，把全部生活用品给我送来，还给我新建房屋当起了小工。这么好的人，怎么说走就走了！”

董家河村 449 户 1703 人，他家家到、户户落。他庄严地兑现上任时“一户都不能掉”的脱贫承诺，全村 47 个贫困户提前一年脱贫。

固本培基　壮大集体经济

董家河是湖北磷矿大村，余丙华靠着正直善良又有头脑，带领村“两委”依托辖区磷矿企业大力发展集体经济，村办股份公司承包矿山工程、成立运输队，同时，为了壮大村集体经济，让村里“底子”厚起来，他瞄准矿企产业链，另辟蹊径创新发展。2017 年，村里的加油站投入运营，年销油量近 3000 吨，年产值 2000 万元以上。

集体经济产业升级换代，村集体年收入超过千万元。为了让村民获得更多福利，2016 年 7 月，余丙华带领董家河村启动农村集体产权制度改革试点工作，让资源变资产，资金变股金，农民变股东。

“家底”壮大了，村里每年拿出 600 多万元，为村民提供城镇职工保险、城乡居民养老保险、新农合住院托底等 11 项福利，村民每年还分红 140 万元。6 年间，董家河村已实现了老有所养、病有所医、学有所教、住有所居。绿水青山、村美人和，告慰着长眠于此的余丙华。

余丙华去世后，周宗海临危受命，接任董家河村书记一职。他记得余丙华生前最大的愿望就是，把管九路打通，让董家河村和大山外更紧密。“董家河村正好在西塞国森林公园、圈椅淌湿地公园、保康九路寨景区三个景区中心，路通了，村民就有希望能吃到旅游饭，村集体的事业就能更上一层楼。”“他没完成的事业，我们继续去完成。”周宗海坚定地说道。

余丙华同志是中国共产党干部中关键时刻站得出来、危急关头干得出来，用行动展示党员干部的先锋模范作用的光荣榜样，是用生命践行党的群众路线的优秀干部，是广大党员干部的一面镜子，诠释了一名共产党员对党的无限忠诚、对党的事业的执着追求。他把为党工作作为毕生追求，义无反顾投身扶贫事业。

余丙华同志在脱贫攻坚斗争中，与 1800 多名同志将生命定格在了脱贫攻坚征程上，生动诠释了共产党人的初心使命。他的事业将会延续下去，党和人民不会忘记！

伟大时代诞生伟大精神，崇高事业催生奋进榜样。对党忠诚、感恩奋进，初心不变、本色不改，履职尽责、忘我工作，真正把入党初心内化于心、外化于行，正是余丙华同志这群人的光辉写照！

（本文参考了宜昌市人民政府网有关报道）

幕阜山上的铿锵玫瑰

——崇阳县白霓镇大市村村党支部书记程桔的扶贫故事

干练的马尾辫、平底鞋配牛仔裤的简单装束，尽显朴素与大方。热情洋溢的笑脸，铿锵有力的话语，眼前的姑娘似乎并不起眼，但论起她的头衔来，却个个光彩耀眼：2019 年全国脱贫攻坚奖奋进奖、2020 年中国青年五四奖章获得者、第十三届全国人大代表。

24 岁那年做的决定或许有些冲动，但是现在看来，她甚至有些庆幸，等再过十年、二十年，回忆起当初选择的道路，她可以理直气壮地说，那是属于我的、不一样的青春，是努力奋斗过的青春，是历经考验却初心不改的青春，无怨无悔、不枉此生！

出于对美术设计的热爱，18 岁的程桔毅然选择了华东交通大学的艺术设计专业。2013 年她从大学毕业，怀揣着梦想与激情，顺利应聘到广州的一家网络传媒公司，负责阿里巴巴国际网站的升级改版工作。她从此跳出农门，过上了别人艳羡的都市白领生活。

一年后，程桔的网页设计师工作遇到创作瓶颈，一时间她很难有所突破。于是她想到了跳槽，渴望换个环境重新出发。恰逢这个时候，程桔的父亲在湖北老家创业，成立了一家三级建筑公司。由于不熟悉网上注册申报等操作流程，父亲想请程桔回来帮忙打理公司事务。她原本与大学同学约定，短暂的休整之后便前往上海重新找工作，出租房和简历都已经准备妥当，万事俱备、只欠东风。却没想到，即将到来的大市村换届选举，竟成为了改变程桔命运的转折点。

老支书的突然到访和苦口婆心的竞选劝说，让身为中共党员的程桔心潮澎湃却又有些忐忑不安、五味杂陈。一方面，她拥有义不容辞的投票责任，能够投出自己的神圣一票帮助大市村选择一位“靠得住”的领头羊，她感到无比光荣；可是另一方面，初出茅庐的她对农村工作一窍不通、一无所知，甚至连村里有哪些干部都不甚了解，怎么能竞选村支书呢？就算瞎猫碰上死耗子侥幸当选，今后的工作又该如何开展呢？那天晚上，她翻来覆去、彻夜难眠，老支书的话久久回旋于耳畔。

其实，程桔的心里又何尝不希望生她养她的大市村能够尽快摆脱贫困的苦难，成为令人向往的桃花源呢？她曾经到过云南丽江古城，见识过那里秀丽的山水、动人的气息。在她看来，大市村山清水秀、民风淳朴，自然条件优越、文化底蕴深厚，一点儿不比丽江差，可是两地的经济发展和人民生活状况却有着天壤之别。自己作为村里屈指可数的大学生，虽然能力有限，但理应竭尽全力为家乡的发展建设贡献自己的力量。程桔的父亲也不遗余力地站出来给她做工作，朴实的话语中透露着老父亲对女儿、对大市村无尽的期待。他说：“桔子啊，你在外面干得再好也是个打工仔，我也没指望你给家里赚多少钱，年轻人不如回来给家乡建设做点实事，这样更有意义。”虽然程桔从小就离开村子在县城读书上学，但她对家乡的那一片情怀一直隐藏在内心深处。

人生能有几回搏，此时不搏何时搏？父亲的话宛如一针强心剂，成为程桔强大的后盾。她决定留下来，撸起袖子干几年试试看，或许能为家乡的明天作出改变呢。怀着这股乡愁，程桔作为村里最年轻的党员参加了竞选，并成功当选为大市村党支部书记和村委会主任。

彼时的大市村，水电路等基础设施薄弱；村委会没有办公室，村民办事极不方便；村集体经济一片空白，很多贫困户缺少经济来源。由于缺少农村工作经验，大学学的专业也不对口，程桔可谓是两眼一抹黑。为了尽快熟悉村里的情况，她利用自己所学的专业知识，制作便民服务卡并附上自己的联系方式，挨家挨户地发放给村民。又不断向村里的爷爷辈的老党员同志们请教，与他们畅聊村里这几年的发展变化和面临的问题，也感慨村里的年轻劳动力都外出务工，未来的路应该怎么走成为大市村迫在眉睫的课题。

面对严峻的考验，程桔也经历了一段迷惘期。她心目中的宏伟蓝图“完善基础设施 + 发展产业致富 + 开发全域旅游 + 美化乡村治理”，由于资金短缺、政策不得力而一直被迫搁浅，她时常感到心有余而力不足。

短暂的踯躅后，精准扶贫的春风拂过湖北大地，温暖了大市村，也给程桔的强村梦插上了腾飞的翅膀。她挨个单位地去争取资金、拉项目、求赞助，第一年 8 万、第二年 12 万，眼前的大好形势让她信心倍增，她开始大刀阔斧地实施各项工作计划。然而，改革工作势必不会一帆风顺，程桔将这份不理解甚至扯皮谩骂乐观地形容为“两种思想观念的碰撞”。

为建设美丽乡村，程桔决定绿化村公路两旁的空地，组织大家在路两边植树。本以为这是一桩两全其美的好事，却没想到遭到了个别村民的强烈反对。有一户村民气势汹汹地找到程桔，声称植树占了他家的菜地。程桔前脚刚种下的树苗，后脚就被他连根拔起。程桔赶忙带领村干部前去阻止，没想到激进的村民抡起树苗就往一名村干部身上打去。程桔为了保护村干部冲上去拦架，结果右手被狠狠地击中疼痛难忍。一向坚强的她眼泪一下子夺眶而出，大家都劝她赶紧去县医院检查，她却还要咬牙坚持把树苗种回去。纵使心里有万般委屈，程桔首先考虑的竟然是将她击伤的村民。“他患有轻微精神病，有时会神志不清，家境又十分困难，我要与他多沟通、提供力所能及的帮助。”后来，程桔还为他争取了低保救助。

村里的工作纷繁复杂，起初程桔在协调问题的时候，一些年长的村民还不服气，冷嘲热讽道：“难道村里没人了，选这么个乳臭未干的女娃娃来管我们？”还有的村民对程桔的好言相劝颐指气使：“小丫头，我这一把年纪了，吃的盐比你吃过的饭都多，你还想指手画脚？”面对大家的质疑和误解，程桔不骄不躁，她诚心诚意地请来村里的老党员、资深干部和通情达理的群众代表，让他们帮自己说服难缠的村民。积极发动一切攻坚力量，比如关系好的邻居、懂事理的子女等协助自己一起做留守老人的思想工作。由于性格耿直、天性率真，她也经历过直言直语被人“怼”得哑口无言的时候，但她没有放弃，而是直面挑战，虚心学习、不断尝试，逐渐探索到了一些农村工作技巧，转而采取委婉劝说的方式，给大家讲道理、举例子，慢慢感化固执己见的村民。

为了彻底填补大市村集体经济的空白，2016 年，村里计划新建一个 60 千瓦的光伏发电厂，总投资需要 50 万元，可是村里只勉强筹措到 10 万元。情急之下，程桔以个人名义到农商银行贷款 30 万元，确保了项目的顺利推进。随后，她又陆续向县扶贫办申请了帮扶资金 100 万元，流转了 150 亩土地。项目建成后，村里每年平均增加收入 5 万余元，光伏发电成为了村集体的支柱性产业。同时，利用招商引资，她还引进了一个年产值 150 万的龙虾养殖基地，为贫困户创设了就业岗位、带动产业发展，产值实现大幅增长。

她坦言，自己刚当选那会儿，还是憧憬着能去上海找一份与自己所学专业相关的设计工作。不过，随着自己把全部精力渐渐投入到乡村建设中，她成长了不少，也做出了一些实实在在的事情。修好每一条路、疏通每一条沟渠、建起村委会大院、解决老百姓的诉求，让程桔感受到了深刻的社会责任感和成就感。这些与设计出一件完美的艺术作品的感觉截然不同，她似乎找到了一个全新的奋斗方向。不过，即使已经“转行”，程桔也没有完全放下自己的设计专长。村委会大院、宣传栏、村容村貌无一例外的包含着她的设计心血。

工作之余，她还给自己不断“充电”，读书看报、参加学习培训，与其他村的书记们踊跃交流农村工作心得，取其精华，学以致用，转化为自己继续前行的动力。

时间如白驹过隙，作为一名“90 后”，程桔总觉得还有很多事情要做，还有很多计划等待着她去践行。她要与时间赛跑，抢抓机遇、放手一搏，紧跟时代发展变化。一心扑在工作上的她，至今未婚，村民们都替她心急。“程书记，你提高了我们的幸福感，接下来你也要把自己的幸福指数提一提啊！”头顶全国人大代表的光环，程桔没有骄傲自满，反而感受到更多压力。她勇于担当，积极建言献策、参政议政，希望未来各级政府更加关注垃圾整治和废水清理工程。

她要对得起这个头衔，不能辜负党和人民的殷切期望。

村子脱胎换骨式的快速发展，也吸引了大批年轻人返乡就业。曾经想方设法逃离农村的那些“80后”“90后”们，在目睹家乡的沧桑巨变后，纷纷选择返乡。2018年大市村再次换届选举，程桔无可争议地连任，而新加入班子队伍的村妇女主任，比程桔还要小三岁，大市村“两委”实现了老中青三代携手同行。

从苦于没政策、慌不择路地四处寻找无果，到精准扶贫期间馈赠的“豪华大礼包”；从过去资金短缺、拉赞助跑断腿仍四处碰壁，到如今招商引资的渠道拓宽；酸甜苦辣咸她都一一品过。虽然无法想象其中的艰辛，更无法对她的委曲求全感同身受，但我们看到大市村焕然一新的房屋，郁郁葱葱的柏油马路，和气势雄伟的光伏发电基地后，完全有理由相信程桔的生活注定跌宕起伏，精彩纷呈。

尽管曾经与同事喝咖啡、晒太阳，约三五好友逛街消遣的周末时光不复存在，但现在，程桔的日子过得愈加充实。她风风火火地在振兴大市村的道路上奔波忙碌、不知疲惫。脚踏实地，仰望星空，今年村里打算支持企业扩建厂房，为武夷山竹筏制造提供玻璃钢材料，明年她希望能够为村里争取更多资金和更大的项目，重现大市河昔日商贾云集的繁华与兴旺。当初这朵含苞待放的玫瑰，今天为了大市村的美丽乡村建设倾情绽放，用自己的灿烂青春点缀了中国农村生机盎然的明天。

和家乡一起重生

——保康县白竹村党支部书记吴启智的扶贫故事

保康县白竹村位于平均海拔 1100 米的山巅之上，土壤贫瘠、水资源短缺、发展空间受阻、自然条件十分恶劣。像白竹村这样先天发展资质不足的村落在广大的中国农村并不罕见。但是，如白竹村一般历经十年励精图治，一跃成为一个集体固定资产过千万、家家户户有产业的富裕村，却不是一件容易的事情。一路走来，吴启智体味过昔日的落魄与无助，也见证了今天的灿烂与辉煌。

今年 46 岁的吴启智，高中毕业后在村里经营一家杂货铺。2002 年，思想意识前卫的他，买了一辆货车，亲自开着车为乡亲们运送选购的东西，率先实现了“送货下乡”。那时候的他肯定没有想过自己竟然成为了如今快递行业的“鼻祖”。2007 年，吴启智当选为村党支部书记时，留给他的白竹村是一个自然条件有限、村委会负债 19 万元，超一半人口徘徊在贫困线上的烂摊子。但他没有退缩，心中斗志昂扬，决心带领大家一心一意促产业、全力以赴谋发展，早日实现全面小康。关于村集体到底走哪条发展道路的问题，白竹村在 2007 年便超前实现了准确定位，即依托当地旅游资源，走农、商、服务产业结合的多栖发展道路。

通过招商引资，2010 年，当代集团进驻白竹村，开始投资建设国家 4A 级旅游景点九路寨风景区。起初，白竹村的经济状况并没有得到明显改善。直到 2013 年，在村党支部的带领下，村集体成立了保康县白竹村永恒旅游服务有限公司，包括白竹村宾馆和蓝莓专业合作社、辣椒专业合作社等一众农副产品生产合作社，合作社专门负责原材料的收购、加工、制作和销售。

与传统的合作社模式不同，合作社的产品相对单一，但企业模式下的合作社业务范围更全面，同时涉及劳务输出、蔬菜种植、苗木花卉种植等领域。公司聘请第三方社会人员独立运营，同时村监督委员会对公司财务具有监督权。企业不以盈利为主要目的，而是以带领村民发展为首要目标。企业把从村民家收购来的新鲜农副作物，经过轻加工后以旅游产品、伴手礼的形式出售。主要经营售卖的产品包括“霸王河”辣椒酱、辣椒粉，高山土豆制品，木耳香菇等特色农产品，年收入可达十万元以上。

回忆当初成立村集体企业时遇到的困难，吴书记百感交集。虽然 2013 年便得到了政府的文件批复，但受困于资金紧张、劳动力短缺等问题，项目实施一度陷入僵局。他便带领村干部们挨家挨户地走访、动员赋闲在家的村民参与施工建设。他给大家认真地算了一笔账，倘若参与白竹宾馆的修建，每天可以赚取 30 ~ 50 元不等。虽然收入不高，但没有其他额外支出，而且积少成多，能够切实增加家庭收入。俗话说“人穷志短”，现在有家门口的务工机会摆在眼前，如果再不行动，那就真是“糊不上墙的烂泥”了。大家听后觉得书记的话有道理，于是纷纷前来报名。众人拾柴火焰高，白竹宾馆如期竣工，与预算相比还大大节约了财政支出。

白竹村以盛产土豆远近闻名，但在过去，0.3 元 / 斤的土豆也少有人问津。国家对种植土豆的农民一亩地补贴 400 元 / 年，可是由于技术和资金受阻，贫困户们生产的土豆品质较差、销路不佳，收入仅够收回成本。

村企业成立后，一方面通过积极改良生产技术、培育高山土豆等优良品种，成功扭转了被动挨打的局面，如今的土豆卖到 1 元 / 斤依然供不应求。另一方面，按照土豆的质量，常规市场的收购价格区间在 0.5 元 / 斤 ~ 1 元 / 斤，但村集体企业的收购价无论质量高低常年稳定在 1 元 / 斤。即使遇到了品质参差不齐的土豆，也先收购再分拣，质量上乘的用作旅游商品的加工制作，并对次品进行深加工，制成土豆粉等。这样便达到了两全其美的效果，不仅夯实了白竹的特色产业，逐渐提升旅游品牌知名度；还能够帮助经济和技术条件较差的贫困户们把自己种植的土豆销售出去，既增加了他们的收入，也调动了农民的生产积极性。

景区的日渐繁荣亦带动了白竹村的经济发展。2017年以前，外出务工是白竹村民主要的经济来源。2017年以后，依靠九路寨风景区每年所吸引的十万客源，白竹村几乎实现了“村庄变景区，农户变景点”。农家乐层出不穷，村里经营状况最好的农家乐，旅游黄金周期间收入可以达到十万余元。旅游周边产品兴盛，刺激了消费扶贫。

2014年，白竹村拥有建档立卡贫困户188户418人，“识别精准”的有效落实，得益于吴书记和村干部们的一丝不苟的工作态度和日复一日的努力。通过明察暗访、多方考察了解，将年收入低于2736元，符合标准的村民全部纳入。短短两年便实现贫困户全部出列，从2013年人均收入仅2000多元，到2020年人均可支配收入14000元。挣脱贫困线的束缚，并不是吴启智作为村书记的唯一目标，他还有更长远的打算，为把白竹村打造成风光旖旎，人们安居乐业、生活富裕的魅力乡村而不懈奋斗。

张大军一家三口原是村里的建档立卡贫困户。白竹宾馆规划建设伊始，吴书记就来到张大军家里动员他们举家搬迁到别处。即将告别祖祖辈辈住了三代的土坯房，安土重迁的他还真有些舍不得。又想到盖新房需要的一大笔资金，囊中羞涩的他不得不婉言拒绝了吴书记的请求。可是吴启智没有轻易放弃，他天天入户做张大军的思想工作，为他讲述村里的发展理念，以及宾馆建成后的未来发展预期。并且村里的工作是得到乡镇政府的强力支持的，让他尽管放心搬。经过慎重的思考，一星期后张大军主动找到吴书记说：“我信得过你，你让我搬我可以搬，但三五年后的成果我要见证，如果发展不好，我还要回来找你。”吴书记一听，为张大军的通情达理而感到开心，同时也感受到了自己肩上沉甸甸的担子。

不止张大军，这是承载着全村人民希望和信心的发展项目，自己必将不辱使命、不负所托。吴启智协同其他村干部一起帮助张大军找寻合适的建房位置，并建议他，如果以后想借助景区发展民宿，那就不建议盖平瓦房，毕竟人均25平方米不适合用来做旅游，因此建议他按照农家乐的标准建设。然而，要想建造两层洋房，5万多的搬迁补偿金远远不够。张大军担心自己会负债累累，又找吴书记拿主意。没想到吴书记早就替他想好了解决办法，并鼓励他大胆开工建。原来，由于附近景区的开发建设，项目部亟需租用当地房屋。吴启智便推荐他们按照武汉的租金标准2万/年租下了张大军的新房。仅仅用了2年，张大军便还清了债务。

后来，村集体企业建成运营，吴启智又建议村里优先聘用张大军和他的妻子到公司上班，夫妇二人获得了固定的收入。工作之余，他们还在自家宽敞的院子里养猪、种辣椒，发展产业，日子越来越红火。如今，62岁的张妻虽然早已过了退休年龄，但村企业仍然有她的一席之地。以民为本、实事求是、随机应变，对那些需求最紧迫、处境最困难的村民优先给予帮扶和照顾，是吴启智作为村支书秉公办事的原则，也因此赢得了群众的广泛支持与信任。

2018年，白竹村的集体产业发展渐入佳境，村“两委”的主要成员也都到了即将退休的年纪，加之信息时代网络的飞速发展，老一辈村干部不会使用电脑，急需高素质的年轻人才回乡接力。为了加强村“两委班子”建设，吴书记求贤若渴，他逐个走访农户、宣传换届选举和岗位需求，让村民们推荐自己心目中适合的候选人，并附上相关理由。在随后召开的村民代表大会上，他与大家一起开诚布公地讨论举荐上来的人选名单，从文化程度、家庭教养等方面对二十余位候选人逐一进行集中综合评议。

张大军的儿子便名列其中。他早年前往广东打工，在某企业担任仓库主管。虽然收入还不错，但单身问题一直得不到解决，这可把二老给急坏了。吴书记便极力动员张大军，让其劝说儿子回乡参加竞选。有感于吴书记对自己一家前前后后的热心照应，他毅然放弃了年收入八九万元的工作，成为了村里的计调主任。吴书记还托人做媒，介绍村公司的年轻姑娘。有情人不仅终成眷属，如今还生了一个活泼可爱的儿子，一家三口其乐融融。

同样受到吴书记的感召，回来建设家乡白竹村的，还有新任村会计杨银凤。今年 29 岁的杨银凤是家里的大女儿。早年父母靠着微薄的种地收入，节衣缩食，举全家之力供两个女儿读书。虽然出身贫寒，但她和妹妹学习刻苦、成绩骄人，先后考上了省外的大学，告别白竹，走出了大山深处。大学毕业后，杨银凤应聘到深圳一家公司从事广告设计，过上了衣食无忧的白领生活。接到母亲劝说自己回乡参加竞选的电话时，杨银凤闷闷不乐了好几天。她一时间不能理解，父母辛辛苦苦把自己培养成人，好不容易才在大城市站稳脚跟，为何又要强行把自己拉回去？再说村委会仅仅 1500 元的月工资实在微薄，将来如何供养得起父母和孩子的巨大花销？父母知道杨银凤心中郁结，但想到吴书记每天不辞辛苦地上门做自己的思想工作，恳切的话语、殷切期盼的眼神，而白竹的发展又牵动着全村人的心。杨父意识到，为家乡建设出一份绵薄之力，是每个白竹人义不容辞的责任。于是，他们向女儿承诺，只要杨银凤肯回到村委任职，那么他们将给女儿每月补发 1500 元的工资，这样杨银凤就可以实现月薪 3000 元自由了。拗不过父母的坚持和吴书记的盛情，杨银凤成为了村委会最年轻的成员。一上任她就给吴书记带来了惊喜。村委会办公大楼前的休闲广场百废待兴，外面请来的设计团队出的设计草图成本高、缺少新意，与白竹村的实际情况相矛盾。学习广告设计出身的杨银凤主动请缨，按照自己的想法、融合白竹村的特色，设计了一套新的施工方案。没想到，新方案得到了村“两委”的一致好评，还大大减少了建设成本。广告公司设计的标示牌报价高达 3500 元，而杨银凤设计的只要 800 元，物美价廉。

今年十一黄金周期间，景区游客络绎不绝，吴书记特地让杨银凤带薪休假，使她有时间回家打理家里新开业的农家乐，还特意推荐想吃农家菜的游客前往杨家的农家乐品尝白竹当地特色美食。杨银凤家的农家乐投入运营后，仅黄金周就收益两三万元，现在，她已经不再需要父母补助另一半工资了。有家才有国，吴书记还牵线搭桥，帮杨银凤介绍村里的优质青年。父母看在眼里，甚是欣慰。吴书记知人善任、虚心纳谏，小方法解决大问题，他的“急中生智”不仅为白竹留住了人才，同时也为村子的未来发展积蓄了力量。

为鼓励发展产业，吴启智主动放权，倡导农户们开发适合自身情况的特色家庭作坊式产业型景点。尽管现有国家层面还没有相关配套奖励措施，但吴书记自掏腰包对村里发展优异的农户予以奖励。今天的白竹，产业入户几乎100%覆盖全村。即使是疫情期间，白竹的产业也没有停滞。在吴书记的号召和带领下，大家以户为单位，纷纷在自家田里种土豆，上山挖葛根回来加工，村里无偿提供水源。水是生命之源，也是发展产业不可或缺的元资源。无奈白竹村地处喀斯特地貌区，水资源十分短缺。精准扶贫期间，各级政府有关部门先后投资1200万元扶持白竹村大小项目的规划建设。村里安排专项资金在山头兴建了设施完备的双回路蓄水池，并派专人进行管理，解决了村民用水的后顾之忧。同时电力基础设施不断完善，实现人均2000瓦电力配套。村委会为少数丧失劳动力和土地的农民安排了公益性岗位，如护林员、卫生员等，并通过低保、五保等政策实现政府兜底。

从2015年起，吴书记还邀请本村的退休老教师开始修缮《白竹村村志》，希望未来的白竹村人们也能够感受这翻天覆地的变化，留给后人宝贵的精神财富。十三年来，白竹的一草一木、一山一水都像是重生了一般。下一步，吴书记说，我们还不能停歇，大家也要再接再厉。白竹村作为全县乡村振兴的试点，市集正在如火如荼地建设中，建成之后，它将为农户的旅游周边产品售卖提供更多便利。"网红村"的初期工程已经吸引了不少年轻人士前来，他们在白竹老屋、白竹故事等景点进行抖音直播，借助网络进行打卡宣传，引起了社会各界对白竹的广泛兴趣。未来，吴书记希望能够协同当地县、镇两级政府，全面落实正在规划中的网红打卡地项目，力争把白竹村建设成为全国知名的"网红村"。村里正在鼓励农民大力种植苗木花卉，美容绿化农家乐环境，不断提高家庭旅馆的服务质量和消费品质，使之成为游客们向往的白竹、村民们眷恋的老家。

一泓清泉沁齿颊

——保康县马良镇赵家山村支书赵祥华的扶贫故事

2020 年 11 月 5 日，大山中已有些凉意，保康县马良镇赵家山村的支部书记赵祥华却热情似火。“欢迎大家来参观我们赵家山人自己的水厂！品尝我们赵家山的好茶！”说到这里，赵祥华是一脸的兴奋与骄傲。赵祥华告诉我们，水曾是赵家山人最珍贵的东西，以前在赵家山，水比油金贵，逢年过节想要喝上一口清茶都是一种奢侈。

“过去用水的辛酸，那真是三天三夜也说不完呐！”回想起往事，赵祥华深深地叹了一口气。赵祥华说，保康县七成土地属于喀斯特地貌，全县多属山高石头多，地下溶洞暗河遍布，地表根本就盛不住水，赵家山就是其中的代表。以前山里的老百姓总是感慨：“天上下雨地下流，雨停三天用水愁。”千百年来，山民祖祖辈辈为水愁、为水困。下雨时，锅、碗、瓢、盆、桶、坛、瓮、钵、盂，只要能装水的，全盛着水，摆满了屋子。也有人家屋檐上挂着竹笕，把水收集在屋旁水坑里。太阳出来后，水坑里的水一天比一天少，最后就连坑底的泥巴也干了。

马良镇党委书记唐忠奎也和我们分享了他当年刚到村里工作时的故事。当时一盆洗脸水，工作队员轮流洗，他年龄最小，等到他洗的时候，盆里根本就没水了，只留下一条油光发亮的毛巾，只能往脸上搓几下就草草了事。普通的山民，一盆水更是一家人轮流用，洗成了黑水还舍不得倒掉，用来喂养牲畜；村里办红白喜事，村民最期盼收到的礼物往往是两桶水。事实上，有关用水难的问题，每个赵家山的村民都能给我们讲上几天几夜，村治调主任王述义告诉我们，有一年村里有户人家生了孩子办酒席，孩子的三外公用50斤的塑料壶背了一壶水过来庆贺，那面子比亲外公还要大，开席时稳稳当当地坐了上席。怎么才能吃上一口好水？为了这个答案，赵家山人历经了几代人的努力。赵祥华讲道，以前赵家山人除了靠天吃水外，往往披星戴月，翻过几个山头，到夷陵的黄马河去挑水，一去一回二十多里，去时下坡，来时上坡，一担水挑回来，太阳就老高了。

到了20世纪80年代，为了解决赵家山的饮水问题，各级政府加大了对当地人畜饮水的扶持力度，当地政府和襄阳市烟草局向赵家山村投资400多万元，用于建水池、水窖，架设管道，解决用水问题。赵祥华清楚记得，老支书李德斌组织村民修了一个蓄水20000多立方米的大水塘"砚窝池"，解决了部分村民的用水问题。但因为蒸发渗漏，天干时砚窝池不够全村人饮用，遇到旱季时间一长，砚窝池里还发黑发臭，水中生长了无数的小虫子。赵祥华说，那时砚窝池的死水，是朵挂在赵家山人心头的愁云。路上我们遇到了村民李学英，说起村里以前用水难的问题，她给我们讲述了她丈夫生前的故事。李学英说，她丈夫以前那是十里八乡有名的风水先生，弥留之际拉着她的手说，一定要让家里的小孙子长大后去读大学，学习科学知识，将来好为村里找口好水源。为了找水，风水先生选择相信科学，既让人觉得讽刺，又让人感到心酸。老一辈赵家山人做梦都希望一觉醒来，村里到处是汩汩流动的清泉。

直到2016年，村里发生了两件事。第一件是赵祥华当了赵家山的书记。以前，赵祥华是开超市的，生意做得很好，组织上觉得他有能力、有责任心，能把村里的事办好，做他工作让他回村担任村支书。赵祥华上任时也表了态，一定要为村里找到水。第二件是保康县委书记张世伟来到扶贫联系点赵家山村，当时村里给他安排了三户包保户。张世伟第一次到贫困户家里，村民给他泡了最好的茶叶，但看到杯子里浑浊的水，张世伟心中很不是滋味。他问赵祥华，这就是你们赵家山老百姓日常的饮用水吗？面对书记的提问，赵祥华有些不好意思，只得直言这就是赵家山村民祖祖辈辈喝的水。赵祥华清楚记得，当时张世伟书记一句话没说，一口茶也没喝，在回去的路上和他说，精准扶贫这几年，咱赵家山村其他的事都可以不做，但一定要解决老百姓饮水难的问题。“等你们赵家山村什么时候解决了用水难的问题，我再来喝你们的茶！”赵祥华深深地明白自己肩上的重担。

后来县里经过走访调研，得知尧治河九路寨一家矿业公司因探矿钻出了水。九路寨也是喀斯特地貌，那儿能钻出水来，别的地方难道就不能钻出水来？县里当时就决定在赵家山进行高山打井试点，首先就从全村海拔最低的“老井”提水。但打井之初一切并不顺利，赵祥华在钻头旁守了五天五夜，钻机已经钻了接近 300 米，不仅没看到一滴水，井口还下陷了 3 米多，技术人员说可能遇到了天坑。第六天早上，轰鸣声突然停了，技术员哭丧着脸告诉他：“钻头断了！”这可是一百多万的钛合金钻头啊，就这样报废了！赵祥华吃不下饭，睡不着觉，一个大男人急得直掉眼泪。

这时候张世伟书记给了他安慰，给了他力量。“老赵，怕什么，县委、县政府支持你，九路寨能钻出水来，赵家山也行，再搞。”没过多久，县里从中国地质大学（武汉）找来专家重新勘测与选址，进行反复比较与论证。终于在 2017 年 4 月 1 日，钻井的机器再次轰鸣起来。赵祥华一天到晚守在钻机旁哪都不去。很快，打出来的渣开始伴着水被吸出来，赵祥华和村民看到了希望。4 月 12 日，工程队钻到 483 米的时候，出水量达到了 100 多立方米，赵家山的机井正式出水了！

赵祥华说，出水的那一天他给县领导打电话报告这一喜讯，话说完了他没有关机，他要让领导在电话里听听那震耳欲聋的鞭炮声。鞭炮是村里的老百姓自发买来的，祖祖辈辈缺水的赵家山马上就能吃上自来水了，不放个鞭炮那份高兴劲儿憋在心里头怕憋出毛病。78 岁的村民杨德新瘫痪在床，十年没有出过家门，听到打出井水的消息后，硬是让儿子用三轮车把他拉到现场，手捧喷涌而出的清泉，老泪纵横！

不过打出了水只是第一步。依托水井，赵家山村新建了占地 850 平方米的赵家山水厂，配套建设200立方米储水池，购置降氟、消毒设备，安装自动监测控制系统，实现水厂无人化值守和自动化控制。自来水厂建起来了，管道安起来了，清亮亮的井水彻底洗却了蒙在祖祖辈辈心头的阴翳。那些过去只是摆设的太阳能热水器、全自动洗衣机都用起来了，一直锁着门的卫生间打开了，村里姑娘们的头发洗得顺溜发亮了。

解决了用水问题，山里的产业自然也跟着发展起来了。2017年，村民张继涛在村里绿又鲜专业合作社的带动下，种了25亩红线椒，由合作社统一收购销售，线椒卖到了上海。“去年行情好，每斤卖到了四五元。”捧着一把火红的线椒，张继涛的日子也越过越红火，年收入大约有6万元。在王树强的养猪场里，我们看到员工正在用水龙头清洗猪舍，猪们把头伸进饮水器里一碰开关，清水就流了出来。

过去，王树强养了十几只母猪，由于水质不好，生猪经常生病，养殖场的规模也做不大，年收入大约1万元。在村里用上安全水后，他的养殖规模迅速扩大，去年就赚了70多万元。在种烟大户杨培林的烤烟棚里，我们见到了正在用自动化烤烟设备烤烟的杨培林，他告诉我们，过去没有水，怕天旱炕死烟苗子，每年种个三五亩，现在有水了，种了100亩烟叶，流转了附近村民的土地，还吸引村民们前来务工。不仅自己有了可观的收入，还带动了十来户农民脱贫。

源源不断的活水，让赵家山开始变得鲜活光亮，赵家山打水成功的案例也成为县里高山打井的标杆。以后保康县基于赵家山的经验，又成功打出了9口井，让54个村的村民吃水难问题基本得以解决。离开赵家山时，透过后视镜，还在招手的赵祥华渐渐向后退去。这位朴实内向的汉子，有着不向命运低头的一股子韧劲。他始终坚信，只要赵家山有了水，他要用这汪汪碧水喂养出一个美丽富饶的赵家山，让赵家山村成为一幅色彩艳丽的画，一首传唱不绝的歌。

（本文参考了新华网、半月谈网有关报道）

娇俏媳妇是支书

——保康县黄堡镇韩家湾村党支部书记蒋敏的扶贫故事

她是邻村嫁过来的媳妇儿，是韩家湾村致富路上的领头羊。谁说女子不如男，她抓党建、拉项目、促发展、实现村集体经济“零”的突破，一米五几的娇小身体里，爆发出巨大的能量。

中专毕业后，蒋敏从邻村嫁到了韩家湾村，在村委会当会计。2018 年，年仅 30 岁的她受命出任村党支部书记。刚上任时，村集体产业一片空白，三分之一的村民住的还是断瓦残垣的土坯房，仅有的几条路崎岖不平、狭窄泥泞，曾经满载希望的 90 亩茶园也处于近乎荒废的状态。全村总共 166 户居民，2015 年建档立卡的贫困户就多达 122 户，是个彻头彻尾的贫困村。

虽然，通过易地搬迁、农户独立发展产业等方式，到 2018 年，全村上下勉强跨过了贫困线。但由于管理不当、决策失误等种种原因，一直没有形成规模化主导产业，随时面临返贫的危险。蒋敏意识到，缺少集体经济和支柱性产业，不利于韩家湾村未来的发展。如何巩固前期国家帮扶的政策成果，防止贫困户们再度返贫，成为她继任以来的头等大事。她看在眼里、急在心里，下定决心不能辜负全村人民对自己的期望，一定要竭尽全力，带领和帮助大家彻底打赢这场硬仗。

韩家湾村虽然土地资源有限，但土壤肥沃、气候宜人，且过去也有过茶叶种植的尝试。她将争取到的第一笔扶贫资金 10 万元，用于旧茶园的改造工程。那段时间，蒋敏每天朝九晚五守候在茶园里监督改造工作，就差把家也搬进茶园了。她还主动前往恩施市毛坝镇学习茶园管理和采茶工艺，修枝剪叶，浇水施肥，精心呵护茶树的生长。

功夫不负有心人。第二年，朽木上萌发出翠绿的新芽，茶园又恢复了往日的勃勃生机。种植茶叶初见成效后，蒋敏信心倍增，她开始挨家挨户地上门走访，动员和鼓励村民一起发展茶叶种植。

然而，大家都对这个新来的女书记的话半信半疑。毕竟让出自己的口粮地改种茶叶，对人员和技术都相对短缺的韩家湾村来说，绝对是一项挑战。再加上蒋敏一介女流，年纪轻轻的小姑娘果真会种茶叶？蒋敏深知大家的疑虑和担心，她不吵不闹，拿起自己的老本行，心平气和地跟大家算了一笔账：如果种玉米等粮食作物，每亩收入按 1 元计算，一年仅能收入六七百元，再减去种子、肥料等开销，辛辛苦苦忙碌一整年也只是竹篮打水一场空。但是，同样的一块地，如若种茶叶，情况就截然不同了。国家为茶叶种植户提供了优厚的保护补贴，每亩补助 1500 元。加之这里的自然环境非常适宜绿茶生长，树苗成活率高。而且，未来茶叶市场的销路依然广阔。如果管理得当的话，大家 60 年坐收其利都不是问题。听了蒋敏的一番话，不少农户被说动了心，他们相信村会计出身的蒋书记算账一清二楚，种茶叶确实有利可图。

2019 年，有 25 户村民率先尝试，茶园拓展到 100 亩；2020 年又有 16 户村民申请加入茶叶种植大军，增加茶园 30 多亩。蒋敏欣喜地看到，在自己一马当先的带动下，村里的茶叶种植规模不断壮大，现在已发展到 200 多亩，韩家湾村终于有了自己的支柱性收入来源，而且还是一项生命力持久旺盛的产业。依靠种植毛尖绿茶，村委会每年可以获得 5 万元的纯收入。后来，蒋敏又向政府申请到 40 万元拨款，投资建设光伏发电项目。仅 2020 年一年，便实现增收 6 万余元。村集体经济上去了，蒋敏也有钱给大家发福利了。2020 年，凡是按时缴纳新农合医疗保险的村民，可以享受 30 元减免，而减免部分由村集体承担。村民们一改往日拖泥带水的办事风格，争先恐后地来村委会交钱，韩家湾村的医保缴纳工作名列全镇第三名。

陶礼合一家四口是蒋敏的对口重点帮扶对象。陶礼合个子矮小、身单力薄，因先天不足导致劳动能力较差，他的妻子因事故失去了左手，构成三级伤残。

儿子在上初中时，由于意外被判进了教养所。2015 年，妻子又不幸查出子宫癌中晚期，让这个本就风雨飘摇的家庭雪上加霜。2018 年，一家人靠着低保和种田才勉强脱贫摘帽，但现实情况仍然困顿，入不敷出。

蒋敏每周都要走访陶家，为其讲解精准扶贫的各项政策利好。虽然他们家住得偏远，但她不以为意。她不停地鼓励陶礼合，借着当下的扶贫契机大胆发展产业，全力以赴奔小康。她同样给陶礼合夫妇算了一笔产业账，说得两人心服口服。第一年，陶礼合便喂养了 12 头猪，这一次，家里终于有了富余的钱。第二年，他又开始种植天麻和魔芋，并用养猪的积蓄修缮了原来的平房，像其他人一样搬进了宽敞明亮的两层洋房。他遵从蒋敏的建议，不把鸡蛋放在一个篮子里的多元化家庭产业模式，让他即使在遭遇猪瘟时也能够平坦过渡。

得知县妇联设立有“两癌救助”资金，蒋敏第一时间将这个好消息告诉陶礼合，并帮助他们收集和撰写申请材料，为陶妻成功申请到 1 万元钱。拥有了自己的小产业，陶家的生活条件得到了质的提升。2019 年，蒋敏动员陶礼合开始种茶叶，茶园面积不大（4.5 亩），但长势喜人，第二年便可以采茶创收了。蒋敏感叹，广大农村像陶礼合这样勤劳朴实的农民大有人在，他们并非游手好闲之辈，但由于缺少致富思路而错过了不少发展机会。自己就是要多鼓励、多带动，为尚处在徘徊期、没有找到奋斗方向的村民及时送去锦囊妙计，扮演好“润滑剂”的角色，拉动大家一起走向共同富裕。

七八月份，荆楚大地骄阳似火。有一次，陶妻刚从田里打猪草回来，正好碰上来家里探望的蒋敏。看到汗流浃背的陶妻，她心疼不已，故作生气地立马给陶礼合打电话，毫不留情地将他数落了一番。“这个病切忌劳累，你让她干这么辛苦的活，到时候病症加剧了人也吃亏、钱也吃亏。现在她活着你没觉得怎么样，如果她不在了，这个家可咋办？！”陶礼合听闻赶忙从地里踉踉跄跄地跑回来，还向蒋敏保证不让妻子再干脏活累活了。

如今，陶妻不仅恢复了昔日的神采，长出了黑黝黝的头发，还能在家帮助丈夫做点力所能及的轻快活儿。化疗五年，十几万元的治疗花销对这样一个家庭来说无异于天文数字。多亏了农村医疗保障体系的不断完善，新农合报销比重达到了 90% 以上，解除了他们的后顾之忧。陶礼合的儿子常年在外打工，比他年长两岁的蒋敏，便常常以姐姐的名义给他发微信，告诉他家里一切安好，有什么困难尽管告诉自己。陶礼合夫妇也仿佛把蒋敏当成了自己的女儿，每次来家里，陶礼合就亲自下厨给小敏做好吃的，陶妻则拉着她聊个不停，屋里传出阵阵欢声笑语。

70 多岁的陈洪品爷爷和老伴儿两人是县委统战部某干部的帮扶对象。起初老两口非常不信任帮扶干部,凡是来家里走访的帮扶人员都被无情地骂了出去。蒋敏入户劝说陈爷爷带着奶奶搬到村里集中建设的安置点，结果遭到爷爷破口大骂。她没有灰心丧气，反复被骂依然硬着头皮坚持上门劝说。蒋敏心想，虽然你现在骂我，但将来你一定会明白我是为了你好。看着和自己孙女一般大小的蒋敏坚持不懈地劝说自己，再看看周围乡亲们都陆陆续续地搬走了，只剩下自己孤零零的一栋老宅，倔强的陈爷爷终于松了口。

入住集中安置点后，陈爷爷失去了耕种田地，一时间断了经济来源。蒋敏看在眼里，马上与居民点附近的高铁建筑工程队联系，帮忙协调、安置陈爷爷从事卫生清扫方面的工作。从“破口大骂”到“亲如一家人”，蒋敏用自己的实际行动，感化了两位老人，做通了他们的思想工作。如今，陈爷爷待她就像自己的亲孙女一样，只要家里来了客人，他便打电话邀请蒋敏来家里一起聚餐。曾经的委屈和泪水，在这一刻似乎都值得了。

村里有对 70 多岁的老夫妻，他们辛辛苦苦地劳作，年复一年依旧衣衫褴褛、家徒四壁，他们的儿子却常年在外逍遥、肆意挥霍老人们的积蓄。蒋敏听说后，便在村里组织策划了一场“孝道”专题学习活动。她专门打电话给家庭纠纷频发的村民，诚挚地邀请他们参加。“一个老人可以养活十个儿子，十个儿子却养不活一个老人。”没有让人望而生畏的大道理，却句句扎心。她用这些通俗易懂的话语，规劝在座的儿女们，并让他们换位思考，反思自己的行为。老夫妻的儿子也来参加了学习，蒋敏的批评教育说得他流下了羞愧的眼泪。从此，他洗心革面，开始认真务工、省吃俭用，不仅不再向老人们伸手要钱，还主动打电话给蒋书记，请她帮忙给老人微信转账、贴补家用。当然，也有个别顽固不化的分子，蒋敏便不厌其烦地天天找机会“敲打”他们，时间长了，他们也慢慢发生了一些改变。

蒋敏依稀记得，过去村民思想保守落后，干群关系比较紧张，致使项目实施举步维艰。那时候自己还是个初中生，对于家乡的未来她一片茫然。2005 年，适逢村里推进居民电力改革，结果刚架起来的电缆就遭到了沿途五组村民的蓄意破坏，导致项目搁浅。从此，五组成为了全村难啃的硬骨头，村干部谁也不想负责五组的工作。

直到 2018 年蒋敏接任村支部书记，她冒着大雪前往农户家里召开五组的小组讨论会。会上蒋敏坦言，政策和红利已经为大家争取过来了，能不能开工落实就看在座各位的态度了。全村一共六个小组，六组已经完成易地搬迁，一到四组的公路也已经畅通无阻，现在就剩下你们五组停滞不前。如果你们还是墨守成规、坚持旧思想、排斥新事物，只计较眼前利益，不配合村里工作的话，我们争取来的“三公里”，你们也不要享受了。

十天后，有几户村民主动找到蒋敏，表示愿意接受她的提议，并向坚持帮助他们脱贫的村干部们表示感谢，他们将自发去游说剩下几户顽固不化的村民。道路项目得以顺利开工。可是，路修到一半，又有村民来找蒋敏投诉，埋怨道路施工破坏了他家的果树。组内支持修路的村民们再次前往他家劝说。村里其他组的巨变，加上蒋书记的思想洗礼，终于感化了曾经的五组。

之后的道路扩建、硬化路面再没发生过争议。道路修到谁家门前，他们便杀鸡做饭慰劳施工队和村干部。一位 86 岁的老爷爷，听闻村公路要通到自家门前来，二话不说就拔掉了两米多宽地里的玉米苗，一分补偿款都没要。看到五组的转变，蒋敏很是欣慰，她赶忙又向上级重新申请电力改造。这次五组的村民们纷纷举双手赞成，大家再也不用为了春节期间的用电负荷而发愁。

以前的韩家湾村民，都不好意思承认自己是这个村子里的人。如今通过精准扶贫等相关工作的开展，韩家湾村发生了翻天覆地的变化，自来水100%入户，家家户户形成了相对成熟的产业，不仅本村村民的腰杆硬了，就连隔壁村也投来羡慕的眼光。

通过招商引资，2020年10月，一家小型干货加工企业进驻韩家湾村，开展梅干菜加工、玉米粉碎、榨油等生产活动。不仅给村民们创造了在家门口就业的机会，大家还可以按照加工厂的原材料需求生产相关农作物，避免了供销不匹配的问题。“扶贫832”平台的建立，为产品的销售提供了保障。最近，蒋敏又忙着为郑万高铁旁的产业基地申请资金。基地建成后，不仅能拉动就业，种植的苍树和金丝皇菊也将为村里带来更多收益。

看着日新月异的韩家湾村，村民都对这个外村的媳妇书记感激不已。蒋敏却谦虚地说，自己工作的顺利开展离不开驻村工作队的帮扶和大力支持，他们帮忙代销茶叶，申请项目资金，为贫困户们送温暖。如果不是他们，自己独木难成林。作为一名村干部，在任一天就要为乡亲们服务一天，能够帮乡亲们“圆梦”，是自己的幸福。

她扎根基层，在不起眼的岗位上做着关乎农民群众重大利好的实事。她积极进取，不断充实自我，入选“一村多名”大学生村官培训计划。她一心一意，不惧挑战，为韩家湾村灿烂的明天奉献着自己的热血青春。

法兰西“海龟”村官

——保康县寺坪镇庹家坪村企业家章景志的扶贫故事

青年兴则国家兴，青年强则国家强。青年一代有理想、有担当，国家才有前途，民族才有希望。章景志，现任湖北圭萃园农林股份有限公司总经理、湖北省保康县寺坪镇庹家坪村党支部副书记，一位在法国留学五年归来的双科硕士，用他火热的青春，非同凡响的事业给广大青年做出了最好的表率。

保康，万里大山，四面沟壑。章景志是土生土长的保康人，小时候家里穷，从小章景志就立志好好读书，跳出农门。2007 年冬天，从中南民族大学毕业的章景志，带着强烈的求知欲，踏上了法兰西这片浪漫土地。在法国，经过半年多的学习，他熟练掌握了法语。同时，考入克莱蒙费郎第一大学学习企业管理。两年后，获得硕士学位。因不满足于已学的知识，他又报考了巴黎高等商学院国际贸易专业，也获得了硕士学位。同时，在法国留学期间，为了减轻家里的经济负担，每到假期，章景志就去附近葡萄庄园打工。也就是在这时，他和加亚克酒庄联盟主席菲利普建立了深厚的友情。“章，性格阳光而稳重，尤其比同龄人更能吃苦耐劳。”这是菲利普对他的评价。

在法国学习期间，他遇到了一位同样来自国内的留学生，共同的理想，一样的追求，使两颗年轻的心越走越近，经过相识、相知、恋爱，两人最终走向婚姻的殿堂。学业期满，章景志被法国一家服装公司高薪聘用，妻子也在一家跨国公司担任高级经理，两人的生活安逸而又幸福。不过每年春节回家探亲，章景志看到孤零一人操持家业、满头白发的父亲，听到乡亲们背井离乡、在外奔波的故事，都感到心酸。家乡人民贫穷落后的生活状态刺痛着他的神经。此时此刻，国外的舒适生活变成了对他良心的拷问。

章景志说，是父亲的一声叹息最终让他下定决心回到大山。章景志清楚记得，当时父亲给他在电话里说，家乡很穷，父亲年纪也渐渐大了，家里的核桃产业一个人经营起来也有些力不从心，他如果能回来为家乡出点力，也算是学有所成。可要早已习惯法兰西生活的章景志夫妻抛下过惯了的城市生活，回到大山深处，无疑让人难以抉择。但父亲挂断电话时的那一声叹息，在那一刻深深触动了章景志。是啊，一个人不管离家多久，总有一个梦想让他难以忘却；不管走了多远，总有一个地方让他魂牵梦绕。

那一年，章景志有一位留法女同学，曾因成绩优秀、业务能力强，就职于一家著名的法国企业，即将被正式聘用时，被怀疑是“商业间谍”。尽管经过调查，最终证明她是无辜的，但这件事让章景志和其他留学同学感触颇深：外国的月亮再圆也不属于他们，只有回到那个叫“中国”的家，才有归属感。

2013 年 12 月，身处法兰西的章景志通过各种渠道得知，国家正在发出“大众创业、万众创新”的号召，出台了相应的优惠政策。那一刻，章景志心中那团回国创业的火花变成了熊熊大火。就这样，经过无数次内心的斗争，章景志最终下定决心，决定说服妻子和他一起，辞掉法国的工作，回到家乡从事核桃种植加工和销售工作。他高兴地对妻子说：“我们回家创业吧！这么好的政策，现在不干更待何时？”他毅然辞去在法国的工作，带着妻子回到祖国。

回国后，依托父亲创立的核桃种植基地，章景志很快就注册成立了湖北圭萃园农林股份有限公司，主要以核桃、蔬菜、药材种植加工为主，以生态观光休闲、文化产业为辅。章景志担起总经理这副重担。

但前期的创业之路并不是很顺利。种植核桃需要流转土地，村民们起初很不乐意，章景志也很不理解：带领村民们致富为什么大家都不愿意呢？直到村里的长者告诉章景志，在祖祖辈辈生活在大山里的村民眼里，企业到村里搞开发是来占便宜的，土地是他们的命根子，所以坚决不同意自家的土地流转，章景志这才恍然大悟。

为彻底打消乡亲们的顾虑，章景志自费拿出4万多元，组织200多名党员群众外出学习观摩。外出考察归来后，章景志又多次组织召开群众会议，向村民反复宣传村企共建的规划，消除他们的疑虑。章景志的努力打动了乡亲们，最终全村175户农户同意将山林流转给专业合作社。

核桃产业投入大、见效慢，土地流转问题解决后，为了让种植户早日有收入，章景志开始忙着大规模培育核桃树苗，销往有需要的地区。不过传统的核桃育苗需要两年的时间，而且移栽成活率较低。如何才能缩短核桃育苗的时间、并提高核桃移栽的成活率呢？带着这个问题，章景志找到了华中农业大学的教授，并与他们探讨，确定了采用现代化大棚，带营养钵移栽的方式培育核桃苗。

2012年，公司兴建了全县首个现代化核桃育苗大棚，将核桃苗出圃时间由2年减为1年，成活率提升到95%，年节约成本达80余万元。

说起营养钵培育，章景志说在于一个偶然的机会。一次外出考察，章景志见到用“袋料”培育香菇。回来后，他带领工人不断实验，最终，借鉴“袋料”的方式，研究出用无纺布制作成“营养钵”栽培核桃苗圃的方法。单凭这种方法，当年核桃育苗产量就翻了一番。他还利用废弃的PVC管子和木板，制作生产新的“营养钵”。工艺改革后，工效提高了60%。

返乡创业两年的时间里，章景志走遍了公司八大基地和部分合作分社，迅速熟悉了解业务流程和基本情况，很快从一名农业“门外汉”变成了行家里手。为做好核桃合作社的工作，更好地促使合作社运作规范，他又报名参加了国家“阳光工程农民专业合作社理事长培训班”的培训。就这样，短短两年时间，章景志从一个不懂核桃、不会种地的洋学生，变成了名符其实的“核桃大王”。通过几年的实践，公司先后组织并顺利通过了国家有机食品产品认证、ISO9001：2008质量管理体系认证等。2013年，公司又通过了国家高新技术企业的认定，是保康县目前唯一一家。同时，他还用所学到的知识，积极开展资本运作，公司股权已在武汉股权交易中心成功挂牌。

自已富了不叫富，全村富了才叫富。作为一名有抱负的当代青年，章景志深深明白这一道理。2013年，为带领乡亲们发展致富，章景志将公司总部从县城搬到寺坪镇庹家坪村。当时，正赶上保康县委推行“能人治村”，鼓励能人到村任职。他主动请缨，不要村里一分钱报酬，到庹家坪村担任党支部副书记。当时的庹家坪村虽然紧挨省道，但经济比较落后，村里绝大部分青年在外打工，留守老人和留守儿童很多，大多数村民的生活都比较困难。刚到村里报道时，村民们对这个“海归”村官除了好奇，更多的是怀疑：一个“喝洋墨水”的学生，搞得好中国的农村工作吗？

章景志上任不久，一场突如其来的暴雨冲毁了村道，而重修道路要占部分村民的山林。其中，一户村民不满意赔偿金额，严重影响修路进度。章景志受命前去调解，收效却不大。就在章景志一筹莫展之际，父亲一句话点醒了章景志：“千万别一碰钉子就打退堂鼓。你得好好跟村干部学学怎么跟村民打交道。”从那以后，每次村干部上门入户做思想工作，章景志都自告奋勇一道跟去学习。“做村务工作，最难拿捏情与法、情与理之间的分寸，有时候，面对村民的诉求，需要靠人情、常理来应对，如何保证既不违反原则，又能带着人情味儿，还真是门学问。”章景志慢慢摸出了门道。章景志与乡亲们的关系越走越近，也越来越深切地感受到了大家迫切希望致富的心愿。他暗下决心，一定让乡亲们尽快富起来。他觉得带民致富才是他真正的价值所在。

为了寻找更多的发展路子，章景志和父亲几乎走遍了村里的每个角落进行调查研究。有一次，为了寻找一个村中传说中的溶洞，看有没有作为旅游景点的开发价值，他和父亲吃罢早饭便出发寻找溶洞，饿了啃一口自带的干粮，渴了喝一口山泉水。皇天不负有心人，傍晚时分，终于在一个僻静的角落里找到了那个溶洞。回到家已经是半夜11点。经过一段时间的详细调查，章景志发现庹家坪村风景优美，交通便利，山水资源可以利用。在和村里其他党员干部商量以后，章景志提出了以庹家坪的资源优势和圭萃园公司资本优势相结合，村企共建“二园一村”的发展规划，围绕庹家坪村得天独厚的自然资源，通过建设生态种植产业园与农副产品加工科技园，将庹家坪村打造成一个生态旅游村，最终实现村企共同发展，村民员工共同受益，精神文明和物质文明共同进步的“三共同”的宏伟蓝图。

就这样，章景志用了两个多月时间，跑遍了村里的山山水水，详细勾画出“特色农业种植产业园、农副产品加工科技园”和“生态观光旅游特色村”的“两园一村”发展规划。在保康县工商部门的支持和指导下，章景志先后在全县 77 个村，成立了 4 个核桃种植专业合作社，6000 多户农户加入其中，建成 5 万亩核桃基地，辐射带动全县 257 个村、3 万多户种植核桃 43 万亩，农民户均年增收 3000 元。2018 年，章景志新建了核桃油加工车间，不仅能解决 30 多户农民家门口就业的问题，还提高了产品的附加值，产品通过电商平台销到了全国各地。2020 年，他又新上马了核桃乳加工项目，目前已经取得生产许可证，即将全面推向市场。

近年来，章景志先后出资 67 万元，帮村里硬化水泥路；投资 30 万元新建 1 个水塔和 1100 米管道，解决 150 户居民吃水问题；投资 60 多万元架设两台变压器，解决 100 多户居民用电问题；为村里新装太阳能路灯 24 盏，增设垃圾箱 65 个，改造农田 300 余亩。昔日穷山村，如今已成为当地远近闻名的小康示范村。最近，庹家坪村还被纳入乡村振兴的示范点。

当很多人问章景志，从繁华的欧洲大都市回到贫困的山区小村，后悔过吗？他却回答：“最难的时候，我也曾经掉过眼泪，但看到大家在创业中共同发展、共同富裕，共同追寻小康梦，我不后悔！”

“他山之石，可以攻玉”，从异国回到大山，章景志利用海外所学，在实践中摸爬滚打，于大山深处“筑梦”；为保康的脱贫事业贡献自己的一份力量。“泪是酸的，血是红的，奋斗来的生命是美丽的”。未来，章景志将以打造华中核桃第一县为目标，昂首阔步迈向时代的新征程。

（本文参考了中国青年网有关报道）

1600 米山上的富强

——保康县马桥镇尧治河村党委书记孙开林的扶贫故事

从保康县绕着盘山路，在崇山峻岭中行驶一个多小时，突然之间，一幅极为现代的画卷撞入眼帘。仿佛海市蜃楼，似是神来之笔，会不禁感叹这里与这大山极为不匹。一幢幢农家别墅，错落分布，掩映于山林之中，休闲广场、敬老院、花园式学校、中国磷矿博物馆……一栋建筑一道风景。即便是亲眼见证，也无法想象一个堪比欧美、发达美丽的村庄怎么会生长在这样的大山里。这就是尧治河。这里三十年来日新月异地上演着一个拓荒者如开天辟地般的传奇故事，他就是孙开林。

30 多年前，尧治河还是一个地处房县、神农架和保康县交界处，平均海拔 1600 多米的地方，曾是人均粮食不足 300 斤、收入不足 300 元的贫困村。“竖起来的路，挂起来的田”“上山碰鼻子，下山闪腿子”“四月雪，八月霜，六月早晚寒气凉”“烤火烤到六月二十九，七月初一又接手”“种早了不出，种晚了不熟”，尧治河人世世代代、祖祖辈辈生活在这样的山旮旯里，乡亲们喊天天不应，叫地地不灵，尝尽了贫困和与世隔绝的辛酸，做梦都想有传说中的尧舜那样的人，来改变人们的命运，“尧治河”的名字就是这样得来的。

从曾经的高寒深度贫困村，到现在的全国“明星”村，尧治河用了三十多年。这翻天覆地的巨变，关键在于一个人——全国人大代表，尧治河村党委书记、村委会主任孙开林。

从 1988 年起，“我当了几十年的书记，就修了几十年的路，扶了几十年的贫”。这里磷矿资源虽然丰富，但由于高山坡陡、峡深谷窄，过去没有一寸公路，村民出门靠肩挑背驮。“要想富，先修路。”20 世纪 80 年代，这句由山区农民率先喊出的朴素口号，之所以流行至今，就在于它揭示了一个颠扑不破的发展规律。一个地方没有较为便利的交通运输通道，舟车不通、内货难出、外货难入，经济发展和群众生活就会很艰难，更难言脱贫致富。往来通达的一条条道路，离农民越近，闭塞和贫穷就会离农民越远，农村公路建设得越好，全面小康的步伐就会越快。

身处深山，过去村民修路，基本靠人力，爬上悬崖峭壁一锤接着一锤凿，有时一年都只能修三五公里。数十年坚持，更是不易。现在，郑万高铁、保神高速时代即将来临，十宜高速（十堰至宜昌）也正在谋划。可以预见，随着这些交通便利条件的到来，尧治河将迎来新一轮的大发展。一条条有形道路的延伸和升级，标记向着美好生活迈进的历程，也蕴含着物质与精神的良性互动。

经过几十年的艰苦创业，尧治河终于甩掉了贫困帽子，成为保康县的“首富村”。全体农户住上了漂亮的小洋楼。全村实现了“七通八无”，就是户户通公路、通电、通水、通广播、通电视信号、通电话、通客车，无群众负担、无计划外生育、无刑事治安案件、无群众上访、无失学儿童、无封建迷信、无非法传教、无“黄赌毒”。

孙开林指出，尧治河在脱贫攻坚中，按照“12345”的思路推进脱贫攻坚。咬住“中国山区幸福村”这一个核心目标不放松。首先是整体脱了贫，然后是共同致了富，最后是全面实现了小康。1996 年 9 月，经过精心准备，在尧治河村成立三福公司，22 名智力障碍者成为公司的正式员工。他们在经理陈隆万的带领下，农闲修路、改田、植树；农忙帮人抢种抢收。过去这些“只知道吃，不晓得做”的人，现在都成了大忙人。身高只有一米五，“数不清自己十个手指头”的王当春，进入公司第一年，就为家里带回了 8000 元现金。

共同富裕，正在尧治河一天天变为现实。看到一天一个样的村容村貌，一天一个样的群众生活，孙开林感到高兴，却没有陶醉。

他和支部一班人，想到更多的是未来，想到的是不仅要让尧治河人口袋富，还要让尧治河人脑袋富。“口袋满，脑袋空；今天富，明天穷”，这是他和支部其他所有的人的共同看法。于是，尧治河就有了自己的农民夜校，有了与外面的学校联合开办的中专班。对下一代教育，他们更是没忽视。在村委会背后的一个小山坡上，有座标准化的小学，有宽敞明亮的教室，有从外地买回来的组装式桌椅，还有先进的电教设备。这就是尧治河村中心小学，在这里上学的孩子，一律寄读，所有的花销全部由村里负担。孩子们可以不出一分钱，念完整个小学。远在40里外上中学的孩子，不用再像他们这一代那样起早摸黑、翻山越岭，村里专门有辆面包车负责接送。考上大学的孩子，父母再用不着为大笔的学费操心，村里专门设有“升学奖励基金”，对考上大学的孩子和家长，一律重奖。

坚持“两个不动摇”。坚持党建引领不动摇。村党委是多年的“全国先进基层党组织”、“湖北省农村党的建设十面红旗”获得者、湖北省党员干部教育基地。尧治河在党建引领下，成立了文明宣讲服务协会、乡风文明理事会、火炮协会、环境卫生协会、文化旅游服务协会、矛盾纠纷调解协会、公共设施管理协会、老年人协会、救灾减灾应急协会、扶贫济困协会、健康体育协会等十一个协会。以十一个协会为载体的乡村治理升级版，涵盖了村民生活的方方面面。“有问题找协会，有困难找协会”，协会已成为村民们心中的主心骨和定盘星。协会组织围绕在党组织的领导下，在尧治河形成了“离开党建无话说，离开党建无事做”的氛围。党建工作既是尧治河的政治品牌，也是尧治河的经济品牌。村党委用“第一力度”抓好“第一要务”，使脱贫攻坚取得了一个又一个胜利。

坚持走“发展集体经济，实现共同富裕”的道路不动摇。这些年，尧治河村始终把发展集体经济、实现共同富裕作为根本出发点，创新产业发展模式，通过“公司 + 基地 + 农户”模式或方式，用产业兴旺为农户脱贫提供有力支撑和保障。在 “巩固脱贫成效”阶段，对部分乡村存在的基础设施和公益事业短板进行填平补齐，包括村组道路不通、硬化不够、饮用水不安全、教学点和卫生室不健全等问题。适度提高标准，做好原建档立卡贫困户包括边缘贫困户的“两不愁三保障”。同时，加快人才培育和“互联网+”工作，通过人才引领带队和“互联网+”新型销售模式，多渠道增加农民收入。

统筹“三区”建设。虽然尧治河以矿致富，但不能因矿废景。孙开林等人审时度势，提出“把山区建成景区，把矿区建成景区，把老百姓的生活区建成景区”的思路。以前堆积矿渣的地方，现在都建成了休闲、旅游的场所。废弃的矿山全部进行了土地恢复治理，种上了绿树红花，建成了生态养生馆、磷矿博物馆、农耕博物馆和地下矿道旅游项目。正在开发的矿洞旅游项目将在2021年10月投入使用。“尧治河神话世界矿洞旅游”将成为尧治河美丽乡村建设的又一个亮点。如今，尧治河村旅游业、服务业年收入已经超过5亿元。过去的贫困户，如今是发展旅游的老板。

打造“四个方面”的文化。过去靠精神，现在靠发展，未来靠文化。尧治河村全力打造传奇、传说的尧文化，党员能吃苦、党员能吃亏、党员能奉献的艰苦创业文化，村俗乡愁记忆的励志文化，以及绿水青山生态文化，用文化这块瑰宝来引领尧治河的脱贫致富。

走好“五条脱贫转型发展之路”。由共同富裕向共同文明转型、粗放发展向集约发展转型、“一矿独大”向经济多元化转型、传统产业向绿色产业转型、传统实体经济向“互联网+”经济转型。尧治河村产业多元化发展已经结出硕果，矿化企业、白酒产业、水电产业，都有老百姓挣钱的地方，老百姓也都能挣得到钱。尧治河老百姓撸起袖子加油干，继续发扬过去尧治河艰苦创业的精神，尧治河村的未来更加可期。

“脱贫摘帽不是终点，而是新生活、新奋斗的起点。”汇聚民生之惠、生态之美的大道小路，是奋斗的成果，也是奋斗的见证。

（本文参考了《湖北日报》有关报道）

保康县马桥镇尧治河村的现代化景象（毛铖摄）

搬掉致贫的大山

——随县新街镇联合村何明强书记的扶贫故事

“疫情好转后，我们合作社着力组织复产复工，今年预计种植袋料香菇 15 万袋，目前已生产 10 万袋。”随县新街镇联合村何明强书记头发灰白，腰背挺拔，虽然话不多，但精神头很足。“村里合作社采用‘村集体 + 村干部 + 种植大户 + 农户’的经营模式，带动村里的 20 多名贫困户务工就业，现在每人每月能增收近 3000 元。”

2018 年 3 月，村里就萌生成立合作社的想法，但因为缺乏资金和专业技术引导，政策也琢磨不清，一直没能把计划付诸行动。2018 年 7 月，随县林业局通过驻村干部获悉后，主动与村里沟通对接，帮助研究分析政策，承诺后期持续性为合作社提供技术指导。“在林业局的鼓气加油下，我们坚定了成立合作社的决心。”

吃了“定心丸”后的何明强，同村“两委”迅速召开动员会，在全村吸纳具有从事香菇种植、初加工、销售等经验的技术成员，起草合作社成立方案。2019 年 9 月 10 日，联合食用菌合作社注册完成。合作社由“村集体 + 种植大户 + 农户”模式构成，实行股份制，共 24 名成员，常设机构成员大会、理事会、监事会，在核心财务管理制度建设上，合作社恪守“财务公开、民主监督”的原则，实行“资产五分开，审批一支笔”，力求管理透明。

2019 年 11 月合作社旗下第一个香菇种植基地建成，总投资 64 万元，占地 12 亩。采用现代化种植技术，可通过温度、湿度自动控制水路开关、掀棚和盖棚。种植基地建成后，有 16 户率先加入合作社，共同发展香菇产业。

"大棚投入使用后，村里用工优先考虑贫困户，单是在打孔、点菌、上架期间，就可带动30多户贫困户务工。"后期采摘、包装还需大量劳动力，到时将会给更多贫困户提供劳动岗位。

"疫情期间，我们没工作，没收入，现在在家门口一天就能挣120元，别提有多满足。"村民刘光林说。他曾是村里的贫困户，自香菇大棚投入使用后，和妻子帮忙打孔、点菌、上架，一天下来可挣240元。截至目前，夫妻俩的工钱已超过5000元，到了摘菇、包装时节，两口子还可增收3000元。

又一个壮大集体、促进村民致富的项目落了地，但何明强心里很平静。这已经是他自2004年当村支书以来，促成的第十几个项目，在他的努力下，全村在村集体经济发展的快车道上全速前行。

回想二十几年前，联合村还是新街镇最偏远的一个贫困村。退伍时的何明强，看着村庄几十年没有一点改变的破旧面貌，暗自下定决心：一定要带着村民一起富起来，改变家乡这破败的面貌。为此，1989年4月，他放弃组织安置上班的机会，毅然决然地选择了一条更加前途未知的奋进路，回到家乡联合村，扛起全村脱贫致富的重担。回村后，何明强先后担任过村治保主任、民兵连长、村委会副主任、村委会主任。2004年11月，他接过联合村党支部书记的重任。

当时，摆在他面前的是几任书记终究未能翻越的"三座大山"：路、水、电。联合村群众出行非常困难，尤其是下雨天，机动车难进也难出，群众怨声一片。联合村是新街镇人尽皆知的旱包子，十年九旱，生命之源常年枯竭。电力基础设施落后，一遇刮风下雨就停电是联合村的家常便饭。不搬掉这"三座大山"联合村就没法"起步"。

何明强是个敢于迎接挑战的人，这在军旅生涯中早有定论。在部队期间，他不忘家乡父老乡亲的嘱托和期望，服从指挥、刻苦训练，练就了一身过硬的军事素质和本领，成为当时连队的拔尖人才，被任命担为重点班班长。1984年至1988年，他连续五年均获连级嘉奖，还多次获得优秀班长、特等射手、优秀共产党员等称号。

作为一名军人，“不为困难找理由，要为成功找条件”的信条深深地刻在骨子里。既然“敌人”就在前面，千方百计也要将其“消灭”。他多方努力，向在外发展较好的联合村人发出求援信，争取他们的大力支持。他积极向上级领导反映，不厌其烦跑部门，争取项目资金。通过一笔笔的“化缘”，一公里接着一公里的慢慢努力，2019 年全村通村、通组、通湾硬化公路突破 30 公里，解决了制约联合村经济发展的基础性“顽疾”。

在解决出行难题的过程中，何明强意识到抓好水利基础设施及人民饮水工程建设的重要性。他先后在全村打深井十余口，打其他蓄水井多口，铺设通达各组的饮水管道十余公里。如今，全村家家户户吃上了自来水。在此基础上先后对村内大型当家堰塘进行维修加固，提高蓄水量，为群众基本农业生产提供保障。

路、水问题解决了，他再接再厉，想尽办法升级改造本村电网和线路。通过反复找电力部门协调，联合村的农村电网三年三次接续改造，全村人终于用上了稳定的电。

搬掉了“三座大山”，村庄的发展就有了基础，何明强没有丝毫松懈。他坚信“拔掉”村子的“穷根”，光靠种粮食肯定不行。他多次召开村“两委”会议，讨论充分利用联合村岗地多的优势，发展桃子种植。2013 年，他带领村里头脑灵活、敢闯敢干的村民，到河南省南阳市学习考察，并当场订购优质桃子树苗，全村栽种近 200 亩，不到三年，亩均收入达 3000 元。三年后，进入丰产期，亩均收入超过 8000 元。在他的示范和带动下，全村人民看到了水果种植的希望，纷纷开始栽种。不到十年时间，全村累计种植各类桃子 3000 亩以上，桃子一时间成为全村的主要经济来源和脱贫致富的好产业。

桃子种植让何明强和全村人看到了产业发展的前景，尝到了村集体经济的“甜头”。何明强于是乘势而上，号召全村依托自然资源优势，发展猪、牛、羊、鸡、鱼等养殖业项目，全村的经济收入也因此再次大幅提高。

何明强一直都有一个坚定的发展理念：村要发展，必须抓好集体经济。在

随县唐县镇华宝山村千年枣乡新貌（孙宁悦摄）

他任村书记前，联合村是个无分文收入的空壳村。村干部工资往往靠的是“打白条”，干部干事没有积极性，“做一天和尚撞一天钟”。鉴于此，他经常组织村“两委”开展大讨论，碰撞思想火花。在“两委”班子的大力支持和配合下，村里广泛招商引资，盘活利用机动承包地、荒地、荒山资源。通过村集体资源入股的方式，从零到30万，再到80多万元，村集体经济收入实现了成倍增长。如今，村集体经济快速发展，干部的收入有了保障，精气神有了，干劲也就更足了。与此同时，有了村集体经济的保障，村里的各项公共事业也逐渐发展起来。

2015年，正当何明强全身心扑在村集体经济发展上，却被查出患了直肠癌。经过艰难的手术，又经历六次化疗，还没等身体完全恢复，他就再次全身心投入到工作中去，一干又是五六年。

金杯银杯，不如老百姓的口碑。何明强说，他自己最大的愿望是卸任后不要被群众骂。多么简单却又困难的愿望。一个普普通通的村书记，却用几十年如一日的奉献和奋斗，践行着一个共产党员的初心和誓言。何明强的付出得到了全村人的认可，也赢得了组织的肯定。他先后被授予随县劳动模范、随州市劳动模范、随县见义勇为先进个人、湖北省见义勇为先进个人等称号，还多次获先进工作者和优秀共产党员称号。

自尊自省、自警自律，权力面前讲制约，利益面前不伸手，不拿原则做交易，坦然接受群众的监督。在他的率先垂范带领下，联合村民风朴实了，群众满意了，联合村也一跃成为全镇领先的经济强村，先后15年被评为全镇先进单位、红旗单位，多次被县委评为先进基层党组织。

成绩面前，何明强很清醒；对于未来的发展，何明强看得很明白。“联合村集体经济仍然不够强。”他说，“今后，联合村需要在集体产权制度改革上实现新的突破，借助改革的东风，为村集体经济发展打下坚实的基础，探寻更富前景和持续力的乡村振兴之路。”

一群“哑糊”的主心骨

——保康县马桥镇尧治河村干部陈隆万的脱贫与扶贫故事

尧治河村的发展有目共睹，吸引着国内外很多人慕名前来参观、游览和学习。但是可能很少有人注意到在村庄修路、修坝的队伍中有这么一群人，他们是三福公司的员工，也是一群“哑糊”。这是保康地区的方言，就是我们常说的智障、残障人士。尧治河村三福公司——24 年持续帮扶“特殊”村民，而公司的当家人就是陈隆万。要知道，脱贫攻坚中，残疾人、智障人等特殊人员很容易成为“坚中之坚”。尧治河村没有把他们养起来、兜起来，而是实打实地引导他们凭双手挣钱、靠奋斗致富，走出了一条可持续、管长远的小康之路。

陈隆万这个人“厚道、踏实，能吃苦，讲奉献，敢担当”，这是尧治河村村民对陈的普遍评价。

14 岁时，陈隆万背着 20 斤公粮第一次出村进镇。“第一天早上出发，爬了 70 里山路，摸黑到了镇粮所，央求一个老乡在其家里将就一晚，第二天再赶回家吃晚饭。”老陈说，“20 岁结婚时，老伴的新衣裳是借来的，一年到头吃不上一餐肉，这日子咋过啊？”所以走出大山曾经是陈隆万的最大梦想。然而，随着尧治河村磷矿产业的发展，辅以四级水电开发，包括陈隆万在内的绝大多数村民走上了脱贫致富之路。走出大山的愿望眼看就要实现，但是村“两委”意识到村里还有少部分“哑糊”穷得叮当响。部分富裕不叫富，共同致富才小康。于是，村“两委”决定任命老实巴交的陈隆万继续在村里担任刚组建的三福公司（扶贫、服务、福利）的总经理，把这群特殊村民组织起来，自食其力。

很多人想不通：“带着一群‘哑糊’开公司，不亏才怪。”陈隆万不服这个气。

这群人已经这样了，还能差到哪里？三福公司当年成立，除陈隆万等 4 名管理人员外，共吸纳残疾人、智障人、流浪汉等贫困人员 50 余人。这个只有小学文化水平，但憨厚耿直、勤劳实干的“当家人”就与尧治河特殊时期的弱势群体打上了交道，在脱贫致富奔小康的艰辛之路上，一干就是 24 个年头。

刚进三福公司那阵子，面对这群特殊的员工，大家着实为他捏了一把汗。他说：“打骂不得、着急不得，真是急死个人。”怎样才能铺开摊子，带领好这群不好管、难得管又不得不管的特殊群体？

所幸，当时尧治河处于修路、修坝的建设期，在村“两委”的支持下，部分偏重体力劳动的工作交给了三福公司。公司出台章程，按照每天的工作量计工分，月底统计分数，按劳分配。

“让他们做事，有时像哄孩子，有时也要连吼带吓唬。”陈隆万说。最开始，陈隆万当师傅，石头怎么敲、砖头怎么码、水泥怎么和……由于无法正常进行语言交流，每一步他都必须亲力亲为，连指带比划，直到所有人都点头示意“会了”，他才能教下一步。

接下来就是带着干，所有人都看他，要干一起干，要歇一起歇。“有一次我临时去村部开会，来回不到一小时，回来时所有人全横七竖八靠着墙、倚着树休息。”陈隆万一时恼怒，随手捡起一根木棍想吓唬他们，结果一名员工不懂何为“吓唬”，抓起镰刀砍向陈隆万。“第一下被我躲开了，第二下被其他人拉住了。”老陈说。类似的特殊事例还有很多，有时干的活不合格，陈隆万当面鼓励表扬，晚上还得再独自回来返工。

他知道力气是特殊群体的优势，他很好地利用了这一优势。24 年里，和这群特殊的员工吃住在一起，怎么栽树，怎么打坎……他都手把手地教。这些平时爱晒太阳，爱惹是生非的特殊员工，在他的带领下竟然变得规矩起来。就这样，利用“力气”的优势，这批员工慢慢进入了角色，手脚麻利了起来。农闲时，承担着村里设施维护、园林养护、植树造林、绿化环境等工作。农忙时，帮各家各户抢种抢收，“哪里需要哪里搬，马不停蹄四处干”。

久而久之，大伙嘴上不说，但心里对这个领头人钦佩得很。24 年来，三福公司累计建设维修村内道路 100 余公里，改造荒地、低产田 500 余亩，植树造林超过 3000 亩，建设挡土墙和拦淤坝 100 余座。

2000 年 7 月，陈隆万光荣加入中国共产党。宣誓那一刻，他暗暗告诉自己，一定更加努力，无愧于党组织，无愧于老百姓。日常工作中，这群特殊的员工常常让他筋疲力尽，体力透支，好多次他也想过打退堂鼓，可一想到村党委书记孙开林那句“要苦先苦党员，要死先死干部”的铮铮誓言，他又坚持下来。

陈隆万常说：“十个指头有长短，但在通往幸福的路上，一个也不能少。”他们有的是身体上残疾，有的是心理上残疾，有的是智力上残疾，他们需要比常人更多的关爱，我们不能嫌弃他们，更不能欺负他们，要打心眼里关心他们，在行动上爱护他们，让他们感受到集体的温暖，引导他们从事力所能及的工作，享受劳动的权利和成果。

保康县马桥镇尧治河村干部陈隆万分享他的扶贫故事（孙宁悦摄）

工作中，陈隆万踏实节约，每做一件事，他都本着既把事情做好，又不浪费的原则；生活中，他为人纯朴厚道，持家勤劳节俭。多年的习惯，也深深影响、感染着身边亲人。他的妻子李德英在尧治河村也是出了名的勤快，养猪、养鸡、卖豆腐……用她勤劳的双手操持着幸福的家，默默地给陈隆万工作上最大的支持。

“金山银水尧治河，中国山区幸福村”。在全村村民幸福指数一路攀升的今天，三福公司这群弱势群体没有掉下队，离不开陈隆万的带动。本到了享受天伦之乐的年龄，却舍不下还没有脱贫的12名特殊员工。在精准扶贫的道路上，他一直在思考着、耕耘着、收获着，一如既往地坚守在自己的岗位上。

如今老陈的儿子、儿媳、孙子都在村里的各个岗位，为尧治河这个大家和他们自己的小家而奋斗、奉献。他们也因此收获了幸福、收获了认可，更为重要的是他们的精神和尧治河的精神融为一体，既影响着一代又一代的尧治河人，也正在悄然地感染着村外、山外越来越多的人们。

（本文参考了新华网有关报道）

四、“安得广厦千万间”的社会贤达

他们甘愿在质疑声中负重前行，同样发出了照亮脱贫攻坚的光芒！

五峰县白芨产业基地（五峰县住建局供图）

长盛之川

——宜昌市鑫鼎集团的扶贫故事

扶贫扶产业　从质疑到互信

仁和坪镇业产坪村峰峦起伏，风光优美，空气优良，有着丰富的自然资源，非常适宜高山茶种植，是全国名优茶优势产区。然而，祖祖辈辈生活在这里的村民由于基础设施欠缺、缺乏可靠收入来源，始终未能摆脱整体贫困。

2013 年，宜昌市启动“千企帮千村”扶贫活动，让急于寻找脱贫出路的业产坪村看到了希望。“有政府‘牵头’，有企业支援，业产坪村的‘贫困帽子’说不定就可以摘掉。”这是业产坪村人的心声，更是全村人的殷切期盼。

这是一个企业对社会责任的充分考量，也是彼此之间的“因爱结缘”。以茶为祖业的鑫鼎集团是宜昌市的知名企业，扎根农村，做“茶文章”是“老本行”，也是“金刚钻”。在一次扶贫调研走访活动中，集团负责人何建刚发现，以毛尖绿茶为主打产品的业产坪村乃至整个五峰县、宜昌市，几乎都很少采收夏秋茶。这在主打“长盛川”牌青砖茶的鑫鼎集团看来，是一种资源浪费，更是一个发展产业、摆脱贫困的机遇。2015 年的 3 月 18 日，鑫鼎集团牵手业产坪村，正式开启“结对帮扶”，一个民营企业带富一个贫困山村的故事自此在这山川之间上演。

帮扶伊始，鑫鼎集团与村里签订业产坪精准扶贫帮扶协议。要求业产坪村的茶叶种植按照鑫鼎集团的收购标准，以不打农药、不施化肥的生态方式种植，鑫鼎集团以“长盛川”非遗制茶技艺和湖北长盛川青砖茶研究所科研平台为依托，提供种植、采收、加工全程技术支持，并保价保量收购全村的鲜叶，实行现场结算，确保村民摆脱贫困、稳定增收。

但这一协议很快在村民中间“炸开了锅”。在祖祖辈辈按照传统方式种植茶叶的村民看来，这无异于乱来。“采了夏秋茶会败了来年的春茶”“不打农药，茶树因病虫害而死算谁的？”“我看他们是洋专家，就是一张嘴！”“会收茶制茶，未必懂茶叶种植。”

一边是传统旧观念在作祟，农民压根儿不买这个账；一边是缺乏有效组织，茶叶品质难以得到保障。当村支书刘国安按照要求号召村民实施时，发现一家一户的分散种植和自我管理，根本无法达到统一的标准……至今，谈起茶叶种植方式调整之初的情形，长盛川生态基地负责人夏义仿对当年的阻力记忆犹新。“到业产坪村推广夏秋茶采收时，要求茶农们不给茶园打农药，按生物防治的标准管理茶园时，不知吃了好多闭门羹。”

几番交道打下来，鑫鼎集团意识到，强制办法不管用，硬来于事无益，关

鑫鼎集团深入业产坪村田间地头上门收购茶叶（鑫鼎集团供图，简妮斯摄）

键还得转变方式，让农民先看到实效，打消顾虑。鑫鼎集团下定决心，从根本上扭转这种局面，自建基地先示范。他们以土地流转的方式，一次性流转全村300亩茶园30年的经营权，又投资2000多万元，在村里建起了标准化生态茶叶基地和初制加工厂，成立了“五峰鑫鼎长盛川茶叶专业合作社”，运用“企业+合作社+示范基地+茶农”的模式，靠企业引导，用基地示范，让农民参与；长盛川非遗制茶技艺核心传承人、生产骨干和长盛川青砖茶研究所的专家、技术人员联合组成技术指导队下到田间地头指导，技术看得见，示范在门前，效益更直观。

贫困户王华新家中仅有8亩茶园，不适合大规模种植。企业把他纳入合作社，指导他科学种茶，所产茶叶优价优先收购，并现场结算。连续几年帮扶下来，王华新思路活了，荷包鼓了，自家的8亩茶园也成为业产坪村示范茶园。自产业帮扶以来，像王华新这样的业产坪村贫困茶农的茶园管理水平与茶叶品质得到显著提高，亩平增收2000元以上。除此之外，有20多个贫困户和村民常年在标准化生态茶园务工，实现了家门口就业，转型成为现代农业产业工人。

有了管理方式、种植方式的转变，茶叶品质上来了，夏秋茶的利用率一下提高到90%。在先进的种植管理技术、保价保量收购和“掰指可算”的增收增利面前，农民彻底信服了，标准化生态茶园种植逐渐成为当地农民追捧的产业新路子，纷纷自发效仿起来。如今，不仅业产坪村实现全域茶园标准化生态种植，还进一步辐射带动秭归、夷陵等库区、贫困山区的20多个村建起了总量超过30万亩的生态茶园。

在鑫鼎集团的带动下，业产坪村因地制宜的发展路子找对了，资源优势转为了产业发展优势。依托“长盛川”的龙头效应及产销优势，结合业产坪村适宜种植优质茶叶的地理特色，农民与企业的紧密利益联结机制建了起来。

鑫鼎集团与村“两委”乘势而上，追加投资1000万元，新建3000亩标准化生态示范茶叶基地；利用废弃的村小学校园建立茶叶初制加工厂；自建共建茶叶推广实施“两不用”（即不打农药、不施化肥）生态农业管理，安排技术人员对茶厂及茶农开展技术跟踪指导，培训当地茶叶加工技术人员。

同样是祖祖辈辈所熟知的茶叶种植，业产坪村通过茶产业升级，实现了企业与村庄的深化耦合，产业扶贫开出“幸福花”，漫山茶树结出“致富果”。3万多户茶农也因为鑫鼎集团的到来，因为现代、科技、生态、高效种植方式的革命，而“变废为宝”“点石成金”，找到了增收的“活路”。

脱贫靠合力　构筑村企共同体

产业扶贫是最直接、最有效，也是增强贫困地区造血功能，激发内生动力的最可持续脱贫攻坚之法。业产坪村见到了实效。从村庄的产业中寻求合理的经济利益，是企业得以生存和发展的重要途径，这无可厚非。但如果仅仅依靠经济利益联结，村企互信和共荣仍然十分脆弱。企业随时可以另寻他村，村庄也可以另寻他企。鑫鼎集团深刻地认识到这一问题，开始长远谋划。改水、修路、搭桥、办厂、办学、办卫生室……鑫鼎集团提出了“产业扶贫、智力扶贫、医疗扶贫、文化扶贫”四位一体的扶贫措施，致力于构筑有生命力的村企命运共同体。

寻求经济联结之外的共同体要素当居首位。因病致贫是贫困的主因，那就在医疗上下功夫。鑫鼎集团利用旗下的医疗资源，建立起“送健康进村”长效医疗帮扶机制，从2015年开始连续五年为业产坪人上门问诊，送医、送药，直接惠及村民2000多人次；累计投入医疗救助资金数百万元，帮助贫困户治病就医，其中帮扶重病患者145人。

因学致贫也是贫困的主因，那就在助学助教上使劲，筑牢返贫的智慧防线，阻断贫困的代际传递。鑫鼎集团捐资成立了湖北省宜昌思源慈善基金会。2013年以来，鑫鼎集团连续九届举办“思源百万助学活动”，累计发放助学金近2000万元，资助了全省500多个乡村（社区），983名寒门学子进入高等院校深造学习；累计投入文化扶贫资金920万元，在贫困地区帮助建立乡村书屋6个，在多个扶贫联系村捐赠各类技术文化图书。

“村民总认为上学是浪费钱，男孩子不如把钱攒着早点娶个媳妇，女娃娃不如嫁户好人家实在。”2015年业产坪全村只有一个在读的大学生。村民们文化上的不足造成的发展后劲不够，深深地触动了何建刚和他的扶贫工作队。因为经济困难影响读书，因为读书少难以脱贫，形成一个循环怪圈。“只要一家有一个明白人（产业人），一家有一个读书人（大学生），不愁不脱贫！”业产坪村的教育就是全村的未来。何建刚当着业产坪村支书刘国安的面拍胸脯：“业产坪的孩子读书没钱，我包了。”“这些年，只要我们村里的学生考上大学的，基金会都会给予资助，现在平均每年都有7～8个学生考上大学。孩子们毕业后，面对广阔世界有了更多的选择，一家人的生活也变得明朗，渐渐地村子里重学好学的氛围越来越浓。”

这一承诺让业产坪村的“百年之计”有了依靠，受益的不仅仅是包括贫困家庭在内的全村孩子，更是全体业产坪村人。帮助孩子们完成学业，不仅让一个又一个家庭摆脱了现实的经济困难，又为脱贫攻坚大潮中增添了新生力量。“拿到毕业证的那一刻，我就坚定地想要回五峰，我要用我所学，去建设家乡。”如今已在五峰县某行政机关工作的严昭是4年前在基金会帮助下从业产坪村走出去的大学生。这些年，像严昭这样的青年才俊，回流本土，楚才楚用，让大山脱贫的队伍正在壮大。

用科技再次推动产业升级。鑫鼎集团致力于用生物制药的理念制茶，成立长盛川湖北青砖茶研究所，建立起宜昌市青砖茶生化功能重点实验室，先后申请各项专利技术182项，并全部应用到茶叶种植、管理及产品服务中。如今，产于业产坪、采收初制于长盛川茶叶专业合作社、精深加工于现代产业园的“长盛川湖北青砖茶”，实现了稳固的发展，获得绿色食品认证、欧盟检测认证，被列入首批全国扶贫产品目录，登上“扶贫832”平台；先后获得“百年世博中国名茶金骆驼奖”“中茶杯全国名优茶评选一等奖”等多项荣誉，在俄罗斯、乌克兰、比利时、澳大利亚等20多个国家和地区展销。

帮扶扎到土里，扶贫扶到根上。尽管是企业，应承担的社会责任有限，但

俯瞰五峰县仁和坪镇业产坪村和生机盎然的标准化生态茶叶基地（鑫鼎集团供图，简妮斯摄）

鑫鼎集团结对帮扶业产坪村，帮得实、扶得彻底。2020年新冠肺炎疫情期间，鑫鼎集团向业产坪村及仁和坪镇的其他多个村庄捐赠消毒液、医用口罩等医疗防控物资；协调技术人员和生产资料，指导茶农有序备战春耕复产。针对疫情影响导致的春茶销售困境，企业全力推广五峰绿茶，并将五峰县茶叶年收购计划从2000吨增加到3000吨，帮助茶农稳增长、保收入。2013年至今，鑫鼎集团统筹运用产业、医疗、教育、文化等一系列的帮扶措施，使业产坪村的人均纯收入提高到11000元。

2018年业产坪村在各级党委、政府和社会各界的帮助下，率先脱贫出列。但脱贫攻坚不是终点，乡村振兴依然任重道远。依托小小一片茶叶，运用“产业扶贫、智力扶贫、医疗扶贫、文化扶贫”四位一体的扶贫措施，鑫鼎集团和业产坪村人携手，改变了山川之上贫困落后的家乡命运，将脱贫致富的梦想照进了现实。

未来，不只是小小一片茶叶。有了脱贫攻坚打下的坚实基础，有那些因脱贫攻坚而走出大山的新一代业产坪村民，还有不断发展壮大的鑫鼎集团和不断增强的帮扶，业产坪村和业产坪人还将在乡村振兴的新征程中，有更美、更富的发展，实现更好、更广的超越。

“紧跟‘一带一路’伟大倡议和‘健康中国2030规划纲要’，通过生态化、国际化的路径，布局传统茶产业的未来，广泛传播非遗制茶技艺……”鑫鼎集团的憧憬美好而可期。

金融活水润山乡

——郧阳区扶贫小额信贷的故事

2016年，郧阳区扶贫小额信贷仅有36户共227万元，贷款覆盖率不足0.07%。2019年底，小额信贷发放扩大到3.6万户，共10.5亿元，贷款覆盖率提高到91%，实现340个贫困村全覆盖，带动龙头企业、专业合作社、家庭农场、能人大户等市场主体投资31亿元，发展特色产业80万亩，发展扶贫车间、扶贫作坊2700余个，提供就业岗位近3万个。

扶贫小额信贷为郧阳精准扶贫注入了源头活水，为全国金融扶贫贡献了郧阳智慧。2017年，全国金融扶贫现场会在郧阳召开，郧阳金融扶贫经验连续四年被选拔在全国金融扶贫现场会上交流。

破难题　确保“贷得到”

郧阳属于集“老、山、边、贫、库”于一体的国家级贫困县，有建档立卡贫困户48061户162779人，半数以上的致贫原因是“缺资金、缺技术、无产业”。

即便这样，群众还是不愿贷款。问题出在哪里？杨溪铺镇鲍沟村贫困户赵胜香想贷款种苗木，到银行一问，5万元贷款1年利息4000元，她连连摇头：“苗木最少3年才能卖，光利息就要1.2万元，不划算。”

城关镇桑树垭村贫困户黄大成说：“贷款要填24张表，像写书。审批也慢，农时都过了，钱还下不来。农业靠天吃饭，万一还不上，还背个恶名。”

是银行的问题吗？中国人民银行郧阳支行行长罗国强也有一肚子苦水：贫困户名下资产差、产业弱、收入低、风险大，万一还不上就麻烦了。就算能贷，还得有人做，全区银行只有 50 多个信贷员，贫困群众却有 16 万多人，根本顾不过来。一句话，贫困户贷款，山高路远，额度低、成本高。

两边一摆，“症结”很清楚。作为供给端，银行放款稳字当头，怕“飞了”；作为需求端，群众对金融知之甚少，怕“亏了”。于是，政府开出“药方”：对接供需，深化金融扶贫供给侧结构性改革，畅通金融活水。

很快，“1351”信贷体系脱颖而出。“1”是出台一个实施方案，破解银行之“怕”。2016 年底，郧阳区组织区内金融机构共同研究大胆创新扶贫小额信贷的办法，制订出《郧阳区开展扶贫小额信贷业务实施方案》。《方案》中规定：“五万元以下、三年期以内，免担保免抵押，基准利率放贷，由财政按月直补贴息，建立风险补偿金。”2017 年 4 月，区财政筹集 7000 万元，设立扶贫小额信贷风险补偿专项资金，用于银行贷款本息损失的补偿，每年根据贷款需求和损失补偿情况进行补充调整。

紧接着，政府又出台了扶贫小额信贷尽职免责办法，基层信贷员和扶贫干部在开展扶贫小额信贷工作中，只要做到了依法依规、公平公正、对标聚焦、履职尽责，一旦出现贷款损失风险，区纪委监委、检察院免予对扶贫人员和基层干部追责，金融监管部门免予对基层信贷员追责。

“3”是建立三级金融服务体系，破解群众之“怕”。村级成立金融精准扶贫工作站，由村支部书记担任站长，专职驻村帮扶工作队长、主办银行信贷员、保险公司代理员担任副站长。农商行、农行、邮储行、村镇银行等四家主办行的信贷员下村精准对接农村实际和群众需求。

“5”是创新“五步工作法”，破解程序之“繁”。针对贫困户贷款手续多、审核门槛高、放款时间长等“不好贷”的问题，主办银行资料收集难、入户调查难、群众跑腿多、资料上传慢等困难，全面优化办理程序，开启绿色通道，实行广泛授信、精准调查、集中会签、快速发款等“五步工作法”。

最后的“1”是创新一张大保单，破解保险出单慢。在区委、区政府领导的不懈努力下，郧阳与省人保财险公司签订了全国第一张保额为 2 亿元的扶贫小额信贷综合性大保单。这个保单涵盖种植业养殖业保险、价格指数保险、借款人意外保险、贷款信用保证保险等全方位、一揽子保险产品。按照贷款保证保险保费2%，意外伤害保险0.5%，将保险公司收取的保费建立保险资金池，全额用于理赔，当资金池资金不够支付时，财政再给予补充。

通过“1351”体系，贫困群众出现了主动贷、比着干的可喜局面。2017年扶贫小额贷款新增2.5万户3.86亿元，2018年又增5430户2.69亿元，实现340个贫困村全覆盖，老百姓得到实实在在的“获贷感”。

兴产业　确保“用得上”

贷得出迈出了利用金融资本的第一步，但贷不是目的，关键在怎样保证贷来的款子用在脱贫致富“刀刃”上。

郧阳经过多方调研和反复探索，成功地推出了一个扶贫模式。银行量身定制各类产品——想喂猪养鸡的，每人可获得2000元“种养小额贷”；想种香菇的可申请“定向香菇贷”；能人大户享有额度为50万元的“大户益农贷”；愿意发展小种养、小作坊、小庭院、小买卖的农户，亦有专门的“四小产业贷”；对退捕上岸的渔民和退养野生动物的农户，则按需求发放“转业创业贷”。用鲍沟村党支部书记沈先贵的话说：现在银行不缺钱，只要你想发展产业，均可以“对号入座”、各取所需。

有了贷款，要想赚钱，不仅要靠拼命干，还必须加入“一社一司”抱团发展。

2018年，杨溪铺镇鲍沟村成立文锋种植互助农民专业合作社，吸纳144户贫困户入股。生产虽然一家一户进行，但经营由合作社统一管理。贫困户获得土地租金，平时打工挣钱，年底分红。贫困户张天芬加入合作社后，村里建苗木基地缺资金，她贷款5万元入股，每年固定分红2000元，加上在基地务工，一年收入2万多元。

像鲍沟村一样，全区340个村全部成立“一社一司”组织，吸纳3.94万户贫困户、1.69万一般农户入社，发放扶贫小额贷款2.69亿元，盈利1500万元，户均增收1086.6元、村均增收13.12万元，带动24074人脱贫、15个重点村出列、200余个村集体年收入超过5万元。

防风险　确保“还得上”

7月的郧阳，大地流火。杨溪铺镇鲍沟村的马超中午卖完香菇，顶着大太阳又赶到村金融扶贫工作站还贷款。

“老马，天这么热，你咋这么性急呢！”村党支部书记、村金融扶贫工作站站长沈先贵说。“怎能不着急！村里评级授信，合作社‘搭桥’，咱得讲诚信争‘十星’不是？”老马笑呵呵地擦把汗，立刻把5万元贷款还上。

政府把按时还款作为十星级文明农户创建的重要标准，并给予授信额度优惠、适当资金补助激励，通过十星创建，按时还款一批；保险按照合同约定，理赔一批，兜住底线；村级组建“一社一司”，监管资金投向，为贷款时限与生产周期不匹配的提供搭桥资金，过渡一批；法院实行“三步工作法”，分清逾期类别，依法清收一批。政府、保险、村级、法院四位一体，加强扶贫小额贷款贷前调查、贷中监管和贷后风控，确保“还得上”。

五峰乡红椿沟村王永见贷款5万元养牛，后来王永见因病去世，人保财险经查勘鉴定后，保险公司按70%，赔付3.5万元给银行，政府从风险补偿金中拿0.5万元给银行，银行自己承担20%的损失。2018年，受狂风暴雨极端天气影响，全区小麦、玉米、花生等农作物不同程度受灾，保险公司每亩赔偿400元；个别贫困户养殖的猪、牛、羊意外死亡，保险公司按照1000元、5000元、800元进行赔付。

杨溪铺镇贫困户杨冬梅是“潜在风险户”。她贷款1万元开小卖部、豆腐坊，养猪。还贷期临近，猪还在栏里。村干部和银行工作人员上门了解情况，表示可以办理展期。杨冬梅却说：“第一次贷款，砸锅卖铁也要按时还上。”她找亲戚借了1万元，按时还清贷款。银行当场承诺，猪出栏后，她家可以再申请5万元贷款，扩大养殖规模。

郧阳区柳陂镇沙洲村的现代化景象（郧阳区委办公室供图）

“穷可贷，富可贷，不讲诚信不可贷”成为了群众共识。近年来郧阳区贷款逾期率为 0、到期还款率达到 100%。

强支持　确保“可持续”

在大柳乡黄龙庙村，曾经的贫困户柏化凤说了自己的担忧：2017 年，她靠贷款 5 万元种植白芨发展中药材脱了贫，奔小康的劲头更足了，今年又流转了邻居 15 亩土地准备大干一场。但是，脱贫之后还能不能贷款？另外，白芨三年才长成适用的药材，要是还款时间到了药材还没成熟，银行会不会断贷和处罚？

当政府干部坚定地回答“政策不变”之后，柏化凤终于吃了颗“定心丸”。现在，郧阳的探索正在继续。升级一张保单，拓展保障空间。从过去只保贫困户到保全区所有人，从过去保贷款风险到保“三农”领域所有的风险，构建覆盖“三农”领域的风险防控体系，防范化解各类风险。“一张保单保到底”的保障对象和保险内容不断升级，保障能力不断提升。

实行尽职免责，拓展容错空间。基层信贷员和扶贫干部在开展小额信贷工作中，只要做到依法依规、公平公正、对标聚焦、履职尽责，一旦出现贷款损失风险，纪委监委和检察院免予对扶贫人员和基层干部追责，金融监管部门免予对基层信贷员追责。

坚持防控并举，拓展安全空间。组织开展风险点摸排，建立扶贫小额信贷发放台账，加强资金跟踪和监管服务。对即将到期贷款，区分农户生产周期匹配、自然灾害、市场波动等情况，相应采取妥善方式，分类处置。

扶贫小额信贷成为郧阳脱贫致富的“抱母鸡”和“引窝蛋”。下一步，郧阳将打造社区银行，不断创新完善金融产品和服务，让金融成为绿水青山转化为金山银山的强劲动力和源头活水，助推乡村振兴，润泽郧阳大地，演绎更加精彩的助农兴业新篇章。

茶润花枝俏

——恩施市屯堡乡花枝山村生态农业股份有限公司刘小英的扶贫故事

起初，刘小英一家在屯堡乡经营着一家茶叶店，适逢恩施市高速公路进入快速建设时期，来自全国各地的建筑工人表现出对茶叶的大量需求。刘小英主动与前来店里购买茶叶的工人攀谈，了解到大家虽然对恩施的茶叶质量和口感颇为认可，但由于当地茶农的品牌意识相对薄弱，恩施的茶叶鲜为人知。刘小英突然意识到优质的原材料是沏出一杯好茶的关键所在，她决定追本溯源，为屯堡乡打造一张拿得出手的茶叶名片。于是，2007 年，刘小英决定举家搬往花枝山村，走近这片传说中的世外“茶”源。

初识花枝山，山清水秀但贫穷落后是刘小英的第一印象。这里土壤贫瘠，海拔落差大，有限的泥沙土地里种植着红薯、玉米等传统农作物，偶尔才会在路边看到几棵零星散落的茶树。村里仅有的一条公路崎岖不平，只能依靠人力或骡马运输物资。村民也多以孤寡老人和留守儿童为主，年富力壮的劳动力无一例外地选择了外出务工。

在一户农妇家中收购鲜叶时，低矮破旧的黄土房、坑坑洼洼的“纯天然”地面，让穿着高跟鞋的刘小英举步维艰。收茶结束已是傍晚时分，女主人拿出了招待上宾最好的吃食——“一碗清汤面”。刘小英吃着面条，心里感慨万千。连绵起伏的高山、漫山缭绕的云雾、一碗热乎乎的清汤面，优越的自然地理条件和踏实淳朴的民风，让她仿佛看到了花枝山灿烂的未来。她将收购的鲜叶返厂加工成茶，请河南、安徽、上海的茶商品鉴，茶商们都拍手叫好，这让刘小英更加坚信花枝山茶的广阔前景。

2009 年，刘小英卖掉农村老家的房子，找银行贷款，东拼西凑与合伙人一起筹措 300 余万元，成立了恩施市花枝山生态农业股份有限公司和恩施市屯堡乡花枝山村有机茶专业合作社，她决心调整花枝山村的产业结构，大力鼓励茶叶种植，打造优质品牌效应，努力改善当地的贫困面貌。

然而，以土地为生，活了大半辈子的老百姓怎么会轻易相信刘小英这个外来户的一面之词？又怎么会轻易让出土地，改种收益未知的茶叶呢？为了扭转大家根深蒂固的种粮思想，消除他们的顾虑，刘小英挨家挨户上门游说，为村民们精打细算，又联系村委会组织村民们开宣讲会，介绍种茶的各种好处。并且向大家承诺，凡是愿意加入合作社的，收获的茶叶不仅销路有保障，而且价格稳定。过去挑着扁担走街串巷辛苦叫卖，一晚上也卖不了几斤，如今合作社的成立，将茶农们彻底解放了出来，大家农闲时分还能饲养家禽、外出务工等，可谓一箭双雕。

宣讲会后，有 52 户村民抱着试试看的心态率先加入了刘小英的合作社。为了尽快帮助这些新茶农们进入角色，提高大家的种植技术，刘小英特地请来专家无偿为大家讲解如何种植有机茶，印发《有机茶园栽培管理手册》分发给农户们学习，并组建技术专班，轮番在田间地头开展技术指导。

第一年收购的时候，刘小英的公司以三倍于市场价（30 元／斤）的标准统一收购社员的鲜叶，给最初将信将疑的茶农们吃了一粒定心丸。大家看到了种植茶叶的丰厚回报，也感动于刘小英言出必行的经营作风，更多的村民主动要求加入合作社。

有一户茶农起初对刘小英的合作社不屑一顾。他自以为是地认为自己种了几十年茶叶，比刘小英种茶的时间还要长，种出来的茶叶肯定不愁卖。可是没想到一年后，他的茶叶销售额与其他社员竟相差了几万元，他懊悔不已，主动找到刘小英，请求马上入社，还拍着胸脯承诺："你们怎么说，我就怎么去做。"

刘小英以"公司＋合作社＋基地＋农户"的经营模式，成功带动贫困户脱贫增收。公司依托合作社，指导农户建设茶叶基地，负责茶叶加工、销售和富硒茶品牌打造，按高于市场价 20% 的价格收购鲜叶，确保贫困户的收益。通过统一技术标准、统一提供有机肥、拒绝化学农药，对土壤质量进行统一检测，按照有机茶标准合作社对茶园基地实施统一管理及社员培训，年底根据交易额多少统一分红等“五个统一”机制有效确保了花枝山茶的绿色品质和甘醇口感。公司还与中国农科院茶叶研究所、华中农业大学、恩施职业技术学院等科研院所开展技术合作，相继推出了花枝茶、恩施玉露、恩施硒茶等三大系列五十多个单品。

然而，创业扶贫的道路并不总是一帆风顺，其中的心酸让人不禁泪目。有个别茶农罔顾合作社的要求，故意把统一发放的有机肥高价卖掉，转而施以廉价的农药化肥。刘小英发现后，郑重其事地告诫这些试图投机取巧的茶农，如果不使用有机肥就不收购他们的茶叶，迫使茶农换回天然肥料。

不少茶农抱怨施肥要统一施到根部非常麻烦，刘小英便不厌其烦地劝说他们，细节决定成败，要保证茶叶的品质和价格，就不能偷懒。茶农们听后细想一下，刘小英的话不无道理，于是慢慢理解并接受了合作社的严格要求。

收购茶叶时，有的茶农以次充好，甚至有个别茶农借来邻村的普通茶叶试图蒙混过关，都被刘小英一一制止。他们起初还想狡辩，将刘小英团团围住、软硬兼施。无奈刘小英坚持标准和原则、软硬不吃。她忍住眼泪、咽下委屈，耐心地与他们沟通，仔细地比较茶叶的色泽、味道、质量，开诚布公地展示于众人，其他茶农看到参差不齐的茶叶，也纷纷站在刘小英这边帮她据理力争，最终将那些投机取巧的茶农驳得哑口无言，再不敢滥竽充数了。

虽然刘小英坚持质量至上，但她为了鼓励和照顾弱势群体辛苦采茶，也会给年迈的老人“开绿灯”。还有一次，刘小英亲自开着车上门收购茶叶，夜幕已深，返程途中竟然有胡搅蛮缠的村民将一块大石头横亘在路中央，挡住了车子的去路。忍饥挨饿的刘小英无奈只好下车，使出吃奶的劲儿才将石头挪走。但这些困难都没能动摇她想带领茶农们脱贫摘帽的决心。

每逢大地复苏、生机盎然的春天，花枝山村便呈现出一派繁荣热闹的收茶景象。刘小英不是孤身奋战。从驻村“尖刀班”、村干部们，再到乡镇领导，无一例外，都赶来帮助维护秩序，收茶工作得以井然有序地进行。借助“832消费平台”和“东西部扶贫协作”契机，刘小英茶厂生产的高山有机茶畅销全国、供不应求。她还亲自上阵，在抖音上直播带货，成为花枝山村一道亮丽的风景线。即使是最艰难的2020年，新冠肺炎疫情全球肆虐，刘小英的茶叶合作社也没有受到丝毫影响，反倒逆风起飞，获得了比往年更好的效益。

公司和合作社的快速发展，除了刘小英和村民们日复一日的辛勤努力外，也离不开政府的大力扶持。当地政府先后投入400万元治理沟渠，让家家户户用上了自来水；筹集100万元项目资金为花枝山村架设了供电专线，村民实现了生产生活用电自由；道路施工，打通了花枝山与外界联系的壁垒；批复土地，让茶厂得以顺利投入运营生产；修建游览步道，为未来产业转型奠定了坚实基础。

每逢采茶时节，收购茶叶需要大量的现金流，让刘小英一度感到压力如山。当地政府了解到这一困境后，为了帮助刘小英的企业解决短期内的资金缺口，便改革了股权投资收益的传统方式，创造性地提出通过整合财政资金借贷给企业，为企业收购鲜叶时提供强大的资金支持，而企业则将原本需要偿还的利息以“入股分红”的方式，以年收益的6%作为利息返还的资本，20%交付给村集体，80%分发给贫困户。

很多村民都曾受惠于刘小英茶叶合作社。贫困户陈汝伦身患矽肺病，无法从事重体力劳动，妻子也饱受小儿麻痹症的折磨，一家三口就指望着两亩茶园艰难为生。刘小英多次来其家中看望、嘘寒问暖，还免费为其提供了茶叶种苗、有机肥料等生产物资，并安排他们的女儿陈俭到公司就业。在刘小英的帮扶下，如今全家年收入可达8万余元，彻底摆脱了贫困的束缚。

2020年开春尚处于疫情封控期间，村里有12名年轻劳动力赋闲在家，一时间失去了经济来源。刘小英得知后，二话不说让他们到合作社来务工。当地的几家宾馆出于防控要求无法正常营业，刘小英便主动联系宾馆经理，邀请服务员前来从事采茶工作，解决临时就业问题。

恩施市高山茶场土家幺妹采茶忙（恩施市扶贫办供图，谢顺摄）

曾经遭受的质疑、误会，甚至是谩骂，她从不计较。资金紧张的时候她甚至放弃自己的年终工资，先为大家分红。为花枝山茶倾注毕生心血的刘小英用自己的真情，赢得了广大村民的认可，大家都对刘小英兴办茶叶合作社带领自己脱贫致富的做法十分感激。如今他们心手相连、一方有难八方支援。2020 年夏季，湖北洪涝灾害严重，积水渗入仓库，打湿了贮存的茶叶。村里的百姓闻讯后，连夜自发组织救灾。看着乡亲们奋不顾身的样子，刘小英忍不住湿润了眼眶。

追梦路上，刘小英踌躇满志、步履不停。2017 年，她再次投入 3000 多万元，对厂房进行扩建升级，新的茶叶加工厂面积达到 9000 平方米且更靠近茶园，拥有 4 条生产线，每年可生产茶叶 200 吨。她还号召村民将村里闲置的房屋改造成风格各异的民宿，利用采茶之余发展农家乐，打造花枝山网红村，实现文旅结合、茶旅融合。集展览、销售、休闲为一体的生态旅游观光园，正在如火如荼地建设。刘小英与花枝山村的乡亲们一起，以天地为色盘，以茶园为画笔，努力描绘以游带农、以农促游、农游互补的美好蓝图，为实现乡村振兴增添了浓墨重彩的一笔！

茶润花枝俏。在刘小英的带动下，经过 11 年的艰苦奋斗，花枝山村由一个贫穷落后的封闭山村，逐渐蜕变成为绿树成荫、茶香氤氲、文明开放的美丽村庄。全村茶园面积由最初的不足 200 亩，发展到如今的 2000 多亩，其中有机茶认证 800 亩，绿色认证 1000 亩。全村 90% 土地实现茶叶种植，茶农 100% 加入了合作社。村民人均年收入由不足 2000 元，增长到现在的 13900 元。花枝山村 126 家贫困户 363 人实现脱贫致富，2019 年实现整村脱贫。刘小英还在沐抚、龙凤等乡镇发展优质茶园基地 5000 亩，辐射带动了 453 户贫困户脱贫增收。2014 年至 2019 年，公司用于扶贫的总投入达 426.36 万元。

曾经的供销社名牌花枝山茶，在经历了一段时间的沉寂后，如今在刘小英的带领和全村人的共同努力之下，正在以崭新的面貌重新走出湖北、走向全国。

“白发幺妹”向阳而生

——恩施市汇力帮帮综合服务公司向成桂的脱贫与扶贫故事

向成桂，一头气质不俗的白发披肩，让初识之人心里不自觉地嘀咕：“未免太潮。”面对疑惑，向成桂早已见怪不怪。其实满头银发，并不是追求时尚特意染成的，而是家族的遗传。据说，家族中从向成桂上溯五代始，无论男女，生下来都是白发。因拥有一头天生白发，向成桂从小就被家乡人唤作“白发幺妹”。作为恩施市脱贫致富的典型，一路走来，“白发幺妹”向成桂有着自己的心酸历程。从建档立卡贫困户，到创业脱贫，再到带动众多的贫困户脱贫致富，她在追梦路上摸索前行，步步嬗变。

“白发幺妹”是“80后”人，出生于湖北省恩施市崔坝镇班竹园村大山脚下的一间土坯房里，是穷苦人家的孩子。因为一头白发，向成桂从小没少受气，同村的小伙伴经常讥笑她为“白头翁”。长大后，向成桂依然因为天生的白发和贫寒的家庭而总是抬不起头来。当被问到从何时起开始接受自己的“时尚”？向成桂说，在外打拼数年后，她才对这头白发慢慢释然，最后索性蓄成一头原生态纯银色披肩长发，倒也别具一番风韵。坦然的背后是作为事业成功者的一份洒脱。

家里祖祖辈辈务农，全家人从牙缝里省出钱供向成桂读到中专。本以为能通过读书改变命运，走出山沟沟，但因为爱情，向成桂与恩施市城郊七里坪村农民彭乾邦喜结连理。对于丈夫家的情况，向成桂婚前虽有所了解，但婚后两人一起生活后，向成桂才真正意义上理解什么是过穷日子。

彭乾邦1岁多母亲就过世了，父亲又重病缠身。彭乾邦从小跟随叔叔长大，叔叔也因赤贫终身未娶，是村里出了名的“贫困户”，家里时常有一顿没一顿。可以说，彭乾邦是吃村里百家饭长大的娃，一年到头，要是没有村里的接济，日子根本过不下去。向成桂与彭乾邦结婚时，彭乾邦家里还只有土坯房一间，连结婚时准备婚房需要租房子的 2000 元，都是彭乾邦从同学那里借的。

婚后不久，彭乾邦在北门河坝当搬运工，夫妻俩一个月工资加到一起还不到 2000 元。上有常年生病的老父亲，下有嗷嗷待哺的孩子，生活过得很艰难。向成桂对我们说起一件往事。那是 2009 年腊月，因为家里没有钱买年货，听说城里一家超市搞促销，大米能够便宜几毛钱，肉也能便宜一块多钱，但每人限量购买。于是，向成桂、彭乾邦、向成桂的公公以及表妹，还有两岁多的儿子连夜出动。四个大人轮流排队买，儿子则蹲在墙边守东西。向成桂清晰地记得，寒风呼啸中，一家人整整排了六个小时的队，就买了一百斤大米，两个猪蹄，一把小凳子，年货就算办齐了。

面对一贫如洗的家庭，向成桂常常一个人发呆。穷得叮当响的人家，难道也无法改变？是天天过紧巴日子，还是杀出一条血路？拼！绝不向命运低头！她整日想着如何突破困境。没有技术专长、没有资金投入、没有致富门路，小两口白手起家，结婚第二年起就和许多农村青年一样，选择了进城打工。向成桂先后干过家政服务，和丈夫一起开着三轮车帮人送货，还卖过保险，推销过电脑等。

2013 年，向成桂应聘到一家信息服务公司，开始接触到中介行业。2014 年，村干部告诉她，恩施市人社局组织创业培训，建议她去看一看。正是这次培训，激发了她的创业意愿，改变了她的一生。由于向成桂文化功底较好，工作勤奋，吃苦耐劳，又善于和人打交道，在中介行业中很快进入角色，同时还发现中介行业蕴藏的诸多商机。因此，向成桂和丈夫决定自己创业做老板。2015 年，她的人生进入转轨期。她自任总经理，成立了恩施市汇力帮帮服务公司，寓意希望汇全体员工的力量帮助每一个需要帮助的客户，一定要帮助那些曾经向她一样迷惘无助的困难群体，让他们早日脱贫。

2015年2月，向成桂用仅有的2300元，在市里租下一套两室一厅的房子，购置了一套二手桌椅和电脑，开启了她艰难的创业之路。说时容易做时难。创业之初，向成桂遇到的最大困难还是资金问题。创业之初，收入少、支出大，房东催租，公司入不敷出。值得高兴的是，经多次沟通，房东终于同意她的租金可以月付，而且没有收取她的租房押金，这样大大减轻了她的经济压力，她心里想“每个月一定要准时将房租支付给房东”。为了保证房租及时上缴，她将其中的两间卧室转租出去，在客厅放上了她的二手桌椅和电脑，继续她的创业之旅。

那时候的她，因为要给房东和客户高效匹配合适的房源，需要不断为双方转达和协调，所以电话特别多，总是一边电话没断，另一边又来了。曾经有段时间，她的身上挂了五部手机，即使在带着客户的过程中，也是一边接着电话，一边手中还翻着信息本。她从来没有坐下来吃过一顿安稳饭，走路都是带着小跑。她说：“有好多客户看到我的白头发，又看我那么忙，都还以为我是累白的嘞。”

有一年，航空花园的一个房东把房子交给她打理，为了节约五十元卫生费，她和老公工作到凌晨两点。为了达到客户的卫生要求，他们没有用拖把拖地，采用了清洁球加抹布的方法，一晚上下来，她的膝盖磕破了皮，手也被面盆划伤。往事历历在目。

关键时候，是政府给了“贵人”般的帮助。2015年8月，劳动局给向成桂支持创业贷款十万元。时至今日，说起这件往事来，向成桂就特别感动：“如果没有当初那十万元，绝对没有现在的我，要感谢政府，感谢国家的政策。”问到她创业之初是否还有其他的困难时，向成桂总是说：“已经过去了，不想说了。我的确也曾经无数次在夜里想过是不是要放弃，但是一想着这么多人跟在我的身后，一个人就代表着一个家庭呀，我就知道，我不能放弃，也不会放弃。”

若许轻捐便轻得，古来创业岂云艰。没有员工，向成桂就自己动手干；没有技术，她就自己琢磨出技术；没有客户，她就自己带头跑市场。对于新招聘来的员工，她每天抽出时间亲自培训，将自己的知识传授给新员工。一天24小时，近20小时都在工作之中。

锲而不舍，金石可镂。向成桂以信息服务为源头，逐步从房屋租售、居家保洁，到月嫂、保育、护理等，挖掘出一个巨大的市场。她的公司业务范围逐步扩大，公司也从无到有，从弱到强，发展成了以房产租售和家政、月嫂服务为主，以职业技能培训为辅的综合性服务公司。综合办公面积达到1300余平方米，家政从业人员300余人，打卡制员工42人。为提高服务质量，她还成立了自己的职业培训学校。校区占地面积2000余平方米，是政府定点培训机构，可以给客户提供从安家到住家一条龙的高质量服务。

向成桂曾经贫穷过、迷惘过，摆脱了贫困后，她希望能够帮助那些曾经像她一样迷惘无助的困难群体，让他们早日脱贫。2017年，当公司逐步趋于稳定之后，向成桂开始寻思怎样去帮助更多像她一样曾经贫寒、迷惘的贫困人群。

她主动找到“雨露计划”的培训主体——恩施市中等职业技术学校，提出“订单式培训”的想法。根据公司的上户要求，凡培训结业考核合格的建档立卡贫困户，她的公司全部吸纳就业。截至2020年9月，她公司接纳的建档立卡贫困户已达167人，近30名贫困户被评为金牌月嫂，年收入都在10万元以上。她还积极参与国家精准扶贫东西部协作劳务输出帮扶政策，主动联系杭州58到家家政服务公司与她的公司达成合作，并往杭州输送家政服务人员近200人，其中建档立卡贫困户近80人。在杭州工作的家政人员保底月收入5640元，有的已经达到1万多元。

此外，她还积极投身社会公益活动。为响应乡村环境整治的号召，她利用自己团队具备的授课优势，带领着团队，每人配备一个大行李箱，装上培训的道具、宣传单页等，历时7个多月，跑遍了恩施市的180多个村，不放过每一个屋场会、技能培训会、知识讲座的机会，给乡亲们手把手地教如何打造美丽庭院、美丽村落；如何收拾厨房、整理床铺。有时候凌晨5点出发，晚上12点才能归家。她还定期组织公司阿姨到建档立卡贫困户、社会福利院、敬老院等场所去，为他们整理床铺、擦洗门窗、打扫院落，带领老人们唱歌、跳舞，给老人们带去丰富的文化和精神生活。

在人社局、妇联和各乡镇办事处的支持下，向成桂带领团队在恩施、来凤、宣恩、鹤峰等地举办了300多场技能培训，培训内容涵盖月嫂、育儿嫂、保洁和老年护理等专业技能知识。

通过培训，许多像曾经的向成桂一样的“贫困户”先后脱贫致富。张金梅，曾经也是“贫困户”，在向成桂无数次的电话鼓励下，她终于拾起了学习专业技能的信心。因老公瘫痪在床无人照料，还未学成的张金梅对从事家政职业打了退堂鼓。向成桂了解情况后，多次上门找她谈心，帮她分析走出贫困的出路，并帮助她解决其丈夫的起居问题。耐心细致的关心和交流，渐渐地融化了张金梅心里的坚冰，让她在家政这个行业坚持了下来。如今的张金梅已是金牌月嫂，月收入1万余元，不仅照顾好了瘫痪的丈夫，而且供养了两个孩子读书，人也从闷闷不乐变得开朗大方了。

贫困户李求丽在向成桂的鼓励下，辗转120多公里前来培训学习。现如今

过去的张金梅与现在的张金梅（恩施市扶贫办供图）

是杭州的三星育儿嫂。不久前，她特别开心地给向成桂发微信说，亲戚朋友看到她穿得干净利落，说话也变得得体大方，纷纷都说她选择了一个好出路。她去年一年收入了 11 万。李求丽不仅自己脱了贫，致了富，还将她的两个姐姐也带入了家政这一行业，让一大家子依靠家政脱贫致富。

看着姐妹们因脱贫致富而开心，向成桂就更开心。向成桂说，每当看到一个个走出去的姐妹，就好像看到几年前自己的影子。她感受到了一份沉甸甸的责任，她觉得自己有义务带领她们脱贫致富。通过自己的不懈努力，以及各级政府的大力支持，向成桂自己从贫困户转变为致富带头人，不仅如此，她和她所带领的团队也有效带动了众多土家族儿女脱贫致富奔小康。

休言女子非英物，夜夜龙泉壁上鸣。近年来，向成桂的事迹得到了各级部门和媒体的高度关注。浙江省委书记袁家军、湖北省委书记应勇先后到她的培训中心进行考察。原湖北省妇联主席彭丽敏、湖北省扶贫办副主任崔先华、湖北省人社厅副厅长曾向阳先后到她的培训中心调研，均给予了高度肯定和赞赏。中央人民广播电台、《半月谈》、中央电视台《新闻纵横》栏目、新华社、学习强国、中新社等央媒先后对她的事迹进行了跟踪报道。向成桂也先后获得恩施州“脱贫攻坚先进个人”、“巾帼脱贫标兵”、2019 年恩施州“百姓宣讲堂”优秀宣讲员、恩施市“道德宣讲”优秀宣讲员、恩施市“十佳脱贫标兵”、“全国优秀农民工”等荣誉称号。公司也被评为“恩施市十佳扶贫市场主体”。

“感谢国家政策，感谢各级帮扶，让我提前摘掉了‘贫困帽’，在精准脱贫中，作为标兵的我，要用感恩之心，带动更多人脱贫致富，当一名‘尖兵’。”这是向成桂在恩施州百姓宣讲团宣讲活动中的宣讲誓言。从贫困户到带领姐妹们致富的“领头雁”，向成桂在追梦路上不停歇，一步一个脚印，诠释着一个“脱贫标兵”的奋斗与担当！

（本文参考了荆楚扶贫网、中国硒都网有关报道）

恩施市“白发幺妹”向成桂组织贫困户月嫂培训（恩施市扶贫办供图，谢顺摄）

“竹”发致富力

——崇阳县桂花泉镇桂花村蒋长富一家人的扶贫故事

《诗经》有云：“瞻彼淇奥，绿竹猗猗。”竹，“四君子”之一，以其清瘦的风姿、俊逸的神采、高洁的品格，令古人寄寓淡远的风雅，给今人留下无言的想象。时值深秋，位于幕阜山区腹地的崇阳县桂花泉镇雷竹小镇，一眼望去，山间竹影婆娑，万亩竹海绵延，几栋小楼掩映其间。山下堰塘里，荷香水清。乡村公路边，一字排开的十来间农庄里，香气四溢，让人心旷神怡。

“过去，山上杂木丛生，农田多有抛荒，看不到一栋齐整的农房。没想到现在靠种雷竹变成了诗画田园。”桂花村雷竹小镇是怎么诞生的？又经历着怎样的变化？这一切要从浙江人蒋长富、叶琼夫妇的辛勤付出说起。

时光追溯到1997年，时任崇阳县长的熊登赞在一次下乡调研的过程中发现，地处丘陵山区的崇阳县，不管何处，山林间都有翠竹夹杂。“崇阳山林多，能不能种上可以产生较好经济效益的竹子呢？”经过县政府邀请有关单位进行科学论证，产自江浙地区的雷竹进入熊登赞的视野。为了能从浙江、福建等地引进育笋能人，熊登赞多次带人远赴杭州临安区求贤纳才，很快便找到了带领乡亲们种雷竹致富的全国劳模、临安区高虹镇崇阳村村支书蒋长富，希望他能够到崇阳县去给当地人传授雷竹种植经验。

熊登赞的求贤若渴打动了蒋长富。次年，蒋长富来到崇阳县桂花泉镇桂花村，当蒋长富抓起一把黄泥，看到这片地处北纬30°，气候湿润、高度和坡度都适宜雷竹种植的连绵不断的小丘陵时，心中暗喜。以他多年种植雷竹的经验来看，崇阳是种植雷竹的宝地。用蒋长富当年的话说：“种植雷竹黄泥土最好，粉红外皮、肉白、纤维细，好看又好卖。”

蒋长富实地考察后不久，第一批雷竹苗便由千里之外的临安引进，经过专业的培育，雷竹果然适合在崇阳生长。但技术人才的匮乏，让熊登赞不得不多次上门做蒋长富的工作，希望他能专门到崇阳来发展。因蒋长富在临安也有大量雷竹基地需要管理，儿子蒋国庆还在读书，实在难以走开。但熊登赞的多次邀请，又让蒋长富盛情难却。无奈，妻子叶琼只能“替夫上阵”，孤身一人来到崇阳。

刚来崇阳时，叶琼人生地不熟，语言也不通，各方面都是困难重重。今天，当问起叶琼坚持下来的缘由，她说，因为以时任熊登赞县长为代表的崇阳各级领导给予了充分的支持，有困难政府随时给予解决；因为当地群众的生活实在是太艰难了，许多村民家中当时唯一的电器就是那只红彤彤的 15 瓦白炽灯。大部分村民守着一亩三分的山地，过着仅能维持基本生活的日子。那一刻，叶琼下定决心，一定要留下来，让能产生较好经济效益的雷竹在崇阳开枝散叶，让老百姓能够脱贫致富。

雷竹的培育期较长，经济效益短期内难以体现。对此，老百姓对于种植雷竹都抱着怀疑的态度。老百姓不仅怀疑雷竹的经济价值，对于陌生人的到来同样也带有敌意。叶琼说，当时笋子好不容易长出来，就被当地老百姓折断，不是为了折回去吃，只是单纯的对外来人的排斥。

为了让当地老百姓相信种植雷竹可以带来财富，也为了让自己更好地融入当地生活。叶琼做了一个惊人的决定，搬进山里住！很快，一个用尼龙布搭建的简易帐篷立在荒山之中。叶琼当起了雷竹基地的“稻草人”，陪伴她的只有一把柴刀，一个手电筒以及一条狗。前不着村，后不着店，一住就是三年。三年里，叶琼与山风为伍，以野兽为邻，守护着一片希望之地。三年里，叶琼始终不忘帮助当地的老百姓，精诚所至，金石为开。三年的时间，叶琼的付出终于打动了当地人，“你放心，以后再也没人来折你的笋子”。那一刻，叶琼觉得一切的付出都是值得的。

叶琼的付出，换来了笋子的大丰收。可问题也随之而来。笋子该销到哪里去？长三角是雷竹的传统市场，崇阳产的优质竹笋在那里非常受欢迎，但是当时的崇阳交通不便，笋子的保存时间又短，因而崇阳雷竹的最初市场只能是选择最近的武汉农贸市场。当时的本地人根本不知雷竹笋为何物，雷竹笋丰收的季节根本没有流动小贩来收购。至于崇阳县原本用于收购雷竹笋的公司，因经营规模有限，远远无法满足销售的需求。恰好 2006 年的时候，崇阳县为了扩大种植以及寻求销路，让叶琼回老家招聘技术与销售人员。刚毕业不久的蒋国庆正是在这一年 8 月，被母亲叶琼带到了崇阳，专门负责笋子的销售，打开武汉市场成为蒋国庆来到崇阳后的头等大事。

为了打开武汉人的味蕾，蒋国庆先是让崇阳的菜贩子每天带点笋子去武汉。但雷竹笋小，价格相对楠竹笋较高，难以让吃惯了楠竹笋的武汉人产生兴趣。

所谓丈夫贵不挠，成败何足论。困难并没有将蒋国庆打倒。有了前几次失败的经验，蒋国庆决定在菜市场现炒现卖，彻底扭转武汉人的这种“偏见”。很快，武汉白沙洲农贸市场的一处角落里便支起了鲜笋炒肉的锅灶，让市民免费品尝，这一尝试渐渐地让武汉人知晓了雷竹笋的美味，也正式打开了雷竹笋的武汉市场，让雷竹笋进入武汉人的日常生活。

同时，随着湖北交通网络的日渐完善，崇阳的雷竹笋又先后打开了兰州、成都，乃至整个东南的市场，被沿海的老百姓们亲切地称为“湖北笋子”。蒋国庆的扎实营销，硬是创造了崇阳日销 10 万斤鲜笋的胜景，让“湖北笋子”在东南市场家喻户晓。

随着销售局面的打开，崇阳雷笋开始出现产量不够的问题。2010 年，蒋国庆回到基地，着手提升种植基地的产量。同时，着手与湖北瑞发公司合作生产清水笋、油焖笋，对雷竹进行深加工。如今部分油焖笋已直供俄罗斯。这样的产销结合，让合作社盈利颇丰。2018 年 11 月至今，蒋国庆领办的合作社已实现 1200 万元产值，利润超过 600 万元。

栽好梧桐树，引得凤来栖。叶琼和蒋国庆在崇阳不仅种出了好笋，还为当地雷笋打开了市场，引得一大批浙江商人来崇阳学习、复制他们的模式。蒋国庆说：“浙江过来了 100 多号人，在附近几个村都种上了竹子，目前我们镇差不多就有 9600 多亩，亩产值可以达到一万多。”在桂花村的示范带领下，附近的三山村、官庄村等地村民也先后开始种植雷竹，全镇雷竹种植户达上千户，面积 10000 余亩。

11 月下旬，天气渐冷，蒋国庆雇用周边的村民用谷壳、稻草等透气性好的农业废弃物，给笋子“盖被子”。温度高了，就揭一层，天寒地冻时，就加一层，确保鲜笋亩产量稳定在 1.5 ～ 2 吨，每株都皮薄肉嫩。“我们的笋子每斤贵 2 元，抢在春节前上市，价格能稳定在 20 元一斤。”

雷竹笋有了市场，有了销路，也带动周边村民一起致富。在当地镇党委、政府的引导下，桂花村探索出“党支部 + 合作社 + 农户”的发展模式，把党支部建在产业项目上，引领农户以土地、资金等多种形式入股，成为凝聚和发动群众，实现共同增收的有力抓手。

“贫困户”汪谋新有两个小孩上学，妻子残疾，属于因病致贫。此前，汪谋新自己种有 20 亩雷竹，但因技术不过关，收成不理想，于是将竹林全部流转给合作社，用以获得土地流转收入，他自己则在雷竹基地打工。这两年，他的妻子也到合作社附近打零工。2019 年，他们首付 15 万元，在崇阳县城买下一套 90 多平方米的商品房。“只要手脚勤快，月供应该没问题。”

桂花村九组孔定章，今年 48 岁。其母是聋哑人，现已双目失明，失去生活自理能力。他不得不留在家里，边干活边照顾母亲。如今他除了在雷竹基地干活外，还种了几亩菜，在自家竹园里养了 50 多只鸡、10 多只鸭子。为方便进城卖菜，去年还买了辆二手车。谈到这些年的改变，他笑了笑道：“以前脸朝黄土背朝天，收成全靠天老爷的脸色，日子过得灰头土脸。现在有雷竹种植大户的带领、干部的指引，发家致富的路子多了起来。”

他搬着手指盘算着，除去流转雷竹基地的费用和挖笋的工资，每天卖菜可挣 100 多元。这鸡鸭长得正肥，过两天准备拉到街上去卖，“粗算一下，一年总收入将超过 3 万元。”今年，他特意将屋内装修一新。“和家人过个好年，年后继续努力，在奔小康的路上不拉全村的后腿。”

“以前，我们这里竹笋产量不高，销路不畅，大家的积极性也不高。这几年在政府的政策支持下，合作社不仅提供技术，还解决了销路。目前，我家种植的雷竹面积大约 21 亩，年纯收入大概有 5 万元。”村民熊正榜说。熊正榜不仅自己脱贫致富，他家基地还吸收周边 10 余位村民务工，人均年增收万余元。

随着幕阜山旅游公路中的 16 公里循环公路穿过雷竹小镇种植园区，这片近 3 万亩的雷竹基地，又迎来了新机遇。桂花村胡家大院是国家级非物质文化遗产长篇叙事诗《双合莲》男主人公胡三保故居，茶马古道从桂花村经过，国家级森林公园坐落其间。

2019 年，长富雷竹示范基地项目被确定为省级重点项目。项目集现代生态农业开发、旅游休闲、产品加工保鲜于一体，建成后将开发油焖雷竹笋、笋干等系列产品，500 吨级生鲜冷库将填补竹笋市场夏季空档期，进一步提升桂花雷竹笋市场竞争力。2020 年，通过招商引资，湖北融通食品科技有限公司落户桂花村，预计投资 2 亿元，笋制品年产能达 9000 吨，年产值有望突破 1 亿元。

现如今，桂花雷竹核心园区已建成竹文化接待中心、百竹博览园、农事体验园，新修循环观景旅游公路 8 公里，投资 400 万元建成竹园农庄“长庆园”，湖北省首家“地球仓酒店”已投入运营。一排修竹打造的“高山流水”，竹笋烧虾仁制成的“冰清玉洁”等十五道鲜、干笋做成的全竹宴，备受游客喜爱。1800 元一桌的高价也挡不住“吃货”的热情，“席位需要抢订”。每逢周末或者节假日，慕名到“长庆园”品尝雷竹的游客更是络绎不绝。

富含负氧离子的竹园，也被蒋国庆的妻子做了创造性开发。20 平方米空间、入住人脸识别、升降床、生活用水净化循环使用、拉开窗帘就是竹海……竹海里的 4 幢全智能“地球仓”酒店，已开始接受预订。蒋国庆说，后期这里还规划建设观光步行道、百竹博览园、农事体验园、水果采摘园等项目。“现已带动附近 80 多名村民就业，户均收入 4 万余元。随着产业链加粗加长，将有更多村民和我们一起走在乡村振兴的大道上。”这是蒋国庆对未来的展望。

未来的发展，崇阳县政府谋划以桂花村为核心，打造全域雷竹产业布局。按照“统一规划、整体开发、分期实施”原则，全力将桂花雷竹特色做优、优势做强，走“突出生态文明建设和追求高品质绿色发展”之路。未来，桂花泉镇计划投资10.5亿元，规划建设雷竹基地2万亩，预计年产雷竹笋5万吨，以打造华中第一雷竹小镇。一个以雷竹小镇为核心，集生态农业开发、农产品加工销售和旅游休闲等为一体的现代农业产业园，正在乡村振兴的浪潮中，蓄势待发。

（本文参考了湖北农村网有关报道）

老戴和他的“毕兹卡”

——恩施市毕兹卡社会工作服务中心的扶贫故事

恩施市毕兹卡社会工作服务中心成立于 2017 年，是一家由恩施市民政局培育扶持、批准注册的民办非企业单位。机构现有督导顾问团成员 6 人，专业社工人员 8 人，义工 160 人，取名“毕兹卡社工”。服务中心理事长“老戴”戴绍雄解释为，土家族自称“毕兹卡卡措”，“卡措”在土家语中是“宗族”之含义，“毕兹卡”意即“毕兹族”，旨在根植恩施州本土，为土家族儿女提供社会工作服务。

成立毕兹卡之前，“老戴”已经在恩施义工协会工作过七年，是恩施州一名老资格的社工。创办毕兹卡后，老戴用了不到三年的时间，和毕兹卡社工一起为恩施州服务的时间长达 48000 多小时。在服务困难家庭、帮助苦难儿童的道路上，毕兹卡社工一路茁壮成长，如今的毕兹卡已然成为恩施地区社会工作服务的中坚力量。

习近平总书记强调，为全力打赢脱贫攻坚战，确保到 2020 年我国现行标准下农村贫困人口实现脱贫，要动员全党全国全社会力量，坚持精准扶贫、精准脱贫，注重扶贫同扶志、扶智相结合。全力打脱贫攻坚战的过程中，社工无疑是不可或缺的重要力量。除了扶产业，“扶智”同样重要。如何激发贫困人群脱贫的内生动力，实现贫困人口的自助，毕兹卡社工有着自己的思考与行动。

在老戴和毕兹卡所有社工眼里，恩施的风景美如画，但在这里的大山深处还生存着一群“问题”少年，他们家庭情况复杂、生活艰辛、成长受阻，自称“冷酷哥”的小令（化名）就是其中一个。

2017年10月7日，经当地村委会介绍，毕兹卡社工驾着车，绕过弯，翻过山，历经2个小时的车程，在村干部的带领下终于来到小令家。老戴清楚地记得，社工们初次走进小令的家中，呈现在眼前的是四处透风的房屋、破旧的家具，父子二人一米二宽的床以及寒冬中小令那冻得有些颤抖的神情。而社工们与小令的第一次见面也不算和谐。13岁的小令见到生人总是一脸严肃，沉默寡言，性格十分内向。“小令对于我们这些社工有着很强的抵触心理，不正眼看我们，拒绝与我们一起拍照，对于社工的询问也是爱搭不理。”

经过社工走访小令四周邻居，并详细询问后得知，小令一家四口，相依为命的却只有父子二人。母亲因身体不好，在小令很小的时候就外出务工，与家中互不干涉，也很少与家人见面。哥哥在外务工，不务正业，基本不回家，也从不往家里寄钱。55岁的父亲与小令有着相当大的年龄差，因腰椎病严重，不能干重活，没有种庄稼，只养了几只羊，基本靠政府救助维持生活。而小令成长在这样的环境中，性格内向，学习成绩一般，与同辈互动较少。

在小令抗拒心理较强的情况下，如何才能融化小令心中的坚冰？社工们知道，第一件要做的事就是与其建立良好的信任关系。一方面让小令及其父亲了解社工，一方面给予其生活与心灵上的温暖与关怀。在第一次入户走访，建立专业关系之后，根据小令及其家中当时最迫切的需求，社工积极链接社会资源，发动社会参与，帮助小令一家搬进易地扶贫安置房中。

2017年11月25日，经过一个多月的筹备，并征得小令及其父亲的同意后，近20名社工、义工及爱心人士驱车前往小令家中，为其送去爱心人士捐赠的家具家电、床垫被褥、保暖衣物、锅碗瓢盆等日常生活用品，并和小令父子二人一起布置新家。社工像朋友一般与小令拉家常，逐渐开始深入小令的内心，了解他的想法。那一次，小令脸上终于露出了笑容，并在搬家结束后主动给爱心人士发短信致谢，这一次的变化让社工感动。在社工们看来，做的事或许微不足道，但小令心中的坚冰已经开始慢慢融化。

后来，社工又寻找爱心人士对小令进行助学帮扶、爱心慰问等物质层面的帮扶，同时协助其父亲发展产业，社工与村委会一道将精准扶贫中的产业扶贫政策宣传落实，为其链接资源，提供鸡苗支持、技术指导、销售渠道等方面的帮助，终于极大改善了小令一家的生活状态。

在一次次的电话回访、入户回访与温暖关怀过程中，小令与社工的关系越来越近。大家在一起制定学习目标与成长目标，小令主动每周与社工分享记录生活、亲情、充满希望的周记。不久，社工从学校老师那里了解到，在社工帮扶的一年多时间里，小令在课堂上主动发言，与同学相处更和谐，学习成绩也提高了不少，让大家十分欣慰。老戴说，社工相信小令本身就存在着自身的优势，只是之前在成长方面缺乏引导。

在一次对话中，小令表达出自己想走出大山看看大学的样子。社工认为这有利于激励小令更加努力地学习，于是组织开展了“情暖少年心，相伴助成长”活动。那一次，近 20 名山区困境儿童一起参观了博物馆、湖北民族大学，游玩了女儿城民俗风景区和花海，社工还组织同学们参加团体游戏。过程中，小令表现主动，积极发言，大声说出自己的想法，与其他参与人员融为一体，相互照顾，欢笑声不断，同时对事物有着自己独特的见解，让社工不禁感叹“生命在蜕变”。

一年多来，社工见证了小令的成长与变化，社工所做的是关怀、是悦纳、是共情、是增能。老戴说，希望小令一直保持现在的良好状态，笑对生活，努力奋斗，走出大山，创造更加美好的生活。“冷酷哥”的故事只是毕兹卡社工长年累月服务社会、救助贫困工作中的一个缩影。老戴说：“撒播爱心阳光，奉献一片爱心，让世界充满爱，扶贫路上，义工从不缺席。”

（本文由恩施市毕兹卡社会工作服务中心供稿）

恩施市白杨坪镇朝阳坡村扶贫义诊（恩施市扶贫办供图，刘尚华摄）

红土山“土豆状元”

——恩施农博生态农业开发有限公司黄焕然的扶贫故事

“农博公司的发展离不开老百姓的支持，我们没有眼花缭乱的样板基地，只有农户在我们公司实实在在获得的收益，每个农户都是我们分散种植和分散养殖的合作伙伴，我们与广大农户资源共享、风险共担、互利共赢。”

恩施农博生态农业开发有限公司负责人黄焕然坚定地认为，企业必须要挣钱，老百姓必须要增收。这位红土乡“土豆状元”这样说，也始终在这样践行。精准扶贫这些年，正是无数个像黄焕然一样的实干者奋斗在恩施这片热土上，才为恩施的扶贫事业搏出了一条致富路。

黄焕然是地地道道的红土人，从小家境贫寒。全家 12 口人，经常吃不饱，穿不暖。“后来，我读了农校，19 岁那年入了党。记得加入组织的那一天，我的眼泪哗啦啦地流。我从小就家里贫穷，若没有党组织的关怀，就没有我走出大山的一天。我当时就一个念头，就是要用自己的所学造福乡里，让村里人摆脱贫困。”刹那间，似乎又回到了青葱岁月，黄焕然眼中闪烁着光。本想返乡带领村民谋发展，却因为太年轻，以一票之差落选村主任，不得不开始了创业生涯。

在转型做土豆生意前，黄焕然做过很多生意，是十里八乡闻名的成功人士。他卖过硫黄，曾将湖北的硫黄卖到江西万载、湖南等地，又把湖南的粮食、烟草买回湖北来。后来又卖了 18 年煤，也开过煤矿，多年的打拼为黄焕然赢得了一份丰厚的家业。

直到 2016 年，黄焕然才开始转型从事农业产业。当被问起为何选择转型时，黄焕然并不避讳。他说，国家对小型煤矿的整顿是他选择转型的一个重要因素。除此之外，还是因为那未曾磨灭的家乡情怀。黄焕然说，尽管自己富了起来，可每每看到家乡的贫穷，当年立志改造家乡的念头就时时在脑海中回荡。

要回到乡里带领家乡人发展产业，可红土乡缺乏旅游资源，又没有茶叶资源，山窝窝里面有的只是老百姓用来果腹的土豆蛋蛋，该发展什么产业，又怎么才能让老百姓富裕起来呢？这个问题困扰了黄焕然很长一段时间。

对于山里人赖以生存的土豆蛋蛋，黄焕然别有一番感情。山里长大的他，打小就知道农民将自家地里的土豆背到街上，也就四五毛一斤，没卖完的又背回来，很难卖到钱。怎么让这大自然馈赠的好东西走出大山，卖出好价钱，成为黄焕然返乡创业的突破口与试金石。

红土乡属于“恩建宣鹤”高山片区，交通不便，经济发展落后。2015 年，恩施州州长刘芳震亲自挂帅，将发展高山硒土豆作为重点扶持的特色产业。“红土乡的土壤条件特别适合种土豆，发展富硒小土豆成为我们当时产业发展的主要方向。”恩施是全球最大的天然富硒地，有“世界硒都”之称。红土乡恰处于恩施富硒土豆的核心产区。

在当地政府的支持下，富硒小土豆很快成为农博创建之初的主打产品。“当时有了想法后，主动跑到乡里去找乡党委书记。乡里相当重视，第二天乡里的所有职能部门就到公司现场办公，一次性把公司创办之初的问题都解决了。”“很感谢乡里这些年的支持，要不是他们，我们农博也很难这么快发展起来。”黄焕然深有感慨。

有了思路与政策的支持，黄焕然和他的农博公司在发展高山土豆产业上，立足资源变资本，进行大胆的探索与尝试。2017 年，黄焕然决定种植高山马尔科土豆。为了打造“恩施土豆”品牌，黄焕然注重土豆产品的产业化、规模化、品质化。

经过四年的摸索与努力，黄焕然和他的农博公司利用本地地理、气候等自然优势，立足现实，以农民为基础，以市场为依托，以品质求生存，以诚信赢客户，通过提纯改良老马尔科土豆品种，最终把大山里不值钱的“土疙瘩”变成了“金蛋蛋”。黄焕然先后成立恩施市珍源马铃薯农民专业合作社和绿牧源农牧民专业合作社，建立“公司＋专业合作社＋农户基地＋农超对接”的长效机制。公司自己不建基地，给老百姓投资肥料、种子与技术，收获期，以每斤1.35～1.4元的价格对土豆进行保底回收。

2020年，公司进一步在红土乡推进“恩施土豆”万亩优薯基地建设，在全乡从海拔400米到海拔1900米的老高山梯级种植，分季收购，错峰上市，确保全年上市，满足市场需求。如今，农博公司屹立在恩施屋脊的红土乡石窑，其开发的“石窑马尔科土豆”已成为恩施土豆的俏货，深受人们喜爱。

四年来，除聘请当地技术员负责常年的技术指导外，已有300多户农户陆续加入两个专业合作社，其中贫困户311户。为了解决合作社成员从外地购买仔猪的问题，公司依托绿牧源农牧民专业合作社在当地建立起良种母猪繁育基地，并建立了仔猪交易市场，发给农户分散养殖，为养殖户免费提供疾病预防及治疗服务。同时，签订仔猪回收合同，实行保护价收购。仅此一项，直接带动农户增收3500元。公司还将收购的鲜肉加工成特色熏制腊肉。未来，农博公司还将追加几百万投资，建设年出栏3000多头的猪场，培育优良母猪。

富硒土豆种植尝试高引低种，品质好，还可以套种高粱等杂粮，亩产达到4500斤，农户每亩可获得4000元的收益。在金龙坝基地，贫困户姚官明、向达金、姚官林等仅凭土豆一项就增收6000多元。

石灰窑村贫困户史习明，40多岁了也没有娶上老婆，家里还有80多岁的母亲，母子俩守着一亩三分地，一贫如洗。2017年初，农博公司主动上门对其进行帮扶，给他免费提供两头公猪、三头母猪。史习明成了十里八乡专门的赶猪人，专门给母猪配种，配一头100元，上门服务加收30元。此外，公司还给他免费提供马尔科种薯600公斤，并免费给他提供退耕还草的草种。现如今，史习明每年增收至少3万元，稳稳摆脱了贫困。

迄今为止，公司已带动红土乡1000多户农民增收。2019年当地签约面积达4500亩；2020年进一步扩大到6000多亩，带动辐射面积一万余亩。有农户仅种植马尔科土豆一项就增收10万元以上。

“政府的一味帮扶，不能从根本上解决贫困问题，只有激发老百姓的内生动力，让老百姓通过企业的发展挣到钱，这样才能有持续性，不然我们发给老百姓的种薯还是会被老百姓吃掉，发的树苗还会被转手卖掉。”黄焕然感慨。引入企业，通过企业的经营模式来瓦解贫困，无疑是红土乡的有益尝试。

不仅仅是扶持产业，几年来，黄焕然先后为村里修了两条路，架了一条高压线。他始终关心着家乡的教育问题。2016年5月，他和妻子杨晓英发起建立了恩施心连心留守儿童托管中心，给留守儿童家一样的温暖，让更多留守儿童能在同一片蓝天下快乐地成长、成才。夫妻二人还拿出20多万元，先后资助本地优秀学生和贫苦儿童140多人。

2020年疫情期间，黄焕然先后给恩施城区被隔离的200户贫困群众捐赠一万斤土豆，还积极与武汉方面沟通，希望为武汉新建的两所抗疫医院捐赠物资。黄焕然说：“当时我们准备给火神山和雷神山的医院捐赠4万斤高山富硒土豆和几千斤腊肉，为辛苦的医务工作人员补充营养。”

脱贫摘帽不是终点，而是新生活、新奋斗的起点。脱贫攻坚，需要几代人的接力奋斗。未来的日子里，黄焕然将和他的农博公司一道，通过不断地奋斗，披荆斩棘，勇往直前，创造更加辉煌灿烂的明天！

（本文参考了荆楚网、恩施新闻网有关报道）

恩施市红土乡天落水村水田一路（恩施市扶贫办供图，杨顺丕摄）

金凤凰飞回来了

——五峰县湾潭镇红旗坪村金蕊合作社彭银城的扶贫故事

扶贫，感召了一大批勇于追梦的实干者，五峰县湾潭镇红旗坪村人彭银城就是其中一位。五年前，红旗坪曾是远近闻名的深度贫困村。“姐儿回一礼，双手来扯起。山高路远来得稀，这是哪一起哦？”在五峰土家族自治县红旗坪村，一首广为流传的民谣，道出了贫困乡村的艰辛与无奈。五年后，彭银城带领红旗坪村村民仅凭种植高山蔬菜一项，人均净收入就从 2014 年的 3018 元提高到 2018 年的 8000 元。彭银城回忆这几年村里翻天覆地的变化，感慨不已。他说：“五年前要不是知道党和国家精准扶贫政策对涉农产业的大力扶持，我也不可能回到村里，成为远近闻名的致富带头人。”

彭银城是地地道道的红旗坪村人，父母都是老实巴交的农民，一辈子都在和几亩薄田打着交道。小时候的贫寒让彭银城更懂得村里人的艰辛与困苦，也促使他发奋努力，希望早日能“鲤鱼跃龙门”。2001 年，大学毕业后的彭银城被分配到了荆门市审计局与财政局下属的二级单位，从事会计工作。2002 年，单位脱钩改制，彭银城跳出体制，走上创业之路。

几番打拼，他参与创办的荆门会计事务所，成为整个荆门地区最大的会计事务所。而在项目承接过程中，彭银城逐渐接触到一些涉农项目，农业的广阔发展前景让他无比心动。此时，随着国家脱贫攻坚的不断深入，由市税务局、宜昌交运集团、市环境保护监测站、中国农工民主党宜昌市委员会四家单位组成的工作队进驻红旗坪村，奏响了精准扶贫的“变奏曲”。火热的氛围，大量的优惠政策，促使彭银城有了回到村里开办蔬菜种植合作社的决心。

对于彭银城来说，还有一个促使他返乡创业的因素，那就是心中的那份情怀。大学毕业后在外创业多年，虽事业成功，多有积蓄，但是每次返乡，看着几十年都没有什么改变的家乡，依旧毫无生机，彭银城总觉得心里不是滋味。“村里人没事就聚在一起赌博，不思进取。”也正是这样一种希望改变家乡面貌的情怀，让彭银城下了最后的决心——返乡创业！

对于回乡种植蔬菜，父母怎么也不能理解。在老一辈人看来，子孙后代好不容易考上大学，成了飞出山窝的金凤凰，是多么光宗耀祖的事情。回家种地，这不是胡来吗？无奈之下，彭银城不得不给父母“扯了个谎”，说是自己有个枝江的朋友想在红旗坪这边发展蔬菜产业，自己只不过是给他牵线而已，这样才消除了父母的担忧。

2015 年腊月二十八，回村过年的彭银城借着村里人都回村过年的机会，召集湾里的人，在村民蔡美云家里商量成立蔬菜合作社的事情。彭银城说，当时村里人听闻这个消息，都围了上来看热闹，简直是里三层外三层。对于大棚种菜，大家是摇头的多，赞成的少。有人直接上前否定彭银城的想法，说他是套国家的扶持资金，不是真心想要帮村里发展产业；也有人说，红旗坪交通不便，自然条件恶劣，种菜这事不能搞，搞了肯定亏本，吃不了兜着走。尽管多是冷嘲热讽、层层阻力，还是有 13 户人家在彭银城的劝说下决定跟着干。很快，村里第一个占地 52 亩的大棚建了起来。

其实，高山蔬菜在五峰县并非新鲜事物。发展多年，五峰县的高山蔬菜种植面积已达 5 万亩。然而大部分仍是靠天收的“老品种、老方法”。既然要发展新的产业，老办法自然行不通，但让农民接受新品种、新方法往往需要时间。为了让村民们改变以往的观点，彭银城特意带着村民到外地去实地考察，看一看外面的世界。

当年 4 月，彭银城和十多名村民远赴山东寿光学习大棚蔬菜种植技术。“以前，假如有人来教我黄瓜该怎么种，我连谈都不谈。”“一种蔬菜一年四季卖，一根黄瓜藤长到几十米，菜还能这么种。”一片惊叹声中，改变农业种植观念的种子在五峰的一个小山村里萌发了。考察回来，村民蔡美云按照种植技术，2亩多水果黄瓜种得有声有色。可结瓜时，没按照水果黄瓜七叶以下不留瓜的技术要求，当季蔬菜减产三成。偷师只能学到皮毛，诚心拜师才能有所得。

在五峰县农业局的帮扶下，彭银城与山东农业龙头企业寿光乐义投资集团旗下的农业技术培训学校合作，邀请技术专家孙培才团队为村民提供全面技术指导和高标准蔬菜种植基地改造。除了直接指导外，合作社还积极培养本土技术管理人员。村民夏尊凤清楚地记得，孙培才亲自上门指导学习嫁接技术，“南瓜根系能吸收更多水肥营养，耐寒抗病性强。把黄瓜苗嫁接到南瓜根茎上，不仅产量翻了一番，黄瓜口感也更好。”

2016 年 5 月，金蕊蔬菜合作社正式成立，130 户村民成了社员。合作社与社员们签订种植协议，“兜底”菜农利益。2016 年 7 月，蔬菜基地建成后，第一茬西兰花就获得了丰收。可采摘后正准备运出时，发生了特大暴雨，整个红旗坪的交通都瘫痪了，仅仅运出了两车西兰花，余下的一吨多的西兰花没地方保存，全部烂在地里。彭银城说，那一次就让他亏了 10 万多元。但对于老百姓的损失，他全部进行了“兜底”，按照规定一亩 2450 元全部补给老百姓。“虽然亏了钱，但是老百姓看到了我们的信誉，从此死心塌地地跟着我们干！”

随着蔬菜种植的成功，红旗坪高山蔬菜的市场也逐步打开。发展之初，金蕊蔬菜合作社主要对接荆门、宜昌的大型商超。彭银城说，合作社与超市签协议，由超市分析顾客消费大数据，提供给合作社菜品信息，合作社根据需求调整菜品结构。因为荆门中商平价的销售量在中超系统中年年领先，引得武汉中商平价总部的关注，由此打进武汉中商市场。合作超市的蔬菜价格会在一个区间浮动，彭银城制定了一个中等的稳定价格，“前期上市会有价格和品质优势，后期量增后又积累了消费者的口碑优势，菜农可稳定增收”。彭银城说，农超对接减少了流通环节，多方受益。如今的红旗坪高山蔬菜已进驻多家品牌超市，年总销售额 650 多万元。

“种一亩蔬菜，收入万元不是梦。”这是湖北省五峰土家族自治县湾潭镇红旗坪村130多户村民种植四年大棚蔬菜得出的结论。2016年，32户菜农102个大棚增收80万元；2018年，120户菜农288个大棚增收400多万元，户均稳定增收万元以上。

村民蔡美云是最早跟随彭银城搞大棚高山蔬菜种植的13人之一，其种植不足5亩的大棚蔬菜，2018年纯收入6万多元。“真没想到，现在每年能有这么多的收入。村里水、电、路等基础设施好了，生活方便了，合作社发展也越来越好。”蔡美云感到前所未有的满足和幸福。如今的蔡美云渐成行家里手。“南瓜根系比黄瓜发达，能吸收更多水肥营养，耐寒抗病性较强。把黄瓜苗嫁接到南瓜根茎上，产量能翻番。”蔡美云解释说，七叶以下不留瓜，主要是让植株结果前有更多营养繁殖根系，打好基础。“这就是科学种菜的魅力。”

产业发展起来后，除了让村里富裕起来，还引发了一个巨大的改变，那就是乡风民风变了样，聚在一起赌博的风气明显少了。让彭银城最深为感触的就是疫情期间，为了不耽搁育苗，又要严格遵守防疫要求，村民们每天早上6点从家里带着饭到基地，劳作时就把饭挂在温室的大棚里，等到吃饭的时候饭已经有些馊了。还有一些村民干脆就带些五峰烧饼，一口白开水加一口烧饼，为的只是正常完成育苗工作。

彭银城说，未来红旗坪村的高山蔬菜还会有跨越式的发展。受限于山区较少的耕地面积，红旗坪村的高山蔬菜模式已走出湾潭镇，在临近的采花乡白溢坪村建起了70个大棚，这为高山蔬菜的“抱团发展”迈出了第一步。

我们坚信，星星之火可成燎原之势。虽是蔬菜栽培，却装上了独具山区特色的现代化农业发展翅膀。脱贫攻坚之后，接续推进乡村振兴，红旗坪村人未来的路将越走越宽。

（本文参考了三峡宜昌网有关报道）

五峰县湾潭镇三台坡村蔬菜大棚（五峰县扶贫办供图，马玉娇摄）

五、“生不息则奋不止”的贫困群众

他们是脱贫攻坚的主人翁，故事从他们而起，由他们而结。他们既是在脱贫，也同样在力所能及地扶贫！

恩施市扶贫产业高山蜜蜂喜丰收（恩施市扶贫办供图，杨威摄）

风霜凝出的笑颜

——恩施市太阳河乡贫困户徐国泰的脱贫故事

初识徐国泰是在恩施市屯堡乡花枝山村的网红直播间里，他刚做完一期恩施富硒小土豆的带货直播，正准备收拾东西回家去。很难想象眼前这个皮肤黝黑、身材消瘦的土家族小伙子，在经历了常人无法想象的困难后还依然能够笑对人生，乘着“东西部扶贫协作”的东风努力奋斗，从一名建档立卡的贫困户摇身一变，成为了抖音平台上坐拥 4 万余粉丝的新晋农民网红。

那段背井离乡、孤身一人闯世界的日子漫长而艰辛，但徐国泰不曾有过一丝抱怨。在餐厅当传菜工、在汽车维修厂做修理工，甚至在暗无天日的煤窑里一待就是十几个小时，这些都被他轻描淡写地一笑带过。大城市的浮华与喧嚣不曾动摇过徐国泰艰苦奋斗的精神本质，他的身上保留着农民最朴实的勤劳和勇敢。曾几何时颠沛流离的务工生活，倒是为他面对生活的洗礼和沉重打击注入了一针强心剂。

2008 年，徐国泰回到位于恩施市太阳河乡（宝塔岩村）的老家，利用打工积攒下来的钱开始创业，办起了一家车辆修理铺。他每天早出晚归、勤勤恳恳，凭借一手出色的修车技术和宾至如归的服务态度，迅速在当地行业里站稳了脚跟，邻里乡亲都对他信赖有加。虽然收入有限，但生活总算逐渐安定下来，娶妻、生子，一家五口其乐融融，幸福的生活似乎开始眷顾曾经的穷小子了。

然而，天有不测风云。2014 年农历三月初三，是个让徐国泰刻骨铭心的日子。一场突如其来的大火让原本富裕的家庭顷刻间化为乌有。水火无情人有情，当地乡镇政府闻讯后第一时间伸出援手，为徐国泰一家送去了救济金，村委会主任还安慰和鼓励他："小伙子你还年轻，不要被眼前暂时的困难打倒，如果需要任何帮助随时告诉我们，我们大家都会支持你！"一番话让徐国泰的内心重新燃起对生活的希望，考虑到时下猪肉市场的良好前景，他决定转行发展养殖业。

通过政府担保向银行申请贷款，徐国泰家的养猪场慢慢建了起来，规模也越做越大。从刚开始的200头，直至鼎盛期700多头，他只用了不到三年的时间。此时的徐国泰意气风发，第一次养猪就大获全胜，令他对未来充满信心。他甚至将赚到的钱再次投入，扩大了猪场的规模，达到足以容纳1000头。本以为找到了适合自己的发展道路，生活也可以重新步入正轨。此时的徐国泰哪里知道，命运对他的考验才刚刚开始。

2017年年初，一场席卷全球的非洲猪瘟再一次让徐国泰的脱贫致富梦化为泡影。他的700多头母猪在病毒侵蚀下无一幸免，偌大的养猪场仅仅剩下一头用来育种的公猪。建厂、育种、喂养先后投入的七八十万元亏得血本无归，先前购买的保险和政府的补助也只是杯水车薪。屋漏又逢连夜雨，徐国泰的父母被双双查出罹患癌症，高昂的医药费支出让本就一贫如洗的家庭雪上加霜。此时孩子又到了上学的年纪，再苦不能苦孩子，无奈之下他们举家搬迁到集镇上租房子住，一边照顾生病的父母，一边打零工偿还债务。直至双亲离世，全家已是负债累累。生活的重担一时间压得他喘不过气来。

收到政府的第一笔低保金时，这个坚强的汉子还是犹豫了。三十而立的年纪，如果就此沉沦，今后的岁月应该如何度过？岂不愧对曾经帮助过自己的亲戚朋友和一如既往帮扶自己的各级干部？不甘心就这样苟且偷安的徐国泰，决心重整旗鼓，再伺机寻找赚钱机会。那段时间全家都被笼罩在不幸的阴霾之下，他只能通过唱山歌的方式排解心中的愁闷。土家族的山歌热情而奔放，徐国泰将自己对生活的热爱和脱贫致富的梦想寄情于歌曲之中抒发出来。没想到，这竟然成为了他人生转折的"羽翼"。

2019年，乡镇政府的工作人员发现徐国泰的唱歌才艺后，将其招入太阳河乡文艺宣传队，虽然这个公益性岗位给他带来的直接收益并不丰厚，却帮他逐渐走出了阴霾，重拾起生活的信心。无奈好景不长，2020年年初的新冠肺炎疫情，又让他赋闲在家，失去了生活来源。

恰恰在这个时候，徐国泰得知杭州市江干区和恩施市决定在屯堡乡花枝山打造一个网红直播村，引入杭州益橙科技有限公司、杭州文广集团的帮扶力量以及杭恩“东西部扶贫协作”技能培训中心的电商培训课程，为“1+10+X”益贫电商平台培养一批“带不走的农民主播”，实现“自己的山货自己带”，推动恩施的消费扶贫和就业扶贫。这在全省还是首创，他毫不犹豫地报了名。

提到“抖音”直播平台，徐国泰并不陌生。早在2017年抖音刚上线的时候，他就注册了账号，可惜当时缺乏系统的培训，他发出去的视频消息大多石沉大海。而这一次在网红直播村，徐国泰通过免费的集中学习和专业老师的一对一指导，历时一个月，提高了拍摄和制作视频、粉丝维护与拓展、经营包装和销售等各种技能，为他之后成为带货直播网红创造了必要条件。同时，杭州文广集团的“村民乐”项目，帮助花枝山村实现了5G Wi-Fi信号全覆盖，改善了网络质量。直播间的筹建为大家提供了一流的直播环境和完备的技术支持，为徐国泰等人今后顺利开展网络直播打下了坚实基础。

依靠政府的项目扶持，徐国泰家的果园里之前一直种植猕猴桃，可惜销路不佳，并没有为他带来多少收益。疫情之后，湖北的农产品外销更成了问题，仅他家果园里就囤积了1800多公斤猕猴桃，周围亲戚朋友家也都在为缺少销售渠道而滞销的猕猴桃发愁。

网红培训结束后，徐国泰跃跃欲试，决定先拿自家的猕猴桃进行试验性带货。他特地换上土家族的特色民族服饰化身抖音“小情歌王子”，在直播间为屏幕前的观众们一边演唱动听的山歌，一边积极推销有机猕猴桃。观众们都对这个来自大山深处的憨厚小伙子颇为好奇，有人向他咨询哪里可以买到他的民族服饰，有人刷礼物点歌，更多的人则选择下单购买他家的绿色猕猴桃。

作为良心卖家，他也没有让粉丝们失望，总是挑个大新鲜的果子寄给大家，分量十足，物美价廉。仅仅两个月，通过他的带货平台销往全国的猕猴桃就有

恩施市太阳河乡贫困户网红哥徐国泰

恩施市太阳河乡网红贫困户徐国泰微笑分享直播（薛璐摄）

20000 多斤，盈利七八万元。粉丝数量也是一路疯涨，达到了 43000 人之多。成为“农民网红”后，当地的演艺公司向徐国泰抛来橄榄枝，如今，他成为了民俗餐厅“郑家大院”的签约歌手。同时，他还招收了几个“徒弟”，扮演起了网红培训讲师的角色，增收渠道不断拓宽。现在的徐国泰已经主动退出了低保行列，还清了所有债务，还入手了一辆二手汽车。走在脱贫致富的康庄大道上，他又一次看到了胜利的曙光。

网红直播培训刚开始时多达两三百人，后来随着课程难度升级和考试选拔，不断有人放弃或被淘汰，最终形成了 30 人左右的直播队伍。与徐国泰一起参加网红培训后脱颖而出的优秀“农民主播”还有主销恩施腊肉的“秀秀大姐”谭曾秀、带火红谷水稻的土家大哥覃登军、专职代销恩施玉露的茶艺师刘冬萍等人。他们从田间、茶园纷纷来到镜头前，用最朴实的话语向广大网友宣传本村的特色农副产品，把绿色和健康传递到千家万户。

他们不仅成功将自家收获的农产品推销出去，实现了“直种直产，直供直销”，还帮助其他农产品滞销的乡亲们，拓宽了他们的销售渠道。

困难折不断理想的翅膀，奋斗才能书写人生最美丽的篇章。面对不公的人生，这个坚强的土家族小伙子一次又一次选择直面挫折，把握机会，挑战自我。即使聊起曾经的坎坷与不幸，他的脸上也始终保持着阳光般灿烂的笑容。展望未来，徐国泰不仅希望能够保持现阶段发展的良好势头，通过网络开创属于自己的农特产品商店，还希望能够邀请更多朋友参与到直播带货的活动中来，帮助和带领乡亲们不断创新农产品销售方式，积极向外界宣传当地的民族文化特色，拉动旅游和消费扶贫加速发展。

盲人心中有道光

——保康县店垭镇大林村盲人郭大荣夫妇的脱贫故事

20 世纪 80 年代改革开放初期，刚刚初中毕业的郭大荣来到宜昌市的一家煤矿场务工。起初，大家看着身体削瘦的郭大荣，只觉得他还是个乳臭未干的毛头小子，不足挂齿。而他却并不简单，从负责一个矿点开始，凭借过人的毅力和吃苦耐劳的品质，逐渐赢得了矿工们的信任和领导的赏识。更多的矿点被交由郭大荣负责，他成为了矿场上最年轻的“包工头”。1990 年，郭大荣成为管理 10 个矿点、100 多人开采队伍的点长。虽然 90 年代初期，矿石的价格不高，但管理费加奖金，郭大荣的年收入也有 5 万元之多，他成为了大林村家喻户晓的第一个“万元户”。如果没有那场意外，郭大荣可能会成为一个时代的佼佼者。一场突如其来的爆炸，彻底摧毁了他徐徐上升的人生大厦，他不得不为了光明和希望，在废墟中挣扎。

1991 年农历三月初五，当工人们完成作业陆续前往食堂就餐时，郭大荣则被领导安排检查第二天即将被运走的矿石数量。发现数量不够的他，毫不犹豫地带领炮火员、班长和运输员再次下到矿井里。然而，不幸的事情发生了，电光石火间，站在距离炮火眼不足一米远的地方的郭大荣只觉得两眼一阵剧痛，便失去了意识……

他在病床上躺了三天三夜才醒过来，脸部已几近毁容，全身灼伤严重，6 处骨折，厚厚的纱布下，一双炯炯有神的眼睛变得暗淡无光。

1992 年，在弟弟的帮助下，在宜昌市人民医院躺了半年之久的郭大荣，又碾转到河南新乡的空军医院进行治疗。

此时的郭大荣才29岁，正是风华正茂的年纪，事业也才刚刚步入正轨，然而一切都伴随着这场灾难灰飞烟灭——积蓄、工作、健康，甚至光明。

由于事故发生的时间早，国家的社会保障制度还不够完善，郭大荣及其他受难工人没有被认定为工伤，他住院疗伤和植皮手术先后花费了十几万元，而且由于缺少医疗保险，其他工人的医疗费用也是由郭大荣承担的。这场灾难不仅把他工作后的一点积蓄全都花光了，还欠下了7万多元的债务。从风光无限到一级伤残，一夜之间，家里发生了翻天覆地的变故，唯一值得庆幸的是，妻子黎荣梅始终不离不弃。

治疗和颓废在家的两年多时间里，多亏了妻子的照料与扶持，郭大荣才得以重获新生。曾几何时那个精神矍铄、身材矫健的小伙子，如今却连上厕所都要依靠妻子的搀扶，他悲痛万分，绝望不已，甚至一度产生了放弃生命以寻求解脱的念头。但妻子不曾说过一句怨言，撞墙、跳井、自缢，每次都是妻子将他从死亡线上拉回来。妻子担心郭大荣会趁自己出去劳作的时候做傻事，于是天天陪伴在家，悉心照料着他的生活起居，给他做思想工作，安慰并鼓励他不要被眼前的困难所打倒。

郭大荣与爱妻是自由恋爱在一起的。1983年，郭大荣与黎荣梅相识于矿场上，彼时黎荣梅主要负责矿工们的伙食供应。阳光帅气的朴实小伙儿与温柔贤淑的年轻姑娘，两人很快擦出了爱情的火花。

1984年，两人携手迈进幸福的婚姻殿堂。1985年，两人收获了自己的爱情结晶。大女儿的出生，为这段在外打拼的日子增添了不少欢声笑语。

对郭大荣来说，突如其来的矿难将正在攀登人生巅峰的他一下子击入谷底，一时间他很难接受自己双目失明的现实。而对于黎荣梅来说，命运似乎显得更为残忍和无情。换作村里其他年轻媳妇，或许这个家早已妻离子散。但当她面对丧失生活信心的丈夫和年幼的女儿时，没有退缩，而是毅然决然地守护在丈夫身边，一边照顾双目失明的丈夫，一边抚养两个孩子长大成人。

为了不拖累自己的妻子，郭大荣曾无数次主动提出离婚，甚至故意辱骂妻子，试图逼迫她放弃并离开自己。然而，黎荣梅的选择让所有人潸然泪下，她质问郭大荣是否还记得当初结婚时对自己父亲许下的承诺。

犹记得婚礼那天，两人在父母的见证下许下毕生的誓言，一生只结一次婚，即使对方不幸先于自己而去，那剩下的一方也会坚守彼此的爱情信念直到时间的尽头。黎荣梅十分庆幸矿难发生后，自己的丈夫只是看不见了，但他的思路还像以前一样清晰，完全有能力与自己一起重新开创美好生活。她决心成为丈夫的第二双眼睛，用自己柔弱的肩膀独立支撑起这个风雨飘摇的家。

从 1993 年开始，妻子专门为郭大荣买来一头小猪，希望丈夫可以通过喂养小猪分散注意力，打发一下无聊的时间。于是，割猪草、晒玉米、操心仔猪的长势，郭大荣渐渐淡忘了自己的悲惨遭遇，全身心地投入到饲养小仔猪的“新”任务上来。这对于郭大荣而言，谈何容易。并非先天失明之人想要完全适应一个盲人的正常生活，堪比登天。

凡事预则立，不预则废。刚开始因为看不见，他经常找不到猪圈的位置。他想了一个办法，让妻子牵着自己，把沿途的所有东西先用手触摸一遍，然后仔细地记下猪圈和食槽的位置。这样以后每次投放玉米面和猪草时，他都能准确地放到同一位置上。然后，伫立一旁，通过听声音判断仔猪的进食情况。循环往复，在黑暗中不断摸索，郭大荣和仔猪的默契逐渐建立起来。

养猪最困难的阶段莫过于防疫。为了节约成本，为仔猪们注射防疫针的工作全部由郭大荣和妻子两人协作完成。他慢慢摸索出了一套诊断方法，将饲料倒入食槽，过一段时间后仔细检查食槽里的饲料消耗情况，生病的仔猪往往食欲不振；有时他也通过感受仔猪起卧站立的速度，来分析仔猪的健康状况；除此之外，他还能通过感受仔猪体温的方式进行判断。遇到反常情况时，郭大荣便赶紧喊来妻子再次检查，通过观察仔猪的耳朵和鼻拱嘴的外在表现，判断仔猪不同程度的感冒症状。

谈及让养殖户们格外头疼的非洲猪瘟，他胸有成竹地介绍道，猪瘟“可控不可治”。通过隔离、消杀切断传播途径，宰杀病猪消除传染源等方法，猪瘟过后，他家的猪无一受损。谈起养猪过程中的经验和教训，郭大荣总能娓娓道来。

1993年，他成功喂养了两头猪，过年时家里不仅吃上了猪肉，还获得了一笔可观的收入。恢复了自理能力的郭大荣，第二年又让妻子抓来10头仔猪，却没想到这一次遭遇了养猪滑铁卢。幼崽们出现了不同程度的“拉稀”病态。面对奄奄一息的仔猪们，郭大荣急得团团转，却无计可施。

村里没有兽医，他到处打听才得知邻村有个兽医或许能有挽救的办法。于是他赶忙请村里有摩托车的乡亲帮忙，把自己送到邻村的兽医家。兽医对他的遭遇非常同情，为其免费提供了救治药物。幸亏郭大荣及时求医，亡羊补牢，仅三头仔猪夭折。兽医向他解释道，这次拉稀是由于喂养时食量不均而导致的一般疾病，问题不大，但若想把猪养好或者希望通过养猪获利，他仍然需要学习很多专业技术，实现科学养猪。在兽医的介绍下，郭大荣前往远安县的养猪场学习了半个月的养猪技术。

1996年，郭大荣自己砌起了猪圈，仔猪饲养数量增加到30头。次年，又增长到50头。与此同时，村“两委”开始发动大家种植烟叶，郭大荣积极响应。育苗、移栽、处理苗情、烤烟，每一个环节他都不厌其烦地向技术员请教，然后自己印证、摸索，直至熟练掌握。

一千多个日日夜夜，郭大荣夫妻每天凌晨五点起床，上山采摘烟叶。大山深处道路崎岖不平，车辆不通，一走就是十几个小时。黎荣梅便将绳子的一端系在自己的腰上，另一端拴在丈夫的腰上，成为他前进路上的向导。有一次山上下雨，道路泥泞不堪，两人背着沉重的烟叶一前一后步履蹒跚。一不留神，郭大荣脚下一滑摔了个跟头，连累妻子也跟着摔倒在地。这个曾几何时坚强不屈的农村姑娘，那一刻忍不住向丈夫怒吼。雨还在哗哗地下，打在她的脸上，分不清是雨水还是泪水。

还有一次，郭大荣半夜忙着烤烟，一不小心一脚踩空，从三米多高的土炉子上摔了下来，当场失去了意识。妻子吓得不知所措，拼命给他喂糖水喝，不停地呼唤丈夫的名字，过了半天郭大荣才苏醒过来。然而第二天，他又像什么事都没有发生过似的，重新背起背篓上山采摘烟叶去了。割草的时候，由于看不见，他还常常误把藏匿在草丛中的蛇“带”回家，吓得妻子嗷嗷直叫。

命运关了这扇门，也许会打开另一扇门。可很多时候命运没有那么单纯可期，它夺去了郭大荣的双眼，却并没有在其他方面多给予半点。郭大荣没有向命运低头，即便此生在黑暗中度过，他依然坚强地把人的潜能挖掘到极致。通过坚持不懈地努力，从零开始的郭大荣依然成为了烤烟的行家里手。

第一炉，他和妻子按照技术要领提示烤了几天，开炉一看，烟叶全烤焦了。第二炉，他请来发小王志鹏，两人干脆把床移到烤房边。每到关键环节，郭大荣就脱掉上衣，钻进烤房，用身体感受烤房的温度，用手感受烟叶的湿度，并让王志鹏做好记录，与温度计一一对应。慢慢地，郭大荣的体感和温度计越来越接近。五天五夜后，再次打开炉子，他听见妻子的惊呼：“老郭，满屋的‘黄金’呀！”

第一笔种烟的收入 4400 元，郭大荣至今记忆犹新。那年他的烟叶种植销售量排在了店垭镇第四名，还获得了村里的奖励证书。脱贫后，他主动找到村里要求退出了低保。他说，要把低保留给更需要的人。郭大荣再次用实际行动证明了自己，即使生活里没有阳光，但心若向阳便充满希望。

1998 年，郭大荣的烟叶种植基地扩大到 15 亩，养猪规模壮大到 100 余头。六年后，夫妻二人齐心协力，终于还清了之前欠下的债务。2004 年，郭大荣一家告别了租房住的日子，搬进了一栋宽敞明亮的两层洋房。

2016 年，通过土地流转，郭大荣的烟叶种植基地扩张到 80 多亩，加工烟叶的设备也不断升级。依靠无息贷款 10 万元加上自己的一点积蓄和亲戚朋友的借款，他花费 20 万元建起了现代化烤吧。

“致富不忘乡邻”。2019 年 6 月，在驻村工作队的帮助下，郭大荣成立了烟叶种植专业合作社。合作社每天有四五十人前来务工，呈现一派欣欣向荣的景象。本以为郭大荣一定赚得盆满钵满，但实际情况却是合作社入不敷出。每年盈利的钱大部分都用在了工人工资支出上。2017 年，受恶劣天气和病虫害影响，郭大荣的烟叶收成不佳，一下子亏损4万多元。村里有人建议他少支付一点工资给工人，妻子和儿子也都建议他放弃种植烟叶。可是，郭大荣不仅坚持要继续种下去，还想方设法做通了儿子的工作，贱卖了儿子的汽车，付清了工人们的工资和流转费用。

大林村坐落在海拔1000米的高山上，水资源短缺成为一直困扰村民生产生活的问题。郭大荣便自掏腰包十几万元，修建了三个大水窖，供周围的人免费使用。看到村里的道路崎岖不平，他又拿出仅有的一点积蓄，修缮了1公里多的山路，成为村民进出村子的必经之路。如今，大林村很多群众的烟田种烟最高年限将至，58岁的郭大荣又开始忧心未来的发展。他先后向村委会提出了种植中药材、蔬菜、蓝莓、猕猴桃等建议，并在自己田里试种了1.5亩白芨和0.7亩七叶一枝花。

虽然郭大荣一直谦虚地说，自己作为“虾兵蟹将”，只能帮村里做点微不足道的小事，但滴水汇江海，他的奋斗精神、工匠精神和奉献精神，感染和带动着身边的贫困户们。中国农村正是因为有像郭大荣一般渺小却坚韧的平凡民众存在，才源源不断地焕发勃勃生机。

2018年，郭大荣入选“中国好人榜”。去年，他又被保康推举为全县的学习模范，荣膺“全国脱贫攻坚奋进奖提名奖”。从债台高筑、居无定所，到白手起家、艰苦创业；从寄人篱下、筚路蓝缕，到搬进明亮宽敞的新居；从1头用来消遣的小仔猪，到300头规模的大猪圈；从3亩烟叶地，到坐拥80亩烟叶种植基地的合作社，二十几年风风雨雨，郭大荣夫妻相互扶持，携手同行。

伟大出于平凡，浪漫始于真情。你若不离不弃，我必生死相依。如今，这么多年过去，郭大荣已经完全忘记了自己是盲人的现实。在无尽的黑夜侵袭之下，是他宛如朝阳般灿烂夺目的生命温暖了大地，孕育了希望之光。

保康店垭镇大林村患难与共的郭大荣夫妇（孙宁悦摄）

保康店垭镇大林村盲人郭大荣忙着收烟叶（孙宁悦摄）

“背”出幸福来

——恩施市大峡谷风景管理区营上村贫困户刘成松的脱贫故事

绵延幽深的峡谷，层峦叠嶂的山峰，清澈的泉水沿着悬崖峭壁奔涌而下，激荡起阵阵涟漪；大自然的鬼斧神工孕育了这片雄伟壮丽的风景胜地，吸引着五湖四海的游客慕名前来，络绎不绝。这里是神秘险峻的恩施大峡谷，是“背篓哥”刘成松每天工作的地方，也是他梦想冉冉升起的地方。

家住营上村的刘成松，时常背着竹篓，穿梭在大峡谷的崇山峻岭中，客串“土导游”。他时而对着连绵起伏的群山高歌一曲，赢得游客们的阵阵掌声；时而念叨几句自创的顺口溜，惹得游客们争先恐后地在景点前拍照留念。刘成松的背篓里装着他自己编制的斗笠、草帽、登山棍及其他手工艺品。平日里，他帮游客背行李、背娃娃，因此大家都亲切地把他唤作“背篓哥”。

从吃“低保”到如今存款 40 多万元，几年来，乘着旅游扶贫的东风，刘成松用自己的双手勤劳致富，用满载希望的竹篓背出了自己的幸福生活。

恩施大峡谷风景区开发以前，刘成松和父母在大山深处过着清贫的生活，家里一贫如洗，经常吃了上顿没下顿。为了让家里吃上点油盐，17 岁的刘成松孤身南下到广东韶关打工，靠挑煤卖苦力赚取微薄的收入。2005 年，刘成松 80 多岁的老父亲不幸病危，让原本贫困的家庭更是雪上加霜。孝顺的他心急如焚地赶回恩施老家，彻夜守护在父亲的病榻前。无奈自己省吃俭用攒的那点辛苦钱，与父亲高昂的医疗费相比简直是杯水车薪。父亲的病没能根治便被迫出院，刘成松只好一边在家悉心照料父亲，一边在自家附近的砂石场打零工，一年仅能收入三四千元。贫穷和疾病像一双无形的手，扼住他的咽喉。在无尽的黑夜里徘徊，他看不到一点希望的曙光。

为了筹钱给父亲治病，刘成松绞尽脑汁试图通过发展产业来增加收入。他先后在地里栽种果树和核桃树，辛勤地浇水、施肥，眼巴巴地期盼着它们开花结果。然而，天公不作美，刘成松的果园收成不佳，之前的辛苦劳作都打了水漂。

刘成松永远也忘不了那天，家里的米缸空空如也，他和父母已经一整天没有吃饭了。饥肠辘辘的刘成松只好硬着头皮再次前往亲戚家，想借些苞谷充饥。没承想，坐在门口乘凉的亲戚一看到刘成松，二话不说就把大门一关，还放出狗来驱赶他。被狗咬伤的刘成松，再也忍不住心中的委屈，他像个被人欺负了的小孩儿瘫坐在地上号啕大哭起来。可一想到年迈的父母还在家挨饿，刘成松只得拖着伤腿爬到屋后的山上挖野菜，然后拿回家和着磨盘上残留的一点苞谷面，一家人勉强果腹。彼时，30 多岁的刘成松是村里有名的“穷光棍”。

刘成松一家捉襟见肘的生活终于在 2008 年有了转机。随着恩施大峡谷景区的不断开发，全国各地的游客纷至沓来，曾经人迹罕至的山村一下子变得热闹起来。大峡谷地势险峻、山高路陡，对轻车熟路的山里人来说，翻山越岭是家常便饭，不足挂齿。但景区开发伊始，索道尚未建成，8482 级台阶，年轻游客们要气喘吁吁地走四个小时才能抵达山顶。对老人和孩子来说，更是困难重重，而刘成松只需要不到一个半小时。刘成松看到了其中的商机，他突发奇想，何不利用自己的体力优势，借助家乡的旅游资源做点力所能及的事情。

于是，他满怀信心地背起竹篓，每日穿梭在大峡谷的崇山峻岭中，有偿帮助游客背行李、背娃娃。虽然刘成松个子矮小、身形削瘦，但他力气惊人、脚下生风，最多时能一口气背着 150 斤的重物平稳上下。“背篓哥”的出现，解放了游客的双手，让大家能够醉情于大峡谷的秀美风光。“背篓”也为刘成松带来了希望，往往一趟下来能净赚 300 元，这极大地缓解了他的生活压力。

成为名副其实的“背篓哥”后，刘成松不畏辛苦，苦中作乐。他将自己对家乡的热爱融入其中，创作出不少宣传大峡谷景点、招揽游客的打油诗。大峡谷中有个景点叫“一炷香”，为了教游客在这里更好地拍照留念，刘成松仔细揣摩景点的奥妙，并吟诵道“火炬生在坠子上，照满峡谷真辉煌。只要贵客把它降，拿回家里真舒畅”，惹得游客哈哈大笑。“背篓哥太有才了，讲得太精辟了，跟着刘导一路走过来都不觉得疲惫。”广西游客刘滨对刘成松自创的顺口溜赞赏有加，给他增添了不少动力。和游客们在一起，刘成松感到无忧无虑、信心十足，他仿佛找到了自身的价值所在。

考虑到很多年纪大的游客行走不便，刘成松便想着制作拐杖来帮助他们顺利登山。他下午砍树，晚上熬夜做拐杖，经常做到夜里 12 点多，第二天上午再放到背篓里售卖。日复一日、年复一年，刘成松的拐杖生意一做就是三年。运气好的时候，他一天能卖掉至少 50 根拐杖。有一次国庆节一天更是卖了上千根。凭借着自己的坚强毅力和踏实肯干，刘成松靠卖拐杖每年增收 2 万余元。

虽然家里的生活日趋改善，但刘成松一直保持着勤俭节约的优良作风，勤恳劳作，总是天不亮就起床去地里做农活，干完农活回家为父母做上一餐热饭，之后才去景区里忙活自己的“背篓”事业。傍晚在回家的路上，他还不忘给父母买点水果、糖等零食。“百事孝为先”是刘成松的人生信条。2015 年刘成松被恩施市大峡谷风景区管理处评为“十大孝子”之一，为村民们树立了榜样。而在他眼里，荣誉不是目的，能让父母安享晚年，才是他做儿子的福分。

2014 年，因景区进一步开发，刘成松获得了 28 万元的征地补偿款，他终于能够搬出破烂不堪的棚屋，住进宽敞舒适的两层洋房了。

2015 年，依靠自己的艰苦奋斗，刘成松成功摘掉了“贫困户”的帽子。

2016 年，刘成松获评恩施市“十佳脱贫标兵”。奖金来之不易，钱要用在刀刃上，他将政府奖励的 1 万元钱用于购买大黄种子，开始利用土地创造收益。

起初，刘成松想带动周边的贫困户一齐努力，他诚邀大家和他一块种药材。然而由于药材的生长周期长，不少村民耐不住寂寞，等不及收益纷纷放弃，最后只剩下刘成松一个人孤军奋战。不过农忙时，他常常出资雇用附近的贫困户来帮忙打理，帮助贫困户增收。

为帮助更多村民脱贫致富，大峡谷风景管理处联合湖北省旅游公司在景区

恩施市大峡谷风景管理区营上村贫困户刘成松精准扶贫前的危房（薛璐摄）

恩施市大峡谷风景管理区营上村贫困户刘成松精准扶贫后的新家（薛璐摄）

周边建设商铺，以低廉的价格出租给当地村民售卖旅游周边产品。在基层干部的协助下，刘成松申请到一间商铺，每年只需要交2000元租金。他开店贩卖自己种植的天麻、大黄等中草药材，每年收入4万多元。

不卑不亢的刘成松有许多励志名言曾在网络上引起广大网友们的共鸣，例如“人一生中，你只要活一天，只要今天还在，你就不能悲哀，因为明天早上很快到来”，又如“人要争气，不争气呀，你永远都没有出头之时。我不想像别人一样，问政府要好多钱。我不要政府给，我自个儿奋斗”。朴实的话语中流露出“背篓哥”自力更生的致富决心和乐观向上的生活勇气，他不甘心永远充当低保户，他更希望依靠自己的双手创造美好的幸福生活。他的辞藻虽然不华丽，却饱含人生哲理，令人信服。

不等不靠，不给政府添麻烦，用瘦弱的身躯扛起家庭生活的重担，用矫健的步伐拓展人生有限的宽度，用身体力行响应国家脱贫的号召，他自强不息的精神与顽强拼搏的毅力感染和鼓舞着大峡谷的邻里乡亲。他成为了他们战胜贫困、奔赴小康道路上的先行者和开拓者。

脱贫攻坚，不是肤浅应景的表达，而是真真切切的实践；不是苍白无力的话语，而是实实在在的行动。这一点在“背篓哥”刘成松的身上体现得淋漓尽致。

残疾媳妇的火种

——洪湖市瞿家湾镇瞿家湾村扶贫户陈玲的脱贫故事

“欢迎来参观湘鄂西革命根据地，这里是我们伟大的贺龙元帅战斗过和居住过的地方！大家请跟随我的讲解一起回顾革命先辈的艰苦生活与英勇事迹！”

甜美悦耳的讲解吸引着参观者驻足聆听。如果不是扶贫工作队介绍，一般人很难将眼前带着笑容的讲解员与曾经的贫困户陈玲联系在一起。

陈玲是瞿家湾镇瞿家湾村的外来媳妇。2012 年，通过全国的体育赛事，她认识了同为运动员的瞿祥春。女孩的乐观自信，男孩的努力任劳，很快吸引了彼此，两人感情逐渐升温。但是听说女儿谈了个湖北的男朋友，全家基本投了反对票。情况摆在眼前，因为一次事故导致右手肘关节以下截肢，失去了手臂，她也由一名天真快乐的小女孩，成为了一名残疾人。尽管在父母、哥哥们的鼓励下，她完成了高等教育，甚至在学校期间她还经常参加全国、全省残运会，取得了一些成绩，但一个残疾人，从云南远嫁湖北，遥远的距离，阔别家乡，远离亲人，这在当时难以想象。再说湖北家庭的情况也不乐观。男孩家穷得叮当响，而且腿部残疾，行动不太方便；上有一个年迈老母亲，下还有一个脑瘫的弟弟。

即便现实是如此残酷，陈玲依然笃守两人的感情。2013 年 1 月，带着家人的担忧和不舍，陈玲从遥远的云南老家，嫁入洪湖市瞿家湾镇，成为一个洪湖媳妇。

洪湖市是湖北的鱼米之乡，还算富裕。可对这个残疾家庭而言，日子过得异常艰难，陈玲这个外地媳妇也当得并不容易。年老体弱的婆婆、智力障碍的小叔子、嗷嗷待哺的新生婴儿都需要人照顾，一个娘家远在云南的媳妇、一个小时候备受父兄宠爱的姑娘、一个只能用一只手做事的姑娘……

但困难没有将陈玲击倒，她总是带着最温暖的笑容待人处事。将孩子背在背上做着各种家里的活计，照顾着年迈的婆婆。尽管刚开始在语言沟通上有些障碍，但经过半年的适应，她就过了语言关，也听懂了村里的“土话”，再熟悉不过的就是那句“蛮造业的伢”。

2013 年开展贫困户识别的时候，陈玲一家被纳入贫困户，在国家精准扶贫政策下，享受到了教育、医疗保障、低保、发展产业等各项政策的帮扶，“两不愁三保障”有了着落。

为了能够早日摆脱贫困，丈夫瞿祥春专门去广西学习了按摩技术，并取得了从业资格证。在镇、村和驻村工作队的帮助下，他们夫妻俩收拾家里的闲置房屋开了一个痛症理疗室。由于技术专业，逐渐有了一定名气。

2018 年 5 月，帮扶干部了解到瞿家湾老街缺少讲解员，就想培养她做红色旅游讲解员，这样可以帮他们家贴补点家用。陈玲本人是大专毕业，有一定的文化基础，普通话也非常标准。她非常珍惜这难得的机会，一有空闲就拉着讲解员老师请教相关知识和技巧。看她如此好学，讲解员老师非常耐心地教她如何熟练讲解。很快，她就学会了瞿家湾老街及洪湖景点的讲解，成功通过考试，成为一名正式的红色讲解员。她说：“我心中的火种，就要让它燃烧。”如今，她已经成为瞿家湾镇红色讲解的一根标杆，还带动几名留守妇女加入红色讲解员队伍。

生活的艰辛终究没有挡住这个爱笑与乐观的女人追求幸福，贫困已不再是问题。陈玲和同样是残疾人的丈夫靠自己的勤奋和努力，不仅摆脱了贫困，也赢得了广泛的尊重和认可。这个外来的残疾媳妇成了村里人称赞的榜样。2018 年 12 月，在瞿家湾村换届选举时，陈玲被群众推选为瞿家湾村妇女主任。在她看来，这是村里人对自己最大的信任和认可。她说：“一定要将信任和认可转化成工作的动力，为村里多做实事，多做贡献，也一定要和丈夫继续努力，把这个家的日子过得越来越红火。”

从一个残疾人、一个贫困户，到摆脱贫困，成为一名光荣的中国共产党员，再到被群众推选成为一名村干部，陈玲在用点滴生活诉说着脱贫攻坚的恢宏巨变和成就。

正在瞿家湾景区作讲解的陈玲（洪湖市扶贫办供图）

逆风向前飞翔

——麻城市盐田河镇盐田河村残疾人夏世雄的脱贫故事

1997年，24岁的夏世雄从湖北老家来到北京务工，从事电压焊接工作。“北漂”的生活条件虽然艰苦，但他任劳任怨、勤学苦干，凭借一手出色的电焊技术活，迅速在一家建筑公司获得了一份相对稳定的工作。他原本打算等在这里攒够了“老婆本”和创业的启动资金后，就回家娶妻生子，然后在县里开一家五金店专门从事水电安装工程。然而，一场突如其来的事故，将夏世雄对未来的美好憧憬击得粉碎。

他还清楚地记得，事故发生在1997年7月1日的那个早上。正在进行搅拌机作业的夏世雄与其他两位工友谁也不曾想过，就在他们全神贯注工作的时候祸从天降。一位不知情的河南工友不慎将电闸总开关打开，搅拌机被突然启动，夏世雄与工友们躲闪不及，永远地失去了右腿。由于事故发生得早，国家劳动法和社会保障制度还不够健全，夏世雄和工友们不仅一分钱的补偿没有拿到，为了治疗腿伤，他还花光了之前所有的积蓄并欠下了七万多元的医药费。

24岁的黄金年纪，原本充满了无限可能。但遭遇如此重创的夏世雄，仿佛被扼住了命运的咽喉，一度消沉颓废。整整五年，他大门不出、二门不迈，将自己封闭在狭窄的屋子里，关闭手机和电视，试图通过断绝与外界的一切联系来缓解自己的伤痛。不愿面对亲戚朋友的关心和问候，更不知道如何面对今后的漫长岁月。

后来有一次，舅舅来家里看望夏世雄，忧心忡忡地叹了口气：“你总是闷在家里也不是个办法啊！”夏世雄听了，冲动地说道：“好啊，既然你们都让我出去，那我走。”第二天一早，他就买了前往广州的车票。由于身体残疾，四处求职碰壁后，他好不容易找到一家小餐馆。老板同情他之前的不幸遭遇，又感叹他从湖北远道来打工不易，答应留下他帮忙洗碗，但工资不高，夏世雄欣然答应。他诚恳地说道：“只要能让我填饱肚子，并且支付一张过年回家的车票，我就心满意足了。”于是夏世雄留了下来，他起早贪黑地洗洗刷刷，一年下来辛勤的汗水也只换来 9000 元钱。

不过，在餐厅打工期间，他结识了一位常来就餐的铝合金工程承包商。两人越聊越投机，夏世雄顺势毛遂自荐向老板承诺，如果能够给他三个月的时间，他便可以向对方证明自己。如果对方不满意，那么只需支付其 1000 元的车费让他能返回湖北老家即可。有感于这个残疾小伙子的坚韧与勇气，老板决定给他一次机会，让他负责一个项目的管理工作。三个月后，夏世雄果然不负所望，得到了老板的赏识，成为了一名正式员工。月薪从 1800 元涨到 3200 元，夏世雄的工资一涨再涨。但在这个有些倔强的男人心里，父亲是他内心深处放不下的柔软。尽管老板再三涨薪挽留，一年后，他还是毅然决然地辞职回到了麻城老家，决心与朋友一起合伙创业。

2004 年，夏世雄找到在镇上开餐馆的朋友，劝说他一起创办当地首家铝合金门窗安装公司。虽然夏世雄的创业梦想很美好，但他却忽视了现实的不易和艰辛。每次公司里遇到棘手的项目，朋友都一股脑地推给夏世雄承担。可是等到年底分红的时候，夏世雄却只能与坐在办公室里悠闲喝茶的其他合伙人获得相同的报酬，甚至连去武汉出差进货期间的生活费都是他自行垫付的，这让夏世雄十分心寒。辛辛苦苦三年有余，盼来的不是硕果累累和丰收的喜悦，却是公司内部混乱的管理和不平等的待遇。他再次选择了离开。

看到曾经身形矫健的儿子腿病复发时疼痛难忍的样子，父亲心疼地说：“你别干活了，我们养你！”而夏世雄却说：“如果以后都要依靠和等待您的照顾，那我还算什么男人！我要坚持到底，努力干下去！”

2007 年，夏世雄与朋友一起租下了盐田河镇一间学校的公房，打算重新创建水电安装公司。然而，一年后另外两个合伙人产生了矛盾纠纷，他夹在中间左右受气，公司面临土崩瓦解。夏世雄从中百般调解无果后，不得已再次选择了终止合作。退出时，他主动放弃了公司的分红奖金，只支取了应得的基本工资，并带走了准备被大家丢弃的设备。

虽然接连两次创业经历都无疾而终，但这显然没有阻止夏世雄奋勇前进的脚步。找不到合适的合作伙伴，那就自己干！尽管屡试屡败，但他屡败屡试，从未放弃，酝酿在心底的创业脱贫梦始终熊熊燃烧。

2008 年国庆节，太阳能风靡一时，成为了村里家家户户的生活必备品。夏世雄从中看到了商机，他背起行囊，带上装备箱开始走街串巷为大家安装太阳能。一丝不苟的做事风格和热情周到的服务态度，让他迅速成为行业内的佼佼者。于是，他开始退居二线，招收学徒传授安装技艺，手把手教学 200 元一天。靠着这项独门绝技，夏世雄的生活越来越滋润。他先后培养了 6 个徒弟，后来都成为了镇上奥普、太阳雨等太阳能品牌的专业安装工人。

然而，谁能想到，一念之间铸成大错。2016 年，受好奇心和胜负欲的驱使，在他人的怂恿下，夏世雄前往澳门豪赌，一夜之间将积攒下来的 70 万元输了个精光。他顿时懵了。是大舅的两个耳光把夏世雄从迷梦中打醒，他悔恨不已，但为时已晚。

雪上加霜的是一年后，父亲病重住进了医院，此时他再度陷入了迷茫。面对 13 万余元的医疗费，夏世雄四处借贷无果。一想到他的赌博黑历史，姨夫甚至连 5000 元都不敢再借给他了。实在没办法，他只好一边先把父亲接回家里，一边火速赶往麻城，找到昔日的好朋友向其开口借 1 万元钱。朋友一听事由，二话没说就答应了他。担心住院手续费不够，朋友夫妻二人第二天又送来了 8000 元钱，还特意叮嘱这笔钱不着急还，十年以后再说不迟。这让夏世雄感动不已。接过朋友夫妻送来的救命钱，这个钢铁般的汉子生平第一次湿润了眼眶。解了燃眉之急，父亲得以再次住院治疗。夏世雄也像获得了新生，再次重振旗鼓，拿起角落里的工具箱，一边打工一边照料患病的父亲。

2018 年重阳节，夏世雄正在一户人家里进行水电安装作业，突然接到弟媳的电话，84 岁的老父亲不慎跌倒，诱发基础性疾病住进了急诊室。听闻噩耗后，夏世雄赶忙扔掉手里的工具，跌跌撞撞地奔向县人民医院。然而，这一次，父亲的生命走到了尽头。这个坚强的汉子再也隐忍不住，泪水不受控制地奔涌而出。

父亲去世后，夏世雄爱上了钓鱼。或许安静下来，专注于鱼钩，可以让他暂时忘却亲人离去的伤痛。随着铝合金门窗行业发展日渐受阻，他及时调整了盈利策略，转而发展淡水养殖业，试图将爱好转化为产业发展的动力。

通过土地流转政策，他以 450 元 / 亩的价格流转了 70 亩粮田用于发展养鱼业。为保证鱼的有机品质，夏世雄坚持用自己种植的农作物喂养，田里的小麦、玉米，路边长势喜人的青草、南瓜等都是他的鱼饲料。他养的鱼味道鲜美、绿色有机，深受当地人欢迎。

为方便对鱼塘的管理，他还在鱼池旁自己搭建了一座板材临时房，平时大部分时间就住在这里。鱼塘旁边的路基松动了，他用三轮车自己拉来沙土，又请来挖掘机慢慢填平。

捕鱼时节，他仅仅依靠一条左腿跳跃式前进，独自一人通宵达旦就可以捞获 1000 斤鱼。2020 年鱼市行情喜人，年产量可以达到 10000 多斤。几年里，夏世雄从未拖欠或迟交过租金，村“两委”干部都对他在命运的打击面前能够怀揣一颗坚韧不拔的赤子之心而感动不已。

考虑到夏世雄行动不方便，麻城市交管部门的相关领导特地给他开绿灯，允许他骑车上路，并在方便的时候随时停靠。这样夏世雄便可以骑着电动三轮车送货上门了。

夏天，这里是接天莲叶无穷碧，映日荷花别样红的世外桃源。来自武汉、麻城及周边县市的游客们，在夏世雄营造的水上乐园里休闲垂钓，抓捕小龙虾，划着皮筏采荷叶、摘莲蓬，于山水之间流连忘返，与自然有机地融为一体。谈及下一步的发展目标，夏世雄希望不仅可以实现鱼苗培育，还能在池塘畔建起农家乐，推出铁锅鱼宴等特色餐饮。

2020 年 7 月，湖北雨水异常充沛，为了防止鱼儿们“翻塘”，夏世雄换上雨衣在鱼塘里不分昼夜地“巡逻”检查。衣服湿了就再换一套，然后继续在一线战斗。雨一直下，他就干脆搬个马扎守护在鱼塘旁，从天黑坐到天亮。没有繁星满天的浩瀚，也没有云卷云舒的陪伴，有的只是一腔对生活的热情，以及逆风而上的勇气和昂扬斗志。

盐田河镇的村干部非常同情夏世雄的遭遇，希望能够在生活和生产上给予他力所能及的帮助。村里的书记十分担心他，曾经要帮他申请成为建档立卡的贫困户，但被他委婉谢绝。大家看他行走不便，也曾建议他安装假肢，同样遭到了他的拒绝。如今，他用自己在逆境中奋发向上的实际行动告诉和回馈关心他的村干部们，自己能够和正常人一样，只不过“走”得用力一点，“跑”得慢一点，但殊途同归。只要不言放弃，不向命运低头，终将走出属于自己的康庄大道。

麻城市盐田河镇盐田河村残疾人夏世雄忙着喂鱼（孙宁悦摄）

有希望就有幸福

——洪湖市燕窝镇姚湖村刘塘清的脱贫故事

1968年出生的刘塘清是洪湖市燕窝镇姚湖村一组的一名建档立卡贫困户。他自幼罹患小儿麻痹症导致双腿残疾，只能依靠拐杖艰难挪步。尽管命运多舛，但他从未放弃。从湖北残疾人职业高中毕业后，刘塘清有过短暂的执教生涯。可惜造化弄人，残疾的身体致使他无法顺利转正，求职又四处碰壁，忍辱负重的他无奈只得回到洪湖老家，成为待业青年。好不容易经人介绍结识了现在的妻子刘黄梅，可妻子智力低下，不但无法帮助刘塘清操持家务，还需要他来照顾她的生活。好在女儿刘列的健康出生，给这个不健全的家庭带来了一丝光明和希望。

刚结婚时，家里一贫如洗，吃不饱，穿不暖，连1000元的积蓄都没有，更别说电视机、冰箱等必备家用电器了。数九寒天，外面雪花纷飞，多少次女儿想看动画片，刘塘清却只能带着她去朋友家里解闷，看完电视再顶着刺骨的寒风跑回家。

虽然家里前前后后也有20多亩土地，但由于夫妻俩先天性残疾，丧失劳动能力，双方老人也早早过世，刘塘清只能请人代为耕种，收入十分微薄。倘若再遭遇旱涝灾害导致农作物歉收，或者妻子身上的老毛病发作，需要长期的药物维持，便只能依靠亲戚朋友的接济来艰难度日。但就算再穷、再苦，刘塘清也坚持鼓励女儿学习进取，期望她有朝一日能够通过读书改变命运。刘列读中学时期的学杂费，都是刘塘清好不容易东拼西凑来的。等到毕业，家里已经欠下了近3万元的债务。往事不堪回首。但令人感动的是，面对这么穷困潦倒的窘境，刘塘清依旧没有丧失生活的信心和奋斗的勇气，他总在努力通过自己的不懈奋斗改变这个家庭窘迫的现状，过上富裕的生活。如今，那段艰苦卓绝的岁月一去不复返，一家人终于苦尽甘来。

2015 年，精准扶贫的阳光普照革命老区洪湖。驻村工作队的同志们在第一扶贫书记的带领下，协同村干部，每月不定期走访入户向老百姓们宣传党和国家的各项扶贫红利，详细询问每家每户的基本情况和致贫原因，深入田间地头实地查看本村的农业生产及农作物种植情况，探访学校了解当地的教育资源和发展需求。在充分了解到刘塘清一家的情况后，结合本村的实际情况和产业发展特色，为其拟订了精准的帮扶计划，竭尽所能帮助其脱离贫困。

在各级帮扶干部的帮助下，2019 年 3 月，刘塘清把原来种植小麦的 10 亩旱地整改成为可以一年收获三季的 7 座钢架温室大棚。此后，帮扶干部们又结合土地平整项目，将刘家原来的 10 亩低洼水田整改成适合种植优质水稻的高产粮田。解决了生产技术上的难题，资金短缺又成为刘塘清落实生产前进路上的绊脚石。驻村工作队第一时间帮其申请到 5 万元的无息贷款，并且免费为其提供了蔬菜、优质稻种子和农业生产所需的有机肥料。考虑到刘塘清夫妻特殊的身体状况，而农业生产又是劳动力密集型产业，驻村工作队多次组织结对帮扶人员和村干部到刘塘清的田地里抢种农禾、浇水施肥，确保农作物的收成。

2020 年是多灾多难的一年，年初突袭而至的新冠肺炎疫情，搞得大家人心惶惶；夏季南方又暴雨倾盆，长江沿岸的防汛防洪工程箭在弦上。不曾想，刘塘清家的生产不仅没有受到影响，反而百尺竿头更进一步。在黄队长的帮助和建议下，刘塘清从别人手中流转了 20 亩低洼水田分别用于搭建散养鸡场和整改精养鱼塘，增加特色畜禽和水产养殖。同时，为了能够提高资源利用效率，保护生态环境，他还计划建设集养殖、种植为一体的有机生产链。而这一蓝图的实现完全得益于驻村工作队的热心扶持。他们联系畜禽、水产专业合作社，协助刘塘清购买了 2200 只散养鸡苗和 70000 尾精养鱼苗，还组织队员在鱼塘四周的空地上种下了蔬菜、玉米、红薯等农作物，既能满足自食需求，又能作为散养土鸡的主食。鸡粪还能充当无机肥为养鱼提供养料。

新冠肺炎疫情期间，村干部们一边参加疫情防控，一边帮忙联系鱼和鸡饲料，确保刘家池塘里的鱼和散养的土鸡不“断粮”。4 月，刘塘清的 5 万元小额信贷还款迫在眉睫，因受疫情影响和农业生产投资需求，一时间还款压力有点大。驻村工作队了解到他的诉求后，马上协助他办理了延期还款手续。

眼看一切都步入正轨，七八月份湖北省接连遭遇特大暴雨侵袭，洪涝灾害席卷而来。刘塘清搭建的散养鸡棚被大雨淋塌，2000 多只雏鸡遭受风吹雨淋；精养鱼塘也水漫塘堤，一半的鱼将要“跑掉”。驻村工作队和村干部闻讯而来，齐上阵帮其抢险抗灾。经过五个小时的抢险，池塘围住了，鸡棚稳固了，防疫消毒也到位了。望着前来帮扶的干部，感恩的泪水从刘塘清夫妇眼中夺眶而出。洪涝灾情过后，驻村工作队和村干部又积极帮忙联系水产专业合作社及周边养殖户，让刘塘清的鱼塘得以及时补投鱼苗 1000 多斤，最大限度地降低了风险损失。

由于自己和妻子行动不便，销售缺乏渠道，刘塘清也曾担心自己种、养的农产品卖不出去，他无奈向驻村工作队和村“两委”求助。“老刘，你别着急，你就负责种好、养好，剩下的就交给我们了。”驻村工作队和村“两委”的承诺让他吃下了定心丸。收获期，驻村工作队和村支书利用产业扶贫优势，积极联系当地农业龙头企业、专业合作社等市场主体，让利收购刘塘清的莴苣、辣椒、西瓜等蔬果和稻谷，并以市场零售价格购买其饲养的母鸡、鱼类。一年下来，刘塘清的收益远超合作社预期。

如今，他散养的土鸡通过姚湖硒鸿合作社让利收购 1200 多只，不仅已全部收回投资成本，还有近千元的收入；冬季大棚蔬菜硕果累累；鱼塘里的鱼儿们欢快畅游。从 2013 年人均不足 1000 元到 2015 年的 4000 元，再到 2018 年的 8000 元，刘塘清家的经济收入逐年递增。2020 年，他和妻子两人的可支配收入更是实现了成倍增长，一下突破 6 万元。曾拖欠的债务终于得以偿清，5 万元的小额扶贫贷款也将在不久的将来一笔勾销。

女儿刘列十分争气，学习成绩一直名列前茅，并顺利考上了一所省会大学。受教育扶贫“雨露计划”的资助，女儿的学费有了稳定的着落，再加上勤工俭学，刘塘清无需担心。如今，刘列已大学毕业，留在武汉工作。懂事的女儿每个月定期往家里寄 2000 元钱，不仅减轻了刘塘清夫妻的压力，更让两口子尝到了幸福的滋味。

吃水不忘挖井人，刘塘清脱贫后，主动开展力所能及的公益事业。他积极带动身边的贫困户们，无偿提供各类种苗、肥料等生产物资，帮助他们发展产业。农忙时节，还会聘请贫困户到自家田地里有偿务工。他常常乐于把自己的心酸过往与如今的小康生活分享给大家，希望能够通过自己一点微不足道的影响，鼓励和帮助那些还在贫困边缘挣扎徘徊的乡亲们。

总结刘塘清一家摆脱贫困奔小康的经历，没有太多高深的道理，靠的是刘塘清一家人的坚韧和努力，也得益于姚湖村驻村工作队和村干部们急群众之所急、想群众之所想。其实，这恰恰是湖北，更是全国脱贫攻坚的精髓所在。

洪湖市燕窝镇建在村口的水产加工车间（孙宁悦摄）

双拐挪过的三十年

——随县草店镇残疾人刘成丹、郭明华的脱贫故事

精准扶贫以来，我们见证过不少自强不息、艰苦奋斗的脱贫典型，被他们感人肺腑的故事深深打动。有这样一对夫妻，他们没有惊天动地的故事，但初心不改，童叟无欺，三十年如一日，起早贪黑，磨豆腐，卖豆腐，抚养了一儿两女成家立业；他们生活不易、饱经风霜，但相濡以沫、风雨同舟，坚守着天助自助者也的信条，生命不息、奋斗不止！

刘成丹一家是随县草店镇金锣山村的残疾人低保户。他自幼身患小儿麻痹症，导致股骨头坏死，只有膝盖以下可以活动。平日里，夫妻俩主要靠制作和售卖鲜豆腐维持生计。日复一日、年复一年，刘成丹夫妇每天凌晨两点起床，通宵达旦地磨豆腐，然后再拿到集市上去售卖，赚取微薄的收入。

尽管夫妻俩勤勤恳恳、忙忙碌碌，一天也仅有 100 元左右的收入。夫妻二人省吃俭用，好不容易将三个孩子拉扯长大，将家里破败不堪的土屋换成砖瓦房，却先后欠下亲戚朋友七八万元借款。无奈之下，两个女儿 14 岁初中毕业就被迫辍学，进入当地的纺织厂做女工，帮助家里偿还债务。刘成丹的小儿子非常懂事，体谅父母和姐姐的疾苦，上学期间一直勤工俭学，学习刻苦，成绩优异，如愿考上重点大学，学习制药工程，今天正在准备报考研究生。

尽管三个孩子都自立自强，但刘成丹夫妇的家庭手工豆腐作坊依然在凌晨两点点起希望之光。左邻右舍劝他们享享清福，可夫妇俩却满怀愧疚地说：“过去女儿们为了这个家牺牲了太多，儿子虽已毕业，但将来还要娶媳妇、买房子，依然压力极大，我们不能拖他们的后腿。只要我们还能干得动，就一直干下去。”

看着刘成丹因常年在碱水中浸泡而严重皴裂的双手和那双残疾的双腿，再看看他那双疲惫却闪闪发光的眼睛，有一种力量涌上心头。有些生命或许生而不幸，但非常人能受的磨难将其淬炼得愈加顽强；有些生命即使千疮百孔，遭受狂风暴雨的洗礼，但终究会被打磨得更加坚韧。

郭明华曾经是随县草店镇紫金山村的特别贫困户。幼年时不幸患小儿麻痹症，双腿残疾，从此只能靠着双拐艰难挪步。妻子患有精神疾病，基本没有自理能力，生活起居都要靠郭明华照顾。然而，就是这样残缺不全的生命和一个贫困的家庭，却在脱贫攻坚的阳光照耀下，抬起了低垂的头颅，以坦然的姿态面对生活的考验，于逆境中奋发向上。

2015 年，脱贫攻坚在随县大地上铿锵行进。郭明华成为建档立卡贫困户的一员。考虑到他已年过花甲，驻村工作队建议对其实施彻底的政策兜底，却遭到了他的拒绝。虽然身体残疾，行动不便，但郭明华认为自己尚且能够劳作。过去，家里一穷二白，他依靠种植香菇、中药材、做篾匠，将两个女儿抚养成人。如今国家脱贫攻坚的政策这么有力，他想抓住机遇，靠自己的努力拼一把。

郭明华向驻村工作队讲述了自己的脱贫计划，并得到了他们的大力支持。他大胆提出，希望能够在驻村工作队整修过的荒山上种植经济林，特别是一些生命力顽强、不需要过多人工照料的果树；同时，他打算在树下养鸡，地里种瓜。2017 年，在驻村工作队的帮助下，郭明华借助小额信贷和 6000 元帮扶资金，在紫金山上种下 1000 多棵树，并购买了鸡苗、鸡饲料等，正式开始养鸡。

如今，放眼望去，紫金山上果树枝繁叶茂、欣欣向荣，200 多棵樱桃树、300 多棵石榴树、100 多棵泡桐和 300 多棵白杨满山排列；100 多只鸡在树下悠然成长。这是脱贫的象征，更是致富的希望。

试想，如果刘成丹和郭明华畏惧苦难、苟且偷安，或好吃懒做、一曝十寒，借机躺在“扶贫簿”上享受政府的照顾，那么他们或许也能依靠政府的救济或者他人的帮助暂时摆脱贫困，但天上掉馅饼的事不会总是眷顾懒惰的人。靠着救济和别人的帮助，日子过不长久，也会渐渐失去希望。

没有唉声叹气，更没有怨天尤人，他们毅然决然地选择与困难斗争到底，不受命运的摆布，拒绝沦为生活的傀儡；他们乐观向上、积极进取，敢为人先、不等不靠，依靠自己的双手，在有限的能力和客观条件下，创造出了无限的希望和力量。

随县草店镇金锣山村残疾人刘成丹卖豆腐归来（孙宁悦摄）

随县草店镇紫金山村残疾人郭明华养鸡（孙宁悦摄）

咱不靠墙根晒太阳

——崇阳县天城镇茅井村贫困户余达鑫的脱贫故事

时值初冬，天下着小雨，山中已是寒意阵阵。崇阳县天城镇茅井村茅井农庄老板余达鑫再也不犯愁了。算起2019年的收入情况，“农家乐净收入12万多；养殖的1000多只鸡加上鸡蛋，收入不低于10万。这两项加起来就有20多万的收入，真的奔小康了”。要知道，余达鑫一家以前也是村里的建档立卡贫困户。短短几年，从贫困到小康，余达鑫夫妇的经历向我们诠释了“我奋斗、我脱贫、我光荣”的深刻含义。

余达鑫的老家在广东省汕头市。改革开放的浪潮，吸引了全国各地的很多人到沿海城市“淘金”，茅井村女孩余存贤便是其中一员。1993年，24岁的余达鑫与余存贤相识、相知、相爱。余达鑫说，在回到崇阳以前，余存贤曾在余达鑫家住了一年，但最终两人选择回到处于湘鄂赣边陲的崇阳。当时的茅井村，三面环山，一面绕水，交通闭塞，出去靠步行，过河要摆渡。上一趟县城要花一天时间，基本是“与世隔绝”，十分贫穷落后。

“广东那么好，你为什么要到这里来？”余达鑫为了爱情来到山沟沟，曾是村里轰动一时的故事。“家里人反对啊！”余达鑫并不忌讳，他在汕头有兄妹9人，家庭条件也算不错。当时他自己在工地上从事管理工作，一个月工资也有七八千块。老婆家是山里人，条件差，家人自然是看不上，也不同意。“为了爱情，所以选择私奔啊！”

说着一口广东普通话的余达鑫满脸都是兴奋。“其实也是有点年轻气盛啦！不过现在想起来，我也不后悔啦！”余达鑫说，在决定回崇阳以前，他其实是做过“考察”的，并不是头脑一发热就回来了。“当时的条件差得让人真的难以想象。”余达鑫说，老婆家有 7 口人，上有祖母、父母，下有三个小妹妹。祖母年迈，母亲患精神疾病，全家人仅靠余存贤一人维持生计。“家里当时就只有一条破毛巾，全家人都用它洗脸、洗脚！”但最终余达鑫还是不顾家人的反对，舍弃了家产，放弃了优越条件，义无反顾地来到了崇阳。说是因为爱情，或许更多的是一种男人的担当。

“我有一个深深爱我的人，只要同心协力，日子会越过越好的！”余达鑫告诉我们。1997 年元旦，他们夫妻俩领取了结婚证。从此，余达鑫扛起这个家庭的重担，期冀着用勤劳的双手逐步改变这个家庭贫穷得不能再贫穷的面貌。

首先要解决的就是全家老小衣食住行的问题。“其实我刚回的时候，是没打算先盖房子的！”当时的余达鑫兜里揣着 5 万多块钱，这在当时是笔不小的财富。“我当时是打算在县城租个门面，去义乌进货，做服装生意的！”那个时候，广东人与内地人的思维理念还是存在很大差异。广东人敢闯，哪怕是回到崇阳，余达鑫也没有放弃过做生意的念头。“我当时在县城建行附近门面都看好了！”但最终这个想法在妻子的极力反对下不得不被放弃。

因为家里实在是太缺劳力，而且当时家里的土坯房实在破旧，夫妻俩思来想去，最终决定在原来只有三间土坯房的基础上，添盖一栋平顶房。一家老小到山上挑石头，到河里挑沙，买回了钢筋、水泥。经过半年多的努力，终于盖上 165 平方米的平顶房，告别了“月点灯、风扫地”的烂房子。

住的问题解决了，一大家子的生计问题随着一双儿女的出生，成了夫妻两人的大难题。余达鑫说，既然选择了农村生活，那就只能去田间地头“扒钱”，他选择了养鸡。“我是 2002 年开始养鸡的，一开始养了 500 只，当时想一只鸡只要能挣到 5 块钱，养上一万只，一年也能挣 5 万块。”从余达鑫的眼中，足见广东汉子不服输的韧劲。

“一开始，我养的鸡很好啦！都是用米糠养的，在市面上很快就被抢光，算起来一只鸡纯赚了 6 块钱！”回忆起当年初次养鸡的情形，余达鑫充满了骄傲。

2003年，余达鑫借钱扩大了养殖规模，最大规模时，家里有四批鸡苗，六个养殖棚。但天不遂人愿，2003年“非典”横行，2004年禽流感暴发，鸡肉市场价格爆跌，一斤就跌了2块多。为了配合防疫工作，他还不得已将2000多只库存鸡全部就地掩埋。一场疫情，一下子让他整整负债了20多万元。“那时候真的感觉崩溃了，最困难的时候连死都想过。”

但为了这个家庭，余达鑫挺了过来。接下来怎么办？债要还，家人还要生计，余达鑫又想到了养羊。“那是2004年底，我听说江西修水的南江黄羊不错，所以我去那边买了4头羊回来，当时一头羊也花了500多。”余达鑫用4头黄羊踏上了再次创业之路。

2006年，因为老婆陪着大儿子、小女儿去县城读书，余达鑫开始了一个人留守养羊的日子。“当时我老婆在外面边打零工，边陪读，在商城卖东西一个月400块，2007年涨到了500块。我当时在家养羊，一年也卖不了几头公羊。那时养羊利润很低，一头也就挣个200多元。”尽管收入不多，但在余达鑫的精心呵护下，2007年的黄羊储栏量已经达到了167头。

然而，天又不遂人愿。2008年，一场罕见的大雪肆虐中国南方诸省。“当时大雪封山，有60多头羊没回来，回来的120头只能关在栏里喂养。整整关了20多天，啥也吃光了，最后只活下来64头羊。”说到这里，余达鑫眼角有些泛红。尽管他依旧看好养羊这份事业，但家里的情况已经不允许余达鑫继续养下去。迫于无奈，他卖掉了剩下的羊。“卖羊的那天我流了泪，真的是舍不得啊！”余达鑫说，当时羊卖了2万1千元，其中2万块拿去还了账，自己带着剩下的1千元到了县城开始打零工养家的日子。一天50元，一个月一千多元的收入，勉强能供儿女读书。为了偿还余下的债务，夫妻俩节衣缩食，早餐也舍不得吃。余达鑫也因此落下了慢性胃炎这一老毛病。

打零工的日子一直持续到2013年。余达鑫的心里依然装着养殖致富这个梦。“2013年，我看报纸，上面说我们茅井村要搞开发，要修桥、修路。”余达鑫仿佛又一次看到了机遇。2013年，在和老婆商量后，他又回到了茅井村，再次开始了他的养殖计划。也正是这一年，脱贫攻坚的春风吹入茅井村，吹进余达鑫的家。2014 年，余达鑫家被评为建档立卡贫困户。

短短三年，驻村工作队进来了，桥架了，路通了，通信信号也全覆盖了。茅井村借助脱贫攻坚春风，打造的“十大古景”也焕发出了新的活力，前来旅游观光的人络绎不绝。“春看樱花，夏赏荷，秋游湿地，冬进补”，一幢幢漂亮的农舍拔地而起，美丽乡村建设如火如荼。

因在养殖方面积累了丰富的经验和教训，在驻村工作队的帮扶下，余达鑫借助 10 万元免息贷款，又重操起养殖旧业，再次规模化养鸡。这一次，有党和国家的政策保障，有驻村干部的精准帮扶，养殖场终于经受住了考验，也逐渐扩大了规模。2017 年底，余达鑫摘掉了“贫困帽”，老婆也早就回到茅井村和他一起并肩奋进。“我现在打算养殖高质量的土鸡，以养鸡为主体，更好地发展农家乐。” 现在余达鑫每年能出栏 3000 多只跑山鸡，每只鸡能卖到一百多元。

现如今，儿子也已经从湖北大学毕业，2020 年 7 月正式入职小米公司，在武汉有了稳定的工作。女儿考进了县一中，今年还考了文科第一名。“没有党和国家的好政策，我们一家人可能还在贫困线上苦苦挣扎，儿女们也许早已辍学打工了。”

说起自己这些年的经历，余达鑫欣慰不已，心怀感激。“人，一定不能‘靠着墙根晒太阳，等着别人送小康’。必须埋头苦干，才能真正过上好日子！” 撸起袖子加油干，只要吃得了苦，不抛弃、不放弃，就一定会迎来美好的日子。这就是山里人余达鑫的致富之路。

（本文参考了《咸宁日报》有关报道）

春风拂过心花放

——保康县马良镇苏家寨村残疾人詹自升夫妇的脱贫故事

在保康县马良镇苏家寨村，提到詹自升夫妇，人人都会竖起大拇指。尽管容颜尽毁，丧失了一定劳动力，但夫妻二人勤劳务实，借助党和国家的精准扶贫政策，用自己不服输的干劲，不仅摘掉了贫困户的帽子，还成为了村里自主脱贫的先进典型。

对詹自升夫妇来说，2014 年 10 月的那场事故是他们一生的痛。“2013 年秋，家里刚起了房子，当时在苏家寨村能盖两层楼房那是破天荒的大事。”“就连村里种植烟草的大户陈家明都是后来才盖的房子。”可以说，2014 年以前的詹自升两口子凭借自己的勤劳，在村里也算得上小康之家。

因为盖房子，夫妻两人借了外债。为了早日还清欠款，二人决定到江西的烟花厂打工。“做得好一个月能有上万的收入，而且包吃包住。我们刚到烟花厂的时候，干活很勤快，老板特别喜欢我们。”现如今，依旧有许多保康人在江西烟花厂务工。尽管已经过去几年，说起这段经历，两口子依旧忍不住叹息：“有时候这都是命啊。”

在烟花厂打工，确实收益不错。第二年，两口子又到江西的烟花厂继续做工。这一年，不到 4 个月，两口子挣了两万多。紧接着的五六月份，厂里放高温假，原来做工的烟花厂因事停工，两口子便一个多月没有工作。为了维持生活，不浪费在外打工的时间，夫妻二人选择在生产鞭炮的小作坊打个临时工。让夫妻二人始料未及的是，一场事故从天而降。“当时我们做了二十多天就挣了一万多，效益确实好。没想到不久就出了事故。小作坊缺乏必要的安全措施，突发爆炸事故，我和詹自升好不容易捡回了一条命，但都严重烧伤。詹自升的眼睛也在爆炸中失了明。”

对于普通家庭来说，任何一场灾难都是毁灭性的。本就不富裕的家庭，更是雪上加霜。詹自升说，当时他们两口子从爆炸现场被抢救过来时，当地赔了30万元，后来第二次在武汉住院时涉事作坊就再也没有给过钱。“我们根本就没钱治疗，当时建新房的债也还没有还清，只能用儿子当兵攒的2万元津贴去还。我们向政府说明了情况，保康县为此专门给上栗县发了公函，但都无济于事。”

对于这对中年夫妇而言，上有老，下有小，住院治疗的费用已经高达几十万元，早已负债累累。那时的詹自升，躺在病床上，辗转反侧，寻思着一个不能干活，不能养活家人，还要拖累儿女的男人活着有什么意义。面对残酷的现实，詹自升的精神几近崩溃，那时候的詹自升看不到前途，弥漫在眼前的是一片漆黑。“啥想法都没有，就一心想着死。”

庆幸的是，当时保康县武装部第一时间联系上了詹自升儿子所在的部队，通告了詹自升夫妻二人病危的情况。儿子很孝顺，妻子周华丽还记得，儿子离开前握着她的手说的一句话：“赔偿没有就没有，有我一口吃的就有你们一口吃的。”儿子的话，给了夫妻二人活下去的希望。同时，来自社会各界的捐助，让夫妻二人也心里踏实了许多。“当时我们出院的时候，科室的医生护士都给我们捐了钱，因为我们手受伤后不好拿，他们就把钱收集起来，给我们专门装在了一个大红包里，真的是很感动。”

出院后回到村里，夫妻二人既要面对严重受损的面容，又要克服因严重烧伤而导致的手脚不灵活。周华丽记得，当时他们夫妻刚回来的时候，出门都害怕。去马良镇上的时候，总是能听到有人议论，这人咋这样，吓死了。“刚出院的时候，我们在水泥地上都不能行走，一走就摔跤，手也根本握不住。出院后，我们两个天天锻炼手脚，希望能够早日自食其力。”

然而，屋漏偏逢连夜雨。就在两口子出院不久，詹自升的父亲又查出了盲肠癌。“我们9号出院，10号詹自升就陪爹爹到保康住院，爹爹身体不舒服，后来检查出来是癌症，不久就离开了人世。”

针对詹自升夫妻俩的情况，村“两委”给夫妇俩送来了关怀。回家的当晚，詹自升夫妇所在组的所有人都来看望他们，妇女们都在院子里帮忙洗菜，男人们则帮忙砍柴、做饭。后来村里安排信息员苏丽和村民陈佳德给两口子做饭，帮忙换药。了解夫妻二人的情况后，村里还给夫妻俩评了低保户，解决了夫妻二人基本的生活问题。

不久，精准扶贫进村入户，湖北省社科联的驻村工作队来到苏家寨村，给詹自升夫妇带来了希望，也带来了摆脱贫困的“阳光雨露”。了解詹自升夫妇的情况后，驻村工作队立刻向单位汇报，将詹自升夫妇由县地税局的包保户转为社科联的包保户。

事实上，夫妻俩的勤劳，工作队的队员们都看在眼里。工作队队员石书勤清楚记得，为了尽可能地补贴家用，周华丽一到季节都是早上三四点就起来捡蘑菇。相比他人一天能捡五六百元的蘑菇，周华丽因手不怎么灵活，一天坚持下来只能捡三百多元的。为此，驻村工作队时常上门去鼓励夫妻两人种植一些果实较大的植物，诸如茄子、瓜类等，并利用精准扶贫产业帮扶政策，为詹自升夫妇家建起了猪圈，帮助他们养起了猪。夫妻二人也在驻村工作队的支持下，重操起收废品的老本行。“今年已经卖了几头猪了，再过一段时间，这几头也要出栏了，全家有了一笔可观的收入。”詹自升夫妇既感激又充满希望。

关于未来，詹自升计划用后院新开挖的几口池塘养鱼。“我们在这里还要继续待三年，三年之内一定要实现你们养鱼的愿望。”这是工作队队员石书勤对夫妻俩的承诺。为了让夫妻二人更好地脱贫致富，驻村工作队和村“两委”不仅盘算着怎么帮他们把鱼养起来，还盘算着将村里的一片山林交给他们经营。“未来不仅可以养鱼，还能养鸭。”詹自升夫妻对未来有了更多的憧憬。

“人残志不能残，怕的就是志也跟着残了，那人一辈子也就完了。”这是夫妻二人总结的脱贫经验。谈及未来的致富路，詹自升笑着说：“‘全面建成小康社会的路上，残疾人一个也不能少。’这是习近平总书记给我们残疾人的鼓励，我们肯定要把日子越过越好。”

浪子中年重回头

——恩施市三岔镇三元坝村刑满释放人员樊永的脱贫故事

人到中年，从头再来。樊永，1974 年生，出生于湖北省恩施市三岔镇三元坝村一个普通农民家庭。初识樊永的时候，是在他家农家乐的后厨。很难想象，这么一个黑瘦精干的中年男子是一名刑满释放人员。2015 年底，刑期满后，回到一无所有的家乡，用了不到五年时间，樊永已经成为恩施市的脱贫典型。樊永说："正是党和政府的不抛弃，自己的不放弃，才有了今天的美好生活。"

23 岁，本是青春年华，樊永却因为一时的冲动，犯下弥天大错。采访樊永的时候，他并不忌讳自己的过往。他告诉我们，在他 20 岁的那一年，为了给自己被家暴的姐姐出气，失手打死了人。用他自己的话说，那时年轻气盛。因为打死人后最初的那种恐惧，让他开始了长达三年的逃亡生活。三年的逃亡，每天都是提心吊胆。直到三年后，23 岁的他落网，对他来说才是一种解脱。不久，樊永被判死缓。因在狱中的良好表现，他被逐步减刑，由死缓减刑为有期徒刑 18 年。出狱那年，樊永 41 岁，人已到中年。

回忆起狱中 18 年，樊永说到最多的就是感谢，感谢党和国家给他重新做人的机会。其中，他对当年的管教干部最是感激。他说，在他最无助的时候，管教干部对他说："樊永，好好干，等你出狱的时候，我正好退休，我一定设法弥补你失去的青春！"说到这里的时候，樊永明显有些凝噎。他告诉我们，在他 2015 年出狱的时候，这位管教干部私人掏腰包，一次性借给他 30 万元，用于创业。正是管教干部无微不至的关怀，让樊永重拾了对人生的希望。

入狱那年，樊永 23 岁；出狱那年，樊永 41 岁，一晃就是 18 年。18 年间，中国社会日新月异。于樊永而言，从监牢到社会，更像是重获新生。面对新生，一切既是新奇，也是踌躇。樊永清楚地记得 2015 年 12 月 10 日这个日子，这是他刑满释放后回到老家的日子。摆在樊永面前的是断垣残壁，残破不堪。樊永说，自己落网入狱的同时，父亲也因参与殴打致死被判无期徒刑，父子二人相继入狱后，樊永的母亲自杀，姐姐改嫁他乡，家里早已一无所有。

临近年关，为了解决临时住宅问题，樊永将家里破旧的两层老房子改为一层，让自己暂时有安身之所。但破旧的房屋，残酷的现实，以及长达 18 年的牢狱生活让他与社会脱节太久，导致樊永的思想负担很重。了解樊永的情况后，当地司法所工作人员及时介入，宣讲政策，帮助他放下思想包袱，融入社会。

同时，镇上将樊永纳入贫困户，并将樊永列入易地扶贫搬迁对象，还给了他 2 头小猪崽，200 只鸡苗。“很感动，一定要干出成绩回报社会。”樊永说，当时党和政府对他的帮扶，极大地鼓舞了他发展养殖业的决心。

然而，初次养殖小猪，因无技术，“零经验”，仔猪成活率不足四成。第一次创业栽了跟头，以失败告终。生性倔强的樊永并没气馁，他北上，南下，努力学习技术。2016 年 10 月，樊永在乡亲们的帮助下再次建起养殖基地。“搞养殖，卫生防疫最重要，人畜都要消毒。”谈起养殖门道，现在的樊永经验十足。2017 年 10 月，樊永将养殖基地升级为合作社，并吸纳 4 户贫困户发展土鸡养殖。合作社为贫困户免费提供鸡苗和技术，并保价收购产品。“小樊干事有激情，有劲头，我们跟着他干有信心。”贫困户刘宗林打心底佩服樊永的干劲。“不图什么，就想用行动回报乡亲的帮助，有酒一起喝，有肉一起吃。”樊永笑呵呵地说。

如今，樊永不仅养殖规模日益扩大，还娶了媳妇，有了孩子。他的合作社已拥有 200 头仔猪、800 只土鸡、70 头羊、20 多头牛以及 80 只肉狗。“搞养殖要有耐心，要仔细。氛围好，动物才会心情好，长得快。”这是樊永多年来的养殖诀窍。养殖产业小有规模后，樊永随即在荒山上建起了 140 多平方米、三层高的大楼房，办起了农家乐。

“这片就是烧烤园，有菜地，有果树，都是自助的。”说起未来规划，樊永看准了市场，也看准了未来的发展方向。他盘算着，“投资 30 万元，建旅游徒步道，发展乡村休闲游，搞生态农庄，将产业串起来做大做强”。

猪倌齐送金猪福

——保康县寺坪镇龙凤村马自军、方旭、刘丹的脱贫故事

守得云开见月明

曾几何时，马自军像村里的其他精壮劳动力一样，主要靠外出打工获取经济来源。由于文化水平低，只能靠出卖苦力气赚取有限的收入。然而时过境迁，到了不惑之年，缺少一技之长的他难以与年轻小伙子们竞争，求职四处碰壁，渐渐失去了稳定的经济来源。时间一长便入不敷出，滑向贫困的边缘。无可奈何之下，他决定先回湖北老家休息一阵，再伺机寻找新的发展机会。回到家乡的马自军忽然发现，过去大家单纯依赖粮食和土地生活的历史似乎一去不返，“喂猪为过年，养鸡买油盐”的情景也仿佛留在了昨天。

受到村里养猪致富带头人的影响，2012 年，马自军开始尝试学习如何养殖生猪。没想到他上手很快，短短三年，养殖规模就发展到百余头。看到希望的马自军一直打算扩大自家猪圈的规模，却苦于资金短缺而不得不暂时搁置。2016 年，受到国家精准扶贫政策的惠顾，马自军迫不及待地向银行申请了 10 万元的三年无息贷款。国家的无偿借贷解了他的燃眉之急，也为他发展养猪业注入了一针强心剂。2017 年，马自军成为村里第一批脱贫的光荣户。从最开始的几十头，到 2020 年 500 头生猪出栏，马自军的平均年收入突破 100 万元。

家畜养殖最令人担心的莫过于病毒侵害和传染病肆虐。非洲猪瘟来袭时，时任驻村工作队队长的王革平带领队员频频上门走访，关心农户们仔猪的健康状况。他们为村里的养猪专业户购买了大量消毒液和生石灰，并敦促大家及时消毒，做好猪瘟防疫工作。得益于帮扶干部们的精心指导和村民们的积极配合，

龙凤村的仔猪无一受损。工作队还为大家请来养殖专家，定期开展饲养技术培训。“专家完美解答了我们在养猪过程中遇到的问题，自己足不出户，也不需要交学费就能学习到先进的技术知识，真是我们养殖专业户的福音。”马自军兴高采烈地说。守得云开见月明。通过几年的积累，马自军的猪场渐渐形成了“自繁自养”的发展模式。在自己脱贫后，他积极带动身边的贫困户们，为他们提供低价的猪崽。

受自然条件影响和市场供需调控，生猪养殖并不是一项稳定的产业，其中的艰辛和压力恐怕只有亲历过的人才能真正体会。马自军坦言，过去生猪市场竞争压力大、销售价格不高，自己有好几次濒临破产，好在没有轻言放弃，抱着再试试看的态度坚持了下来。2018 年年底，猪肉市场价格波动异常，马自军的出栏猪仅仅以 4 元／斤成交，远远低于他前期投入的成本，让他一下子赔了六七万元。山重水复疑无路，柳暗花明又一村，机会往往留给那些有准备和耐得住寂寞的人，最近两年的生猪市场空前兴旺，他顺势而上，成功翻盘。

一腔热忱敬龙凤

今年 36 岁的方旭之前一直在外面打工，通过建厂房、包工程，渐渐有了一定的积蓄。2015 年，精准扶贫的号角在荆楚大地吹响。村支部书记打电话给方旭，劝说和鼓励他回乡创业，带动村里的贫困户们一起脱贫致富。放下电话，方旭心潮澎湃，书记的一番话让他一颗多年漂泊在外的赤子之心激荡起阵阵涟漪。他多么渴望看到，有朝一日，龙凤村真的能像它的名字一样龙飞凤舞、一飞冲天。于是他开始交接手中的工作，踏上了返乡的列车。

回到生他养他的龙凤村，方旭递交了入党申请书，成为了一名光荣的中国共产党员。2017 年，他从贫困户手中流转了 6 亩土地兴建养猪场，成立了旭瑞生猪养殖专业合作社。生猪养殖业风险高、投资大，稍有不慎就会亏得倾家荡产，一时间反对之声不绝于耳。方旭的父亲是村里的治调主任，他强烈反对儿子放弃城市里的大好发展机会，回到农村每天窝在家里养猪。家里的亲戚朋友也都不支持方旭的养猪决定，认为他受到了蛊惑，一时头脑发热。方旭顶着重重压力，依靠自己辛苦打工积攒下来的钱和向亲戚朋友、银行的借贷先后投入了 270 多万元。

2019 年生猪出栏前，他每天都在焦虑和不安中度过，整晚夜不能寐。尽管在家人面前，方旭表现得胸有成竹，但实际上连他自己也不知道这一仗的赢面到底大不大。毕竟自己是个涉足未深的养猪新手，毕竟几百万元的投入对一个普通农民之家来说意味着一着不慎，满盘皆输。但方旭没有退路，只能背水一战。好在功夫不负有心人，2019 年、2020 年接连两年，方旭合作社的生猪长势喜人，猪肉市场价格也持续高开高走，并持续稳定。每年 500 ~ 1000 头生猪出栏，让他迅速收回了成本。前期的努力没有付诸东流，不仅消除了家人最初对自己的质疑，也让他对未来养殖业的发展更加充满信心。今年他又投资扩建了猪栏，规模又增加 500 头，堪称村里数一数二的养殖大户。

谈起这两年的家乡巨变，方旭感慨不已。起初，村里通往方旭养猪场的道路坎坷不平，运输生猪的卡车常常陷入泥沼动弹不得。后来，依靠精准扶贫的帮扶资金，村里的道路被统一翻新拓宽，为方旭以及其他养猪专业户铺出了一条通往幸福生活的康庄大道。

过去村里没有网络，严重阻碍了与外界的联系，随时面临被信息社会抛弃的危险。精准扶贫期间，各级政府加大财政投入和相关项目扶持，为村里增设网线、实现了 4G 信号全覆盖，架起了龙凤村与外界沟通的桥梁。针对养猪业容易造成环境污染的问题，驻村工作队帮忙申请到几十万元专项资金，在当地建起了三级沉淀池。废水废渣和动物的排泄物得到了绿色降解，实现了生态的有机循环，扫除了养猪专业户们的后顾之忧。

其实，养猪发财并不是方旭回乡创业的唯一目的。他没有忘记书记在电话里的嘱托，竭尽所能地帮助家庭贫困的乡亲们。通过支付土地租金、聘请村民来猪场务工等方式，方旭先后带动和帮扶了七八家贫困户。同时，他还向养猪贫困户义务提供疫苗试剂和防疫技术，无偿分享自己的养猪经验。

面对曾经全家人的质疑声，方旭敢拼敢闯、踏实肯干，逐渐赢得父亲的信任，大家也都对这个小伙子刮目相看。如今，方旭的父亲一改往日的反对态度，成为了方旭管理猪场的左膀右臂。未来方旭希望，一方面保持当前养猪业的良好发展态势，再坚持奋斗 2 ~ 3 年，然后适时转向其他产业。考察到保康近来的市场需求，驴子养殖悄然兴起，他计划发展驴子养殖和加工。

如果说马自军和方旭是迎着精准扶贫的春风乘风破浪，依靠自身较好的基础，再借助配套基础设施建设而发展壮大自身实力的话，那么刘丹一家则是完全仰仗精准扶贫各项政策和帮扶措施，而过上了前所未有的幸福生活。

壁立千仞　为母则刚

刘丹一家原是村里的特困户。哥哥由于先天残疾而丧失劳动能力，爷爷奶奶及父母年事已高，一对活泼可爱的双胞胎儿子嗷嗷待哺，养家的重担都落在刘丹和丈夫两人身上。她的丈夫是上门女婿，常年在外打工。家里人口多、劳动力少，日子过得十分拮据。平日里，刘丹不仅要辛苦劳作，到附近的工厂打零工，还要细心照料老人和孩子们，但她任劳任怨、毫无怨言，家里被她收拾得井井有条。尽管房子年久失修，下雨天不得不在屋里放个盆子接水，但一大家人相互依偎、团结友爱，倒是比不少有钱人家过得还温馨。

2016 年，龙凤村开始危房改造工程，刘丹一家告别了破旧的土坯房，搬进了宽敞明亮的新居。

2017 年春天，刘丹的双胞胎儿子不幸患上了过敏性紫癜，需要长期的药物治疗和陪同照顾。正值村里鼓励每家每户大力发展产业，受村里养猪大户的影响，她决定效仿，在家养猪，这样就能有更多时间照顾儿子们了。但是，养猪的本钱从哪里来呢？多亏国家的小额信贷对刘丹施以援手。她将贷来的 8 万元作为初创资金，又从养殖大户马自军和方旭的猪场里低价购买了几头小猪崽，就这样她的养猪事业红红火火地办了起来。

家里没有多余的劳动力，她起早贪黑，不遗余力，几乎是以一人之力扛起了整个猪场的运营。或许这便是母爱的伟大，都说为母则刚，可是想要管理好几百头猪规模的养猪场，她孤身一人要承担怎样的压力和折磨，又要克服多少艰难险阻才能抵达胜利的彼岸！但这些不为人知的苦痛，都被她默默藏起，乐观和坚毅洋溢在这位坚强的农村妇女脸上。

2018年底，刘丹的猪圈年出栏300头，全家彻底战胜了贫困，迎来了崭新的生活。儿子们也已基本康复，医疗期间的花销通过新农合报销了95%。她憧憬着，再过五年、十年，自己的小家一帆风顺，愈加兴旺发达。包括她在内的龙凤村人，也越来越相信，自己的家乡一定会村如其名、好运呈祥，成为中国农村大地上的一个“桃花源”。

第三编

湖北脱贫攻坚的辉煌业绩与宝贵经验

2021年2月25日是一个阳光灿烂、暖风和煦的喜庆日子。中共中央总书记、国家主席习近平庄严地向全世界宣告，经过全党全国各族人民的共同努力，在迎来中国共产党成立一百周年的重要时刻，我国脱贫攻坚战取得了全面胜利，现行标准下9899万农村贫困人口全部脱贫，832个贫困县全部摘帽，12.8万个贫困村全部出列，区域性整体贫困得到解决，完成了消除绝对贫困的艰巨任务，创造了又一个彪炳史册的人间奇迹！这是中国人民的伟大光荣，是中国共产党的伟大光荣，是中华民族的伟大光荣！①

消息传来，荆楚大地一片沸腾。人们奔走相告，喜极而泣。在以习近平同志为核心的党中央的伟大领导下，自2012年以来，无数个脱贫攻坚的日日夜夜里，我们呈现给世界的中国方案、中国力量、中国贡献之中，也理所当然地凝聚着6100万湖北人民的汗水、心血和智慧，更蕴藏着很多不为外界熟知的扶贫“密钥”、脱贫“窍门”以及如何彻底解决“三农”难题的艰难“天问”。

在这场艰苦卓越的人民战争中，湖北各级各地党委政府和6100万党员干部群众，强化“四个意识”，坚定“四个自信”，做到“两个维护”，层层签订“军令状”、级级设立“作战室”、人人具结“责任书”，“下猛药”“出重拳”，全民动员、全力以赴、克难奋进，始终保持着“黄沙百战穿金甲，不破楼兰终不还”的精神状态。经过广大干部群众与社会各界力量的共同奋斗，先后有37个贫困县、市，4821个贫困村全部摘掉贫困“帽子”，现行标准下建档立卡贫困人口191.5万户581万人全部脱贫。连续4年在国家对省级党委和政府扶贫开发工作成效考核中，被评为“综合评价好”的省份，连续7年在国家财政专项扶贫资金绩效评价中，被评为“优秀”等次，在这辉煌的史册上写出浓墨重彩的荆楚篇章。

从脱贫攻坚的号角响起，到全面建成小康社会的喜锣响起，数千个日日夜夜，荆楚儿女们咬定脱贫攻坚目标不放松，围绕“一条主线、三位一体、四个切实、

①习近平:《在全国脱贫攻坚总结表彰大会上的讲话》,《人民日报》,2021年2月26日,第02版。

五个一批和六个精准”，以教育扶贫、医疗扶贫、健康扶贫、就业扶贫、产业扶贫、消费扶贫、光伏扶贫、易地扶贫搬迁、生态扶贫、农村危房改造、电商扶贫等为主要抓手，加大财政专项投入，夯实筑牢交通、水利、电力、通信、文化、社会保障等基础性保障，创造了荆楚大地史无前例的辉煌扶贫业绩。

根据湖北有关部门脱贫攻坚以来的不完全统计显示，“十三五”期间，湖北各级财政累计投入财政专项扶贫资金 884.76 亿元，年平均增幅达 20% 以上。仅 2017 年至 2020 年，中央财政扶贫资金和省级配套财政扶贫资金就分别投入 63.92 亿元、71.06 亿元、98.54 亿元和 109.84 亿元；省级财政扶贫发展资金分别投入 2.77 亿元、4.36 亿元、5.21 亿元和 5.62 亿元。中央财政扶贫资金、省级配套财政扶贫资金和省级财政扶贫发展资金三项总计 361.32 亿元。①

“东西部扶贫协作”杭州市对口恩施州累计投入 12.039 亿元；“17 个中央单位定点扶贫”累计为湖北落实直接帮扶资金 39.58 亿元；省内区域协作扶贫 36 个经济强市县累计投入财政援助资金 23.03 亿元；412 家省直单位累计投入帮扶资金 31.16 亿元。截至 2020 年 11 月底，6933 家民营企业在“千企帮千村”精准扶贫行动中签约帮扶 6293 个行政村，累计投入帮扶资金 72.21 亿元。②

2016 至 2020 年，全省累计落实贫困家庭学生资助资金 203 亿元，惠及贫困家庭学生 1197 万人次；累计安排 37 个贫困县中央和省级义务教育专项补助资金 95.8 亿元，持续改善贫困地区办学条件；实施省级统筹的义务教育教师补充机制，选派 4.38 万名教师到贫困地区乡镇以下学校任教。全省义务教育阶段

①中央财政扶贫资金主要包括扶贫发展资金，如财政扶贫发展资金、扶贫成效奖励资金、绩效考核奖励资金、“切块”扶贫资金、易地扶贫搬迁贴息资金、重点县倾斜资金、扶贫救灾专项资金；以工代赈资金；少数民族发展资金；国有贫困农场资金；国有贫困林场资金。省级财政扶贫发展资金主要分为“目标任务因素法分配”资金、“资金绩效评价结果因素法分配”资金、扶贫开发培训费、省级重点贫困村补贴资金、省级承担易地扶贫搬迁贴息资金、“一次性安排”资金、解决深度贫困问题资金、脱贫摘帽县奖励、省驻村工作队帮扶资金、连片特困地区经济社会发展资金等。此数据统计时间为 2020 年 11 月底。数据来源：《湖北省脱贫攻坚简明手册》（2020 年 12 月）。

②此数据统计时间为 2020 年 11 月底。数据来源：《湖北省脱贫攻坚简明手册》（2020 年 12 月）。

建档立卡贫困家庭学生失学辍学实现动态销号清零。

全省实行“985”健康扶贫政策。贫困人口在县域内住院，政策范围内医疗费用报销比例达到90%左右；大病、特殊慢性病县域内门诊，政策范围内医疗费用报销比例达到80%左右；年度个人负担政策范围内医疗费用控制在5000元以内。截至2020年11月，全省因病致贫返贫人口全部脱贫，贫困人口住院费用实际报销比例由2015年的55%左右提高到87.12%。累计对29万名贫困大病患者开展了集中救治。将30种大病纳入集中救治范围，对185.85万户贫困户开展慢病签约服务，实现“应签尽签”。

对特困供养人员、孤儿、最低生活保障家庭成员、丧失劳动能力残疾人、严重精神障碍患者和计划生育特殊困难家庭中经核定的特困家庭夫妻及其伤残子女等给予城乡居民基本医疗保险个人缴费部分全额参保补贴。对贫困人口住院治疗政策范围外医疗费用实行控制政策，按照县域内一级医疗机构不超过3%，二级、三级医疗机构不超过8%，县域外省内三级医疗机构不超过10%执行，超出规定比例的医疗费用由医疗机构承担。此外，还实行先诊疗后付费及“一站式”结算，入院只需要交纳住院起付标准费用，免住院押金；出院在一个窗口办理手续，“一票制”结算。

截至2020年9月底，全省包含“农房保”“产业保”“医疗保”“重疾保”“伤残保”“家责保”“助贷保”“助学保”在内的“扶贫保”覆盖64个县（市）区，覆盖437.9万人/户（次），提供风险保障24045亿元，赔付支出3.93亿元，赔付92万人/户（次）。68个县（市）区开展“防贫保”，监测保障对象500万户，纳入防贫救助14000户。截至2020年10月底，全省累计发放扶贫小额信贷资金258.12亿元，支持61.65万户建档立卡贫困家庭发展生产。

“十三五”以来，全省累计建成一、二级公路9111公里，新改建农村公路11.6万公里，实施大中修工程8800公里、预防性养护工程14600公里，实施公路安防“455”工程98908公里、危桥改造4917座，灾害防治1106公里，有条件的乡镇全部通二级以上公路，建制村（含撤并村）100%通沥青水泥路，乡道以上及通客运班车的村道安防工程实现全覆盖。[①]

“十三五”期间，全省累计完成易地扶贫搬迁 31.84 万户 88.23 万人。2016 年至 2020 年，累计改造农村危房 122 万多户，其中建档立卡贫困户、低保户、农村分散供养特困人员和贫困残疾人家庭等 4 类重点对象 62.9 万多户。累计完成 953 万人农村饮水安全巩固提升任务，其中 242.3 万建档立卡贫困人口全部实现安全饮水。全省农村集中供水率 96%，自来水普及率 94%，规模化工程供水人口比例由“十二五”末的 60% 提升至 77%。

2016 年至 2020 年，湖北分别设置贫困人口生态护林员岗位 2.5 万个、3.375 万个、6.675 万个、6.6877 万个。全省累计建成光伏扶贫电站 5646 个，建设规模 122.77 万千瓦，惠及 93 个县（市）区，覆盖 26.75 万户贫困户。仅 2020 年利用扶贫收益设置的公益岗位就达 78193 个。

全省省、市、县三级扶贫龙头企业 317 家，吸纳贫困劳动力 29335 人；扶贫车间 1354 个，吸纳贫困劳动力 18152 人。实现建档立卡贫困村农民专业合作社全覆盖。累计遴选贫困村创业致富带头人 3.57 万人，培训 4.5 万人次。申报认定扶贫产品 22487 个，供应商 4092 家，扶贫产品价值总量 1193.8 亿元。

21575 个驻村工作队，13348 个驻村第一书记，78746 个驻村队员，一件一件的精准扶贫实事，汇聚成 191.5 万户贫困家庭共同的脱贫攻坚伟业；交通、水利、电力、通信、文化、社会保障；教育、医疗、健康、就业、产业、消费、光伏、易地搬迁、生态、危房改造等各项扶贫举措的一串一串的数字，编织出 581 万贫困人口的小康网。

辉煌业绩背后是 6100 万荆楚儿女栉风沐雨、玉汝于成的奋斗精神，亦是湖北这一中部大省乃至全国在脱贫攻坚和农业农村现代化建设上所继承、总结、创造出的宝贵经验。

习近平总书记旗帜鲜明地强调，脱贫攻坚取得举世瞩目的成就，靠的是党

①数据来源：湖北省交通运输厅省公路管理局《推进高效能治理，打造高品质服务，奋力谱写湖北公路高质量发展新篇章》的工作报告。

的坚强领导，靠的是中华民族自力更生、艰苦奋斗的精神品质，靠的是新中国成立以来特别是改革开放以来积累的坚实物质基础，靠的是一任接着一任干的坚守执着，靠的是全党全国各族人民的团结奋斗。我们立足我国国情，把握减贫规律，出台一系列超常规政策举措，构建了一整套行之有效的政策体系、工作体系、制度体系，走出了一条中国特色减贫道路，形成了中国特色反贫困理论。

回望这场战争，太多精神、成就、经验值得总结，需要传扬，应当继承。针对这场战争，我们当发出有力的声音，以告慰革命先辈和英烈，给予那些做出重大贡献的广大党员干部最隆重的褒奖。

一、根本始终在人民

以人民为中心，始终守护、忠心维护人民这一根本，是脱贫攻坚的基本底线、根本准则和终极目标，更是脱贫攻坚取得伟大成就的根本所在。不忘初心、不负韶华。习近平总书记指出："事实充分证明，做好党和国家各项工作，必须把实现好、维护好、发展好最广大人民根本利益作为一切工作的出发点和落脚点，更加自觉地使改革发展成果更多更公平惠及全体人民。只要我们始终坚持以人民为中心的发展思想，一件事情接着一件事情办，一年接着一年干，就一定能够不断推动全体人民共同富裕取得更为明显的实质性进展。"①

脱贫攻坚的这 8 年，中国共产党始终强调消除贫困、改善民生、实现共同富裕是社会主义的本质要求，是党坚持全心全意为人民服务根本宗旨的重要体现，是党和政府的重大责任。②党中央始终要求各级党委、政府必须把群众满意度作为衡量脱贫成效的重要尺度，集中力量解决贫困群众基本民生需求。

脱贫攻坚一路上，全党上下，各级党组织、千千万万党员干部，始终坚定党的信念，维护党的权威，贯彻党的思想，严把党的纪律，与贫困群众手牵手、心连心，将他们视为父母亲人、兄弟姐妹、亲儿亲女，心里始终装着他们的安危与冷暖，千方百计为他们解决家庭困难，帮助他们发展脱贫产业、构筑美好家园。很多同志为此忽视了家庭、愧对妻儿老小，将自己的青春、热血献给了中国的山川与河海。更有 1800 多位同志累倒在一线、牺牲在了决胜的前夜，再也看不到举国欢庆的盛世之光。

---

①习近平:《在全国脱贫攻坚总结表彰大会上的讲话》,《人民日报》,2021 年 2 月 26 日,第 02 版。

②习近平:《在全国脱贫攻坚总结表彰大会上的讲话》,《人民日报》,2021 年 2 月 26 日,第 02 版。

8 年里，仅湖北就有 100 多位同志为荆楚大地，也为伟大祖国的脱贫攻坚事业，献出了宝贵的生命。和平年代照样有牺牲，有英雄！ 80 多位党员，其中 10 多位年龄尚且不超过 40 岁；近 10 位尚且 30 岁不到；最小的只有 26 岁。有的是乡镇和村“两委”干部，有的已经担任县（市）区主要领导；有的儿女即将出生，有的儿女尚且嗷嗷待哺。他们皆是风华正茂、前途无量的党员干部，却在这和平年代，为了和平的事业，献出了最宝贵的生命，多么令人感慨和惋惜，又多么让人敬仰和崇敬！

彭先（年仅 26 岁）、尹露（年仅 26 岁）、胡祖康（年仅 28 岁）、罗小玉（年仅 29 岁）、余朝忠（年仅 30 岁）、鲁轩瑞（年仅 31 岁）、李勇（年仅 32 岁）、熊昊（年仅 33 岁）、聂赞（年仅 35 岁）、韩琪（年仅 36 岁）、虞超（年仅 36 岁）、宋青山（年仅 39 岁）、谢睿（年仅 39 岁）、王梅（年仅 40 岁）、王亚辉（年仅 42 岁）、邹炜（年仅 39 岁，牺牲时为咸丰县委副书记，正在提拔为县级主要领导公示期内）、黄星（年仅 45 岁，牺牲时为十堰市扶贫办党组成员、副主任）……一个个名字，一首首催人泪下的“诗篇”，代表着脱贫攻坚的一面面红旗、一座座丰碑。

为什么我们党要把人民摆在中央，放在中心，系在心头？为什么这么多的党员干部不辞辛劳、不畏艰难，甚至不顾生死，为那些不曾相识的他乡之人劳心劳力、倾囊相助、流血牺牲？因为中国共产党是人民的党，来自人民，全心全意为人民服务是我们党得以存在并兴旺发达的根本所在。“我志愿加入中国共产党，拥护党的纲领，遵守党的章程，履行党员义务，执行党的决定，严守党的纪律，保守党的秘密，对党忠诚，积极工作，为共产主义奋斗终身，随时准备为党和人民牺牲一切，永不叛党。”这是我们共同的誓言和庄严的承诺。

人民的党必须为了人民、忠于人民。也正因为如此，在这场艰苦卓绝的脱贫攻坚之战中，中国共产党不计成本、不谈条件、不打折扣，全党上下，各级党组织、千千万万党员干部，齐心协力、筚路蓝缕，最终打赢了这场数千年都未战胜，全世界都叹为观止的伟大战争。

功不唐捐。人民的党，人民看在眼里，记在心里；为人民的党，人民必定拥护；为人民而无私奉献、流血牺牲的中国共产党人，人民不会忘记，会永远记住他们、颂赞他们、怀念他们。

二、党是伟大主心骨

中国共产党是中华民族伟大斗争、伟大工程、伟大事业、伟大梦想的主心骨。正是因为有伟大的中国共产党，才有如此伟大的脱贫攻坚成就。脱贫攻坚以来，全党全国始终坚持党中央对脱贫攻坚的集中统一领导，把脱贫攻坚纳入“五位一体”总体布局、“四个全面”战略布局，统筹谋划，强力推进。强化中央统筹、省负总责、市县抓落实的工作机制，构建五级书记抓扶贫、全党动员促攻坚的局面。

党员干部构成党的毛细血管与细胞，主心骨的地位和作用靠千千万万的党员贯通和输送。在党和国家的号召下，荆楚大地上千千万万的党员干部，将党的阳光、雨露带到每个山乡角落，每位贫困群众的身边。据统计，脱贫攻坚以来，湖北全省总计选派 21575 个驻村工作队、13348 名驻村第一书记、78746 名党员干部，同几十万名乡镇干部和村干部一道奋战在扶贫一线，鲜红的党旗始终在脱贫攻坚主战场上高高飘扬。

党的伟大主心骨作用，关键不在“说”与“诺”，而在“行”与“做”，在中央精神、要求与部署的具体的贯彻和落实，在脱贫攻坚实打实的事与行动上。全省各级党委、政府坚决把脱贫攻坚作为最大的政治任务。始终把以习近平新时代中国特色社会主义思想、习近平总书记关于扶贫工作的重要论述、习近平总书记视察湖北重要讲话精神作为决战脱贫攻坚的根本遵循和行动指南，坚决扛起脱贫攻坚政治责任、主体责任，始终把脱贫攻坚作为最大政治、头等大事、第一民生。

各级各地党组织、党员干部每月必学习近平总书记重要论述；每人必查与贯彻习近平总书记重要论述的不足和差距，切实把思想和行动统一到党中央决策部署上来。各级党委和政府主要负责同志带头落实第一责任人责任，带头学习贯彻党中央、国务院关于脱贫攻坚的决策部署和工作要求，经常性深入贫困村、边远村调研督办、教授方法；适时召开党委常委会、政府常务会和指挥部调度会，有序调度阶段性重点工作。坚持发现问题、研究问题、解决问题。与老百姓面对面商讨脱贫计划、心连心提升脱贫信心，切实做到扶真贫、真扶贫、真脱贫、脱真贫。

湖北省要求县级党政正职每月至少 5 个工作日用于扶贫，切实履行进度安排、项目落地、资金使用、人力调配、推进实施五大职责，主持召开扶贫大会 2 次，分片区召开现场推进会 3 次，深入贫困村现场办公，走访贫困户常态化。实行月调度制度，统筹推进"两大扶贫日""三大会战""四季攻势""五个一批""六大百日攻坚战"，一仗接着一仗打，形成了全员上阵、合力攻坚的强大阵势。

各个贫困县都成立了由县委书记、县长任指挥长的县扶贫攻坚指挥部，县攻坚指挥部一月一调度，县攻坚办半月一调度，确保各项工作紧凑有序、推进有力。实施县级领导脱贫攻坚述职制度，实现县"四大家"领导同志全覆盖。

成立行业扶贫工作专班专项推进，制订完善各行业扶贫三年行动计划、年度工作计划。如五峰县建立完善了"县级总队 + 乡镇联队 + 驻村工作队 + 小组分队 + 帮扶责任人"五级帮扶责任体系，实现了 8 名县委常委和人大政协主职包战区、8 名联队长包乡镇、102 名第一书记和 139 名大学生扶贫村官包村、586 名分队长包组、5354 名国家公职人员包户。完善从指挥长到帮扶责任人"七大责任清单"，层层传导压力，层层履职尽责，形成完整工作链条，保证了脱贫工作的有效落实。

三、举国体制办大事

举国体制办大事，是中国特色社会主义国家制度的巨大优势所在。脱贫攻坚是全党、全国、全民族、全社会共同的伟大事业。所谓党政军民学劲往一处使，东西南北中拧成一股绳，脱贫攻坚要靠各级各部门、各战线、各团体和衷共济、团结互助。

不仅仅是湖北，全国各地都致力于广泛动员社会各界力量，齐心协力向贫困宣战，同舟共济，共克难关。党和政府机关各部门、民主党派、人民团体、国有企业和人民军队等各方力量都积极参与到脱贫攻坚之战中。省、市、县各行各业发挥出了各自的专业优势，对口的产业扶贫、科技扶贫、教育扶贫、文化扶贫、健康扶贫、消费扶贫等等，如雨后春笋一般，欣欣向荣。

湖北省广泛动员、积极鼓励民营企业、社会组织和公民个人参与扶贫，持续实施“人大代表在行动”“政协三大工程”（政协委员参与精准扶贫“为民、爱心、带动”三大工程），扎实开展“千企帮千村”“10.17 扶贫日”活动，动员各类社会组织和爱心人士广泛参与精准扶贫。通过构建专项扶贫、行业扶贫和社会扶贫的大扶贫格局，形成了跨地区、跨部门、跨单位的全民扶贫体系。

脱贫攻坚以来，恩施市通过开展“千企帮千村”扶贫行动，引导 509 家企业结对帮扶 145 个贫困村；累计发展新型市场主体 2634 家，链接贫困户 4.5 万户，链接率达到 81.6%。宜昌鑫鼎集团带富了五峰县仁和坪镇业产坪村，3000 亩标准化生态示范茶叶基地就地而起；“思源百万助学活动”累计发放助学金近 2000 万元，资助 400 多个乡村（社区），983 名寒门学子进入高等院校深造学习；投入 920 万元文化扶贫资金，在贫困乡村建立 6 个乡村书屋。

恩施市汇力帮帮综合服务公司，截至目前接纳建档立卡贫困户 167 人，经培训，近 30 名贫困户先后被评为金牌月嫂，年收入都超过 10 万元。五峰县湾潭镇红旗坪村金蕊合作社，2016 年带动 32 户菜农种植大棚蔬菜，增收 80 万元；2018 年带动 120 户菜农种植大棚蔬菜，增收 400 多万元，户均稳定增收万元以上……如此这般，不胜枚举。作为脱贫攻坚的社会力量，他们有的是企业，有的是合作社；有的远在大城市，有的就在村子里。他们在脱贫攻坚之战中，同样做出了突出的贡献。这是举国体制办大事最突出的成效。

恩施市保扎美丽晨韵（恩施市扶贫办供图，陈年恕摄）

四、精准方略掌航舵

“精准扶贫是打赢脱贫攻坚战的制胜法宝，开发式扶贫方针是中国特色减贫道路的鲜明特征。”习近平总书记强调，“只要我们坚持精准的科学方法、落实精准的工作要求，坚持用发展的办法解决发展不平衡不充分问题，就一定能够为经济社会发展和民生改善提供科学路径和持久动力！”

“一条主线、三位一体、四个切实、五个一批、六个精准”。扶贫对象精细化管理、精准化扶持，扶贫资源精确化配置；打出政策组合拳，因村因户因人施策，因贫困原因施策，因贫困类型施策，对症下药、精准滴灌、靶向治疗。坚持开发式扶贫方针，坚持把发展作为解决贫困的根本途径，由“输血式”变“造血式”。[1]精准方略牢牢把握住了脱贫攻坚的航向，为我们点亮了前进之光，指明了奋进方向。

其中最有力的体现就是农村基础设施、公共服务翻天覆地的变化和产业的飞速发展。

基础设施建设欠缺、公共服务匮乏，成为脱贫攻坚的最大阻碍，那就精准抓基建强服务。很多贫困地区的贫困群众之所以贫困，不是因为懒散，而是因为没有条件。基础设施匮乏，路不通、水不通、电也不通，严重阻碍了他们的生产生活。为此，易地搬迁安置一批，就地完善基础设施解决一批，让所有困难群体都能够出得去、进得来，有房住、有水喝、有电用。

恩施市145个贫困村基本都在山沟沟里面，常年交通不方便，事故频发，

①习近平:《在全国脱贫攻坚总结表彰大会上的讲话》,《人民日报》,2021年2月26日,第02版。

严重影响广大老百姓的生命财产安全，也深深制约了贫困群众脱贫致富。为此，6 年来，恩施市累计投入资金 18.87 亿元，实施项目 1856 个，建设各类公路 4472 公里，行政村全部通沥青或水泥路，自然村全部通硬化路，行政村“村村通”客车保持率 100%。累计投入资金 25.45 亿元，实施农村电网项目 3442 个，农村电网配变户均容量由 2014 年的 1 千伏安提升到 2.03 千伏安，提升了 103%；自然村通生产动力电达到 100%，供电保障能力显著增强。

五峰县坚持对外开放、对上争取、对内使劲。“四年搬县城、五年战脱贫、八年建‘飞地’、长年修公路”，办成了全国唯一由中央支持的县城避险搬迁、全国少有的由贫困县主导的“飞地”工业园区、全省县域变化最大的公路交通等几件改写五峰历史的大事。

麻城市实现乡镇、建制村通硬化路比例 100%，农村 20 户以上自然垸通畅工程完成率 100%；安全饮水保障率 100%；自然村通生产动力用电覆盖率 100%；行政村宽带网络实覆盖 100%。

产业发展是开发式扶贫的核心，是可持续脱贫的关键，那就集中精力精准扶产业。搞好产业，发展经济是高效持久脱贫之道。产业和经济发展与脱贫攻坚相辅相成、相得益彰。只有通过大力发展产业，提高经济发展水平，才能为脱贫提供物质基础；只有打赢脱贫攻坚战，贫困地区真正脱贫，才能更好、更快地发展经济。

党的十八大以来，在中央布局的脱贫攻坚战“五个一批”工程中，产业扶贫始终被放在第一位。湖北省在脱贫攻坚的决战决胜之战中，始终牢牢抓住产业扶贫这根主绳，扭住特色农业这个“牛鼻子”。各地区充分考虑区域内的资源禀赋和产业发展状况，因地、因民族和因时制宜，发展各类各具特色的扶贫产业。

随县依托“香菇之乡”“花菇之乡”“万吨食用菌标准化示范县”的特色食用菌产业优势，探索构建“村集体 + 专业大户 + 合作社 + 贫困户 + 村干部”的产业扶贫模式，大力实施“三个跟着走”带贫机制（资金跟着项目走、项目跟着产业走、产业带着贫困户走），推动以香菇、中药材、水果、油茶种植和畜禽、水产养殖等为主导的农产品特色发展。全县贫困户种植特色林、果、茶160万亩，惠及贫困户8600余户。1.5万户贫困户从事畜禽、水产家庭养殖业。

保康县结合本地区的自然禀赋和高山农业发展基础，建立起特色产业带和集群，共建品牌，抱团发展。辣椒、包菜、西红柿等高山蔬菜，苍术、白芨、柴胡等中药材，蓝莓、石榴、猕猴桃等水果，以及核桃、牡丹和其他经济林，不仅颇有规模，有了以地理标志产品为代表的自主品牌，而且工业化水平越来越高，产品附加值、品牌价值越来越高。特色产业不仅帮助贫困群众摆脱了贫困，还为各贫困村的乡村振兴打下了坚实的根基。

洪湖市确定再生稻、稻田综合种养、水产养殖和水生蔬菜等产业为农业特色产业，主推“龙头企业＋村干部领办合作社＋农产品加工车间（基地）＋贫困户”的带贫模式，建立紧密的立体式复合型利益联结机制。鼓励新型农业经营市场主体通过土地流转、劳务用工、入股入社、代种代管、订单销售等形式带动贫困户。全市产业扶贫惠及贫困人口14422户。

五、和衷共济靠群众

就像农民是农业农村的核心主体一般，广大的贫困群众是脱贫攻坚的核心主体。为主体须紧紧依靠主体。脱贫攻坚必须从群众中来，到群众中去。全党上下、各级党组织、千千万万党员干部必须充分发动贫困群众、依靠贫困群众，才能够明贫困群众所需、知贫困群众所难、解贫困群众所惑，也才能为贫困群众所信、被贫困群众所依。

发动贫困群众、依靠贫困群众，就要充分调动广大贫困群众的积极性、主动性、创造性，激发脱贫内生动力。扶贫不仅要为贫困群众提供物质基础，还要助力贫困群众精神脱贫，通过文化和教育等方式改造贫困户的思想，从根本上解决贫困群众的精神难题。

十九大报告提出“坚持大扶贫格局，注重扶贫同扶志、扶智相结合”。扶志就是扶思想观念，扶智就是扶知识技术。只有转变贫困群众的思想观念，并不断提高其知识技术水平，才能促其实现真正脱贫。通过扶志和扶智，充分调动贫困群众的自身能动性，激发其脱贫致富的愿望，树立起脱贫致富的志气，并不断提升其脱贫致富的能力，脱贫才能管根本、顾长远。

脱贫攻坚以来，湖北坚持扶志和扶智两手抓，两手硬，引导贫困群众树立自力更生的理念思想。培养贫困人口志向，拔除思想“穷根”。从紧从快实施教育扶贫工作，拔除代际传递“穷根”。将扶贫和扶志以及扶智结合起来，从精神层面切实扭转了群众传统的“等、靠、要”狭隘思想，充分调动贫困群众积极性，增强其生存发展能力。

很多贫困地区的农民之所以贫困，根子在内生动力不足。如何激发，这是个难点。贫困群众千差万别，想法各异，本身就是“一盘散沙”，各打各的“算盘”，各算各的“账”，要怎么把他们有效地组织起来形成合力，达成共识，而且，不是被党员干部推着搞，是发自内心主动想搞。倘若这个内生动力挖掘不出来，脱贫攻坚就会落入费力不讨好、事倍功半的境地。相反，如果内生动力被激发出来，脱贫攻坚工作也就事半功倍了。

徐国泰、郭大荣、刘成松、陈玲、夏世雄、刘成丹、郭明华、余达鑫、詹自升、樊永，这一个个曾经的贫困户，过去都是何等贫穷，他们如今不仅脱了贫，还在乡村振兴致富路上“快人一步”。这虽然得益于党和国家的脱贫攻坚好政策，得益于驻村工作队和村干部的帮扶，但更多的是源于他们想摆脱贫困，改变一贫如洗家庭面貌的渴望，源于志、智双扶的催化效应。要知道，他们中间不少都是丧失部分劳动能力的残疾人，有的瘫痪，有的已两眼全盲多年。试想，他们尚且如此，千千万万四肢健全、身强力壮的贫困群众怎能不如此？

扶智就要加强思想和文化教育，提高贫困群众综合素质，阻断贫困的代际传递。要从根本上转变贫困群众的思想观念，提高贫困群众的整体文化水平和技能水平，就要发挥出教育在扶贫中的先导性功能，高度重视和支持贫困地区的教育发展，帮助贫困地区人口提高文化程度。利用教育来切断“贫困之藤”，彻底消除当地的代际贫困根源。

湖北紧紧抓住教育这一扶贫的“百年大计”，在财力、物力和人力有限的情况下，克俭克勤，用活用足教育扶贫政策。改善基本办学条件，持续完善教育基础设施建设，并将乡村师资力量向贫困乡镇及贫困村学校倾斜。加大对贫困家庭的教育补助，绝不让一个孩子因贫辍学。加大对贫困学生的补助力度。鼓励未升入高中的毕业生就读职业学校，对就读职业高中的贫困家庭子女进行资助，全面落实“两免一补”“雨露计划”等助学政策。落实贫困家庭大学生资助政策，给在校贫困大学生资金帮扶。一系列举措在四大集中连片贫困山区落地生根，开花结果，激发出了扶贫政策制度的最大潜能。

六、求真务实抓作风

“一分部署，九分落实，真抓实干、埋头苦干保证了脱贫攻坚战打得赢、打得好。”[①]扶贫工作重在落实中央的精准扶贫的各项政策，让贫困户真实感受到中央的温暖。只有干部作风务实，过程扎实、结果真实，农村基层工作、脱贫攻坚工作才能真正达到以实取胜的目的。只有切实改变干部作风，使干部和老百姓打成一片，才能充分激发出贫困群众的内生动力。也只有这样，贫困群众才有幸福感，市场主体才有获得感，我们的干部才有成就感。

湖北各级党员干部求真务实、较真碰硬，做到真扶贫、扶真贫、脱真贫。统筹全省各级各地各战线的帮扶力量，统一部署、统一安排驻村工作队对口帮扶所有的贫困村和有贫困人口的非贫困村（社区）。实现有贫困人口的村驻村帮扶全覆盖、干部结对帮扶贫困户全覆盖。整合驻村领导、驻村工作队、村“两委”力量，在所有有贫困人口的村成立村扶贫工作队，对内对外“不分你我”，统一要求、统筹调度，全面接受乡镇脱贫攻坚前线指挥部管理，凝聚攻坚合力，提升作战能力。

驻村工作队严格实行“三在村”管理，“岗位在村、工作在村、吃住在村”，与原单位、原岗位、原工作脱钩。实行最严格的考核评估。

全省上下，一竿子到底，建立全方位监督体系，综合开展日常巡查、转向巡视、重点督促、常态化“回头看”。针对扶贫领域的腐败和作风问题，开展专项治理，坚决发现一例，处理一例，再教育一批、督导一批。

①习近平：《在全国脱贫攻坚总结表彰大会上的讲话》，《人民日报》，2021年2月26日，第02版。

2018—2020 年，崇阳县查处扶贫领域腐败和作风问题 20 件，已追责问责 18 人，省委第十巡视组移交的 430 条问题线索已全部办结，共追责问责 370 人。在常抓不懈的努力之下，广大党员干部的作用有了根本性的转变。脱贫攻坚有了更坚强的组织力、向心力做支撑。

七、坚持不懈强党建

党建是核，聚能量、生动力。党的发展和组织、队伍的建设靠党建。唯有加强党建，才能永葆党的青春与活力，才能不断激发党员干部队伍的奋斗激情与潜力。围绕脱贫攻坚加强党建，如同给党员干部队伍上弦，注强心剂，强了队伍，更强了脱贫攻坚。

湖北在省委、省政府的统一部署下，始终紧抓基层党建之弦不放松，不断激发和释放“党建＋脱贫攻坚”的耦合生命力、创造力。通过大力实施抓党建促脱贫攻坚，把脱贫攻坚工作嵌入基层组织建设中，让广大干部服务大局讲担当，统筹兼顾城乡发展，整合利用各种资源，凝神聚力决战脱贫攻坚。细化和明确脱贫攻坚各项基本要求，自上而下构建起基层党组织政治建设的指标体系和考核体系，强化政治任务的可操作性。加强基层党组织的日常管理，坚持利用每月 1 次常委会、每季度 1 次党建工作领导小组会议研究部署党建工作。充分发挥支部引领作用，以“强组织、强队伍”的党建目标，引领“兴产业、富群众”的脱贫目标，切实解决贫困群众的现实问题、紧迫问题和最在意的问题。

突出党组织和党员的先进性，不断激活并强化党员党性意识，激发党员政治觉悟。充分发挥老党员的作用，让党组织和党的工作深入人民群众，密切党员干部和人民群众的关系，全面强化“支部＋党员＋农户”的体制，让党组织建在村民心上。广大的党员干部不仅能对上级政策予以配合与执行，还能主动到贫困群众中去，发挥出辐射带动作用，进而使党员和群众心连心、手拉手、肩并肩，合为脱贫攻坚主力体，冲锋陷阵，劈山开路。

在党爱党、在党言党、在党忧党、在党为党，基层党组织建设至关重要。

若基层组织建设软弱涣散，基层凝聚力不强，则书记的号召力、党员的示范效应都势必受到很大的影响。一个地方不稳定，宗族势力等各自为政，相互内耗，没有正义的声音，没有正能量，这个地方就难搞。凡是基层工作搞得好的地方，基层治理都非常到位。这种基层治理必须依靠党建来统领。为此，湖北在脱贫攻坚之战中，突出基层党组织的“强基固本”工作。

恩施市落实书记抓基层党建工作“口袋书”备案管理。24个贫困村党组织书记按照“4+X”要求承诺党建实事153件。推进支部标准化规范化建设。实行“平时考核＋年终重点考核”“县直单位＋村（社区）”党建“捆绑”考核，推动机关党建资源向贫困村下沉。开展“除顽疾促升级”专项行动。深化村干部专职化管理。落实村（社区）党组织书记县级备案管理。建立村（社区）“两委”成员县级联审常态化机制。多渠道储备后备力量，督导乡镇党委培养村级后备干部，高标准发展党员。全方位强化激励，健全村干部工作报酬稳定增长机制，为村干部、网格员、大学生村官购买意外伤害保险。

崇阳县开展党建引领扶贫“领头雁”行动。推进“建强一个支部、引进一个企业、流转一片土地、打造一个产业、建好一个景区、致富一方百姓”的“六个一”“党建＋”模式。建立高位推进、检查督办、清单管理、追责问责“四个机制”。严格落实落地县级领导“谁包乡镇，谁负总责”；乡镇和部门“谁失分，谁负责”；驻村工作队和帮扶责任人“谁包保，谁负责”的硬措施。

这是经验，更是成就。经验也好，成就也罢，不仅属于荆楚大地上的湖北，还属于960万平方千米的中国！宝贵精神、宝贵经验，也一定会在全面推进乡村振兴，实现第二个百年奋斗目标的现代化新征程中，继续发挥应有且巨大的潜力和作用，为中华民族的伟大复兴贡献不竭的精神动力。

用文字诉说经验与成就，总有篇幅之限，总觉得还可更为全面。回阅那些事迹，那些发生过的故事，定然还会有层出不穷的新发现、新体会！

第四编

湖北脱贫攻坚与乡村振兴的有效衔接

写在荆楚大地上的这份让党中央放心、让贫困户满意，并且经得起历史和群众检验的霸气答卷中，一个个气壮山河的扶贫故事，一桩桩热血铸就的脱贫业绩，一个个感人至深的精准案例，正在转化成为一种精神的力量和宝贵的财富。还有用生命诠释忠诚而倒在脱贫攻坚工作岗位上的那100多位党员干部群众，更是谱写在湖北省6600万人民心中的激昂音符。大别山之高，不足以披挂其伟岸的姿态；长江水之深，不足以彰显其纯洁的感情。

我们带着强烈的历史责任感，相拥在一起，认真总结湖北省所取得的辉煌经验，动机与目的只有一个，这就是为党和政府的英明决策树碑，为干部职工和社会力量的无私奉献立传，为贫困群众不屈不挠地“雄起”脱贫而热情讴歌，更是为巩固拓展脱贫攻坚成果与乡村振兴战略实现耦合衔接而积极探路。

可以无比豪迈地说，我省精准扶贫与精准脱贫工作所逐步积累的宝贵经验难能可贵；干部群众攻无不克的勇猛精神赏心悦目，充分彰显了国家脱贫攻坚战中的荆楚样本和湖北贡献，也为“十四五”期间党的“三农”工作重心向全面实施乡村振兴的战略转移奠定了坚实的基础，开辟了广阔的道路。

我们深信，以“湖北贡献”为存在形式的这些精神层面上的宝贵财富不会过时，它将进一步促使荆楚儿女广泛凝聚共识、提振巩固脱贫成果和全面推进乡村振兴的坚强信心，为全面建成小康社会和实现中华民族伟大复兴的中国梦做出更卓越的贡献。

万水千山只等闲。当我们深情地“忆往昔峥嵘岁月稠”的时候，脱贫攻坚战已经徐徐落下帷幕。下一步怎么走?

其实，从2019年开始，习近平总书记在视察有关地方和在党的一些重要工作会议上，就曾经多次讲到两个历史阶段中的不同任务应有机结合，要“推进巩固拓展脱贫攻坚成果同乡村振兴战略的有效衔接”。2020年1月19日，在云南考察调研时他就讲过：“乡亲们脱贫只是迈向幸福生活的第一步，是新生活、新奋斗的起点。”要在全面建成小康社会基础上，大力推进乡村振兴，让幸福的乡村更加幸福。

2020 年 3 月 6 日，习近平总书记在决战决胜脱贫攻坚座谈会上也指示我们：“脱贫摘帽不是终点，而是新生活、新奋斗的起点。要针对主要矛盾的变化，理清工作思路，推动减贫战略和工作体系平稳转型，统筹纳入乡村振兴战略，建立长短结合、标本兼治的体制机制。总的要有利于激发欠发达地区和农村低收入人口发展的内生动力，有利于实施精准帮扶，促进逐步实现共同富裕。”

2020 年中央一号文件指出，脱贫攻坚任务完成后，我国贫困状况将发生重大变化，扶贫工作重心转向解决相对贫困，扶贫工作方式由集中作战调整为常态推进。要研究建立解决相对贫困的长效机制，推动减贫战略和工作体系平稳转型。加强解决相对贫困问题顶层设计，纳入实施乡村振兴战略统筹安排。抓紧研究制定脱贫攻坚与实施乡村振兴战略有机衔接的意见。

这是一个崭新的课题，也是一个艰巨的任务！当然，如何不折不扣地贯彻落实习近平总书记和党中央的指示精神，同时又要紧密结合本地区农业农村的具体实际，努力实现巩固拓展脱贫攻坚成果与乡村振兴战略的有效衔接，并非仅仅是给湖北量身定制的“专门试卷”，而是全国各地皆难以自由选择的“必答考题”。

通过对多个县（市）区农村基层工作深入细致的调查分析，包括同不少地方领导干部坦诚的思想交流，以及认真学习省外一些地区正在推进之中的实践经验，我们发现，就湖北而言，在省委、省政府的领导下，巩固拓展脱贫攻坚成果与乡村振兴战略的有效衔接，正在从以下几个方面展开积极的探索。

一、思想认识上的有效衔接

思想是行动的先导。认识牵引思路，思路决定出路。世界上任何事物都不是孤立的、静止的，而总是具有不断变化和相互联系的属性，这是马克思主义辩证法的要义。应该充分意识到，巩固拓展脱贫攻坚成果和实施乡村振兴战略，同属于“两个一百年”奋斗目标中休戚与共、一脉相承的历史任务。尽管处在不同的发展阶段，但两者之间表现出了很强的内在逻辑性、统一连贯性和明显的接续传承性。所以，在思想认识上与党中央形成高度一致，深刻领会、准确把握、充分利用好两者之间的相互关系和功能作用，将是行动上实现其有效衔接的重要前提。

2012 年，党的十八大向全党和全国人民擘画出了“两个一百年”的宏伟蓝图。第一个“一百年”是到中国共产党成立 100 年时（2020 年）全面建成小康社会；第二个“一百年”则是到新中国成立 100 年时（2049 年）建成富强民主文明和谐的社会主义现代化国家。从此，“东风吹，战鼓擂”，“两个一百年”奋斗目标与“中国梦”一起，成为引领中国奋勇前行的时代旗帜与“集结号”。

按照全面建设社会主义现代化强国的任务书、时间表、路线图，从 2012 年到 2020 年的 8 年间，党中央一诺千金，始终把脱贫攻坚摆在治国理政的突出位置，把脱贫攻坚作为全面建成小康社会的底线任务，组织开展了声势浩大的伟大人民战争。正如习近平总书记在全国脱贫攻坚总结表彰大会上讲的那样：“党和人民披荆斩棘、栉风沐雨，发扬钉钉子精神，敢于啃硬骨头，攻克了一个又一个贫中之贫、坚中之坚，脱贫攻坚取得了重大历史性成就。”

第二个“一百年”阶段，我们的主要任务将历史性地转移到全面推进乡村振兴上，即通过实施以“产业兴旺、生态宜居、乡风文明、治理有效、生活富裕”为总要求的“乡村振兴战略”，彻底解决长期困扰我们的“三农”问题和从根本上破除工业与农业、城市与农村、农民与居民的“三大差别”，构建统筹城乡一体化格局，促进国家经济社会稳定、平衡、健康、协调、持续发展。

所以，第二个“一百年”所追求的重大目标之一，在《中共中央 国务院关于实施乡村振兴战略的意见》中明确阐述为“三步走”：到2020年，乡村振兴取得重要进展，制度框架和政策体系基本形成；到2035年，乡村振兴取得决定性进展，农业农村现代化基本实现；到2050年，乡村全面振兴，农业强、农村美、农民富全面实现。此意见给人同样的感觉：态度坚定、内涵清晰、节点时间毫不含糊。

2020年12月28日，习近平总书记在中央农村工作会议上发表重要讲话，强调在向第二个百年奋斗目标迈进的历史关口，巩固和拓展脱贫攻坚成果，全面推进乡村振兴，加快农业农村现代化，是需要全党高度重视的一个关系大局的重大问题。全党务必充分认识新发展阶段做好“三农”工作的重要性和紧迫性，坚持把解决好“三农”问题作为全党工作重中之重，举全党全社会之力推动乡村振兴，促进农业高质高效、乡村宜居宜业、农民富裕富足。

由此，我们可以看出：脱贫攻坚与乡村振兴是一个既具有内在联系的战略进程，也是一个相互依存、相互支撑、相得益彰的渐进工程。“两个一百年”的内在联系与行为逻辑以及历史发展的必然性，让巩固拓展脱贫攻坚成果和实施乡村振兴战略之间既有明显不同的阶段性特征，又有承前启后、继往开来的一体化作用。时代赋予我们各级党委、政府的伟大任务，就是要努力实现巩固拓展脱贫攻坚成果与全面推进乡村振兴战略的有效衔接，圆满完成农业农村工作的平稳过渡与顺利转型。

近年来，湖北省贫困地区农村居民人均可支配收入增速持续高于全国农村经济增速，包括脱贫攻坚战中已经形成的基础设施建设、特色产业项目、生态环境保护、劳力素质培育、社会公共服务、政权基层组织的强化和村“两委”

战斗堡垒作用的发挥等等，都属于构筑和支撑乡村振兴战略这座大厦的“四梁八柱”。所有这些有目共睹的巨大成就，无疑都将是下一阶段实施乡村振兴战略过程中不可或缺的客观条件和坚实基础。可以说，在即将全面展开的乡村振兴战略实践中，此前的贫困地区已经抢下了一步“先手棋”，并有可能成为荆楚大地的“排头兵”。

我们在长达数月的“中国脱贫攻坚战中的湖北贡献”课题调研中，奔走于荆楚大地的山水之间，跋山涉水、风雨兼程。无论是大别山、秦巴山、武陵山、幕阜山四大片区，还是江汉平原、鄂北岗地、鄂西丘陵，所到之处，农村基层党员干部和广大群众皆异口同声地衷心点赞国家扶贫决策之英明，热情歌颂本地精准脱贫之业绩。我们也于欢歌笑语中感同身受，有幸成为了历史的见证人。

不言而喻，扶贫脱贫是全面建成小康社会的主要内涵和底线任务，全面小康又是乡村振兴的必然前提和重要基础。反过来看，乡村振兴则是实现稳定脱贫和高质量全面小康的重要手段和有效路径。如果我们对党中央的战略决策在思想认识上真正地到位了，顺向而行，结果必然事半功倍，成就斐然；倘若思想认识不能到位，反向而动，结果便必然差之毫厘、谬以千里。

二、发展路径上的有效衔接

2021 年 2 月 25 日，习近平总书记在全国脱贫攻坚总结表彰大会上向全国的党员干部群众发出号召：“脱贫攻坚战的全面胜利，标志着我们党在团结带领人民创造美好生活、实现共同富裕的道路上迈出了坚实的一大步。同时，脱贫摘帽不是终点，而是新生活、新奋斗的起点。解决发展不平衡不充分问题、缩小城乡区域发展差距、实现人的全面发展和全体人民共同富裕仍然任重道远。我们没有任何理由骄傲自满、松劲歇脚，必须乘势而上、再接再厉、接续奋斗。”

也就是说，脱贫攻坚之后，我们将全力以赴地投入到一个更具力度、广度、深度的新战场——全面推进乡村振兴。为什么要推进乡村振兴战略呢？正如前文所言，乡村振兴是拓展脱贫胜利成果的重要手段和有效路径。但是，传统农业农村越来越突出的发展不平衡、不充分问题，正在成为制约和干扰国家经济社会健康、稳定、协调、持续前行的“拦路虎”与“绊脚石”。皮之不存，毛将焉附！

2021 年党中央、国务院颁发的一号文件中有这样一段十分重要的阐述：“全面建设社会主义现代化国家，实现中华民族伟大复兴，最艰巨最繁重的任务依然在农村，最广泛最深厚的基础依然在农村。解决好发展不平衡不充分问题，重点难点在‘三农’，迫切需要补齐农业农村短板弱项，推动城乡协调发展；构建新发展格局，潜力后劲在‘三农’，迫切需要扩大农村需求，畅通城乡经济循环；应对国内外各种风险挑战，基础支撑在‘三农’，迫切需要稳住农业基本盘，守好‘三农’基础。党中央认为，新发展阶段‘三农’工作依然极端重要，须臾不可放松，务必抓紧抓实。要坚持把解决好‘三农’问题作为全党工作重中之重，把全面推进乡村振兴作为实现中华民族伟大复兴的一项重大任务，举全党全社会之力加快农业农村现代化，让广大农民过上更加美好的生活。”

习近平总书记曾经高瞻远瞩地强调：“中国要强，农业必须强；中国要美，农村必须美；中国要富，农民必须富。农业基础稳固，农村和谐稳定，农民安居乐业，整个大局就有保障，各项工作都会比较主动。”因此，他提出乡村振兴是实现中华民族伟大复兴的一项重大任务。在神州精准脱贫攻坚战凯歌高奏、捷报频传之后，全国又紧接着开启了金戈铁马、气吞万里如虎的乡村振兴伟大征程。

20世纪80年代，一曲优美动人的《在希望的田野上》曾经唱响大江南北，唱出了中国农民对家园巨变的喜悦和憧憬。“我们的家乡，在希望的田野上；炊烟在新建的住房上飘荡；小河在美丽的村庄旁流淌；一片冬麦，那个一片高粱；十里哟荷塘，十里果香……”其实，这首歌不仅拨动了农民群众热情洋溢的心弦，也唤醒了很多城里人满腔浓郁的乡愁。

于是，很多人只要一提到“乡村振兴战略”，心中就不由自主地浮现出一幅男耕女织、自给自足；夜不闭户、路不拾遗；牧牛悠悠、炊烟袅袅、渔舟唱晚、天人合一的田园诗一般的农村生活图景，感叹那种自然、和谐的生存形态和治理境界，才是当前乡村振兴战略所应该追求的美好目标。其实，透过浓郁乡愁的“外包装”，我们不难发现这其实是一个错误的幻觉，或曰一个老套过时了的“乌托邦”。

从全球背景看，农业人口的大量转移和农村资金、土地、人才的大量流失所导致的“农村空心化”“农业边缘化”“农民老龄化”，包括农业的“兼业化”与“副业化”等等，并不见得就是中国农业正在走向衰败与没落的铁证。而且，改革开放以来不断显性化的“三农”窘境之所以很难彻底扭转的根本责任，不是国家决策层不重视，或是各级地方政府不努力，而很大程度上是工业化、城市化、市场化这一时代浪潮冲击下的必然产物，属于人类社会发展现阶段不以人们主观意志为转移的客观现象，亦是先进国家在现代化进程中都曾经遭遇过的历史情境。

再从历史逻辑看，传统的农业生产模式必将不可避免地走向衰败，而传统的农村生活模式则早已无法承载广大农民群众对于美好幸福生活的孜孜追求。数千年前的西方哲人亚里士多德就曾讲过：“人们来到城市，是为了生活；人们居住在城市，是为了生活得更好。”所以，农业劳动力向非农产业转移，农村人口向城市聚集，已经成为人类社会文明进步的基本要求和必然表现。美国与欧洲自不必说，就连乡村自然环境十分优美的日本，尽管农业收益高企，农民职业颇有尊严，但依然阻挡不住绝大多数青壮年进城的匆忙步履。2018 年，日本农业人口降至 192.22 万人，在 1.3 亿总人口中的比重约为 1.5%，而且 70 岁以上老年人占总农业人口的比重将近 50%。

由此可见，之所以说乡愁具有“乌托邦”的意蕴，是因为它不管不顾历史前进的“巨轮”，早已驶入工业化、城市化这一崭新航程的客观事实，心中的“根”仍然深深地沉浸甚至顽固地凝化在传统农耕文明的价值观中。这种思想观念，虽然吸收了当代生态环境保护的价值精髓，流露出来的却主要是封建时代乡土社会形态的理想色彩。它尽找工业文明和城市文明的各种“茬儿”说三道四，很大程度上表现的是对时代发展变化的不适应和恐惧感。既不明白农业社会向工业社会转型是人类社会文明进步的必然趋势，也不赞同农业要素向非农领域转移是生产力提升的内在规律，更不承认农村人口向城市聚集是农民群体追求幸福生活的时代特征。

然而，这种传统农业农村滋润出来的情怀，早已被时代的“铁扫把”扫入了历史的“垃圾箱”，成为一去不复返的“文学绝唱”。如果逆潮流而动，把以工业化、城市化为中心的发展模式与路径选择作为深刻反思、悬崖勒马的惨痛教训，强烈要求在执行乡村振兴战略时正本清源、补偏救弊，真正地回到以农业为经济基础、以农村为政治中心、以农民为发展主体的方针路线上来，并且以这种历史浪漫主义的遐想作为当前规划、制定和贯彻执行乡村振兴战略的参照物，将农村与城市重新分割开来，再筑一道城乡二元管理体制机制的“高墙”

的话，结局便是不折不扣地开历史倒车了。

所以，在工业化、城市化高歌猛进、横扫千军如卷席的时代里，我们要立足于工业化与城市化这个时代大背景和世界发展大趋势来分析、解剖、判断我国的“三农”问题发展方向，从顺应工业化、城市化、市场化、全球化的时代潮流出发，按照习近平总书记新时代中国特色社会主义思想中的新理念、新路径，来谋划、构建城乡经济社会与生态环境融合发展、和谐发展的新框架和新格局，以切实推进农民素质的全面改造，农业产业的全面升级和农村社会的全面转型。

无论是脱贫攻坚还是全面推进乡村振兴，核心内涵是要让所有的农民摆脱贫困、不断增收、逐渐富裕、共同上升，过上越来越幸福的美好生活，最终从底层社会和弱势群体中脱胎换骨、坚强雄起，成为国家发展、社会进步的新动力。这也是巩固拓展脱贫攻坚成果与全面推进乡村振兴在发展路径上的必然性和一致性。在这个发展路径上能否实现有效衔接，就看能不能在脱贫的基础上乘胜前行，彻底改变农业增效难、农民增收难、农村进步难等“老大难”问题。

我们认为，从脱贫攻坚到乡村振兴，发展路径上的正确选择，理所当然地是顺势而为、乘势而上，及时把战略重心转移到以农民市民化为目标的城镇化建设上来。通过大规模减少农村人口，着力改变农业发展方式，不断释放农村生态张力和文化内涵，促进农业农村由传统向现代转型，实现凤凰涅槃，浴火重生，给城乡一体化融合发展新格局的形成与拓展，开辟广阔的国土空间。

如果不走弯道，能够获得新型城市化的强力支持，在 2050 年将现有农业人口大幅度降低到全国总人口占比的 10% ~ 15%，农业强、农民富、农村美格局的形成便应该是瓜熟蒂落、水到渠成的事情。

三、政策体系上的有效衔接

按照2021年中央一号文件的要求和部署，脱贫攻坚目标任务完成后，对摆脱贫困的县，从脱贫之日起设立五年过渡期，做到“扶上马送一程”。过渡期内，国家保持现有主要帮扶政策总体稳定，并逐项分类优化调整，合理把握节奏、力度和时限，逐步实现由集中资源支持脱贫攻坚向全面推进乡村振兴平稳过渡，积极推动“三农”工作重心的历史性转移。

这个顶层决策，既充分反映了实事求是的工作作风，又是一个非常重要且科学合理的制度安排。中央的意图与目的十分明确，就是要保持过去出台的各种扶贫脱贫政策的延续性和稳定性，在确保不发生规模性返贫的同时，采取平稳过渡的方式，将举全国之力大打“脱贫攻坚战”这一特殊方式，逐步转型为常态化的扶贫方法。而政策对象则从以特殊性为主，逐步转型为向政策对象的普惠性为主，不断健全和努力完善统筹解决城乡贫困问题的长效政策体系。

无论从实践上看，还是从理论上讲，贫困人口脱贫之后确实会由于各种因素而存在重新返贫的可能性。因此，要做好“有效衔接”工作，泰山压顶第一条，就是必须确保来之不易的脱贫攻坚胜利成果不能得而复失，更不允许前功尽弃。否则，就是历史的罪人。

中央明确规定贫困人口脱贫之后，为防范规模性返贫风险，在过渡期内，各地要努力贯彻落实“四个不摘”原则，即摘帽不摘责任、摘帽不摘政策、摘帽不摘帮扶、摘帽不摘监管。也就是说，对于已经出台的政府各项主要政策措施，只要没有明显的重大错误，过渡期间一般不踩“刹车”，继续执行，以努力保持其在巩固脱贫成果过程中的积极作用的稳定性和连贯性。

我省出台的扶贫政策大概有16大类和若干小类，如产业扶贫、就业扶贫、消费扶贫、光伏扶贫、易地扶贫搬迁、生态扶贫、教育扶贫、雨露计划、健康扶贫、扶贫小额信贷、贫困地区企业IPO“绿色通道”、保险扶贫、农村危房改造、旅游扶贫、电商扶贫、兜底保障等。实践证明，这些具有极强针对性的各项政策措施，在扶贫脱贫过程中充分显现了巨大的驱动潜能。

然而，政策很大程度上归属于行政干预的性质和范畴。无论哪一项政策的出台，都有其特定的受益对象和时空条件，并非阳光普照、雨露均沾，更不是一剂有求必应、包治百病的“灵丹妙药”。本着与时俱进、因地制宜的原则，在过渡期里，我们必须按照中央的决策部署，顺应“三农”工作重心历史性转移的新形势与新要求，对脱贫攻坚战中政府所出台的一系列政策认真地进行甄别和筛查，在促进“有效衔接”四个字上“狠下功夫”。

基于经验判断，某项政策能否纳入“有效衔接”的范畴，使其发挥预期之中的稳定性和连贯性作用，基本准则在于：一方面，能够接续支持脱贫地区的经济社会发展和农民群众的持续增收；另一方面，又能够为全面推进乡村振兴，实现农业农村现代化开辟新道路。也就是说，真正的有效衔接，一定是一个综合性的政策体系，而不是一个“头痛医头，脚痛医脚，按下葫芦浮起了瓢”的神奇“偏方”与特制“秘药”。

我们认为，政策策略上的有效衔接，必须从碎片化、特惠式、单向型的微观安排，转向全方位、一揽子、普惠式的宏观覆盖，以努力构建一个长短结合、标本兼治的综合性政策体系。同时，各地在继续沿用或新订出台某项政策的时候，首先应该注意逐步地扩大现有扶贫脱贫政策的适用主体范围，即受益对象由少数贫困地区、贫困人口渐渐转向广大农村地区和所有的农民群众，真正让阳光普照神州大地。

习近平总书记在全国脱贫攻坚总结表彰大会上讲，脱贫地区经济社会发展大踏步赶上来，整体面貌发生历史性巨变。贫困地区发展步伐显著加快，经济实力不断增强，基础设施建设突飞猛进，社会事业长足进步，行路难、吃水难、用电难、通信难、上学难、就医难等问题得到历史性解决。不少地方“一步跨千年”，实现了从贫穷落后到全面小康的历史性跨越，处处呈现山乡巨变、山河锦绣的时代画卷！

湖北也正因为扶贫政策的重点倾斜，过去的很多贫困地区已经显现出非常卓越的超越性。恩施、五峰、保康、麻城、崇阳、郧阳，以及远安、通山等国家和省级贫困县（市），道路交通的发达，电子商务的顺畅，特色产业的崛起，生态环境的修复，文化、教育、卫生事业的兴盛，均借助于脱贫攻坚的机会崭露头角、焕然一新。可以坦言，现在贫困县的农村交通、电网、通信、水利等基础设施建设，其先进性就连枣阳、赤壁、汉川、宜都等位居全省县域经济发展 20 强中的多数县（市）区，也未必敢与之争锋。

必须清醒地看到，当国家进入全面推进乡村振兴新征程之后，再无期限地延续过去那种特殊时期“吃独食”的政策安排，将不再具备可持续性，即使采取“戴帽下达”和“对号入座”的资源配置方法，也肯定会招来各种批评。所以，为促进全国范围内农业农村的现代化，政府公共政策的逐步调整和不断完善是迟早要发生的事情。

从全局的角度出发，在“有效衔接”的过渡期，我们既要照顾那些深度贫困地区和特殊贫困群体，也要让所有农村地区与所有农民共享发展机遇，共沐政策阳光，从而充分调动和努力激发全体农民奋力推进乡村振兴的积极性、主动性和创造性。

这就迫使我们各地各级政府要学会“十个指头弹钢琴”，妥善统筹好城乡一体化发展，在基础设施建设与公共服务供给上以追求公平正义为基本原则，以全体人民群众为服务对象，以统一规范操作为行为标准，以不断提升公共服务水平和质量为目标任务。这种基础设施建设与公共服务供给的政策性质，既是社会主义发展的客观要求，也是国家每一个公民最基本的权利追求。

四、体制机制上的有效衔接

中国“三农”问题之所以像“疟疾”一样具有顽固的反复性，吃遍“中西药”亦始终难以痊愈，“病灶”恐怕不在于“三农”本身，而很大程度上反映的是传统体制机制存在的诸多缺陷与弊端。因此，要实现脱贫攻坚与乡村振兴的有效衔接，就必须彻底改造“三农”问题赖以生存与发展的土壤、气候及人文环境，着力推进制度框架与体制机制上的改革创新。否则，无论是拓展脱贫攻坚成果，还是推进乡村振兴都会遭遇到一大堆问题。

我们认为，在体制机制上所需要的刻不容缓的突破和创新，突出表现在以下几方面。

其一，以原子化和内卷化为基因的农业发展方式。实施分田单干政策确实有利于调动和发挥农民从事农业生产的积极性，但随着人民公社制度烟消云散，集体经济活动和农民协会机构日渐式微，加之市场经济因素不断渗透，原来体制内农业农村的组织协调、资源整合、生产经营指挥等系统很快也随之消失，包括当时为农业提供服务的“七站八所”和国有银行等金融机构也都七零八落。虽然国家坚持把以家庭承包经营为基础、统分结合的双层经营体制作为农村基本经营制度，但众所周知，长期以来一直只有分散经营层面而缺乏统一经营层面。

这种“分”有余而“统”不足，甚至只有“分”而没有“统”的缺陷性，加之没有政府主导的健全完善的社会化服务体系的坚强支撑，各家各户的农业生产经营活动实际上处在一种没有专业分工，没有相互协作，类似于自我封闭、自给自足的状态，从事着任其自生自灭式的生产活动。所以，广大农村由原来的高度组织化格局，迅速瓦解成为一种“原子化”状态。

农村的“原子化”不是指农民的居住方式和生活方式，而是指农民在生产方式中处于高度分散与严重封闭的一种状态。主要表现为集体意识差，合作能力弱，彼此之间热衷于单打独斗，被无形地分割成一个个相互孤立的社会最小细胞。

由于生产方式的分散性与封闭性，农民起早贪黑、精耕细作，把一切可以投入的生产要素都给了土地，期待在“老天爷”（风调雨顺）的眷顾下获得丰收。这就是中国农业的土地单位产出率普遍比发达国家高，而经济效益却总是比发达国家低的缘由。经验告诉我们，不计成本的高投入换来的高产出，能够产生出一定的社会效益，但不可能产生合理的经济效益，从而使得农业农村无法通过自我积累走上自我发展之路。这就是“内卷化”的逻辑过程。

可以说，“分有余，统不足”的农村基本经营制度，天然地具有地地道道小农经济的遗传基因。与生俱来、无时不有、无处不在的农民“原子化”和农业“内卷化”形态，会严重地捆绑着农民的手脚和禁锢着农民的大脑，对中国农业的凋敝、农民的溃散、农村的衰败产生重要影响和特殊的发酵功能。我们如果不能从“原子化”和“内卷化”的困境中突围，昂首阔步地走集体化与合作化道路，弱质的农业与弱势的农民就很难有出头之日。

其二，以工业化和城市化为轴心的二元结构体系。工业化、城市化是当代人类社会发展进步的历史潮流，具有“顺之者昌、逆之者亡”的磅礴力量。它本身明显的先进性与优越性，使自己不断产生出一种特别的“虹吸效应”，可以把周围的各种生产要素“席卷一空”。如果放任强者恒强、弱者恒弱的话，那么，农村的贫困就会野蛮生长，农业的衰败也会接踵而至。

城乡分治的二元化结构，主要是指国家运用立法、司法、行政、财政等手段，对城市与农村采取不同的政策措施和制度安排，导致城乡在经济、政治、文化及人口管理等生产与生活各个层面上，呈现出结构性巨大差别的社会格局。

改革开放以来，城乡二元化结构及其制度体系在市场经济力量冲击下逐步走向弱化。国家于不断加大惠农、富农、强农政策供给的同时，也从顶层设计上采取了一系列重大的战略性调整，日趋强调统筹城乡一体化发展的重要性和必然性，使得农业农村进入了一个新的历史发展时期。

但是，以工业与城市发展为轴心的城乡二元结构体系具有极其顽固的力量惯性。为了追求经济的超常规发展，很多地方政府仍在继续集中人力、物力、财力和精力“大办工业”和“办大工业”。有的则为加快城镇化进程而在全县、全市甚至全省范围内强行实施诸如合组并村、撤村建镇、强征强拆、赶农民上楼等，弄得到处“鸡飞狗跳”、怨声载道。

曾有专家判断，工业化与城市化达到一定程度后，会自动地反哺乡村、帮助农业。但时至今日，“发展不平衡”仍然还是中国最大的国情。要想实现经济建设的跨越式发展，“主战场”和“增长极”无疑还得是工业和城市建设。因此，工业化与城市化总在不断地提高、优化、转型、升级之中，可以说“永远在路上”。所以，农业农村服从与服务于工业化、城市化的“宿命”一时很难有根本的变化。

党中央高瞻远瞩地认识到了这个问题的重要性和紧迫性。2019 年 5 月颁布的《中共中央 国务院关于建立健全城乡融合发展体制机制和政策体系的意见》中，突出了以工促农、以城带乡，围绕乡村全面振兴和社会主义现代化国家建设目标，强化统筹谋划和顶层设计，增强改革的系统性、整体性、协同性，着力破除户籍、土地、资本、公共服务等方面的体制机制弊端，为城乡融合发展提供全方位制度供给。

党中央的方针路线要得到贯彻落实，需要得到社会各界在思想上的高度共识，并在行动上真正地形成一致性。需要加快各项具体配套政策出台的步伐，而且这些具体配套政策确实符合城乡融合发展的内在要求。我们认为，只有彻底阻断城乡二元化结构恶劣“基因”的遗传路径，才能有效巩固拓展脱贫攻坚成果和顺利地全面推进乡村振兴。

其三，以国民生产总值（GDP）和财政增长为硬核的干部考核制度。多年来，党中央就一直在“三令五申”地强调，“三农”工作对于国家经济社会发展具有行稳致远的极端重要性。从 2019 年的中央一号文件起，党中央又下决心把农业农村纳入到优先发展的战略格局之中。广大基层干部和农民群众大受鼓舞，信心倍增。

然而，不少地方的领导干部只是在口头上高喊“重视”农业农村，私底下却把主要的人力、物力、财力和精力都放在工业与城市建设上。这种“雷声大，雨点小”，甚至是“干打雷，不下雨”的敷衍，恐怕不完全是个人道德品质有瑕疵，而很大程度上是某种体制机制的力量在背后负向拉扯。

1978 年推行改革开放后，国家一直坚定不移地以经济建设为中心，把发展当作压倒一切的当务之急。20 世纪 80 年代，最具“说服力”的考核指标是国民生产总值的增长速度。90 年代，则又把以财政收入的快速上涨增添为核心项目。久而久之，领导干部的业绩考核便自然变成了以 GDP 论“英雄”和以财政收入分“高低”的评价标准。

一般来讲，工业与城市建设虽然投资巨大、规模宏伟，但周期较短、见效很快，能迅速成为新的经济增长极和税费收入的最亮点。如果机会把握得好，三五年间便能雄起一座新城。同时，通过城市化建设大把大把地“捞取”土地出让金，地方政府的财政很快能够脱贫致富。发展门道把握好了，其他自然而然“一好百好”。

因此，几乎所有的地方领导干部无不对工业化、城市化的发展路径“高看一眼”“厚爱三分”。相比之下，农业经济占 GDP 的比重正在普遍性地呈现出快速萎缩的趋势，很多地方的农业既不支撑 GDP 的增长，也不贡献财政收入，迫使地方领导干部从内心深处把农业农村视作拖累和阻碍本地经济社会快速发展的历史包袱，总想着如何借助产业结构调整的机会，努力“消灭”掉农业。

如今，每年一度的全国百强县（市）的评比活动已号称是对中国县域社会经济综合发展、协调发展、可持续发展状况最客观、最准确的评价。到底是不是最客观、最准确的评价暂且不论，通过评比呈现出一个带普遍性的规律现象却应当引起人们的反思，即像江阴、昆山、张家港、常熟等这些富得流油的地方，之所以能够成为中国百强县(市)的"霸主",唱的都是工业化与城市化的"戏",没有一个是真正依靠搞农业"发迹"的。且不谈传统的种植养殖,就连农产品的加工增值,在经济成分中所占的比例也特别小,农业基本上被"消灭"。

所以,改革开放 40 年来,凡以农业为主的地方领导干部要想寻找经济发展超常规的道路,都会冷静地选择抛弃农业农村,去狂热追求工业化与城镇化的"狂想曲"。

我们认为,如果不能及时改革干部管理体制和创新财税管理体制,那么口头上高喊坚决服从、保证执行,而实际上"雷声大,雨点小",甚至是"干打雷,不下雨"的敷衍行为就一定会我行我素、涛声依旧,再好的发展战略也无法真正落地。

五、领导方式上的有效衔接

新中国成立70年来，风云际会、沧海桑田，无论是经济形势还是社会情况，都发生了翻天覆地的巨大变化，但是我们党和政府对农村工作的领导，从指导思想到方式方法，可以说基本上一以贯之。全面建设社会主义现代化国家和全面推进乡村振兴的号角已经吹响，踏上新征程，各级党委、政府，特别是县、乡基层党委、政府，对于农村工作的领导方式，既要继承和发扬，当一以贯之绝不能含糊，也必须改革和创新，该破旧立新绝不能畏缩。

不少基层领导干部认为，凡涉及人民群众的一切社会事务都不是“小事”，都是党委、政府神圣不可推卸的义务和责任，都是必须竭尽全力地管好、办好的大事。这种“以人民为中心”的思想值得赞扬。但有少数人却利用这种思想故意“念歪经”，把相信组织，依赖政府，偷换成了“等、靠、要”政府支持和帮助的错误概念与思想。

不少农村基层党组织与村委会向心力、凝聚力、战斗力不强，难以承担起促进农业繁荣、帮助农民增收、推动农村发展的历史重任。为加强对农村工作的领导，由各级党政机关派遣国家干部到农村“驻村入户”，担任“第一支部书记”或村委会“第一副主任”，直接参与农村农业事务决策。在脱贫攻坚战中，他们发挥出了不可或缺的作用。

但在全面建设社会主义现代化国家和全面推进乡村振兴的新征程中，再单单依靠这种体制机制，其作用发挥可能就会表现出一定的限度。因为农村治理的核心问题不在村干部素质的优劣，而在集体经济的强弱。如果集体经济空洞化，村里办点好事实事都得“等、靠、要”上级政府的财政支持方能解决，村干部的作用空间便必然越来越小，村民自治制度发育便越来越难。

弱势的农村确实需要上级政府加强政策倾斜和城市社会各界的支持帮助。如今国家每年财政支农资金已高达万亿之巨，却在针对性、精准度和成就率上备受质疑。因为资源配置的权力分散在各职能部门，这些职能部门往往“你有你的一套，我有我的几招”，很难融会贯通、相互配套，往往容易导致“跑冒滴漏”现象，最后弄成“撒胡椒面”不说，甚至成了寻租腐败的“温床”。

党的十八大之后，全国开启脱贫攻坚新纪元。尽管全省上下严格遵循党中央的方针路线，精准施策，克难奋进，取得了有目共睹的巨大成就，但我们对农村领导方式方法上的不足和影响也应当给予关注，进行反思。

扶贫开发是全社会的共同责任，必须广泛动员社会各界参与，并充分调动“八仙过海，各显其能”的积极性，构建政府、社会、市场协同推进的扶贫格局，形成跨地区、跨部门、跨单位、全社会齐抓共管的多元主体的扶贫体系。然而全社会的主动参与度从总体上看依然很低，主要还是依靠传统的行政命令和组织手段，将“一对一”帮扶贫困村、贫困户的任务，分摊给各级党政机关、事业单位、高等院校、科研院所、国有企业等“体制内部”的法人机构和干部职工。

由省直各单位带头，硬性规定每个单位必须按比例抽调干部职工脱产组建专门的扶贫工作队“驻村入户”，“不脱贫不收兵”。下面市、县、乡三级党委政府“照葫芦画瓢”。鄂西某县共有 136 个县直单位，由于县域规模较小，党政机关与事业单位的人员编制也较少，但 2016 年仍派出 65 名任期暂定为三年的村支部“第一书记”和 544 名常驻队员到指定贫困村。黄冈市某县则从县直各单位统一调配 1000 余名党员干部，下沉到各重点贫困村“一对一”实行帮扶，直到该贫困村“出列”才能“凯旋”。县市如此，乡镇一级基层干部更是无条件地全部进村、入组、包户。这就叫“大会战”，也称“人民战争”。

这种领导方式，集中于脱贫攻坚战这一重要时期，攻坚克难，卓有成效。但倘若在全面推进乡村振兴更长、更久的周期里和更广、更宽的范围内，再无条件地“照葫芦画瓢”，相关体制机制的“疲倦性”必将会显现。

在荆楚大地上，不管走到哪里，我们都能炽热地感触到各级地方政府勇立潮头、敢于担当并且全力以赴地咬定目标、只争朝夕、苦干实干的强烈责任感。从贫困人口的识别排查、建档立卡，到“对症下药、靶向治疗”，包括选择产业项目、筹集建设资金、寻找生产技术、动员劳动投入、替代经营管理，再到个人脱贫和整体“摘帽”，几乎每个环节都有上级党委、政府派驻的干部“一对一”地负责“量身定制”和实施“精准帮扶”。

党政机关、事业单位，包括国有企业都有自己的业务安排与运行秩序，一般都经过了编制部门对职能和任务的严格核定，每个干部职工的配置可谓“一个萝卜一个坑”。承担规定职责的人员被长期抽调之后，势必会影响正常的工作节奏和服务质量。很多县乡领导对我们讲，扶贫开发是党中央的重大战略部署，是全面小康建设的关键战役，集中人力、物力和财力实施重点突击，无疑非常正确。但“大会战”也带来了新问题，很多单位因为人手严重短缺而难以维持正常运转。“按下葫芦又浮起了瓢”的搞法，很容易使职能的履行变成了“一地鸡毛”。

在我们调查过的贫困县市和贫困乡镇（实际上，全省全国恐怕尽皆如此）无一例外地都推行最严包保责任制。所谓“包保”，就是将派驻干部的工资、奖金、津贴特别是职务任免、级别升降与扶贫业绩的考核紧密挂钩，以确保其负责的那个贫困村和对口的那个贫困户如期脱贫。如果届时不能脱贫、出列、消号，按现在出台的干部管理政策，别说升职无望，就连想挪个“窝儿”也难。

这是各地扶贫开发工作中最流行的方式方法，也是典型的“不讲条件、无拘过程、只求结果”的战时策略。就算执行包保的同志责任心比天高、比海深，日不食夜不寐，也可能出现“巧妇难为无米之炊”的尴尬局面。因为让帮扶对象脱贫需要具备很多条件，包括当前生产资料等要素资源的占有，教育、卫生、社保、金融等一系列公共服务和社会制度的配套等。更重要的是，脱贫是一项以收入显著增长为核心的经济活动。要想持续实现大于正常农民收入增幅的增收，除了政策倾斜之外，还得取决于扶贫行为符合经济规律，且能够有效应对各种自然与市场风险。

扶贫工作队员绝大多数出身于省、市、县三级党政部门，此前未必真正地见识过市场经济的“刀光剑影”，到残酷的商场上真枪实弹地干它几仗未必一定行。因此，这种“最严包保责任制”动机纯正，愿景感人，但面临新形势、针对新机遇、遭遇新问题时，必须作出及时的调整和优化。

毋庸讳言，当前部分地方党委、政府领导农村工作所遵循的一些原则和坚持的一些方略，在整体上明显地具有重微观、轻宏观，重战术、轻战略，重人力资源利用、轻制度改革创新等不少缺陷，给人一种“埋头拉车不看路”的感觉。这种看似“实干苦干”的思维方式和行为模式，很容易陷入低效的局面。

习近平总书记强调，全面实施乡村振兴战略的深度、广度、难度都不亚于脱贫攻坚，要完善政策体系、工作体系、制度体系，以更有力的举措汇聚更强大的力量，加快农业农村现代化步伐，促进农业高质高效、乡村宜居宜业、农民富裕富足。

因此，在全面建设社会主义现代化国家和全面推进乡村振兴的新征程中，必须脚踏实地、久久为功，也必须有“不破不立”的磅礴之力，不断实现领导方式的突破和创新。

我们应该本着实事求是和与时俱进的原则，对传统的体制机制和方式方法进行认真反思与深刻检讨，逐步改变过去那种凡事便打“大会战”的路径，摈弃“闪电战”和“游击战”的意识，树立“阵地战”和“持久战”的思想，修正“毕其功于一役”的目标。在巩固拓展脱贫攻坚成果和全面推进乡村振兴的过程之中，高度重视顶层谋划和宏观布局，把体制机制和方式方法的改革创新挺在前面，整体上努力避免“头痛医头，脚痛医脚”的错误，各项工作才能真正落地生根、开花结果，一步一个脚印地朝前推进。

脱贫攻坚战的全面胜利，标志着我们党在团结带领人民创造美好生活、实现共同富裕的道路上迈出了坚实的一大步。全面推进乡村振兴战略则是习近平新时代中国特色社会主义阶段“三农”工作的总抓手，是实现农业农村现代化的总指引，也是巩固脱贫攻坚成果、推动持续减贫的制度性保障。认真理解和深刻体会党中央的战略意图，这就是政治上站准位与历史上定好位的基本要求。

当前，我国正处于脱贫攻坚与乡村振兴“两大战略”的历史交汇期和政策叠加期。习近平总书记在全国脱贫攻坚总结表彰大会上谆谆告诫我们，脱贫摘帽不是终点，而是新生活、新奋斗的起点。全面实施乡村振兴战略的深度、广度、难度都不亚于脱贫攻坚。

因此，各级地方党委、政府皆不能骄傲自满、松劲歇脚，而是要乘势而上、再接再厉、接续奋斗，切实做好巩固拓展脱贫攻坚成果同乡村振兴有效衔接的各项工作，继续完善政策体系，不断创新制度体系、工作体系和领导方式方法，以更有力的举措，汇聚更强大的力量，加快农业农村由传统向现代的转型、换代、升级。

千言万语一句话：严格遵循总书记的教导，坚定信心决心，以永不懈怠的精神状态、一往无前的奋斗姿态，真抓实干，埋头苦干，向着实现第二个百年奋斗目标奋勇前进！

跋

本书诞生于中华民族第一个百年奋斗目标和第二个百年奋斗目标历史交接的神圣时刻。辛丑年，金牛之年也。我们谨以此书隆重纪念我国全面建成小康社会，庄重献礼中国共产党百年华诞！

本书是学术团队的集体智慧结晶。作为“伟大脱贫攻坚事业中的湖北贡献”重大课题的最终研究成果，团队由我国著名的“三农”问题研究领军人物宋亚平研究员领衔，成员包括来自湖北省社会科学院、湖北长盛川青砖茶研究所、中共湖北省委党校、伦敦大学亚非学院、谢菲尔德大学、武汉大学、中南财经政法大学、澳门理工学院、武汉体育学院的教授和青年博士。团队历时数月，先后深入湖北四大集中连片贫困山区和部分插花贫困地区，对近百个典型乡镇与100多个样本村庄开展专项调查。在此基础上，又历时数月，对调查所获的数百万字第一手资料和近千个代表性的脱贫攻坚故事逐一筛选、论证，四易写作框架，广求指导和建议，几经修改与打磨。付出终有回报。团队倾情奉上了厚重之作，同时将喜迎“新生”，迎来“后继之人”。谨以此书为记，不负韶华。

全书共计四个部分。以湖北脱贫攻坚的历程、经验、成就以及与全面推进乡村振兴的有效衔接为主线，从故事出发，“说历程、谈经验、聊成就、论未来”。第一编湖北脱贫攻坚的历史机缘与时代际会，包括背景与意义——建党百年与百年目标；叙事题材与结构——故事中的脱贫攻坚，以及湖北脱贫攻坚的历程。第二编湖北脱贫攻坚的磅礴画卷与壮丽诗篇，包括“不破楼兰终不还”的县市领导的脱贫攻坚心路历程，有县委书记，也有县长、分管副县长；“甘洒热血写春秋”的帮扶队员的脱贫攻坚心路历程与扶贫故事，有县扶贫办主任、乡镇干部，也有一个个的驻村工作队员；“俯首甘为孺子牛”的村组干部的扶贫故事；“安得广厦千万间”的社会贤达的扶贫故事；“生不息则奋不止”的贫困群众的脱贫故事。第三编总结了湖北脱贫攻坚的辉煌业绩与宝贵经验。第四编思考了湖北脱贫攻坚与乡村振兴的有效衔接。

第一编由毛铖主笔；第二编由宋亚平、何建刚、毛铖、梁来成、薛璐、刘长林、宋菲菲、孙宁悦、何功威、简妮斯、黄聃聃、向前进、杨遥、张世伟、杭莺、陈兴旺、苏勇、伍昌军、郑俊华、李章庆、赵明星等分别主笔；第三编由毛铖、杨振杰主笔；第四编由宋亚平主笔。全书统稿、修改由宋亚平、毛铖等共同完成。

本书能够在紧迫的研究周期内完成大量的调研和写作工作，得益于湖北省人民政府扶贫开发办公室胡超文、王斌等领导同志和宣教中心部门同志的大力支持；得益于湖北省社会科学院张忠家、刘光远等领导同志和科研部门同志的大力支持；得益于恩施、五峰、保康、麻城、随县、崇阳、郧阳、洪湖等县（市）区党政主要领导同志和扶贫办有关同志给予的调研支持；也得益于陈锡文、李培林、张首映、郑新立、张晓山、潘家华、宋洪远、刘守英、魏后凯、杜志雄、潘维等全国著名专家组成的顾问委员会的悉心指导。言轻义重，在此一并表达最诚挚的感谢！

本书近百个鲜活的事例、有血有肉的感人故事，以及包罗万象的丰富素材、精美图片，来自那些脱贫攻坚一线党员干部、贫困群众在团队专项调查时的真切流露、热情分享。少数还来自部分媒体的宣传报道、专家学者的学术成果。碍于研究题材和行文体例，无法逐一注明，不周之处还望见谅，在此表示最由衷的感谢！

本书能够以精美之形如约付梓，广为传播，颇有反响，要归功于长江出版传媒和崇文书局的鼎力支持。崇文书局韩敏社长，胡心婷、王重阳副社长以及樊静怡等同志做了大量至关重要的工作，在此表示最由衷的感谢！

时间紧、内容丰、涉众广，尽管团队在调研与写作过程中极为谨慎和细致，仍然难免尚存遗漏或疏忽之处，敬祈读者海涵并不吝指正！

“伟大脱贫攻坚事业中的湖北贡献”课题组

2021 年 4 月 8 日